NIMA YEARBOOK 2019

༄༅། །ཉི་མའི་ལོ་རིམ་མེ་ལོང་།

尼玛年鉴

（2019）

尼玛年鉴编辑部 编

图书在版编目（CIP）数据

尼玛年鉴．2019 / 尼玛年鉴编辑部编 .-- 北京：方志出版社，2020.5

ISBN 978-7-5144-4215-1

Ⅰ．①尼… Ⅱ．①尼… Ⅲ．①尼玛县—2019—年鉴 Ⅳ．① Z527.54

中国版本图书馆 CIP 数据核字（2020）第 098291 号

尼玛年鉴（2019）

编　　者：尼玛年鉴编辑部
责任编辑：黄　彦

出 版 者：方志出版社
地址　北京市朝阳区潘家园东里 9 号（国家方志馆 4 层）
邮编　100021
网址　http：//www.fzph.org
发　　行：方志出版社图书经销中心
电话　（010）67110500
经　　销：各地新华书店
排　　版：北京纺印图文设计制作有限公司
印　　刷：北京中科印刷有限公司

开　　本：889 × 1194　1/16
印　　张：17.875
字　　数：493 千字
版　　次：2020 年 5 月第 1 版　2020 年 5 月第 1 次印刷

ISBN 978-7-5144-4215-1　**定价**：249.00 元

序

贫困问题一直是困扰人类社会发展的重大问题。中国作为世界上最大的发展中国家，为解决贫困问题进行了长期不懈的努力。改革开放以来，特别是党的十八大以来，以习近平同志为核心的党中央把脱贫攻坚作为全面建成小康社会的底线任务和标志性指标，纳入“五位一体”总体布局和“四个全面”战略布局，以前所未有的力度推进精准扶贫、精准脱贫，扶贫开发成就举世瞩目，显著改善了贫困地区和贫困群众生产生活条件，具有重大的现实意义和深远的历史意义。身处中华民族几千年发展历史上将首次整体消除绝对贫困现象的伟大时代，如何更好地发挥地方志的存史、育人、资政的作用，是新时代全国地方志系统必须深入研究和着力解决的重大课题。

党的十八大以来，在党中央国务院的正确领导下，全国地方志系统深入学习贯彻习近平新时代中国特色社会主义思想，紧紧围绕党和国家事业发展需要，深入推进地方志改革创新发展，凝心聚力，稳扎稳打，勇于担当，主动作为，全国地方志形势和地方志工作者的精神面貌发生了深刻变化，取得了优异成绩。其中，为贯彻落实《全国地方志事业发展规划纲要（2015—2020 年）》，经中国地方志指导小组领导批准，中国地方志指导小组办公室于 2015 年、2017 年先后启动民族地区与贫困地区志书、年鉴出版资助工程（以下简称“志鉴出版资助工程”），对国家级贫困县（区、旗、县级市），中西部地区、少数民族边疆地区面临出版经费困难的志书和综合年鉴给予出版资助。实施志鉴出版资助工程是紧扣时代脉搏、坚持创新发展、传承弘扬中华优秀传统文化的一项创举，不仅有力推动了“两全目标”的实现，而且数十部资助出版的志书、年鉴及时记述了民族地区与贫困地区在全面建成小康社会伟大征程中取得的新成绩和新经验、出现的新情况和新问题、涌现的优秀人物和典型事迹，留住地方文化的“根”和“魂”，为这些地区的经济社会发展、地域文化传播、爱国主义教育、精神文明建设等提供了历史借鉴和智力支持，对全面提升民族地区与贫困地区文化建设水平、确保民族地区与贫困地区和全国其他地区同步全面建成小康社会具有重要意义。

尤为可喜的是，志鉴出版资助工程促成了一批扶贫志书的编纂出版，在文化脱贫攻坚中发挥了独特的作用。例如，《贵州省减贫志》全面系统客观记述了从 1978

年至2015年贵州省扶贫、减贫工作的历程及取得的经验，为贵州省实施大扶贫战略提供了有力的资政辅治参考，集中体现了地方志工作因时而动、顺势而为的新作为。前不久，由福建省地方志编委会和人民网共同编纂的《闽宁扶贫协作图志》，是全国首部扶贫协作图志，图文并茂、直观立体、全方位地展现闽宁扶贫协作波澜壮阔的历程，弘扬“闽宁一家亲”“携手奔小康”的深厚情谊和滴水穿石、久久为功的精神，是贯彻落实习近平总书记扶贫工作重要论述精神，服务国家精准扶贫、精准脱贫战略的有力举措。希望各地以此为鉴，编纂出版更多、更好的扶贫志书、年鉴，助力国家精准扶贫、精准脱贫战略的实施，充分展现地方志的独特价值和作用。

当前，我国脱贫攻坚已进入全面决战决胜的关键时期，尚未脱贫的贫困地区集中分布在中西部深山区、极端干旱山区、高寒阴湿地区等，文化建设还比较薄弱，文化产品还不够丰富，文化精品更是少之甚少。同时，这些地区往往是民族文化、历史文化、红色文化、生态文化富集区，具有发展文化旅游、推进文化扶贫的巨大潜在优势，也是繁荣发展地方志事业的巨大文化宝库。要发挥好文化扶贫凝聚人心的优势，善于利用方志文化优势为贫困地区“赋能”，在脱贫攻坚中做出方志人应有的贡献。要发挥好中国名镇志文化工程、中国名村志文化工程的引领作用，大力加强乡镇村志编纂，让百姓记得起乡情、记得住乡愁，凝聚贫困乡镇村庄的强大民心，补齐贫困乡镇村庄的文化短板，以“扶智”的方式“扶志”，践行习近平总书记强调的“扶贫先扶智，扶贫必扶志”的重要理念。

求木之长者，必固其根本；欲流之远者，必浚其泉源。扶贫扶起的是志气骨气，传承的是家国情怀，守护的是绿水青山。扶贫既要富口袋，也要富脑袋。必须坚持文化脱贫和物质脱贫两手抓，筑牢贫困地区文化之基，补足信仰精神之钙，引领脱贫发展之舵。全国地方志系统要围绕中心、服务大局，坚决投入脱贫攻坚这场必须打赢的硬仗，积极参与脱贫攻坚战，发挥优势和特长，深入挖掘文化资源，着力补齐文化短板，努力帮助民族地区与贫困地区的文化建设实现较大的发展提升，在全面建成小康社会、实现中华民族伟大复兴中国梦的征程中贡献方志人的力量。

是为序。

中国社会科学院院长
中国地方志指导小组组长　谢伏瞻

民族地区与贫困地区年鉴出版资助工程领导小组

组　　　长：高　翔

常务副组长：冀祥德

副　组　长：高京斋　邱新立

民族地区与贫困地区年鉴出版资助工程领导小组办公室

主　　　任：冀祥德

副　主　任：邱新立

成　　　员：于伟平　刘永强　冷晓玲　李　静

《尼玛年鉴（2019）》编纂委员会

《尼玛年鉴（2019）》编辑部

主　　编：旦　巴

副 主 编：唐　江

办公室主任：次仁扎堆

顾　　问：才　瓦　王英伟（浙江省舟山市方志办）

责任编辑：仁青旺扎

编　　辑：旦增旺堆

编 辑 说 明

一、《尼玛年鉴（2019）》始终高举中国特色社会主义伟大旗帜，以马克思列宁主义、毛泽东思想、邓小平理论、“三个代表”重要思想、科学发展观、习近平新时代中国特色社会主义思想为指导，坚持辩证唯物主义和历史唯物主义的立场、观点和方法。深入贯彻落实党的十九大和十九届二中、三中全会精神和中央第六次西藏工作座谈会精神，认真贯彻落实习近平总书记系列重要讲话精神，牢固树立“四个意识”，坚定“四个自信”，坚决做到“两个维护”，认真贯彻落实《全国年鉴事业发展规划（2016—2020）》和《地方综合年鉴编纂出版规定》精神，进一步坚定文化自信，切实发挥年鉴作用，坚持“存真求实、质量第一”的原则，全面记述尼玛县委、县政府带领全县人民开拓创新、务实发展的历程，充分展现2018年全县经济社会各项事业发展中取得的新成绩、新经验，为实现全县科学发展提供决策依据和借鉴，为广大读者了解和研究尼玛县提供资料和信息。

二、《尼玛年鉴》是尼玛县方志办编纂出版的县级地方综合年鉴。2016年创刊，每年编辑出版1卷，国内公开出版发行。《尼玛年鉴 2019》为第四卷。本年鉴时限为2018年1月1日至12月31日。为保持记述事物的完整性，部分内容适当上溯或下延。

三、年鉴采用分类法进行编辑，由类目、分目、条目3级组成，部分类目下设子目。分特载、专记、大事记、尼玛县概览、中共尼玛县委员会、尼玛县人民代表大会、尼玛县人民政府、政协尼玛县委员会、人民团体、法治、军事、经济监督与综合管理、财税与金融、农牧与林业、交通与通信、文化与旅游、教育与卫生、社会民生、城乡建设与环保、乡镇、附录共21个类目。

四、全书条目标题统一用黑体字加【 】表示。《尼玛年鉴（2019）》配备目录检索系统，设在卷首。目录编排至条目。在排版上，双页书眉为书名，单页书眉为类目标题。

五、年鉴所载信息由全县各机关、企事业单位，各乡镇及公司提供，经《尼玛年鉴》编辑部整理编辑，由编纂委员会审查、出版社审核而成，具有权威性。所用统计资料由尼玛县统计局提供，正文中数据由各部门提供。因统计口径等原因，有关部门所用个别数据与统计资料中的数据不一致，引用时以统计局统计数据为准。

六、凡直书月、日，未写年份，即为2018年。数据增减多少未说明与某一年份，即为2018年与2017年比较。

西藏自治区测绘院编制
审图号：藏S（2018）022号

2018 年尼玛数据

辖区面积：7.25 万平方公里
年末常住人口：3.4178 万人
非农业人口：2538 人
牧民人口：3.1640 万人
人口增长率：1.643%
人口出生率：2.237%
国内生产完成值：7.8605 亿元
第一产业完成值：1.5116 亿元
第二产业完成值：1.5377 亿元
第三产业完成值：4.8112 亿元
各项存款余额：12.911646 亿元
各项贷款余额：4.802666 亿元
兑现草原生态补偿资金：1.434686 亿元
肉类产量值预计完成值：7467.06 吨
奶类产量值预计完成值：3990.24 吨
绒、毛类产量：680.81 吨
草场面积：12 万平方公里
全年财政收入：3388 万元
各项税收收入：2405 万元
援藏资金：3047.5 万元
涉农贷款余额：3.6688 亿元
城镇居民可支配收入：3.33 万元
农牧民人均纯收入：1.1091 万元
接待旅游人数：2.9 万人次
旅游总收入：995.79 万元
全年兑现草原生态补偿资金：1.434686 亿元
发展中共新党员：245 名（含中共预备党员）

3月25日，自治区人大常委会副主任维色（中）率工作组一行在尼玛县督导检查维稳工作　　县委办　提供

4月8日，那曲市委副书记、市长敖刘全（左二）到尼玛县检查指导扶贫工作　　县委办　提供

4月12日，西藏自治区人民检察院党组书记、检察长朱雅频（左四）在尼玛县人民检察院检查指导工作

检察院　提供

5月12日，自治区党委副书记、自治区主席齐扎拉（右二）前往尼玛县检查指导精准扶贫工作

荣玛乡　提供

6月29日，那曲市委常委、宣传部部长德吉卓嘎（右三）在尼玛县开展“四讲四爱”活动　　宣传部　提供

7月2日，那曲市人大常委会副主任扎西平措（右四）一行在尼玛县开展高海拔生态搬迁调研工作

县委办　提供

7 月 3 日，西藏藏医学院院长尼玛次仁（右一）一行在尼玛县藏医院慰问考察　　藏医院　提供

7 月 12 日，四川大学华西医院副院长曾勇（前排右二）一行在尼玛县考察医疗工作　　人民医院　提供

7 月 18 日，自治区藏语委办（编译局）党组副书记、主任（局长）洛布（右一）在尼玛县调研藏汉翻译工作　　编译局　提供

8 月 23 日，自治区总工会党组书记、常务副主席王纯丁到尼玛县文部乡南村居委会开展“党员干部进村入户、结对认亲交朋友”活动　　文部乡　提供

8 月 31 日，市委副书记索朗嘎瓦（左一）带领那曲各县主要领导到甲谷乡交流学习项目运营经验

甲谷乡　提供

9 月 5 日，市政协党组书记、主席才仁朗公（中）在尼玛县“万亩千畜人工种草基地”检查指导工作

政协办　提供

9月9日，自治区人大党组副书记、副主任多托（左二）在尼玛县检查指导环保工作　　　　环保局　提供

9月14日，自治区副主席江白（左二）在文部南居委会走访贫困户　　　　文部乡　提供

12月19日，市委常委、组织部部长林勇（右一）带队的调研组在尼玛县检查指导基层党建工作　　　　组织部　提供

12月16日，自治区卫计委党组副书记，自治区人民医院党组书记蒲智（右一）与自治区人民医院第二批专家医疗组到尼玛县援助医疗工作人员合影留念　　　　人民医院　提供

高原搬迁（荣玛）

6 月 30 日，那曲市委书记松吉扎西（右一）在尼玛县荣玛乡古荣嘎冲村首批高海拔生态搬迁点检查指导工作

7 月 21 日，自治区党委常委、拉萨市委书记白玛旺堆（左一）一行在尼玛县荣玛乡高海拔生态搬迁点，检查指导搬迁点群众安居、就业、就医、产业工作落实情况

崭新的搬迁房

荣玛乡　提供

搬迁点新建学校食堂　　荣玛乡　提供

搬迁点医疗室　　　　荣玛乡　提供

1 月 19 日，县委组织理论中心组 2018 年第 3 次会议　　宣传部　提供

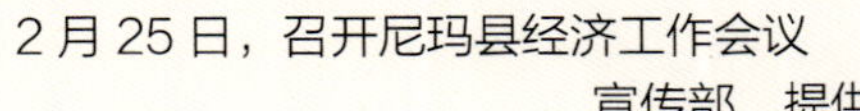

2 月 25 日，召开尼玛县经济工作会议
宣传部　提供

3 月 8 日，县委副书记、县人大常委会主任吉生虎（右一）在荣玛乡检查指导工作
荣玛乡　提供

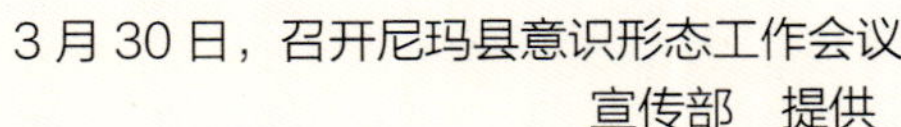

3 月 30 日，召开尼玛县意识形态工作会议
宣传部　提供

4 月 1 日，召开尼玛县基层党建工作会议

组织部　提供

4 月 5 日，召开尼玛县农村工作会议

县委办　提供

4 月 5 日，政协第六届尼玛县委员会第三次会议常委会议

政协办　提供

4 月 22 日，政协第六届尼玛县委员会第三次会议

政协办　提供

6 月 11 日，召开尼玛县环境保护督查整改工作动员部署会议

环保局　提供

8 月 15 日，参加那曲市赛马节开幕式的人员展示尼玛风采　　文化局　提供

10 月 22 日，《尼玛年鉴（2018）》卷县级审核会召开

地方志办　提供

12 月 2 日，县委副书记、县长旦巴（中）在军仓乡检查防抗灾工作开展情况

军仓乡　提供

举行“3·28”百万农奴解放纪念日活动

宣传部　提供

7 月 3 日，德国尼玛协会和藏医院联合培训村医活动合影留念

藏医院　提供

乡镇风采

阿索乡

12 月 8 日，阿索乡畜产品展销会展销产品
阿索乡　提供

12 月 18 日，召开阿索乡年底牲畜清点部署会　阿索乡　提供

达果乡

5 月 3 日，组织召开达果乡 2018 年度基层党建工作安排部署会议　达果乡　提供

5 月 18 日，组织召开达果乡经济工作表彰会议　达果乡　提供

俄久乡

5月28日，乡党委副书记、乡长琼次仁（左）探讨乡合作组织工作　　俄久乡　提供

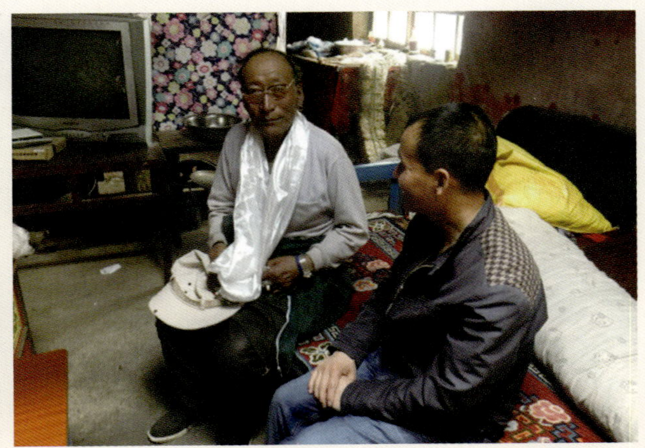

6月16日，乡党委书记任志国（右）走村入户看望慰问老干部单真珠扎　　俄久乡　提供

吉瓦乡

2月25日，召开吉瓦乡精准扶贫回头看会议　　吉瓦乡　提供

6月10日，吉瓦乡党委副书记、乡长索朗曲培（主席台左三）到各村宣传精准扶贫政策　　吉瓦乡　提供

甲谷乡

4月12日，县人大常委会副主任、乡党委书记陈豆豆（右二）带领甲谷乡党员干部群众开展植树活动　　甲谷乡　提供

11月7日，乡党委副书记、乡长洛桑多吉与新一届妇联委员合影留念　　甲谷乡　提供

军仓乡

4 月 28 日，召开军仓乡经济工作会议
军仓乡　提供

6 月 17 日，乡党委书记普布次仁（左一）在军仓乡境内开展文物排查工作　军仓乡　提供

来多乡

11 月 3 日，乡党委副书记、乡长姑桑（右一）检查多康巴村脱贫工作　来多乡　提供

11 月 8 日，乡党委书记裴大勇（左）检查乡卫生院运行情况
来多乡　提供

尼玛镇

3 月 5 日下午，尼玛镇党委副书记、镇长陈二峰（左二）组织全镇干部职工召开党员干部包村包户动员部署会　尼玛镇　提供

3 月 23 日，县委常委、镇党委书记达瓦欧珠（右）在尼玛镇俄永村检查工作并看望慰问原世村监督委员主任石达朗加的家属
尼玛镇　提供

荣玛乡

3 月 10 日，乡党委书记加央边久（左二）核对学生返校人数及检查车辆安全工作　荣玛乡　提供

6 月 2 日，荣玛乡高海拔生态搬迁安置点房屋抽签仪式　荣玛乡　提供

申亚乡

2 月 13 日，乡党委副书记、乡长次吉卓嘎（右一）向群众普及脱贫攻坚政策　申亚乡　提供

4 月 3 日，乡党委书记田梁（前排一）组织全乡干部职工学习观摩教育片　申亚乡　提供

文部乡

9 月 12 日，尼玛县人大常委会副主任、文部乡党委书记洛桑（左二）在散装油销售点查看实名制登记情况　文部乡　提供

6 月 13 日，乡党委副书记、政府乡长高洋（右一）为扶贫事业做出贡献的牧发公司送锦旗　文部乡　提供

中仓乡

3 月 26 日，开展中仓乡干部师生“我的幸福我来谈”座谈会　　中仓乡　提供

5 月 23 日，召开中仓乡基层党建工作会议　　中仓乡　提供

卓尼乡

3 月 23 日，乡党委书记次旦罗布（左一）在赛那村贫困户南卡念扎家了解生产生活情况　　卓尼乡　提供

5 月 12 日，召开卓尼乡脱贫攻坚工作部署会　　卓尼乡　提供

卓瓦乡

3 月 5 日，乡党委书记朱新国（右）慰问五保户老人　　卓瓦乡　提供

3 月 1 日，乡党委副书记、乡长洛桑土丹检查乡散装油销售点安全生产工作开展情况　　卓瓦乡　提供

目　录

特　载

专　记

大事记

尼玛县概览

中共尼玛县委员会

综　述

组织工作

机关党建

宣传工作

统一战线工作

民族宗教工作

纪检与监察

尼玛县人民代表大会

综　述

代表工作

尼玛县人民政府

综　述

重要政事

地方志工作

中国海油援藏工作（中国海油第六批）

脱贫攻坚工作

共青团

妇 联

法 治

政法委及综治

公 安

检 察

法 院

司法行政

军　事

人民武装

武警中队

经济监督与综合管理

发展改革委员会

国土资源

食品药品监督管理

工商行政管理

安全生产监督管理

统 计

审 计

财税与金融

财 政

交通与通信

交通运输

中石油尼玛县加油站

邮　政

移动尼玛县分公司

电信尼玛县分公司

文化与旅游

文化广电

民　政

城乡建设与环保

环　保

住　建

市政规划管理

乡 镇

尼玛镇

达果乡

文部乡

甲谷乡

来多乡

吉瓦乡

中仓乡

军仓乡

俄久乡

卓瓦乡

卓尼乡

荣玛乡

阿索乡

申亚乡

附　录

特 载

中共尼玛县委员会工作报告

（2019 年 2 月 25 日）

那曲市政协副主席、县委书记　徐　建

今天我们召开 2019 年度县委经济工作会议，这次会议的主要任务是，以习近平新时代中国特色社会主义思想为指导，深入贯彻落实党的十九大和十九届二中、三中全会精神，贯彻落实中央第六次西藏工作座谈会和自治区第九次党代会，区党委九届三次、四次、五次全会精神，按照中央、区党委和市委关于经济工作、“三农工作”和打赢脱贫攻坚战的决策部署，总结 2018 年经济工作，科学研判当前形势，安排部署今年各项工作任务，动员全县各级各部门和各族干部群众乘势而上、开拓进取，勇于担当、干事创业，努力推进尼玛经济社会持续健康发展。

关于今年的经济工作、“三农”工作和脱贫攻坚工作，刚才，旦巴同志已作了具体的安排，大家要认真学习领会，抓好贯彻落实。

肯定成绩、正视问题，2018 年全县经济社会呈现良好发展态势

2018 年，我县高举中国特色社会主义伟大旗帜，以习近平新时代中国特色社会主义思想为指引，深入贯彻落实党的十九大、十九届二中、三中全会、中央第六次西藏工作座谈会精神，贯彻落实区党委九届三次、四次全会、那曲工作会议以及那曲市第一次党代会精神，认真贯彻落实新发展理念，牢牢抓住项目大推进年、脱贫大攻坚年、产业大发展年的有利契机，以坚决打好“三大攻坚战”为抓手，迎难而上，奋勇拼搏，全县经济社会呈现出持续健康发展的良好态势，为做好今年经济工作打下了坚实的基础。

（一）经济平稳较快发展

全年生产总值预计完成 8.07 亿元，同比增长 16%；其中，一产预计完成 1.42 亿元，同比增长 2.8%；二产预计完成 1.59 亿元，同比增长 38%；三产预计完成 5.05 亿元，同比增长 14%；固定资产投资完成 16.59 亿元，同比增长 27.61%；社会消费品零售总额完成 2.26 亿元，同比增长 12%；县财政收入完成 3388 万元，同比增长 29.06%；经济社会发展各项指标总体平稳、稳中有进。

（二）人民生活显著改善

一是农牧民人均可支配收入预计完成 1.19 万元，同比增长 12.54%；城镇居民可支配收入预计完成 3.33 万元，同比增长 6%。二是“十件实事”已全部落实，尼玛镇棚户区改造项目主体全面完工，80 户群众顺利回迁。三是加大教育基础设施建设，累计投资 4764.5 万元，实施了村

级幼儿园、小学附属设施建设等项目；积极筹备义务教育均衡的各项工作；有效开展控辍保学专项整治工作，共摸排辍学学生349名，已教育劝返226名；全县学前适龄儿童、小学适龄儿童、初中学龄少年入学率分别达到66.56%、99.84%、97.04%。四是认真开展包虫病综合防治工作，全县应筛查人数29161人，实筛29549人，筛查率达101.33%，已完成手术治疗37人，建档446份；成功与华西医院签订了3年对口帮扶合作协议，受益病患382人。五是不断丰富群众业余生活，成功举办第九届中象雄旅游赛马艺术节，组织开展了“3·28”“五下乡”等文艺演出活动，群众业余文化生活不断丰富。六是加快社会保障体系建设，兑现1261户4649人城乡低保资金1153万元，兑现430名贫困群众医疗救助资金210.5万元，五保户集中供养率达到愿意集中供养的100%。七是严格防控政府债务。切实提高思想政治站位，坚决贯彻中央、区党委、市委有关指示精神，全面摸清了债务情况，积极化解政府性债务，全力消除政府性隐性债务，全县政府性债务得到有效防控。八是区党委、市委和县委各类督查检查和巡视巡察发现的问题已基本完成整改，中央第三巡视组反馈的问题正在全面整改中。

（三）脱贫攻坚成效显著

一是全年实现脱贫293户1232人，贫困村出列16个，贫困户人均收入达到10767.06元，贫困发生率由31.44%降至20.02%。二是县劳务输出公司搜集对接长期就业岗位785个，劳务输出5403人14673人次，其中贫困户3550人，劳务收入共计2746.2万元。三是易地搬迁项目完成总工程量的80%，入住率达到80.4%；荣玛乡高海拔生态搬迁至堆龙德庆区古荣乡262户1102人，通过与当地政府、企业沟通协调，实现长期就业18人，短期就业210人，对接216名就读学生学校问题，有效消除了搬迁群众的后顾之忧。四是积极组建“一乡一社”和“一村一合”89个，促进贫困户就业717人次，收益及分红共计422.88万元；8个乡（镇）奶牛养殖项目已全部运转，就业182人，实现收益169.72万元。五是积极开展援藏扶贫，投入资金2797.5万元，实施了县城集中搬迁安置点附属设施及文部乡北村温泉酒店建设等项目。

（四）基础设施有效改善

2018年，全县开复工项目共计139项，涉及农林水利、交通、社会事业发展、市政基础、以工代赈等，总投资30.87亿元，完成投资16.59亿元。一是道路交通方面，尼玛县至文部乡油路已基本建成，13个乡（镇）通乡油路全面开工建设，全县境内公路总里程达到3104公里，乡（镇）、行政村通达率达到100%，通畅率分别达到90%、49.3%（含在建），县乡村公路网络体系构建全面推进。二是水利方面，农村饮水安全巩固提升工程已经竣工，尼玛县高效节水灌溉工程已经完成工程总量的85%，饮用水源环境符合国家II类标准，水质达标率100%。三是市政方面，县城给排水、集中供暖提标扩面，县城供氧项目已建成并投入使用；厕所革命项目已完成总工程量的93%，预计5月底投入使用。

（五）农牧业加快发展

一是尼玛县藏系绵羊养殖基地、绒山羊养殖基地建设项目和2018年国家天然草原退牧还草工程项目已开工建设。二是全县接羔育幼中应生483815头（只、匹），已生342627头（只、匹），成活314899头（只、匹），成活率91.91%。三是成功举办尼玛县第六届畜产品展销会，实现销售额2403.78万元。四是落实农机具购置补贴政策，共计到位资金1009.48万元。五是完成农村土地（耕地）应确权面积1068.66亩，承包经营权确权登记颁证工作完成率达100%。

（六）生态环保有序推进

一是全面推进“河长制”工作，设立县级河长28名，乡（镇）级河长124名，村级河长77名，县级河长巡河10次，乡（镇）级河长巡河146次。二是全面开展生态保护红线划定工作，划定生态保护红线面积35767.28平方公里，占县域辖区面积（72499平方公里）的49.33%，斑块数量达到151个。三是严把项目环保审批关，严禁三高项目进入我县，从源头上控制新污染的产生。四是大力实施植树造林项目，投资73.7149万元，种植了藏红柳、白柳、红叶子等，夏季成活率达80%以上。

（七）社会局势持续和谐

贯彻落实习近平总书记关于“治国必治边、治边先稳藏”的重要论述，按照区党委、市委关于维护稳定工作部署要求，狠抓各项维稳措施落实，认真做好“双联户”服务管理、“先进双联户”创建评选、网格化服务管理、平安创建、综治等工作，全力推进“扫黑除恶、打非治乱、扫黄打非”专项斗争，积极开展民族团结进步创建活动，深化和加强寺庙管理创新，深入开展涉宗领域“五项”主题教育，确保了全县社会大局持续和谐稳定。

尼玛县第六届人民代表大会常务委员会工作报告

——在尼玛县第六届人民代表大会第五次会议上

（2019年4月12日）

尼玛县人大常委会主任　吉生虎

2018年，是全面贯彻落实党的十九大精神的开局之年，也是那曲撤地设市的第一年。在县委的坚强领导和县政府的大力支持下，在市人大的关怀指导和县人大常委会及全体代表的积极参与配合下，县第六届人大常委会认真贯彻落实党的十九大，十九届二中、三中全会和中央第六次西藏工作座谈会精神，深入学习贯彻习近平新时代中国特色社会主义思想，深入学习贯彻习近平总书记关于坚持和完善人民代表大会制度的重要思想、关于治边稳藏的重要论述，按照自治区第九次党代会和区党委九届三次、四次全会要求，紧紧围绕党的治藏方略和全县工作大局，认真履行宪法和法律赋予的职责，努力践行党的领导、人民当家做主、依法治国有机统一。一年来，县人大常委会紧扣中心，紧贴民心，紧抓自身建设，圆满完成了全年的各项工作任务，为我县长足发展和长治久安做出了积极贡献。

一、高举旗帜、坚定方向，全面贯彻党的路线方针政策

坚持正确的政治方向，是做好人大工作的根本保障。县人大常委会自觉坚持党对人大工作的领导，贯彻党的基本理论、基本路线、基本要求，落实党委的各项决策部署，从法律制度上保证党的路线方针政策贯彻落实，保证县委总揽全局、协调各方的领导核心作用充分发挥，确保人大各项工作都有利于加强和改善党的领导。县人大常委会在依法行使各项职权的过程中，始终坚持围绕中心、服务大局，注重把县委的重要决策部署及时转化为我县各单位的实际行动。在人事任免上，认真履行各项法律程序，及时通过人事任免，确保党组织意图通过人大程序顺利实现。在重大事项和重要工作部署上，认真落实向县委请示报告制度，自觉接受县委对人大工作的领导。在开展视察调研工作上，及时向县委请示视察调研内容是否

紧贴县委中心工作，是否符合县委年度工作安排，有效保障了党对人大工作的领导。

二、健全机制、突出重点，不断增强监督实效

在县委的正确领导下，县人大常委会充分运用法律赋予的职权，认真履行监督职责，正确处理监督与支持的关系，监督与促进的关系，监督与制约的关系，形成了“在监督中支持，在支持中参与”的良好工作格局。

（一）加强对“一府一委”工作的监督

六届四次会议上审查计划执行情况报告、预算执行情况报告；常委会上审议批准县财政年度预算调整方案、县环保工作专题报告和监察委员会工作报告。积极参加政府的重大会议，主动协调参加县长办公会议、政府重大决策研究部署会议。一年来参加县长办公会议、政府重大决策的研究部署会议17次，并就研究通过的重大事项开展专题调研，针对存在的问题提出意见建议，确保区、市两级一系列决策部署落到实处。参加政府部门多家单位的采购验收工作，一年来累计参加各项采购验收25次，保障了群众对政府重大资金使用情况的知情权、参与权，确保了物资采购的公开透明。在2019年1月，人大常委会组织召开了2018年度“一府一委两院”工作评议会，县人民检察院和县文广局被授予“人大代表满意单位”荣誉称号。

（二）加强对“两院”工作的监督

按照“紧扣中心抓重点，顺应民意抓热点，锲而不舍抓难点，拓宽渠道抓焦点”的工作方法，把事关全局、事关长远、事关民生的重大事项，人民群众普遍关注和反映强烈的热点问题，“两院”工作中的薄弱环节和突出问题作为重点监督对象，切实加大法律监督和工作监督。加强与县人民法院和县人民检察院的沟通联系，组织常委会成员和人大代表参加县人民法院重大案件审理的列席旁听工作，了解重大案情的审理情况，对公平审判、公正司法提出合理化建议。一年来，列席旁听县人民法院案件审理工作11人次。强化法律监督，维护公平正义，加强对县人民检察院的监督力度，确保司法权得到正确行使，截至2018年12月底，备案刑事案件12件17人，为县人民检察院充分发挥检察职能，惩治犯罪提供了有力保障。

（三）加强对乡镇人大工作的指导力度

为全面了解掌握乡镇人大工作情况，巩固乡镇人大规范化建设成果，增强人大代表履行职责的主动性和自觉性，11月中旬，县人大常委会分两组，奔赴14个乡镇进行专项视察。各乡镇人大主席团在县人大常委会的指导下、在乡镇党委的领导下，紧紧围绕经济建设、社会和谐主题，认真履行宪法和法律赋予的各项职权，不断探索、不断规范、不断作为、不断进取，认真履行职责。视察组对如何开展好人大工作方面提出很多建设性意见建议，为下一步乡（镇）人大工作指明了方向。同时，在视察期间，看望慰问贫困户58户，发放慰问金40600元。

（四）加强代表议案、意见建议办理工作

在六届四次会议上，共收集意见建议85条，归纳梳理了48条，常委会及时召开了意见建议交办会，明确了办理单位。县政府主要领导亲自安排部署代表意见建议的办理工作，对意见建议办理制定计划，明确了主管领导、办理责任人和办理时限，相关办理人员增强责任意识，主动听取人大意见，自觉接受监督，为快速、有效办理代表意见建议提供了保障。目前，48条意见建议已经全部答复完毕。

三、体现特色、提高质量，推动视察调研活动向纵深开展

对群众关注和全县发展稳定的重大问题开展调研是人大工作的重要任务。常委会协同县政协组织区、县、乡三级人大代表和政协委员共16名，对申扎县2个乡（镇）3个行政村的经济合作组织及县城3家超市、3家药店、县城易地集中搬迁点、万亩千畜工程、棚户区改造、扶贫产业项目综合商业楼、商砼站开展了视察调研工作，视察调研内容涵盖了我县的民生、医疗、基础设施建设、扶贫领域等方方面面。同时，广大代表对加快我县经济社会发展提出了意见建议，并逐一整理后反馈给相关部门进行整改。

四、注重服务、密切联系，大力提升代表理论水平

为提高县乡人大代表的综合素质，提高人大代表的履职能力和履职水平。组织人大代表参加区、市、县三级举办的基层人大培训班，主要学习了党的十九大精神及习近平新时代中国特色社会主义思想、《中华人民共和国宪法修正案》、如何组织保障好代表依法履行职务、人民代表大会基本理论制度和人大预算审查监督等内容。通过培训学习，使广大代表明白了党的十九大为广大代表提出的各项新目标、新任务、新要求，为做好今后的代表工作指出了明确方向，从而提高了人大代表的政治理论素质、履职能力和法治意识。一年来，参加区、市培训班5人，县级培训班60人。

五、依法规范、民主决策，扎实有序行使决定权和任免权

做出批准财政预算、预算调整方案的决议决定7个，推动我县财政预算科学合理。听取和审议“七五”普法工作情况报告，就普法工作作出决议。召开了尼玛县第六届人民代表大会第三次会议选举产生新一届自治区人大代表5名，县人大常委会副主任1名、补选人大常委会组成人员3名、监委会主任1名、人民法院院长1名；召开尼玛县第六届人民代表大会第四次会议选举产生那曲市第一届人大代表14名，选举和任免国家机关工作人员129人次，坚持党管干部原则与人大依法任免有机统一，圆满实现党委人事安排意图。严格按照《西藏自治区实施宪法宣誓制度办法》规定，先后组织59名新任命人员向宪法宣誓，国家机关工作人员宪法意识和公仆意识进一步增强。

六、围绕中心、认真督导，狠抓县委、县政府重大决策部署的检查督办

根据县委《2018年工作计划》安排，为全面推进我县经济社会各项事业稳步发展，确保县委、县政府各项决策部署的贯彻落实，县委大督导组对维稳综治、“四讲四爱”群众教育实践活动、基层宣传思想文化、脱贫攻坚、环境保护、基层党建、党风廉政建设、安全生产8个方面的工作进行全面督导，覆盖了14个乡（镇），抽查了30%以上的村（居），并与112户（448人）牧民群众进行了深入交谈。同时，还对全县11座寺庙（拉康、日追）进行了全面的排查摸底。督导组认真履行“调查研究、督促检查、群众交谈、发现典型”四项职责，努力做到“督导不包办、尽职不越位、帮忙不添乱、从严不放松”，发现了党的建设、经济建设、生态文明建设、维护稳定等方面的共性问题43条、个性问题12条，并督促整改落实，有效地促进了乡（镇）各项工作的扎实有序开展，实现了“提高干部素质、加强基层组织、服务人民群众、促进各项工作”的预期目的。

七、发挥堡垒、精准帮扶，促进脱贫工作

始终坚持把加强党建工作与脱贫工作紧密结合，同部署，同推进，做到两手抓、两手硬，切实发挥党组织的战斗堡垒作用和党员的先锋模范作用。党组成员深入贫困户调查致贫原因，仔细分析脱贫过程中存在的各种困难，切实帮助贫困户谋划脱贫之路，进一步增强了党组织的凝聚力、战斗力，提升了党和政府在群众当中的威信，从而转变了党员干部的工作作风。为积极贯彻落实党员干部与贫困户“结对帮扶”活动，人大常委会党组成员及办公室工作人员共结对帮扶16户，在元旦、春节、藏历新年和“十一”国庆等节假日中，为结对帮扶对象送去了大米、青油、面粉、糌粑、衣物及慰问金16300元，为驻村点村两委班子送去22000元的帮扶资金，共折合人民币41310元。

八、强化素质、提升能力，全面加强自身建设

（一）加强理论学习，提高政治站位

始终把理论学习作为把握政治方向，增强适应能力，指导工作实践的源泉和动力。以“两学一做”学习教育常态化制度化为契机，采取集中学习与自学相结合、理论与实践相结合的方式，提高了党组成员和常委会的政策理论水平和决策能力，增强了政治敏锐性和政治鉴别力，做到了坚决维护习近平总书记在党中央、全党的核心地位，坚决维护了以习近平同志为核心的党中央权威和集中统一领导，牢固树立了“四个意识”，进一步坚定了“四个自信”。

（二）落实从严治党，提高整体素质

始终坚持把党的政治建设摆在第一位，全面落实党建工作责任制，加强政治纪律和政治规矩教育，以党建推动人大工作创新发展为抓手，推动工作作风转变，提高人大工作的质量效率。全年先后召开常委会4次，人大党组会议6次，人大主任会议6次，党建工作协调推进会议2次，党建工作专题会议3次，党组成员参加支部组织生活会2次，向党组述职1次，讲党课6次，协调解决工作中的困难问题，推动了人大党组党建工作有序开展。全面落实党风廉政建设责任制，严格执行《关于新形势下党内政治生活的若干意见》《中国共产党廉洁自律准则》《中国共产党问责条例》《中国共产党党内监督条例》、中央“八项规定”及实施细则和制定区党委实施办法、开展政治纪律和政治规矩教育以及“利用名贵特产类特殊资源谋取私利问题”等专项治理工作。2018年，召开党风廉政建设民主生活会2次，党风廉政建设专题会议3次，党组成员向党组述职述廉会议1次，廉政交心谈心活动20人次。签订《党风廉政建设责任书》9份、《廉洁承诺书》9份、“禁赌令”7份、“采购人员”承诺书4份及扫黑除恶承诺书7份，完善了廉政档案。

尼玛县人民政府工作报告

——在尼玛县第六届人民代表大会第五次会议上

（2019年4月12日）

尼玛县人民政府县长　旦　巴

2018年以来，在区党委政府、市委政府和县委的坚强领导下，在县人大及其常委会的有力监督和县政协的参政议政下，在中国海油的大力支持下，我们以习近平新时代中国特色社会主义思想为指导，深入贯彻落实党的十九大和十九届二中、三中全会精神，按照中央、区和市政府工作要求，坚持以人民为中心的发展思想，坚持稳中求进、进中求好、补齐短板、缩小差距的总基调，认真落实县委“123”发展思路，全县各级各部门和各族干部群众乘势而上、开拓进取，勇于担当、干事创业，努力推进尼玛经济社会持续健康发展。较好地完成了县六届人大四次会议确定的目标任务，保持了经济社会平稳健康发展。全县国内生产总值预计完成8.07亿元，增速16%；其中，一产预计完成1.42亿元，增速2.8%，二产预计完成1.59亿元，增速38%；三产预计完成5.05亿元，增速14%；固定资产投资预计完成16.59亿元，同比增长27.61%；社会消费品零售总额预计完成2.26亿元，同比增长12%；农牧民人均可支配收入预计完成1.19万元，同比

增长12.54%；城镇居民可支配收入预计完成3.33万元，同比增长6%；县财政收入实际完成3388万元，同比增长29.06%。

一年来，我们主要做了6个方面的工作。

一、坚持打好“三大攻坚战”

（一）打好脱贫攻坚战

始终坚持凝心聚力、攻坚克难、创新办法，从9个方面入手脱贫攻坚工作，全年实现脱贫293户1232人，贫困村出列16个，贫困户人均收入达到10767.06元，贫困发生率由31.44%降至20.02%。一是“短平快”“万亩千畜”、扶贫门面房、8个乡（镇）奶牛养殖项目实现带动贫困群众增收达308.01万元。积极组建“一乡一社”和“一村一合”89个，促进贫困户就业717人次，收益及分红共计422.88万元。二是县劳务输出公司搜集对接长期就业岗位785个，劳务输出5403人14673人次，其中贫困户3550人，劳务收入共计2746.2万元。三是县城集中搬迁点及各乡（镇）易地扶贫搬迁安置点完成总工程量的80%，搬迁至县城集中安置点的群众已完成入住。尼玛县荣玛乡极高海拔生态搬迁群众262户1102人已搬迁至拉萨市堆龙德庆区古荣乡，通过与当地政府、企业沟通协调，解决了搬迁群众就业、医疗、教育等问题，产业配套项目正在积极推进中，消除了搬迁群众的后顾之忧。四是兑现2017—2018学年建档立卡、城镇低保、孤儿三类大学生和非建档立卡大学生群体助学金共110人57.27万元。五是兑现2018年生态岗位资金11405人3991.75万元。六是摸排确定非婚生子女2067人，涉及1586户，已协商解决1305人的抚养问题。七是2529名干部职工结对帮扶2373户9440人，全年给予各类物资、慰问金共计249.88万元。八是将全年90%援藏资金2797.5万元投入扶贫事业，重点加大扶贫产业发展和基础公共服务水平建设。九是结合各级巡视巡察反馈意见，开展自查自纠，共梳理各类整改问题129条，主要有扶贫对象识别不精准、签订项目合同不规范、主体责任落实不到位等问题，按照整改时限和要求，已全部整改到位，有效防止了不正之风的蔓延，保证了脱贫工作依法推进。

（二）打好污染防治攻坚战

我县地处羌塘自然保护区重要区域，生态脆弱，文明建设任重而道远。一是以中央环保督查为契机，对照各级环保督导组反馈的整改任务清单，按照时间节点，认真整改并如期销号；累计投入93.04万元，对来多乡“多卡巴、哪让”砂金矿矿区进行围栏，修建牧道、管涵，回填部分基坑，修复工程已完工。二是在县城内、部分乡（镇）共种植树木7000余株，夏季成活率达80%以上，并实施了冬季管护措施。三是昂孜措—马尔下措湿地和当惹雍措湿地恢复与保护项目全部竣工。加强自然保护区开发建设活动和非法征占用草原监督管理，已办理3起草场征占用手续，收缴植被恢复费2.03万元。全面推进“河长制”工作。四是针对医疗废物处置、县城垃圾填埋场运营不规范，扬尘污染治理落后、水源地保护措施不健全等问题，各责任单位及时研究制定了规章制度并严格执行实现了保护生态环境常态化制度化。五是抓好环境监测各项工作，对空气、土壤、水质量进行了常规监测工作，均达到国家II类标准。

（三）打好各类重大风险攻坚战

坚持强化政府主体责任，加强债务管理，防控债务风险，对政府债务进行摸底排查，全力打好防控各类风险攻坚战。一是经全面清查，我县涉及政府性债务共3个。其中，阿索乡牦牛养殖项目以县扶贫投资开发有限公司名义贷款，贷款到位资金90万元，目前已全部还清。县城“三项工程”、尼玛镇棚户区改造项目存在政府垫资行为，属于政府隐性债务。二是为有效解决“双清欠”问题，设立农民工欠薪滚动资金200万元，有效防范化解拖欠农民工工资而引发的信访问题。

二、社会保障更加完善

坚定不移“改善民生、决胜小康”，集中力量解决好人民群众最关心、最直接、最现实的民生问题。教育方面。优先发展教育事业，围绕义务教育均衡发展，累计投资4764.5万元加大教育基础设施建设。继续做好控辍保学工作，共摸排辍学学生349名，已教育劝返226名；全县学前适龄儿童、小学适龄儿童、初中学龄少年入学率分别达到66.56%、99.84%、97.04%。卫生方面。加快卫生基础设施建设，新建县级妇幼保健院，对7个乡（镇）卫生院进行改扩建。为县藏医院、部分乡（镇）卫生院配备了太阳能冷链设备及救护车。健康扶贫助力脱贫攻坚，完成搬迁至羊八井、堆龙古荣乡群众医保对接，开展建档立卡群众健康体检和签约服务。强化疾病预防控制管理，计划免疫接种率均超过95%以上，完成2.84万人的健康体检建档和地方病、“三病”筛查工作，开展包虫病综合防治救治工作，免费救治4名唇腭裂患者、2名先心病儿童，完成521名残疾人筛查鉴定。研制生产藏药126个品种共4250公斤，销售额达436万元。四川大学华西医院、西藏自治区人民医院支援帮扶县人民医院工作初见成效，填补了我县医疗领域的多项空白，规范完善了医院各项管理制度。文化事业。不断丰富群众业余生活，组织开展了“3·28”文艺活动，成功举办第九届中象雄旅游赛马艺术节。县民间艺术团新创节目《你知道“四讲四爱”吗？》，获得那曲市第一届“四讲四爱”小品大赛一等奖。推荐文部南村八那秀经济合作社参加了第13届义乌文化产品交易会。更新配备牧家（寺庙）书屋书籍1.76万册，发放村村通设备4800套。加大文化遗产保护力度，对文部寺壁画进行了封框保护，对文部乡南村7处石屋进行了维修。全县旅游接待人数2.9万人次，同比增长116.8%，实现旅游综合收入995.79万元，同比增长152.56%。规范了尼玛县藏语文社会用字，提升了藏语言文字使用和规范率。社会保障。进一步完善社会保障制度，兑现1261户4649人城乡低保资金1153万元；兑现各类贫困群众430名救助资金210.5万元。2016年、2017年危房改造项目，涉及群众525户，已完成工程量的20%。2018年“十件实事”总投资4765万元，7个项目已建成投入使用。

三、传统产业增产增效

总投资1.54亿元加快农牧基础设施建设，重点实施了农技推广服务体系、重大动物疫情应急物资储备及冷链设施、县和乡农牧业防抗灾物资储备库、申亚乡嘎青村肉羊标准化养殖场、尼玛县人工种草与天然草场改良、2016年及2017年尼玛县退牧还草等建设项目已完工。藏系绵羊养殖基地、绒山羊养殖基地建设项目和2018年国家天然草原退牧还草工程项目已开工建设。全县接羔育幼中成活31.49万头（只、匹），成活率达91.91%。对1068.66亩土地承包经营权完成确权登记颁证工作，证书已发放至群众手中。落实农机具购置补贴资金共计1009.48万元。积极推进农村集体产权制度改革。新建防抗灾仓库15座，各级防抗灾仓库储备饲草料4241吨，帐篷1642顶、衣物4820件以及其他物资，有效降低了自然灾害带来的损失。

四、项目发展增添经济活力

2018年全县开复工项目共计139项，涉及农林水利、交通、社会事业发展、市政基础、以工代赈等，总投资30.87亿元，完成投资16.59亿元。重点实施了县城至文部乡油路项目，已基本建成，13个乡（镇）通乡油路全面开工建设。县城弥散式供氧项目已建成投入使用。尼玛镇棚户区改造项目涉及的80户群众已搬迁入住。“三项工程”惠及干部群众529户，新增供暖面积近5万平方米，全县供暖面积达18余万平方米。厕所革命建设项目完成建筑主体和装修工程，完成总工程量的93%。尼玛县城区山洪治理、达果乡多玛村防洪工程、2017年农村饮水安全巩固提升工程已竣工投入使用；尼玛县高效节水灌溉工程完成工程总量的85%。完成招商意向项目11个，落地资金8677万元，已完成商砼站和综合商业楼项目建设。当雄措锂矿开发项目已取得环评等前期手续，通过多次协商，初步达成合作开发意向，立项开发工作全面开展。发展环境稳中向好，紧紧围绕项目建设审批问题的易发多发领域，完善制度缺陷，切实加强对项目资金、项目审批等重点领域的监管。进一步加强项目监管领域备案、报验、拨款各阶段工作，严厉整治不作为、慢作为等现象，特别是项目验收、严查吃拿卡要、人为刁难、随意摊派与工程无关的事情。

五、改革创新持续深化

坚持“放管服”，主动适应新常态，加大服务企业、服务基层、服务发展力度，充分发挥职能作用。一是优化投资审批。根据有关法律、法规和政策规定，结合当前项目管理工作的实际，制定了《尼玛县基本建设项目管理办法》《关于项目管理领域进一步简政放权的规定》，大幅减少了投资项目前置审批和规范前置中介服务。二是商事制度改革，实施企业“多证合一”，个体工商户“两证整合”工作，办证时间从原来6个工作日缩减到2个工作日，提速200%。截至目前，已为企业办理“多证合一、一照一码”营业执照70户，个体工商“两证整合”营业执照1008户。三是推行县人民医院首届科室主任竞聘上岗试点，主动对接，构建医疗联合体，更好的发挥医技人员的主观能动作用，让群众得到医改实惠。四是积极流转草场租赁，共流转草场147.2万亩，探索合群代牧，实现牧区富余劳动力转移就业。

六、全力抓社会和谐稳定

社会和谐稳定是经济社会发展的重要保障，抓稳定就是抓发展，全年实现了“三无”“三不出”的维稳工作目标，为经济社会发展保驾护航。深入开展“三个专项”斗争，共侦破5起赌博案件。对各乡（镇）48名后进群众开展教育培训，强化思想管理，在培训期间开展劳动教育，实现收入3.12万元，返乡后，培训人员在思想和行动上得到很大改观。大力开展民族团结宣传教育和民族团结进步创建活动。加强食品药品安全宣传和监管工作。落实安全生产责任制工作，全年共开展安全检查98次、排查安全隐患219处，整改隐患219处，整改率100%，共发生各类安全生产事故1起。严厉打击非法运营和营运车辆违规经营行为，查处各类违法违规车辆545辆，净化了道路运输。做好“七五”普法工作。加大矛盾纠纷排查化解力度，全年排查37起矛盾纠纷、接访各级信访案件27起，均已调解完毕。积极开展双拥共建活动，清理涉军房屋经商行为，军政军民团结不断巩固。

同时，人民检察院、人民法院、审计、统计、地方志、气象、农业、工商联、妇女儿童等事业持续健康发展。人大建议、政协提案共51件全部落到实处。

尼玛县发展取得喜人成果，主要得益于上级党委、政府和县委的坚强领导，得益于县人大、政协的有力监督，得益于中国海油以及社会各界的鼎力支持，得益于全县人民的共同奋斗。在此，我代表县人民政府，向各位代表、各位委员和广大干部群众，向所有关心支持尼玛县发展的同志们、朋友们，表示崇高的敬意和衷心的感谢！尼玛县发展变化令人振奋，但我们也要明白差距和不足。一是社会发展与人民的追求差距较大。近年来，我县经济社会各项发展虽然取得了一定成绩，县财政保运转、保民生，市政设施、教育医疗、交通出行、饮水安全等民生领域方面的投入力度不断加大，但与群众期望相比还有较大差距。二是基础设施短板仍然较为明显。纵向比，全县基础设施有了翻天覆地的变化，横向比，与发展较快的兄弟县至少落后5—10年，目前，我县仍不能提供稳定的用电保障、通信保障以及必需的公共服务保障。三是脱贫攻坚压力大。受自然环境和地理位置限制，产业项目建设难度大，投入与产出不能形成正比，不能很好地带动群众持续增收。四是干部作风还需进一步转变。个别政府部门和公务人员慢作为、不作为的现象仍然存在，作风建设和廉政建设任务依然艰巨。这些问题，必须近远结合、标本兼治，下最大决心、尽最大努力加以解决。

中国人民政治协商会议第六届尼玛县委员会常务委员会工作报告

——在政协第六届尼玛县委员会第四次会议上

（2019年4月10日）

尼玛县政协主席　平措达杰

六届三次会议以来，县政协常委会在市政协的有力指导下，在县委的坚强领导下和县人大、县政府的大力支持下，政协尼玛县委员会深入学习贯彻习近平新时代中国特色社会主义思想，全面贯彻落实党的十九大，十九届二中、三中全会和区党委九届三次、四次全会及那曲市第一次党代会精神，增强“四个意识”，坚定“四个自信”，坚决做到“两个维护”，坚持团结和民主两大主题，紧紧围绕县委、县政府中心工作，切实履行政治协商、民主监督、参政议政职能，有效发挥协调关系、凝聚力量、建言献策、服务大局的作用，为全力推进我县经济社会长足发展和长治久安，推动各项工作取得新进展作出了应有的贡献，具体抓好了以下三个方面的工作。

一、强化理论武装、加强政治建设

（一）深入学习贯彻习近平总书记关于加强和改进人民政协工作的重要思想

深入学习贯彻习近平新时代中国特色社会主义思想和党的十九大精神是加强思想政治建设的必然要求和我们的首要政治任务。通过集中组织召开委员会3次、主席会5次、委员和办公室会4次，认真学习贯彻习近平总书记关于治边稳藏重要论述和给隆子县玉麦乡群众的回信精神，认真贯彻落实中共中央《关于加强社会主义协商民主建设的意见》，按照学懂弄通做实的要求，坚持用习近平新时代中国特色社会主义思想和党的十九大精神武装头脑，不断提高政治觉悟和理论水平，进一步坚定了正确的政治方向。

（二）加强人民政协党的建设工作

人民政协是中国共产党领导的多党合作和政治协商的重要机制，政协党的建设关系政协工作方向和水平。始终把加强党的建设摆在突出位置，着力固本强基，增强履职活力，努力建设高素质的政协委员队伍和打造高效能的政协党组成员。毫不动摇地坚持中国共产党的领导，做到政治信仰不变、政治立场不移、政治方向不偏，全力推进党的各项建设。政协党组及时学习贯彻中共中央办公厅《关于加强新时代人民政协党的建设工作的若干意见》，召开党组学习会3次，围绕县委、县政府中心工作，制定2018年工作目标，狠抓工作落实。进一步提升了党的组织对政协工作的领导能力，为人民政协工作更好地开展提供了坚强的组织保证。

二、完善协商议政，强化协商效果

（一）认真组织开展调研，提高履职实效

一是2018年11月5—10日，县政协同县人大代表和乡（镇）经济合作组织负责人共20余人组成调研组赴申扎县下过乡（三村）和申扎镇

（六村、七村），对“一乡一社”“一村一合”经济合作组织以及牲畜养殖基地、农牧民合作组织等进行调研取经，通过开展视察调研活动，借鉴其他兄弟县经济合作组织的成功经验和做法，进一步提升我县各经济合作组织的运营和管理能力。二是对尼玛县藏医院便民诊所、尼玛县金康大药房、尼玛县佳和医药评价超市3家药店以及尼玛县顺康购物广场中心、尼玛县伟明购物广场中心、尼玛县综合购物中心3家超市进行了视察，主要了解从医人员的健康证、上岗证、药师证、经营许可证是否齐全；药品供货单位的资质是否达到要求；药品品种能否满足群众的需求，药价是否合理；是否有假药、劣药、过期药品以及过期药品的处理情况；超市里的物价是否合理，是否贴有明码标价，物品与物价标签是否一致等。三是对万亩千畜人工种草项目、棚户区改造项目和扶贫项目等关系到群众切身利益的热点难点问题进行了视察。同时在视察过程中县政协带着党和政府的温暖关怀、带着各界政协委员的热情关爱，向敬老院送去21350元的慰问金。在视察调研中，注重沉到乡村，开展系统调查研究，努力形成了一批有力度、有分量的调研议政成果，为县委、县政府的决策部署提供了参考价值。四是2018年6月县政协参加了市政协联合西部4县组织开展的关于牧业改革助力乡村的视察调研活动。2018年7月，县政协参加了由市政协党组书记、主席才仁郎公带队赴青海玉树、昌都的考察团，向兄弟州市学习成功做法和先进工作经验，切实提升素质，增强综合能力，提高政协履职实效。六届三次会议以来，县政协积极参加市政协组织的各项调研活动及县人大和政协联合组织开展的视察调研活动，参加视察调研的干部和委员达22人次，极大地丰富了政协委员履职尽责的实践活动。为县委、县政府决策部署提供有力的决策依据。

（二）加强委员队伍建设，发挥主体作用

政协党组始终把加强自身建设摆在突出位置，着力固本强基，增强履职活力，努力建设高素质的政协委员队伍和打造高效能的政协党组成员。一是配齐配强乡镇政协委员联络员。根据政协那曲市委员会的要求，政协尼玛县委员会8月6日召开了第5次主席办公会议，专门为配齐配强乡（镇）政协委员联络员进行了研究，并初步拟定的联络员名单及请示报送县委组织部，经过组织部研究通过后以红头文件形式下发至各乡（镇），进一步加强乡（镇）政协委员联络工作，努力把政协工作向基层延伸。二是发挥委员作用，树立良好形象。提高发挥委员作用是加强和改进人民政协工作的迫切需要。通过调研、学习、走访等多种形式增强委员履职的责任感和使命感。注重委员管理，健全委员履职档案，完善委员年度履职考核评价机制，坚持对委员参加会议、参与活动、提交提案、反映社情民意等情况进行评分通报，不断提高委员履职热情和履职能力。除了委员积极建言献策外，县政协每年组织委员开展捐款活动，六届三次会议以来，各界委员共捐款6450元，县政协主要领导代表广大政协委员开展慰问活动，同时送去了广大政协委员的亲切关怀，营造了各界别委员之间相互帮忙的良好氛围，拉近了党和人民之间的距离，进一步增强了广大政协委员的凝聚力和向心力，助推树立委员良好形象。

（三）加大提案工作力度，做好参政议政

在过去的一年里进一步加强了提案收集、审查、交办等工作。六届三次会议以来，共收到提案13件，其中立案12件。虽然今年各委员所提出的提案数量有所下降，但是从内容和质量上与往届相比都有很大提升。常委会高度重视提案督办工作，深化提案办理工作，转化好提案办理成果，于2018年9月4日，专门召开了提案交办专题会议，达到了发现问题、形成共识、督促提案办理的目的。同时，县政协办印发的《政协第六届尼玛县委员会关于更好地办理好委员提案的通知》（尼政协办发〔2018〕12号）文件已转交给有关承办单位。截至2019年2月底，12件提案全部办复，从办复情况来看，提案内容丰富，针对性强，体现了政协委员及各参加单位的高度责任感和使命感，为推动县委、县政府中心工作提供强有力的保障。

三、坚持履职为民，助推工作成效

（一）紧紧围绕中心，服务大局工作

县政协始终坚持团结和民主两大主题，紧紧围绕县委的重大决策部署，把政协工作始终置于全县大局之中，始终与县委保持高度一致。一是协助脱贫攻坚工作。去年根据市脱贫攻坚指挥部工作需要，一名县政协领导班子成员抽调到色尼区精准扶贫工作中，帮助该区开展精准扶贫督导工作，同时深入各乡（镇）、走村入户，对各乡（镇）开展精准扶贫工作情况进行督导，在督导过程中所发现的问题和需要整改的情况反馈给乡（镇）主要领导，并将每个乡（镇）存在的问题和典型亮点，汇报给那曲市脱贫攻坚指挥部，为市委、市政府决策部署提供决策依据。同时始终把政协工作与扶贫工作结合起来，积极参与结对帮扶活动，出资金、出思路、出渠道，寻找致富门路，形成每个贫困户有不同的脱贫路子。精准脱贫中，思想是决定一个人贫富的关键问题，思想观念上的提高，必然带来行动上的自觉。2018年在结对帮扶工作中，政协班子共捐献9700元及价值4000多元的糌粑、面粉、衣物等生活用品。在物质上改善贫困户生产生活条件的同时，特别注重宣传扶贫政策，交心谈心进行思想教育工作。政协委员坚持在扶贫工作上发力，旦增西热等十名委员，共捐献12950元、价值14672元的衣物、2017公斤的粮食，助力改善贫困群众生产生活条件。

二是继续开展驻村工作。2018年政协办挂包申亚乡六村，积极开展驻村工作，为充分做好驻村点各项工作，政协领导班子成员先后四次赴申亚乡六村，亲切慰问驻村干部的同时，详细了解驻村点的基本情况，对该村23家贫困户送去了10350元慰问金，并鼓励他们要克服“等、靠、要”思想，靠自己的双手早日实现脱贫致富。2018年，在尼玛县创先争优强基础惠民生活动中荣获优秀组织单位奖，同时我办派出的驻村人员荣获优秀驻村队员。坚持助推我县驻村工作有力开展。

为进一步调动全体政协委员参政议政的积极性，经2019年第一次主席会研究决定对才瓦、旦增西热、石罗等3名委员授予“优秀政协委员”的荣誉称号。并在预备会上对“优秀政协委员”进行表彰，希望全县政协委员以先进为榜样，进一步增强责任感和使命感，为我县发展稳定及全面建成小康社会做出更大的贡献。

（二）立足以史资政，传承历史文化

充分发挥政协文史“存史、资政、团结、育人”的重要作用，进一步做好了文史资料征编工作，在县委的坚强领导和县政府的大力支持下，我办及时成立了编委会。积极征集和出版了《达果雪山与当惹雍措湖的传说》《圣湖当惹雍措》和《尼玛县境内文化遗产选编》三本有价值、有影响的文史资料书，这些书较完整地收录了尼玛县象雄文化的悠久历史，大力宣传这段文化历史，让更多的人融入历史文化当中，增进人民群众对历史的共识。象雄文化系列丛书出版的文史资料编辑工作取得了新的突破，截至目前向县档案馆等相关部门和县级领导及有关人员赠送出220套，售出185套，销售额达到了6.3万元，已转入县财政局，为我县文史工作提供了一定的参考价值。

专　记

尼玛县落实西藏首批高海拔生态搬迁政策的实施

【基本概况】 荣玛乡位于尼玛县北部，荣玛在藏语里“红褐色峡谷”的意思，属羌塘国家及自然保护区。巍峨的玛依雪山、星罗棋布的湖泊、原始的荣玛温泉、丰富的野生动物资源是羌塘生物的基因库，雄壮的野牦牛、机灵的藏羚羊、奔腾的藏野驴，形成了羌塘独特的生态风景，形成了羌塘独特的生态风景，自古以来她都是人人皆知魂牵梦统的地方。荣玛乡地处尼玛县北部，东南与尼玛镇相邻，东部与双湖县措强乡接壤，南部与俄久乡毗邻，西北与阿索乡、阿里地区改则县贡木乡接壤，北接新疆维吾尔自治区，平均海拔 5000 米以上。地势北高南低，地形以高原丘陵平地为主。北部为幅员辽阔的“无人区”，属高原亚寒带半干旱季风型气候和高原寒带干旱气候，常年高寒缺氧。风、雪、干旱、冰雹地震等灾害频发，又由于高海拔、地处偏远，公共服务发展条件欠缺，不适宜人类生存，人均寿命远低于全区平均水平，且位于羌塘国家级自然保护区核心区内，属于国家禁止开发区。全乡总面积 46778.85 平方公里。全乡辖 2 个行政村，10 个自然村，一个派出所、1 个卫生院，1 个文化站，1 个兽防站，1 所初小，全乡干部职工 63 名。截至 2018 年 5 月份，全乡共有牧民群众 265 户 1120 人，其中荣玛乡建档立卡贫困户 90 户 338 人（2016 年已脱贫 22 户 88 人、2017 年已脱贫 49 户 179 人，共已脱贫 71 户 267 人，2018 年预计脱贫 19 户 71 人）。全乡牲畜共 76603 头（只、匹），其中牦牛 2676 头，绵羊 56451 只，山羊 17265 只，马 211 匹。

【关心关怀】 根据自治区党委、政府和那曲市委、市政府的相关要求，坚持政府主导、群众自愿，积极稳妥、有序推进的方针，正确处理好城镇就业和就近就便、不离乡不离土、能干会干的关系，正确处理好搬迁与脱贫、搬得出与能致富的关系，正确处理好找准搬迁对象和尊重群众意愿的关系，正确处理好扶贫搬迁向城镇集聚和向生产资料富裕、基础设施相对完善地区聚集的关系，正确处理好建档立卡搬迁户和同步搬迁户、新搬迁户和已搬迁户的关系，加强产业配套支撑和转移就业，确保搬迁群众“搬得出、留得住、保生态、富得起”，与全市各族人民一道实现全面建成小康社会。尼玛县委、县政府对高海拔生态搬迁进行调研和前期准备工作，对高海拔生态搬迁群众进行积极动员，确保高海拔生态搬迁工作稳妥、扎实推进。2018 年 5 月 12 日下午，区党委副书记、自治区主席齐扎拉，自治区副主席江白，那曲市委副书记、市长敖刘全，那曲市副市长加多等区、市两级领导一行到荣玛乡检查指导生态搬迁工作，县委副书记、县长旦巴全程陪同。检查指导中，齐扎拉听取了荣玛乡生态搬迁工作的情况汇报，并仔细聆听了各村村主任、老党员代表、贫困户代表、群众代表的所思所想以及存在的困难。江白指出，高海拔生态搬迁体现出中国共产党是为人民着想的；搬迁的举措是为了改善群众的生产生活，进而保护生态环境，保证生态环境可持续发展；加强政策宣传和思想引导工作，进一步增强群众的感恩之心；树立群众勤劳致富的观念，不能将所有的问题和困难强加在党委、政府的头上，要有敢拼搏敢奋斗的精神；以群众自愿形式进行搬迁，不强制、不强迫，搬迁工作一律在群众自愿的前提下开展。齐扎拉要求，从实际出发，为群众排忧解难；搬迁工作扎实，工作基础好，进展顺利，要让群众知道共产党是全心全意为人民服务的；克服困难，继续前进。一项工作没有困难是不可能的，要想尽办法去解决它、战胜它，幸福是靠自己的双手拼搏出来的，这才是大家应该做的；要讲党恩，爱核心。要紧紧围绕在以习近平为核心党中央周围，要拥戴它、信赖它、忠诚它、捍卫它，时刻向核心看齐。那曲市委副书记，政府市长敖刘全强调，搬迁后的生活条件与现在将会发生翻天覆地的变化，就业机会、就业待遇比现在肯定也要来的多、来的好。希望大家正确看待生态搬迁工作，对其大力的支持，全力配合。为认真贯彻落实好区党委、政府关于高海拔生态搬迁决策部署，全面推动《西藏自治区2018年高海拔地区生态搬迁实施方案》落实落地，稳步推进尼玛县荣玛乡、吉瓦乡等高海拔生态搬迁工作，确保飞地搬迁群众“搬得出、留得住、有事做、能致富”，调规划好搬迁点产业项目布局、对接好搬迁群众就业岗位等事宜。经市委、市政府主要领导的同意，特成立那曲地区尼玛县高海拔生态搬迁工作专班，为了加快产业项目建设用地落实工作，2018年5月27日和28日，市政府副市长加多带队，先后到自治区副主席江白办公室汇报了相关情况，同时到自治区林业厅和拉萨市政府、堆龙德庆区再一次对接产业项目建设用地工作。经过多次协调和对接汇报，5月30日，拉萨市政府委派市政府副秘书长杨少亮，组织堆龙德庆区有关部门和那曲市拉萨专班组成员搬迁点实地勘察了该区域土地利用整体规划和测量数据，经过协商，现场决定古荣乡高海拔生态搬迁居住区后侧500亩空地划拨为搬迁点产业项目建设用地，并要求尽快拿出产业项目规划设计方案，按程序办理相关审批手续。后期在征求当地群众的意见建议基础上，国道109旁边适当考虑搬迁点第三产业经营建设用地，以便搬迁群众经营部分商贸、服务等第三产业，实现增收。新迁入地位于古荣乡嘎冲村和加入村中间，海拔约3800米，距离拉萨市区27公里，毗邻109国道，靠近堆龙德庆区工业园、香雄美朵生态旅游文化产业园区、古荣乡温室大棚种植项目、古荣朗孜糌粑有限公司等。荣玛乡党委、乡政府也多次召开高海拔生态搬迁后续管理工作会议，那曲市脱贫攻坚指挥部计划2000万元（包括前期投入组建“一乡一社”的300万元）用于建设牧业养殖基地基础设施，确保搬迁群众能够“搬得出、稳得住、能致富”。由致富带头人2人、建档立卡贫困户90户338人参与的草场、牲畜、劳力入股的方式已注册成立了多种经营的荣玛乡玛依农牧民专业合作组织“一乡一社”，其他不愿加入经济合作组织的建档立卡贫困户按照5户或5户以上、以双联户为单位的形式组成的联营放牧合作社，对牲畜进行自我管理、自主放牧。

【摸底工作】 为深入贯彻落实习近平总书记关于脱贫攻坚工作的重要指示精神，2017年5月3日，尼玛县脱贫攻坚指挥部次仁扎堆主任、易地搬迁组琼达、综合组次仁曲桑到荣玛乡开展高原生态搬迁相关政策宣传，并发放调查问卷，对荣玛乡高原生态搬迁进行摸底调查。次仁扎堆主任对精准扶贫相关政策进行了讲解，对农牧民群众提出的问题、异议进行解答；琼达用藏语，面向广大农牧民详细讲解了什么是易地搬迁、为什么要易地搬迁、搬迁后有哪些优惠政策，使广大农牧民群众更加了解搬迁后的优势和好处。为了确保生态搬迁户各类基本信息准确无误，提高信息的准确性和真实性，发放了《荣玛乡高原生态搬迁摸底问卷调查表》。荣玛乡共有牧户260户、1069人，此次发放的调查问卷有171份，收回171份，参加高原生态搬迁摸底调查有171户、837人，其中在校生有172人，患有高原型疾病患者有215人。根据此次调查问卷结果显示，统计如下：群众自愿搬迁到低海拔区域生活的有70户；存在住房困难的有130户；存在饮水困难的有150户；存在交通不便困难的有132户；存在就业困难的有132户；存在接受教育困难的有110户；存在就医困难的有83户；存在通信困难的有134户。

【政策宣传】 荣玛乡党委、乡政府重视高海拔生态搬迁政策宣传解释工作，多次组织科级干部深入各村调研，并召集各村委、驻村工作队员，组建高海拔生态搬迁政策宣讲队，深入各个自然村对搬迁群众开展宣讲解释工作，重点针对贫困户的"等、靠、要"思想，以开展新旧西藏对比的方式方法，以扶志亦扶智为引导，教育群众思想向"要脱贫、要致富"转变。截至年底，共开展宣讲30次，发放宣传材料420余份，受益群众1000余人次。同时，积极组织群众代表，到羊八井风湿病理疗中心和高海拔生态搬迁安置点进行实地查看，逐渐形成以贫困户为代表的高海拔生态搬迁政策宣讲团对搬迁群众进行思想教育引导工作。

【生态搬迁落地生根】 6月1日下午，那区市政协副主席、尼玛县委书记徐建主持召开尼玛县荣玛乡高海拔生态搬迁方案研讨会，在家县级领导及相关责任单位负责人参与会议。会议决定尼玛县政府副县长达吉次仁带队，统一部署、统一前往，荣玛乡党委书记加央边久指出，搬迁规划，搬迁准备工作分两组进行开展，一村藏曲村为第一组，二村加玲加东村为第二组，先搬迁藏曲村再搬迁加玲加东村。家具集中阶段，各村委会、驻村工作队组织好搬迁户将家具运送至家具集中点的相关工作。家具装载阶段，由货运车前往各个家具集中点进行装载。搬迁车队出发，第一组出发时间为2018年6月10日，第二组出发时间为2018年6月16日。经过两天的奔驰，第一批高海拔搬迁乔迁入住137户、282人（其中小学生42名），组织客车10辆、货车34辆、群众自驾车辆11辆；为保障道路交通安全和医疗服务保障到位，尼玛县派4辆警车、2辆救护车，4名医生和10名专项工作人员；委派服务管理乡镇干部18名（其中教师6名、医生1名，乡镇干部11名）。2018年6月11日下午5点，那曲尼玛县荣玛乡第一批高海拔生态搬迁群众顺利到达堆龙古荣乡嘎冲村高海拔生态搬迁安置点。2018年6月11日，18日，迁出地西藏那曲市尼玛县荣玛乡藏曲村和加玲加东村，分别距拉萨市1247公里、1197公里，平均海拔4800米以上。这两个行政村共有262户、1102人。经过两天的驰骋，他们乘车迁往拉萨市堆龙德庆区古荣乡嘎冲村高海拔生态搬迁安置点的新家。2018年6月，这对于藏北高原那曲市尼玛县的荣玛乡群众来说有着重大的历史意义。他们跨越上千公里，从藏北高原南迁至拉萨。离开不适宜人类居住的"生命禁区"，住进了新家园，开启了新生活，也为野生动物腾出了新天地。他们作为西藏首批搬离高海拔地区的群众，书写了一段新的人类迁徙传奇。同时，也标志着西藏首个高海拔生态搬迁项目正式实施。

【搬迁点房屋分配】 根据家庭人数多少，每个家庭可以分到80—180平方米大小不等的户型。房子按人均6万元标准建设，普通家庭每人仅需承担10%，即6000元，贫困户可免费入住。按照公平公正公开的分配原则，开设有5种不同户型的抽签箱，各户主按照搬迁计划中分配的户型（原则上按照：1—3人户80平方米、4人户100平方米、5—6人户120平方米、7—8人户140平方米、9—10人户180平方米规划），各自到匹配的户型箱种进行抽签。抽签全过程将在县领导以及乡主要领导的监督中进行，登记工作人员将对抽签后的房户户型户主信息进行详细登记，登记汇总后将进行公示。抽签仪式将于乡政府所在地进行，房屋的钥匙将在到达搬迁点后，统一进行发放。

【搬迁点教育资源】 为了使随迁小学生能够及时就学，尽快熟悉新的就学环境，让学生家长切实感受高海拔生态搬迁政策保障服务，那曲高海拔生态搬迁专班按照既定的学生就学对接工作总体计划，2018年6月12日开始积极与堆龙德庆区教体局沟通衔接，开展第一批随迁小学生就学分班等相关事宜。此次尼玛县荣玛乡高海拔生态搬迁随迁学生共计42名，分班后在古荣乡中心小学一年级一班1名、二班3名、三班3名；二年级一班5名、二班3名、三班1名；三年级一班3名、二班3名；四年级一班4名、二班3名；五年级一班3名、二班3名、三班6名；无学籍1名学生，暂无法分班。六年级学生在迁出地统一考完小考后，下学期开始在堆龙德庆区中学就学。为了使荣玛乡搬迁群众随迁学前儿童能够及时在搬迁点接受学前教育，那曲拉萨专班组积极与堆龙德庆区和尼玛县政府汇报沟通要求，于5月10日开始尼玛县派专门力量、拿出专项资金44万元，在拉萨搬迁点开展幼儿园设备采购和安装等工作，在6月18日前所有设备采购和安装调试工作全部结束。并于6月20日，荣玛乡高海拔生态搬迁点配套幼儿园在热烈祥和的气氛下正式开班，幼儿园配套设施齐全，园内园外充满着童话气息，此次开班共有52名，其中大班26名、中班18名、小班8名，这些搬迁群众学前儿童也正式成为首批在低海拔接受学前教育的儿童，宝宝们在老师们的尽心呵护和照料下，在配套齐全、设施完备的幼儿园里充满欢乐的享受着自己不一样的童年。

【搬迁点医疗条件】 以前牧民要看病、就医到乡里不仅远、条件也差，到县里、市里就更远，而现在，家门口就有医务室、到市区仅27公里，大大地解决了牧民们就医难的问题。并且搬迁群众就医一并纳入堆龙德庆区医疗范畴，按照迁入地医疗保障措施进行就医，可直接享受迁入地医疗保障政策，同时，尼玛县为保障搬迁群众统一购买了拉萨堆龙德庆区的合作医疗大病商业补充保险。

【搬迁点就业岗位】 高海拔生态搬迁点举办第一批企业提供就业岗位招聘仪式；搬迁富余劳动力及时有效落实就业岗位是高海拔生态搬迁工作的一项重要工作内容，也是搬迁群众“留得住、能致富”重要着手。为了使搬迁群众尽快得到自身实际的就业岗位，尽早在岗位上实现增收，2018年6月21日，堆龙德庆区航龙钢铁物流有限公司、青稞生物科技有限公司、西藏华丰有机肥有限公司等三家公司在古荣乡嘎冲村高海拔生态搬迁安置点举行岗位招聘仪式。企业负责人简要讲解了此次招聘的岗位类型，搬迁群众富余劳动力65名得到了聘任，分别为航龙钢铁公司装卸工15人、西藏青稞生物科技公司产品包装工28人、华丰有机肥公司生产车间工人22人。月工资高5000元，最低2600元。

【搬迁点技能培训】 开展庭院蔬菜种植活动，积极发展庭院经济；为了进一步动员古荣乡嘎冲村高海拔生态搬迁点广大迁入群众依靠双手创造更加美好生活的积极性，让搬迁群众尽早学会简要种植蔬菜技术，特别是结合搬迁点较好的地理优势和海拔优势，充分利用好搬迁房屋预留一定的自然原土庭院面积，2018年6月22日开始，聘请了2名技术人员和荣玛乡党委、乡政府驻搬迁点管理干部，组织荣玛乡搬迁点有劳力群众，选择几个地方集中开展简便易懂的蔬菜种植技能培训，通过培训大部分群众掌握了简单的种植技术，为了能够及时在每家每户的庭院内实施蔬菜种植，乡政府统一配发了小白菜种子，在即日起邻居相互帮忙开展蔬菜种植工作。通过这一举措，搬迁群众对发展庭院经济有了新的认识，部分蔬菜在自家院庭可以自给自足，同时通过这一活动的开展让群众自力更生、用自己勤劳的双手创造更加美好的生活有了一次体会，为更好的实施设施农牧业项目提供人力支撑。

【搬迁点产业项目】 积极开展产业项目申报、就业、培训等相关对接工作；为了进一步做好这两项工作，拉萨专班组积极与堆龙德庆区进行多次对接，并根据那曲市脱贫攻坚指挥部产业脱贫总体要求和审批办法，督促尼玛县完成搬迁点产业项目规划和申报工作，已完成一期产业项目生态牧场的可研编制、立项、概批等前期工作，并派专人到拉萨市脱贫攻坚指挥部部申报了该项目，积极与堆龙德庆区有关部门协调，办理“一证三书、环评”等开工前置手续。同时为了使荣玛乡搬迁富余劳动力能够有更多的就业选择机会，先后到堆龙德庆区转移就业组，再次对接就业工种，主要围绕搬迁群众的能干、会干，要求保安、护路、工地临工等方面提供就业岗位，并且针对部分搬迁群众有当地实现技能培训的愿望的实际，对接了开展技能培训有关工作。

【搬迁目的】“搬迁是为了改善群众的生产生活，解决好‘一方水土养活不了一方人’的问题，进而保护生态环境”。西藏是全国唯一的省级集中连片贫困地区，是重要的国家生态安全屏障，大多地处国家重要的生态功能区和自然保护区，其中禁止开发和限制开发区域面积超过 80 万平方公里，约占辖区面积的 70%，生存环境恶劣、资源匮乏，地方病高发，对群众健康影响大，因病致贫突出、就地脱贫成本高、难度大，生态保护与资源开发矛盾突出，是打赢脱贫攻坚战，实现全面建成小康社会的难中之难、艰中之艰。为深入贯彻落实党中央、国务院的战略部署和自治区党委、政府的重大决策部署，正确处理生态保护与富民利民的关系，确保全面建成小康社会。高海拔生态搬迁的初衷就是区党委、政府为解决农牧民群众因气候恶劣、交通不便等问题造成的出行难、就医难、上学难等困难，改善搬迁群众的生存条件，提高搬迁群众的健康指数，改善搬迁群众的教学质量和就医条件。那区市委副书记，市长敖刘全在会议上指出：老百姓的根本利益是工作的出发点和了落脚点，要把高海拔生态搬迁工程的政策初衷、实现意义、长远意义、对老人、对自己、对子孙后代的利弊关系讲清楚、讲明白，让群众积极参与高海拔生态搬迁工程，使之成为参与者、支持者、受益者。通过高海拔生态搬迁可以让搬迁群众享受到更优质更高效的公共配套服务，有更多的获得感、幸福感、安全感，实施高海拔生态搬迁具有重大的经济、社会和生态意义。

【对保护生态环境的意义】 荣玛地处的羌塘国家级自然保护区，被誉为“野生动物的乐园”。面积达 29.8 万平方公里，是中国海拔最高、面积最大的自然保护区，平均海拔 4800 米以上。保护区珍稀野生动物种类十分丰富，共分布有国家一级保护野生动物 10 种、国家二级保护野生动物 21 种，而生态系统极为脆弱。2018 年 6 月 15 日，为了给野生动物腾出更多的活动空间，西藏林业部门结合高海拔群众易地搬迁工作，启动羌塘国家级自然保护区网围栏拆除工作。尼玛县林业部门工作人员和保护区管护员用钳子、铁棒等工具，将 1 米多高的铁丝网围栏逐步拆除并收纳装车运走。西藏林业部门将根据高海拔群众易地搬迁等情况，进一步开展羌塘国家级自然保护区内的网围栏拆除工作。尼玛县林业局森林公安局副局长德青伦珠指出，网围栏拆除后，将给藏羚羊等野生动物腾出更大的迁徙活动空间，有助于减少人类对野生动物的干扰，给野生动物创造更好的生存家园，这次荣玛乡高海拔生态搬迁将腾出国土面积467.19万公顷实施退牧还草，给藏羚羊等野生动物腾出迁徙路线和更多的活动空间，还自然以宁静、和谐、美丽。离开不适宜人类居住的“生命禁区”，住进了新家园，开启了新生活，也为野生动物腾出了新天地。

大事记

1月

4日　县人民医院接诊1名急诊产妇，经检查发现，孕妇为不完全臀先露，胎膜早破巨大儿。因产妇已经临产，已失去转诊上级医院的机会，若不及时手术，可能发生胎儿后出头困难、死产，大出血等现象。由自治区人民医院医疗队队员主刀，在县人民医院的配合下，手术历时50分钟顺利结束，新生儿体重4400克，母子平安，尼玛县人民医院首次完成第一例剖宫产手术。

8日　那曲地区组织部老干局局长次仁扎西在尼玛县阿索乡扎欧茶翁村检查基层党建工作开展情况。

11日　那曲地区文化局局长达桑阿米工作组一行在尼玛县检查指导公共文化建设工作。

12日　尼玛县中学"家校"沟通下乡家访活动圆满结束。其间由尼玛县中学校长益西顿珠组织带队的家访组，对尼玛县14乡镇和77个行政村，发放慰问金和衣物，折合人民币共达57550元。

17日　尼玛县召开监察委员会成立大会。

19日　尼玛县领导与离退休干部在县富阳苑进行座谈，市政协副主席、县委书记徐建等13位在家县级领导干部和44名退休老干部、老同志出席座谈会。

21日　西藏自治区人民医院驻尼玛县尼玛镇俄永村工作队，组建爱心基金会，看望慰问贫困群众，慰问资金共计折合人民币3000元。

22日　尼玛县召开脱贫攻坚工作回头看专项督导部署电视电话会议。县委常委、副县长邵阳主持会议，市政协副主席、县委书记徐建，地区督导组组长尼玛扎西分别讲话。

23日　县政府副县长、发改委主任邓李洪在阿索乡开展结对帮扶活动。

23日　地区国资委副主任尼玛扎西在尼玛县阿索乡检查精准扶贫工作开展情况。

23日　县委常委、副县长邵阳在甲谷乡指导精准扶贫工作。

26日　县委常委、政府副县长次仁桑旦在尼玛镇俄永村检查精准扶贫相关工作。

29日　尼玛县公安局党委一支部在县养老院看望慰问孤寡老人，共发放保暖衣5件、糌粑5袋、酥油5箱、现金500元。

2月

3日　尼玛县藏医院投入经费5.4万元，自主研发出2种新药"巴桑母酥油卡擦丸"和"酥酪糕"。已生产出"巴桑母酥油卡擦丸"380袋，"酥酪糕"60盒，价值约4.45万元。

3月

5日　自治区藏医院工会为尼玛镇曲巴村免费赠送价值5万元的藏药。

5日　自治区副主席江白带领的工作组一行，在尼玛县检查督导扶贫工作。

9日　政府副县长达吉次仁检查全县各中小学和幼儿园开学情况。

19日　市政协副主席、县委书记徐建在申亚乡嘎青村督导精准扶贫工作。

20日　自治区副主席江白在尼玛县文部乡对环境督查转发案件整改落实情况进行实地督导检查。

21日　尼玛县兑现2017—2018年第一批贫困户大学生学费资助资金。

25日　自治区人大常委会副主任维色一行深入尼玛县督导检查维稳工作，地区政协副主席、县委书记徐建陪同。

25日　县委常委、尼玛镇党委书记达瓦欧珠看望慰问俄永村原村监督主任家属并发放500元慰问金。

25日　自治区人民检察院常务副检察长占堆在尼玛县卓瓦乡看望干部和驻村工作队并慰问贫困群众，发放慰问金1万元。

26日　县政协主席平措达杰在申亚乡检查指导维稳工作。

4月

1日　尼玛县妇产科在自治区人民医院专家团队的指导下，完成了尼玛县第一例罕见的双子宫剖宫产术，母子平安。

12日　西藏自治区人民检察院党组书记、检察长珠雅频在尼玛县人民检察院检查指导工作并在卓瓦乡看望慰问群众，发放慰问金1万元。

7日　尼玛县教体局开展慰问“对口帮扶”活动，对尼玛镇9村12户38名贫困户进行慰问，为他们送去慰问金2400元及部分物资，总价值达4000多元。

8日　那曲地委副书记、行署专员敖刘全在尼玛县考察扶贫工作。

20日至4月10日　为期22天的第五批次包虫病查漏补筛、复查、确诊工作圆满完成。由县卫计委牵头组织，县包防办、人民医院、疾控中心等单位联合派出7名工作人员对尼玛县辖区内的12个乡镇，按照“全面覆盖、免费提供、自愿参检、城乡均等、方便群众”的基本原则开展了包虫病查漏补筛、复查、确诊工作。

15日　市政协副主席、县委书记徐建看望慰问中仓乡1村结对帮扶贫困户3户，送去面粉、糌粑等生活用品折合人民币7000元。

15日　那曲地委巡察四组召开巡察尼玛县扶贫办（脱贫攻坚指挥部）动员部署会。

16日　自治区交通运输厅驻尼玛县来多乡东赛村工作队与村“两委”班子积极商讨在东赛村建设扶贫馒头店相关事宜，由该驻村工作队向派驻单位申请资金16350元，为馒头店购置和面机、压面机、馒头成型机、蒸箱、工作台以及店面装饰，由县脱贫攻坚指挥部安排该村2名贫困户进行技能培训等相关工作。

17日　那曲中级人民法院党组书记、院长旺扎在尼玛县人民法院检查指导工作并看望慰问法院干警。

23日　西藏自治区水利厅厅长孙献忠在尼玛县卓尼来差村看望慰问驻村工作队。

5月

2日　县委常委、政府副县长邵阳实地查看县城扶贫产业项目建设及扶贫易地搬迁工程建设情况。

7日　在尼玛县中学广场上举行尼玛县中学

2018年新团员入团宣誓仪式及“五四”表彰大会暨“五四”文艺演出。

8日 政府副县长成崇喜在中仓乡对村委会改扩建及扶贫商业街选址工作调研。

12日 自治区党委副书记、自治区主席齐扎拉在尼玛县俄久乡调研精准扶贫工作。

14日 西藏自治区卫生计划委员会副主任许培海在尼玛镇看望慰问驻村工作队及布岗村“两委”班子。

15日 县委副书记、县长旦巴在县城搬迁点检查易地搬迁项目建设及工程项目进度情况。

17日 自治区工信厅驻村工作组对向尼玛县中仓乡夏隆村发放生活用品。

17日 政府副县长格桑曲珍在俄久村俄索村看望慰问结对帮扶贫困户，发放大米、面粉等生活用品。

18日 尼玛县召开了2018年卫生健康工作会议。

21日 县委常委、政法委书记、公安局党组书记、政委欧珠在来多乡开展结对帮扶工作，并走访门康扎西曲林寺，发放慰问金2000元。

22日 尼玛县尼玛镇召开非婚生子问题专项治理工作部署会。

23日 尼玛县2018年实施春播秋收农田面积为2472.45亩，其中：2018年播种藏青2000号1500亩，蔬菜402亩，青饲料570亩。

24日 尼玛县人民医院迎接自治区人民医院“万名医师下基层”第二批工作队表彰暨欢迎第三批“万名医师下基层”工作队。

27日 自治区卫计委副主任闫冰，自治区医药管理局局长德吉一行工作组在尼玛县检查指导工作并慰问区卫计委驻尼玛镇布岗村工作队和村“两委”班子。

29日 县委常委、宣传部部长格桑卓嘎在尼玛镇走访慰问贫困户，发放慰问金1500元。

29日 县委常委、纪委书记刘建峰在尼玛县卓瓦乡检查扶贫工作。

31日 那曲市安监局党组成员、副局长周战平在尼玛县中仓乡检查指导安全生产工作。

6月

2日 尼玛县荣玛乡举行第一批高海拔生态搬迁安置房分房抽签仪式，首批261户1102人。

4日 尼玛县民间歌舞光碟《大美尼玛》正式发布出售。

8日 西藏自治区农牧科学院草业科研究所研究员顿珠、桑旦在尼玛县俄久乡开展牧草产业技术宣传活动。

10日 尼玛县荣玛乡第一批高海拔生态搬迁群众136户282人，由副县长达吉次仁带队，从荣玛乡搬迁至拉萨市堆龙德庆区古荣乡嘎冲村搬迁点，尼玛县出动工作人员41名，车辆51辆（其中大巴10辆、货车35辆、警车4辆、医疗救护车2辆），搬迁群众于6月11日下午安全抵达搬迁点。

13日 政府副县长、发改委主任邓李洪，在中仓乡检查小城镇建设施工情况。

15日 自治区人大常委会党组成员、副秘书长韩磊在尼玛县甲谷乡慰问驻村工作队。

16日 那曲市人大常委会党组书记、主任胡林在尼玛县调研关于人大相关工作。

7月

6日 那曲市藏语委办（编译局）党委委员、副局长多旺保一行调研尼玛县编译局工作开展情况，政府副县长格桑曲珍陪同。

13日 尼玛县举办扶贫客运出租车启动仪式，尼玛县客运出租车正式投入运行，县委副书记、县长旦巴等在家县级领导参加启动仪式。

18日 县职教中心召开2018年上半年总结

暨表彰大会，全面总结上半年工作暨表彰优秀职业教育工作者和优秀后勤工作者。

18日 自治区藏语委办（编译局）党组副书记、主任（局长）工作组一行在尼玛县调研指导编译工作。

22日 四川大学华西医院医疗专家组在尼玛县开展医疗帮扶工作。

8月

3日 那曲市人大常委会副主任布尼玛执法检查组一行在尼玛县文部乡开展督导检查工作。

8日 那曲市国土资源局党组书记次培旺杰带队的全市第三季度国土资源巡察组在尼玛县督导第二季度国土资源巡查问题的整改及公路料场的审批选定工作。

13日 自治区妇联副主席次仁卓嘎在尼玛县荣玛乡察看高海拔生态搬迁点。

18日 自治区党委常委、区纪委书记、区监察委员会主任王拥军一行工作组在尼玛县督导检查政治纪律建设、纪检监察体制改革等相关领域工作。

22—26日 尼玛县举行第九届（中）象雄旅游赛马艺术节，市政协副主席、县委书记徐建，县委副书记、县长旦巴出席开幕仪式。

23日 拉萨市广升医院组织20余名医务人员，在荣玛乡高海拔生态搬迁点开展免费体检活动并发放药品，共计体检人数501人。

23日 自治区总工会党组书记、常务副主席王纯丁在尼玛县文部乡南村居委会开展“党员干部进村入户、结对认亲交朋友”活动，并发放慰问金42000元。

28日 那曲市小学琼培校长前往尼玛镇开展“精准扶贫，你我同行”捐助活动，共捐赠折合人民币达94320元。

31日 那曲市委副书记索朗嘎瓦带队的11个县督导工作组在尼玛县检查指导扶贫各项工作，县委副书记、县长旦巴陪同调研。

9月

4日 那曲市教研室主任齐美加措等一行工作组在尼玛县开展各学校检查指导工作。

12日 “中华环保世纪行——西藏行”活动组在尼玛县开展检查指导工作。

14日 自治区副主席江白一行在尼玛县文部乡检查指导精准扶贫工作开展情况。

18日 那曲市民宗局党组书记、副局长索朗多吉在尼玛县检查宗教领域工作开展情况。

20日 那曲市移动公司举行网络双语手机发放仪式。

22—27日 尼玛县人民医院开展下乡义诊暨赠药活动，共义诊2180余名群众。

10月

1日 尼玛县广场举行升国旗仪式，在家县级领导、县（中）直各单位，驻县官兵、学生代表共420余人参加。

10日 市政协副主席、县委书记徐建在当琼寺、玉彭寺看望慰问驻寺干部和寺庙僧人，发放慰问金4000元。

10日下午 县委常委、宣传部部长格桑卓嘎在尼玛镇哲布才久拉康了解每年寺庙的各项佛事活动等相关工作。

12日 尼玛县脱贫攻坚工作会议召开，县委副书记、县长旦巴发表讲话，县委常委、政府副县长邵阳主持会议。

19日 县人大常委会副主任扎西桑培在色西寺看望慰问僧众。

23日 尼玛县举行农村土地（耕地）承包经营权确权登记颁证仪式，县委副书记、县人大常委会主任吉生虎，政府副县长程崇喜参加颁证仪式，此次农村土地（耕地）承包经营权确权颁证共涉及4个乡、7个行政村、552户、土地面积1056.33亩。

23日 那曲市教体局党委委员、副局长周晓东在尼玛县检查校园安全工作。

26日 县总工会组织30名建档立卡贫困户学员，进行汽车驾驶技术培训，培训费共计达156450元。

28日 自治区党委副书记、自治区主席齐扎拉一行召开荣玛乡高海拔生态搬迁安置点生产生活及搬迁政策等脱贫攻坚工作座谈会，自治区副主席张永泽、江白及那曲市委书记松吉扎西，市委副书记、市长敖刘全，尼玛县委副书记、县长旦巴等领导参加。

11月

2日 在尼玛县二小举行“爱心人士为学生捐赠御寒衣物仪式”，此次是爱心人士旦增为尼玛县二小学生捐赠衣物的第五年，共捐赠衣服826套、鞋子826双、袜子826双等物品，折合人民币40万元。

10日 尼玛县供电所组织人员对尼玛镇棚户改造项目进行了10千伏线路架设工作，经过6个小时的奋战，当月10日晚上顺利通电。

12日 尼玛县财政局召开财税政策宣传及税务发票识别培训会。

13日 县委副书记、县长旦巴在申亚乡检查指导脱贫攻坚工作。

13—19日 对14个乡（镇）开展惠民资金落实情况、脱贫攻坚工作、学校“三包”经费落实情况等相关领域进行督察监督工作。

18日 那曲市政协副主席、县委书记徐建在军仓进行指导驻村工作和结对帮扶慰问，向驻村工作队发放2000元慰问金，4户结对帮扶贫困户共发放4000元慰问金。

23日 那曲市工商联会员昆仑商贸有限公司在尼玛县达果乡开展“百企帮百村”精准扶贫，进行第二批对接活动，并发放2万元慰问金。

20日 那曲市疾病预防控制中心一行四人在尼玛县开展结核病PPD筛查确诊工作，共筛查5932人，其中12名结核患者建档及病例录入国家结核转报系统，并进行跟踪治疗和随访等工作。

30日 尼玛县二小举行党支部揭牌仪式。

30日至12月1日 由自治区文化市场执法总队洛珍副队长带队的区、市“扫黄打非”联合工作组在尼玛县开展“回头看”督查工作，联合工作组由自治区出版局、区运输管理局、区通信管理局、市文化执法队、市公安局等多部门组成。

12月

3日 尼玛县召开2018年民族团结进步模范表彰大会，市政协副主席、县委书记徐建，县政协主席平措达杰等县级领导参加。

7日 那曲市委常委、宣传部部长德吉卓嘎到尼玛县检查指导“河长制”工作并开展慰问结对帮扶贫困户。

8日 尼玛县第六届畜产品展销会在尼玛县中心广场举行，区、市工作组和市政协副主席、县委书记徐建，县委副书记、县长旦巴，县委副书记、人大常委会主任吉生虎等县级领导、全县干部和农牧民群众共计1000余人参加开幕式。

15日 那曲市副市长李猛，市教体局副局长罗布仁青工作组一行在尼玛县检查学校教育均衡发展工作。

16日 西藏自治区卫计委党组成员、自治区人民医院党委书记、副院长蒲智一行及5名驻县专家医生抵达尼玛县开展支援农村卫生工作。

22日 那曲市副市长母兴赋率领的一行工作组在尼玛县调研脱贫攻坚工作开展情况。

尼玛县概览

建置区划

【建置沿革】 根据考古发现，远古时期今尼玛县境内就有藏族先民繁衍生息。

6 世纪，西藏西北部为 12 邦国之一的古象雄属地。象雄疆域辽阔，划分为内外中三部分。(中)象雄以“当惹琼宗”为核心地带，今尼玛县大部处于(中)象雄核心地区。

唐贞观三年(629 年)松赞干布登基，建立了吐蕃统一政权。松赞干布在象雄设立了“赤德”，即万户府的军政合一的管理机构。今尼玛县辖境隶属于“象雄赤德”。

唐咸通十年(869 年)吐蕃发生平民大起义，吐蕃政权随之崩溃，西藏陷入了长达 400 余年的割据时期，广阔象雄境域分属于多个不同部落，各部落由当地部落头人统治。

11—13 世纪上半叶西藏处于分裂割据时期，藏西北广大牧区有许多散居的部落，部落首领各自统辖其领地。今尼玛县境内有诸多大小不等的部落，由部落头人管理。后来，今尼玛、申扎两县地区统称那仓，由“那仓果巴”，即那仓头人进行管理。

13 世纪中叶西藏结束了分裂割据局面，萨迦地方政府建立，西藏地方成为元中央政府管理下的一个行政区域。那仓地方及“那仓第巴”隶属于萨迦政权之下，但享有很高的自治权力。

明代西藏地方先后处于帕木竹巴地方政权和藏巴汗政权的管理下，那仓地区的事务仍由当地各部落首领掌理。

清代第五世达赖喇嘛建立了甘丹颇章地方政权(下称西藏地方政府)。今尼玛县辖境隶属于西藏地方政府管辖。后来一度由阿里噶本管理。

18 世纪初，因西藏地方政府首领第悉桑杰嘉措与拉藏汗之间发生战争，西藏地方政府一度失去对那仓地区的管理。不久西藏地方政府在那仓地区组建“那果楚直”，即那仓六联。由 6 名部落首领组成的联合管理机构恢复了对那仓地区的管理。

【行政区划】 19 世纪 50 年代，西藏地方政府下令废除那仓六联管理制度，设立“申扎宗”，由西藏地方政府直接委派僧俗宗本 2 名管理。其中今尼玛县境内的 11 个小部落隶属于“申扎宗”直接管理。这种管理体系一直延续到 1959 年 3 月。

1959 年 3 月至 1966 年 5 月，平叛改革和西藏自治区成立时期，尼玛县现辖行政区域属申扎县管辖。随着平叛改革及“三反两利”运动的深入开展，陆续建立了 5 个区公所、21 个乡人民政府，隶属于申扎县人民政府。

1966 年 5 月至 1976 年 10 月，“文化大革命”时期，尼玛县现辖行政区域仍由申扎县管辖。随着“文化大革命”运动的深入开展，各区公所、乡政府陆续改为区、乡革命委员会。

从1966年5月到1967年2月，区公所还能行使职权，而后由于夺权风波的冲击，区公所处于瘫痪状态。到1968年5月成立申扎县革命委员会后，各区也相继成立革委会，直到粉碎江青反革命集团。1974年后，各乡革委会从办社开始称作公社革委会。

1976年1月，经西藏自治区党委、自治区革命委员会批准，划出申扎县所辖的来多、青瓦、俄久美、俄久多、嘎尔措5个乡，设立双湖办事处。同年12月申扎县文部、甲谷、帮多、吉瓦、卓瓦设立申扎县西五办事处。

1979年1月，撤销那曲地区革命委员会，成立那曲地区行署公署。同时，申扎县西五办事处改称那曲地区文部办事处，为那曲地区行署公署派出机构。

1983年10月8日，经国务院批准，撤销文部办事处，设立尼玛县。以班戈县荣玛、嘎琼和原申扎县的文部、帮多、甲谷、卓瓦、尼玛的7个区的行政区域为其行政区划。

1993年8月1日，经西藏自治区党委、自治区人民政府同意，尼玛县正式成立。撤销双湖、文部办事处，成立尼玛县和双湖特别区（为尼玛县派出机构）。

2000年年底，尼玛县管辖吴尔多、岗龙、卓瓦、卓尼、阿索、俄久、文部、申亚、甲谷、达果、吉瓦、来多、中仓、军仓、荣玛15个乡，83个行政村。

2002年4月，尼玛县乌尔多乡、岗龙乡撤销，合并为尼玛镇。其中有12个党支部、1个居委会、10个行政村、110个自然村。

2002年4月，尼玛县管辖尼玛镇、卓瓦、卓尼、阿索、俄久、文部、申亚、甲谷、达果、吉瓦、来多、中仓、军仓、荣玛14个乡（镇），83个行政村。

2009年，在广泛征求基层组织和农牧民群众意见的基础上，经上级部门批准，尼玛县行政村从原来的83个整合为77个，使行政村建制更趋合理。整合后有77个党支部、3个居委会、74个行政村、600个自然村。

2010年，尼玛县管辖尼玛镇、卓瓦、卓尼、阿索、俄久、文部、申亚、甲谷、达果、吉瓦、来多、中仓、军仓、荣玛14个乡（镇），77个行政村。

2010年，尼玛县共有党支部109个，包括77个村党支部，14乡（镇）党支部，13个县直党支部，4个乡完小党支部和1个派出所党支部。

2016年，尼玛县辖尼玛镇、卓瓦、卓尼、阿索、俄久、文部、申亚、甲谷、达果、吉瓦、来多、军仓、中仓、荣玛14个乡镇，77个行政村。108个党支部，其中77个村支部,14个乡镇党委，4个乡完小党支部和1个派出所党支部。

2017年，尼玛县辖尼玛镇、卓瓦、卓尼、阿索、俄久、文部、申亚、甲谷、达果、吉瓦、来多、军仓、中仓、荣玛14个乡镇，77个行政村。121个党支部，其中77个村支部,14个乡镇党委，10个乡完小党支部。

2018年，尼玛县共有党支部108个，包括77个村党支部，14乡（镇）机关党支部，17县直机关党支部，其中新成立了农行党支部和脱贫攻坚党支部。

自然概貌

【地理位置】 尼玛县位于西藏自治区北部，那曲地区西部，隶属于西藏那曲市管辖。尼玛县地处羌塘高原腹地“大湖盆”区，平均海拔在4700米以上，地跨北纬30°17′—35°31′，东经85°4′—88°9′。其北部以昆仑山、可可西里山脉为界，与新疆维吾尔自治区相望；南部以冈底斯山脉为界与日喀则地区的昂仁县、谢通门县相邻；西部与阿里地区的措勤县、改则县相接；东部与双湖县、申扎县接壤。县城驻地在波仓藏布河畔，距那曲地区首府那曲镇约600公里，距西藏自治区首府拉萨市约769公里。其辖区面积为7.25万平方公里。

【气　候】 尼玛县气候属高原亚寒带半干旱季风性气候和高原寒带干旱气候，其主要特征是蒸发量大，干旱少雨，多暴风雪、霜冻和冰雹，日照充足，昼夜温差大；海拔高、含氧量少（含氧量仅为海平面的61%左右），没有绝对无霜期，年降雨量不足200毫米；日照充足，年平均日照数近3000小时，日照百分率高达66%以上；气温低，年平均气温0℃左右，最热的7月平均气温14.8℃，月大于10℃始终期10天左右，月大于10℃积温约110℃，年大于0℃始终期约160天，年大于0℃年积温约1000℃，年相对温差40℃左右；海拔5500米以上的山峰，气候垂直分带明显；海拔6000米左右的山峰，积雪、冰川终年不化，如境内的达果雪山、亩嘎雪山；南北气候差异明显，南部由于县域内最大的咸水湖当惹雍措坐落其中，气候温暖，适合种植农作物，而北部则因温差较大，相对寒冷，不适宜种植农作物。自然灾害主要有雪灾、风灾、旱灾、水灾、霜灾、洪灾、地震等。

【矿产资源】 尼玛县自然资源丰富，矿种品类众多。已知的主要有砂金、岩金、石油、锂等。其中砂金分布广、储量大，集中分布在中仓乡、来多乡和吉瓦乡境内；岩金则集中分布在中仓乡境内，且具备矿体埋藏深度浅、宜露天开采和开采工艺简单等特点；锂主要分布在文部乡当琼错盐湖。据初步考察，仅当琼错盐湖就有锂资源70万吨左右，可开采利用约50年；在申扎县和双湖县的交界处，还蕴藏着极为丰富的石油资源。尼玛县境内黄金矿区主要有中仓乡的达查矿、来多乡的那朗矿和吉瓦乡达日阿藏布矿。此外，还有嘎木弄砂金矿、曲果嘎东砂金矿、色那砂金矿等大小矿点20余个。

【土地资源】 尼玛县地域辽阔，地形地貌复杂多样。土质总体上较为松散、土层深厚，含氮、磷、钾等元素。垂直和水平两个划分带上，土壤类型多，且分布不均，类型有高山寒漠土、原始高山草甸土、高山高原草甸土、高山草原土、草甸土、新积土、沼泽草甸土等。生长在这片土地上的植物也是种类繁多，主要有固沙草、风毛菊、红景天、虎耳草、藏北蒿草、矮生蒿草、高山蒿草、紫花针茅、沙生针茅、赖草、藏沙蒿、山地黄芪、海韭菜、野葱等。

【野生动物】 尼玛县多样的地貌和丰富的植物资源，为众多野生动物提供了丰富的食物。尼玛县是“野生动物的乐园”，这里栖息着20多种野生动物。处于食物链低层的食草动物有兔、旱獭、藏原羚（黄羊）、盘羊、藏羚羊、野牦牛、藏野驴等；处于食物链中层的小型食肉兽有狐狸、草狐狸等；处于食物链顶层的食肉动物有狼、棕熊、猞猁、雪豹以及禽秃鹫、鹰等；另外，还有赤麻鸭（黄鸭）、斑头雁、渔鸥、黑颈鹤等珍禽。

【地热资源】 尼玛县地热资源丰富，分布县域全境，其中较大的地热温泉有来多乡的甲玛尔温泉、荣玛尔温泉；文部乡的玛尔坐温泉；中仓乡和阿索乡的曲神温泉；尼玛镇的林岗温泉和龙若曲神温泉。

中共尼玛县委员会

综　述

【概　况】2019年，以习近平新时代中国特色社会主义思想为指导，全面贯彻党的十九大和十九届二中、三中全会以及中央经济工作会议、农村工作会议、中央第六次西藏工作座谈会精神，贯彻自治区第九次党代会和区党委九届三次、四次、五次全会精神，贯彻自治区党委政府那曲工作会议和区党委、市委经济工作、农村工作暨脱贫攻坚工作会议精神，贯彻习近平总书记关于治边稳藏的重要论述和一系列重要指示精神，增强“四个意识”，坚定“四个自信”，做到“两个维护”，坚持以人民为中心的发展思想，坚持稳中求快、快中求好、补齐短板、缩小差距的工作总基调，坚持新发展理念，坚持推动高质量发展，坚持以供给侧结构性改革为主线，坚持深化市场化改革、扩大高水平开放，落实“六稳”要求，以处理好“十三对关系”为根本方法，围绕县委“123”发展思路，持续打好“三大攻坚战”特别是脱贫攻坚战，突出保障和改善民生，扎实做好稳增长、促改革、调结构、惠民生、防风险工作，把党的领导、党的工作落实到经济工作的各个方面、各个领域，不断增强人民群众获得感、幸福感、安全感，促进经济持续健康发展和社会大局和谐稳定，为全面建成小康社会打下决定性基础。

【中共尼玛县委员会2018年领导名录】

市政协副主席、县委书记：徐　建

县委副书记、县长：旦　巴（藏）

县委副书记、人大常委会主任：吉生虎

县委副书记：王文波

县委副书记、组织部部长：柳跟象

县委常委、武装部部长：珠　萨（藏）

县委常委、常务副县长：张　喆

县委常委、宣传部部长：格桑卓嘎（女、藏）

县委常委、统战部部长：泽仁杰达（藏）

县委常委、政法委书记、公安局政委：欧　珠（藏）

县委常委、纪委书记：刘建峰

县委常委、副县长：邵　阳

县委常委、尼玛镇党委书记：达瓦欧珠（藏）

县委常委、县委办主任：王秋生（5月任职）

（撰稿人：邓欣琪）

组织工作

【概　况】2018年以来，组织部在市委、市委组织部、县委的坚强领导和亲切关怀下，坚持以学习宣传贯彻党的十九大精神和习近平新时代中国特色社会主义思想为主线，围绕本县中心工作，深入贯彻落实新时代党的建设总要求，进一步细化措施，狠抓落实，全面推进党的建设和组织编制老干部工作不断深入发展。

【开展学习情况】 深入学习宣传党的十九大精神、习近平新时代中国特色社会主义思想、区党委九届三次全会、市一次党代会精神。成立宣讲团22个，深入各乡（镇）、村（居）、放牧点、寺庙以及学校宣讲112场次，受教育人数达12200余人次，有效推动了思想和精神进牧区、进机关、进学校、进家庭、进寺庙。及时梳理党的十九大提出的新思想、新观点、新论断，制作“小卡片”“口袋书”3000余册，发放给党员干部，帮助其学懂基本观点，熟记基本内容，把握基本要求。组织开展研讨会，所有县级领导和单位负责人均在县委理论中心组学习会上进行了交流发言。向全体党员干部发放学习资料5640余册，各党员干部采取个人自主学、重点摘抄学、结对比着学等形式，深化理解认识思想和精神实质。利用理论中心组学习、“三会一课”“主题党日”等制度，定期组织党员干部认真学习思想和精神，畅谈个人感受，每名党员干部撰写心得体会至少4篇。以支部为单位组织全体党员干部进行了党的十九大精神学习情况考试，并将考试成绩进行了公布，有效激发党员干部学习的热情。持续推进“两学一做”学习教育常态化制度化。根据市委《“两学一做”常态化制度化方案》，结合尼玛县实际制定了《尼玛县“两学一做”常态化制度化方案》并召开安排部署会议。督促指导各乡（镇）党委、县直各党委（党组）、支部在1—2月结合“两学一做”召开了组织生活会和开展了民主评议党员工作，全体党员在批评和自我批评中受到深刻的党性熏陶和思想教育，达到了增加理解、促进团结、共同提高的目的。严格落实“三会一课”制度，各支部定期召开支部委员会、党员大会、党小组会议。学习党的理论知识，研究发展党员事宜。积极组织党员干部学习新修订的《中国共产党章程》，累计学习笔记达2万字以上，基本做到知其然，并知其所以然。围绕学习习近平总书记系列重要讲话精神，以《习近平谈治国理政》1—2卷为基本教材与习近平总书记给隆子县玉麦乡牧民卓嘎、央宗姐妹的重要回信精神紧密结合起来，作为案头卷、必读书，组织党员干部认认真真学、原原本本学。广大党员把争做合格党员作为实际行动，通过学习党章党规，不断增强党性，党员干部“四个意识”更加牢固，“四个自信”和“两个维护”更加坚定，在全县上下形成了维护核心听党指挥团结一心干事创业的生动局面。

7月13日，召开退休支部政治纪律和政治规矩集中教育活动动员暨支部理论学习会议

【基层党建】 反馈问题。向各级党组织反馈2017度基层党建述职评议考核中存在的问题，各级党组织及时召开基层党建工作部署会议，总结上年度工作，部署全年任务，研究制定述职评议考核中存在问题的整改方案，并通过扎实推进“两学一做”常态化制度化，落实“书记抓、抓书记”等制度，有力加强了基层党建工作，推动了整改工作的落实。总结部署。4月1日，县委组织召开2018年基层党建工作会议，总结2017年基层党建工作，安排部署2018年工作，表彰2017年基层党建述职评议考核中的先进单位。与各级党组织书记签订了基层党建责任书30份，与各乡

9月7日，组织部组织开展在吉瓦乡玛来村走访慰问精准扶贫帮扶对象户

（镇）党委书记谈心谈话21次。细化任务。出台《尼玛县2018年基层党建工作要点》，建立基层党建工作任务清单，细化工作任务53项，明确了责任单位和完成时限；结合日常工作动态向各级党组织下发了季度党建工作任务分解表，不断细化了工作任务。建立联系。建立了县委班子成员基层党建工作联系点，每名班子成员联系一个基层党组织，负责调研、指导、检查基层党建工作开展情况。督导考核。5月21日至6月4日，由县委组织部副部长带队，深入14个乡（镇）、县直各党委（党组）督导检查了基层党建工作开展情况，并就考核项目中存在的问题逐一提出了整改要求。以全县"大督导"为契机，选派4名工作人员到各乡（镇）、部分村（居）指导检查党建工作责任制落实情况，当场坚持反馈问题，促进整改提升。11月25日至12月2日，利用8天时间对各乡（镇）、县直各党委（工委）进行了党建考核验收工作，现场进行了打分，并反馈了问题。述职评议。12月25日，组织召开基层党建述职评议会，各乡（镇）党委书记、县直各党委（工委）党组书记向县委进行书面述职，县委书记现场点评，肯定成绩，指出问题。

【基层组织体系建设】 优化党组织设置；不断组织设置创新工作，新成立教育系统党委、"两新"工委、脱贫攻坚党支部、农行党支部和非公经济党支部，选举产生了领导班子，完善了"三会一课"、主题党日活动等规范性党内制度，有效加强了党员管理。推进标准化党组织建设。集中组织各乡（镇）党委、县直各党（组、工）委书记，召开了基层党组织标准建设部署会议，就如何贯彻《关于以习近平新时代中国特色社会主义思想为指导推进基层党组织标准化建设的意见》统一了思想、明确了方向。整顿软弱涣散党组织。全县确立软弱涣散党组织15个，本着实事求是，因地制宜，"一弱一策"的原则，分别制定了以党组织书记为直接责任人的整改方案，整改方案做到"四明确、一公开"，即整改目标明确、方式明确、时限明确、领导责任明确，整顿情况公开，现已全面完成整顿工作。发挥党组织政治功能。健全党内关怀帮扶机制，慰问"三老"人员和聘用干部265人每人500元，合计132500元。建立支部委员会成员联系普通党员制度，每名支委成员至少联系4人。各驻村工作队协助所驻村（居）党支部结合"四讲四爱"主题教育深入开展新旧西藏对比教育、感党恩教育、爱国主义和民族团结宣传教育400多场次，深刻揭批了达赖集团在政治上的反动性、宗教上的虚伪性和手法上的欺骗性。

【教育管理】 严格党员发展。按比例、保质量、严时限完成发展党员工作，6月对拟发展对象人员进行了考察，在"七一"纪念表彰大会上组织县直机关新发展的党员进行了入党宣誓，各乡（镇）自行组织了本级新发展党员的入党宣誓活动。全年积极分子转预备党员140名，其中农牧民预备党员88名；预备党员转正式党员122名，其中农牧民63名。落实组织制度。从严从实开展民主生活会和组织生活会，不断解决存在问题，提升党组织整体战斗力。以党支部为单位，组织全体党员干部分别在年初和年中围绕"两学一做"学习教育、政治纪律和政治规矩召开了组织生活会，教育引导党员干部自觉做到

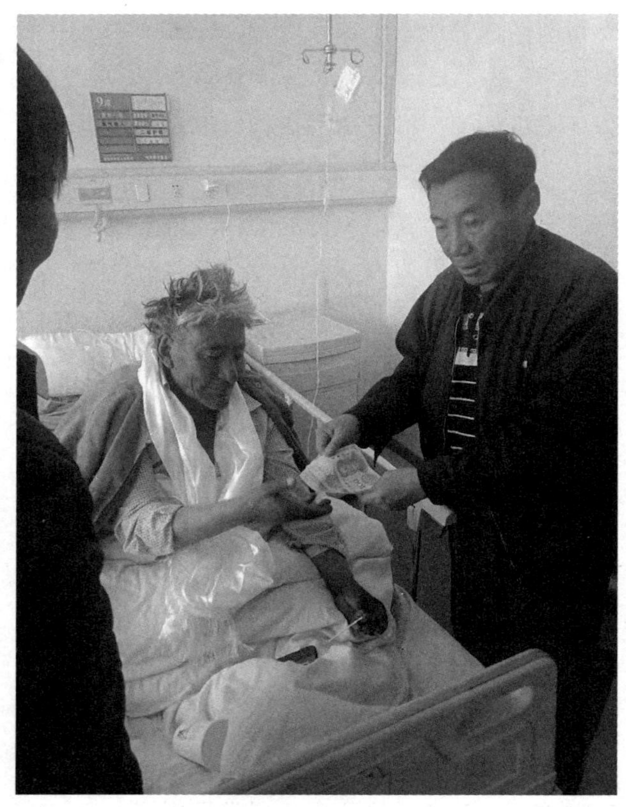

10月8—13日，尼玛县退休党支部副书记才加和纪检委员曲琼两名老同志受县委老干局委托，代表县委老干局、退休党支部班子成员走访慰问在拉萨住院退休干部和特困企业退休员工

“两个维护”，始终在政治立场、政治方向、政治原则、政治道路上同以习近平为核心的党中央保持高度一致。制定出台《关于进一步落实“三会一课”制度和全面开展党支部“主题党日”活动的通知》，明确了“三会一课”的具体内容，规范“主题党日”活动规定十条。按期收缴党费。坚持做好党费收缴工作，每月15日前由党员将自己应交的党费，足额交至所在支部组织委员处，再由组织委员集中将本支部所有的党费交至县委组织部，存入党费专用账户。全年共收缴党费46.47万元。强化档案管理。规范农牧民党员档案管理，制定下发《关于进一步规范农牧民党员档案管理的通知》，要求各乡（镇）党委对农牧民党员档案进行一次全面整理，对所受奖惩、职务等情况有变化的党员，及时更新《党员花名册》，对现有党员档案进行立卷和归档，确保党员档案资料真实齐全。年底，所有档案整理工作已全面完成。开展“七一”活动。组织“尼玛县庆‘七一’退休老党员畅谈党的十八大以来西藏变化主题党课”，邀请退休干部对在职干部进行学习交流。开展“不忘初心才能不负新时代”为主题的演讲比赛。组织全县干部职工在文化活动中心观看《厉害了，我的国》影视纪录片。并在“七一”表彰大会上表彰先进基层党组织5个、优秀党务工作者24名、优秀共产党员22名。

【党建促脱贫攻坚】 充实骨干力量。县脱贫攻坚指挥部新调配一名常委、副县长主抓，新调配1名能力强的正科级干部任扶贫办主任，配备22名干部为工作人员；保持乡（镇）党政正职稳定，配强配齐了乡（镇）党委副书记、组织委员、纪委书记以及直接抓脱贫攻坚的副乡（镇）长，同时配备了4—6名干部作为脱贫攻坚工作专干。突出作用发挥。各第一书记协同村（居）“两委”班子成员，走进各家各户，广泛宣传动员，教育引导村民讲卫生，除陋习，自觉养成健康文明生活习惯。组织群众人人出力、全面参与，定期进行卫生大扫除活动。在77个行政村居中，深入开展“扶贫先扶志、治贫先治愚”思想教育引导活动。一年来，共开展宣传教育42场次，受教育人数1万余人次，切实改变了一部分群众“等靠要”思想。

【积极帮扶慰问】 组织党员干部落实县委“321”帮扶机制，通过“党员干部进村入户、结对认亲交朋友”脱贫攻坚结对帮扶等方式，帮助困难群众1153人次，送去了粮食、衣物、家具等物品，折合人民币以及现金慰问共74.98万元。落实中央划拨党费，慰问老干部66名、老党员及困难党员128名，共计13万元。慰问去世党员干部家庭9户，1.8万元。完善考评内容。将脱贫攻坚工作纳入党组织述职评议考核和督导检查重点内容，坚持述职必述脱贫攻坚，检查必查脱贫攻坚，有效增强了各党员领导干部的思想认识。强化交心谈心。组织部部长分别与77个村（居）党支部书记和村（居）党支部第一书记全部进行面对面的谈心谈话，了解掌握工作推进情况，特别是党建促脱贫攻坚工作开展情况，并就下一步工作提出了明确要求。

【教育培训】 充分利用乡（镇）“微型党校”、村（居）“夜校”，培训党员干部684人次。利用远程教育站点，组织农牧民党员学习和收看各类节目49场次，受教育党员达1400多人次。制定印发《尼玛县2018—2020年党员政治教育方案》明确了各级党组织、各行业系统的具体任务目标。2018年，全县各级党组织共开展党员政治教育61期，2236人次。组织村党支部第一书记、党支部书记培训班2次，开展村（居）干部培训班4期430余人次［其中村（居）党支部书记培训1期，村（居）监督委员会主任培训1期，村（居）副职干部培训1期，第一书记和驻村工作队队长1期］。专门邀请了县扶贫办主任及相关工作人员，进行了脱贫攻坚方面授课，讲解相关的政策，有效解决了基层干部对扶贫政策掌握不全面、了解不透的问题。

【干部选拔任用工作】 坚持德才兼备、以德为先，注重在维护稳定、反对分裂和脱贫攻坚一线、乡（镇）村（居）基层、急难险重岗位中培养锻炼干部。全年小范围调整干部39人（其中：提任20人、进一步使用1人、转任10人、兼任1人、免兼职7人），充实了各乡（镇）和县直各单位领导班子队伍。历时四个月，整理归档了2015—2018年干部选拔任用全程纪实档案。按规定程序完成妇联区域化改革工作，进一步优化了乡（镇）妇联结构，推选任命兼职妇联主席14名，专职妇联副主席14名，兼职妇联副主席78名，执委会委员78名。受市委组织部委托开展推荐尼玛县市级“两代表、一委员”人选的前期考察和政审工作。牵头组织召开党代会，以无记名投票方式选举产生27名出席中国共产党那曲市第一次代表大会代表；协助配合县人大办召开尼玛县第六届第四次人民代表大会，以无记名投票方式选举产生14名出席那曲市第一届人民代表大会代表；协助配合县委统战部、县政协办推荐提名12名出席政协那曲市委员会第一次大会委员。

【干部教育培训工作】 制定《尼玛县党员干部教育培训工作方案》，通过援藏渠道，选派28名党员干部在井冈山组织开展“不忘初心、牢记使命”党性教育培训班；举办2期党务工作者培训班，各乡（镇）组织委员、党建专干，县直各党支部组织委员等79人参加培训；分别组织全县村（居）党支部书记、第一书记、驻村工作队队长等189人，围绕基层党建、脱贫攻坚、强基惠民等方面进行培训，指出了工作中存在的问题，提出了解决措施，规范了相关工作；在拉萨举办公文写作能力提升培训班1期，共选派30名干部参加；组织各乡（镇）副书记、组织委员，县直各支部书记、副书记举办了基层党组织标准化建设培训班，48人参加培训。讲解了怎样加强基层党组织标准化建设、党支部应该怎样设置等问题。

【医疗人才工作】 完成对接华西医院对口支援工作，华西医院已派驻2批次5人次专家（其中外科医师1名、麻醉医师1名、影像医师1名、超声医师1名、检验医师1名）赴尼玛县医院工作，对300余干部群众提供了免费义诊服务，免费发放了价值21600余元的药品；帮助培训医务人员45人次，开展学术教学活动18次，指导开展教学11次。自治区人民医院选派5批次21人次专家进驻尼玛县人民医院，有计划地对14个乡（镇）卫生院骨干进行了轮训；在各自的专业领域，开展新项目、新技术10余项；门诊人数达1250人次；在院开展手术30例，实现了剖宫产零突破；参加科内42次疑难病例讨论，并且成功举办了医师的临床讲座，促进了尼玛县医疗水平的整体提升。

【干部请销假工作】 市委组织部向尼玛县下发《干部职工请销假规定》后，尼玛县组织部立即向各单位进行了转发，有效提高了干部职工对请销假规定的知晓率。实行干部职工请销假书面形式和电子两种备案登记，确保备案登记无误差，在借鉴兄弟县请销假工作优秀做法中，不断完善全县干部职工请销假工作，推广了“钉钉”软件。兑现2017年未休假补助80人、57.8万元，未休假的干部职工全部拿到补助，全年处理超假不归、脱岗漏岗162人。联合县纪委（监委）定期不定期深入县直各单位查看人员在岗情况，乡（镇）采取视频的形式进行抽查，有效促进了上下班制度的落实。

【干部招生工作】 全年专项招生24名区外大学生到尼玛县工作；定向定岗考入尼玛县机关事业单位82人；通过上级组织人事部门人才引进渠道，引进卫生、公安等专业人员30人，持续增加了干部数量。同时，年龄、学历和性别结构得到进一步优化，大学专科以上学历占84.3%，女干部比例占42.4%。

【老干部工作】 在“三大节日”“3·28”“七一”“赛马节”等重要节日期间多次召开（离）退休干部座谈会，县委书记和分管领导认真听取老干部工作开展情况汇报和老同志提出的意见建议，并对下步提出了具体要求。坚持关心关爱离退休老干部，开展实地走访慰问3次10人，发放慰问金6000元。组织28名离退休老干部，赴云南开展为期15天的参观疗养活动，不断加强老干部思想政治教育工作，围绕党的十九大精神和习近平新时代中国特色社会主义思想组织集中学习10余次，退休支部书记在“七一”给全县党员干部讲党课1次。

【干部管理监督】 认真落实区党委、市委干部管理监督各项要求，当好“政治医生”，打好“政治疫苗”，提醒、约谈和诫勉谈话党员干部17人；组织352名党员领导干部开展了个人有关事项报告，取消试用期任职2人；核查干部档案200多册，重新整理干部档案和“三龄两历一身份”2150人次；突出抓好“三超两乱”、领导干部违规兼职任职等专项整治，全县超职数、超规格配备的7名干部全部消化完毕，深入开展选人用人离任审计等工作，干部管理监督走向“严紧硬”。干部关心关爱工作。坚持严管与厚爱并行，完善干部正向激励机制，落实干部电话补助（县级干部每人每月200元，科级干部每人每月150元，普通干部每人每月100元）；落实伙食补助，县直机关事业干部职工每人每月300元，乡（镇）机关事业干部职工每人每月1000元；按照《那曲市机关事业单位干部职工请销假规定》相关要求，发放2017年度一次性未休假补助82人57.8万元；建立干部因病住院、去世看望慰问制度，并安排了专项资金；对部分单位办公区域和干部职工住房开通供氧供暖供电供水，干部职工获得感不断增强，进一步稳定了队伍、稳定了人心。干部人事档案工作。设专门档案室一间，并配备了相关设备，档案室现存干部人事档案1075卷（其中：正科档案52卷，副科档案192卷、科员308卷、办事员8卷、专技人员513卷）。

【机构编制工作】 召开机构编制委员会议，研究成立安监执法大队；完成监察体制改革，成立纪检监察信息中心，按照那曲市编办要求，将纪检委1个机关内事业编制置换为行政编制，调剂核增巡察编制5个；审核上传公示7家事业单位法人年度报告；删除修改权责清单34项；完成政府24个部门单位的“三定”工作；全县机关事业单位信息完成度100%，实现1381名在编人员信息全覆盖；坚持公务员、党员、老干部、三老人员实名信息动态更新，做到了人员上下编、进出实时更新。

【强基惠民】 各驻村（居）工作队用“藏汉”双语向群众宣讲习近平新时代中国特色社会主义思想和党的十九大精神986次，参与群众超过6万人次。各驻村工作队利用“藏历新年”“3·28”等重大节日开展了新旧西藏对比教育；采用群众喜闻乐见的形式，深入宣传了党的各项惠农富农和精准扶贫的相关政策。各驻村队工作充分发挥自身优势，因地制宜，帮助村（居）理清发展思路243条，成立村（居）集体经济51个；帮助群众转移就业186人，增加收入超过19万元。各驻村工作队向群众宣传强调“保持土地承包关系稳定并长久不变”的政策315次，参与群众超过36000人次。各驻村工作队开展教育655场次，法制宣传352场次，参与群众超过6万人次；协助村（居）“两委”建立完善维稳工作机制265条，实行驻村工作队全员全时在岗，要求各乡（镇）强基办实行日报告、零报告制度，努力实现了“三不出”。各驻村工作队严格落实“三会一课”制度，积极推进“两学一做”学习教育常态化制度化，开展学习教育405场次；以夜校为载体为村（居）两委班子成员上文化课780余节，教育覆盖700余人；帮助村居组织共青团员、妇女开展群团活动290次，参与人员8500人次。各驻村工作队协同村两委班子开展慰问五保户、困难户、困难群众3200人次，发放慰问金和慰问品价值共计63万元。慰问三老人员325人次，发放慰问金和慰问品价值共计17万元。各驻村工作队积极开展“暖民心、强信心”活动，工作队成员“结对子”帮扶活动，进一步密切了党群干群关系。各驻村工作队在走村入户、摸底调研中，采用通俗易懂的语言，重点向已孕妇女宣传农牧区孕产妇住院分娩补助奖励政策和孕产期保健等知识，积极帮助孕产妇转变传统观念，养成主动到市定点医院、县人民医院（藏医院）、乡（镇）卫生院定期检查和住院分娩意识；积极向群众宣传“厕所革命”等农村改革举措，加强了基层精神文明建设。

【基层党建工作】 划拨党建经费。全年安排党建工作经费116.95万元，向乡（镇）及县直行业系统党工委、寺管会下拨党建经费，7个及以上村（居）的以5万元的标准拨款，5个村（居）的以4万元标准拨款，4个及以下村（居）的以3万元标准拨款。加强基层政权建设。市财政下拨资金3517万元，县财政承担资金870万元，共计4387万元，新建村级组织活动场所26个。联合县发改、住建等部门，在充分征求村（居）“两委”班子意见的基础上，确定了新建村级组织活动场所的选址工作。建立村级组织活动场所标准化建设项目推进会制度，每周一组织财政、住建、发改、民政、国土、环保、施工方、施工监理等召开标准化项目推进会，并成立专项督导组，对项目进度和质量、安全等各方面检查督导两次有效推进了项目建设的工程进度。截至年底，已有12个标准化活动场建设完成，已投入使用。县财政投入21.9万元，完成了73个村委会房屋穷的危房鉴定工作，为2019年村级组织活动场所标准化建设提供了依据。创办村（居）集体经济。各村（居）党支部、驻村工作队协助乡（镇）创办村（居）合作社75个，主要经营牛羊育肥、汽车（摩托车）修理、藏装制作、糌粑加工、散装油销售等项目。培养致富带头人111名，其中“一乡一社”致富带头人14名，“一村一合”致富带头人75名，产业致富带头人22名。

【组织部2018年领导名录】

县委副书记、组织部部长：柳跟象

县委组织部副部长：屈　磊（2018年离职）

县委组织部副部长、老干部局局长：多旦才旺

（撰稿人：闫万平）

机关党建

【党的建设】 成立宣讲团22个、巡回宣讲团4个，在村（居）党员干部群众中成立“草根宣讲团”，深入各乡（镇）、村（居）、放牧点、寺庙以及学校，带领大家精读重点内容、导读主要词汇、解读精神热点，加深对党的十九大报告的学习领悟；以拉家常、讲故事、谈生产等方式开

1月24日，尼玛县党委第二支部学习新修订的《中国共产党章程》

展宣讲工作，有效推动了习近平新时代中国特色社会主义思想和党的十九大精神进牧区、进机关、进学校、进家庭。共计宣讲112场次，受教育群众1.22万余人次。梳理党的十九大提出的新思想、新观点、新论断，将知识要点制成“小卡片”“口袋书”3000余册发放给干部职工，在“尼玛先锋”微信公众号进行公布宣传，帮助党员干部学懂基本观点，熟记基本内容，把握基本要求。5月23日和9月5日，组织2500名党员干部进行党的十九大精神学习情况考试，并将考试成绩进行公布，有效激发党员干部学习的热情。4月1日，县委召开2018年基层党建工作会议，总结2017年基层党建工作，安排部署2018年工作，表彰2017年基层党建述职评议考核中的先进单位。市政协副主席、县委书记徐建对2018年基层党建工作提出了明确要求，与各级党组织书记签订基层党建责任书30份。组织村党支部第一书记、党支部书记培训班2次，通过培训、交流、逐一谈话，进一步明确工作职责。

6月1日，县国税党支部在“六一”儿童节到尼玛县幼儿园为孩子们送上了节日的美好祝愿

【党建促脱贫攻坚】 按照“1+10”意见，确立14个软弱涣散党组织，制定下发《关于对全县软弱涣散基层党组织集中排查整顿工作的实施方案》，明确整改目标、整改方式、整改时限、领导责任。在77个行政村中，开展“扶贫先扶志、治贫先治愚”思想教育引导活动42场次，受教育人数1万余人次，改变群众“等靠要”思想。完善基层组织建设成立“两新”工委、非公经济党支部，扩大基层党建工作的覆盖面。召开基层党组织标准建设部署会议。

【党风廉政建设】 制定《尼玛县关于2018年至2020年开展扶贫领域腐败和作风问题专项治理实施方案》《尼玛县2018年尼玛县领域腐败和作风问题专项治理实施方案》。利用LED显示屏不间断播放廉政警示语，不断强化干部职工廉政意识。在全县各乡（镇）、各村（居）设置扶贫领域专项举报箱共80个，制作扶贫领域监督执纪藏汉双语海报1000张，公布举报电话、微信公众号和来信方式，形成了信、访、网、电“四位一体”监督举报体系。4月以来，先后6次开展监督检查，调研走访7个乡（镇）、28个村（居）户，发现问题43个，下发监察建议书6份。全年，纪检监察机关共梳理问题线索5件，正在初核4件，移交市纪委正在立案1件。把惩治“微腐败”同“扫黑除恶、打非治乱”专项斗争结合起来，制作扫黑除恶123张，张贴于全县各乡镇、村居、学校以及县城人员密集场所，公布监督举报方式，鼓励群众积极参与监督，维护自身利益。

宣传工作

【概　况】 尼玛县委宣传部编制7人，在编8人，其中包括领导职数5人，其他干部3人。宣传部

尼玛县举办“3·28”百万农奴解放纪念日活动

内设网信办、网评中心、精神建设文明委、文化执法大队4个部门。

【意识形态工作】 3月30日，召开全县意识形态工作会议，安排部署意识形态领域工作，统一思想，提高认识，强化责任。召开常委会议专题听取上半年全县意识形态工作开展情况汇报，同时把意识形态领域工作纳入县大督导检查内容，对14个乡（镇）落实意识形态工作情况进行了督导检查。

坚持县委理论中心组周五定期学习制度，在每周二、四增加《习近平谈治国理政》县委理论中心组夜读，加强理论学习31次；征订《习近平谈治国理政》《习近平新时代中国特色社会主义思想三十讲》和党的十九大精神读本等藏汉文本资料共计467份；为牧家书屋、寺庙书屋发放书籍17600余册，不断满足基层党组织和党员群众的学习需求。以电视、网络、纸质媒体为载体，向各级新闻媒体投稿1023条，开展网评引导130次，其中转发重要文章4151篇，跟帖评论1378次，上报网评文章4篇，网评工作调研报告1篇。在政府门户网站和“网信尼玛”（微信公众号）刊登新闻2987条，被采用815条。开展文化市场执法36次，出动270人次，查缴自治区列入黑名单歌手的违禁歌碟22张，色情片2张，U盘3个，并进行了统一销毁。

【扫黑除恶专项斗争】 结合实际制定尼玛县扫黑除恶打非治乱专项斗争工作方案，召开动员部署会议1次，专题会议3次、推进会议1次，签订了扫黑除恶打非治乱线索摸排承诺书，摸排50余次、200余人，摸排线索3条。开展105次宣传活动，发放和张贴宣传资料8000余张，制作关于举报黑恶势力违法犯罪线索通报视频和藏汉双语通告2000余张，悬挂横幅80余条，清查次数50余次，对各商铺和娱乐场所制定扫黑除恶温馨提示500余张，新闻宣传10次，已覆盖14个（镇）、77个村（居），同时设立举报箱68个，发放举报联系卡片2000余张，侦破5起赌博案件，抓获1名犯罪嫌疑人、19名违法人员，缴获赌资5万余元；开展了清网行动，抓获2名长期网上在逃犯罪嫌疑人，实现了网上零案件。

【履职情况】 切实贯彻落实党委（党组）意识形态工作责任制，按照《尼玛县贯彻落实党委（党组）意识形态工作责任制的实施意见》要求，严格落实意识形态工作责任制。3月30日，召开了全县意识形态工作会议，安排部署意识形态领域工作，进一步统一思想，提高认识，强化责任，狠抓各级党委（党组）意识形态工作责任制落实。成立以县委书记任组长的意识形态工作领导小组，并与各乡镇、县直单位党委（党组）签订了党委（党组）意识形态工作目标责任书。整理汇总2013—2017年意识形态领域工作资料，接受市巡查组的检查。同年

12月8日，尼玛县畜产品展销会全景图

12月22日下午，尼玛县召开第35次常委会，会上全县各级党委（党组）落实意识形态工作责任制情况进行了述职，参加会议的县委常委对他们进行了评议。

【理论学习】 以县委理论中心组学习为抓手，指导、督促党委（党组、支部）抓好学习，通过学习推动工作，在工作中加强学习。年初制定理论中心组学习计划，坚持县委理论中心组周五定期学习制度，重要会议精神和领导讲话需要迅速传达学习的坚持不定期及时召开理论中心组学习会，从而保证各项学习任务落到实处。县委理论中心组（夜读）集中学习34次，重点学习了中央第六环境保护督察组西藏自治区环境保护督查反馈意见、关于落实党的十九大和区党委九届三次全会精神决胜全面建成小康社会的实施意见、吴英杰书记在2017年全区维稳工作情况2018工作要点的报告上的批示等系列讲话、松吉扎西书记在2017年县委书记、地直行业系统党（工）委书记抓基层党建工作述职评议上的讲话等系列讲话精神、西藏自治区贯彻《中国共产党问责条例》实施办法及违反中央"八项规定"的典型问题通报等各类文件共计25各。为确保全县理论学习活动扎实有效开展，结合实际，征订了《习近平谈治国理政》《习近平新时代中国特色社会主义思想三十讲》《党委中心组学习》和党的十九大精神读本等藏汉文书本资料共计467余份，并发放至县直各单位、各乡（镇）、各村（居）、寺庙和学校，充分发挥乡镇文化站、农家书屋、寺庙书屋等阵地作用，不断满足基层党组织和党员群众的学习需求。

【思想舆论】 始终坚持正确的舆论导向，紧紧围绕中心工作扎实开展新闻宣传报道工作。根据《关于做好尼玛县政府新闻网站信息上报工作的通知》的要求，结合信息上报数量和被区、市、县信息采用率综合评比，表彰奖励2017年信息报送先进集体6个，发放奖金9000元；兑现各乡镇、各单位信息上报采用费20950元。以电视、网络、纸质媒体为载体，切实做到"两个突出"：突出宣传重点，以尼玛电视台、尼玛政务网、微信公众号"网信尼玛"为载体，围绕党的十九大精神、区党委九届三次全会、自治区那曲工作会议精神、"四讲四爱"群众教育实践活动、精准扶贫、社会发展、民生改善等，宣传尼玛新形象；突出主攻方向，主攻区内主流媒体、门户网站，重点是《西藏日报》《那曲报》、西藏电视台、西藏广播电台、那曲电视台、中国西藏新闻网、那曲新闻网等，打造尼玛外宣品牌。向各级新闻媒体投稿1023条，其中中国西藏新闻网采用6条，那曲新闻网采用7条。县电视台上传新闻300条，那曲电视台采用155条（其中扶贫新闻45条），西藏电视台采用3条（其中扶贫新闻采用2条）。

【社会宣传】 充分利用宣传栏、LED显示屏、横幅等社会媒介，大力宣传中央、自治区、市委和县委决策部署、重要会议精神、精准扶贫知识、"24个字"为基本内容的社会主义核心价值观等，不断壮大主流思想舆论。共更换宣传展板内容38期，定期更换LED显示屏内容。大力加强对互联网等新兴媒体的引导和管理。高度重视互联网等新兴媒体对社会舆论的影响，加强新兴舆论阵地建设。加大网上正面宣传力度，改进宣传内容和方式，努力掌握网络宣传的主动权。加强网上监管工作，宣传部下发了《尼玛县委宣传部组建网络评论员队伍建设有关事宜的通知》由各单位上报组建了尼玛县网络评论员队伍，按照自治区、那曲市网信办相关指令，正确开展网上舆论引导，为了激励专兼职网评员的工作积极性，制定了网评员奖惩机制。尼玛县共有20名专兼职网评员，2018年，共开展网评引导130次，其中转发重要文章4151篇，跟帖评论1378次，上报网评文章4篇，网评工作调研报告1篇。积极组织网信、网评专兼职工作人员参加上级举办的各类业务培训，狠抓网信、网评办干部职工的理论素养、业务素质的提高，采取集中学习和自学的形式不断加强网络管理人员素质的提高。坚持重大舆情及时报告和月报告制度。按照市委宣传部理教科舆论引导工作要求，每月及时向市委宣传部理教科报送有关精准扶贫、安全生产、食品药品等舆情信息，共上报舆情信息90期。加强尼玛县政府门户网站和“网信尼玛”微信公众号的建设，2018年尼玛政务网刊登新闻1469条、采用815条、“网信尼玛”发布新闻1518条。认真开展互联网专项整治行动4次，不断加强对尼玛县官方网站、官方微信等新媒体平台的管理，不断完善信息公开审核机制，实行主管领导审核发布制度，全年未发生信息安全类事故。切实加强文化市场执法，推进文化市场健康、有序发展，宣传部文化市场综合执法大队先后会同文化、公安、消防、工商等相关部门，对网吧、朗玛厅、KTV、音像制品店和打字复印店等文化市场进行检查，切实强化意识形态领域阵地的管理。

【宣传教育】 按照区党委、市委的统一要求，深入开展了“四讲四爱”群众教育实践活动，全县各级各部门紧紧围绕“四讲四爱”群众教育实践活动的主题主线、目标要求、活动内容和方法步骤，层层动员部署、逐级贯彻落实，推动“四讲四爱”群众教育实践活动在全县上下迅速铺开、扎实推进。截至2018年年底，县活动办制作2个宣传栏、5000册以习近平中国特色社会主义思想和党的十九大精神为主要内容的藏汉双语口袋文化宣传册、一期月报，召开了3次由统战、教育、强基办、国资委为责任单位的月碰头会。全县共成立各级宣讲组97个，涉及人员302人，开展宣讲680场次，受教人数达2.9万余人次。开展了“恩从何来、恩向谁报”“国旗飘起来、国歌唱起来”“爱讲树”主题教育等各类实践活动共136次。按照《尼玛县非婚生子女问题专项治理工作方案》要求，制定了非婚生子女问题专项治理工作宣传方案，成立了各乡镇、寺庙、社会、教育系统等四个专项治理宣传组，开展治理宣传37次、受教人数6800余人次；制作宣传单1033张；制作横幅7条；安排县民间艺术团创作编排了关于非婚生子女问题治理宣传小品，通过文艺方式教育引导群众树立正确的婚姻观、家庭观，杜绝不正当男女关系、非婚生子等不良社会现象。开展精神文明创建活动，培育良好社会风尚。以社会主义核心价值体系建设为根本，以现代文化为引领，以传播正能量、展示尼玛形象为目标，扎实推进精神文明建设工作。大力培育和践行社会主义核心价值观，全面推进核心价值观“五进”活动，利用宣传栏、LED显示屏、横幅等社会媒介宣传以“24字”为主要内容的核心价值观，认真组织开展“五下乡”活动。2018年5月21—25日，利用5天的时间先后深入中仓乡、阿索乡、军仓乡、来多乡及两座寺庙，开展了集中宣传服务活动。“五下乡”集中宣传服务活动，共举办文艺演出4场次，放映爱国教育电影4场次，累计观众达1000余人次，发放“四讲四爱”、《中华人民共和国婚姻法》《中华人民共和国妇女权益保障法》《中华人民共和国道路交通安全法》《动物防疫知识》等宣传单3280余张，发放《法律进校园知识读本》《毒品常识》《包虫病防治知识手册》等宣传手册920余册，发放《举报须知》《四类刑事案件》宣传海报400余张。免费送医送药、义诊，累计共发放了价值4780余元的西药、10486余元的藏药和价值9940余元的兽药，义诊1300余人。活动收益人数共计2750人，加强未成年人思想道德建设。2018年，经那曲市批准新建甲谷乡初小少年宫，全县共有6个乡（镇）学校少年宫，以乡（镇）学校少年宫建设项目为抓手，助推未成年人思想道德建设工作不断加强。开展3月5日学雷锋志愿服务活动、“扣好人生第一粒扣子”劳动社会实践活动、“六五世界环境日”等宣传活动。

【丰富群众精神文化生活】 开展了庆祝“3·28”百万翻身农奴解放纪念日暨唱红歌、跳广场舞、跳锅庄、“十一”升国旗，举办乒乓球比赛、演讲比赛等系列文艺活动。4月，应市委宣传部、市文化局的要求组织县民间艺术团赴安多县参与那曲市“五下乡”活动。先后到俄久一村、军仓三村、文部北村等进行了送文艺进村活动，上半年县民间艺术团共演出达26场次。同时，根据“四讲四爱”活动内容及县委、县政府关于治理非婚生子工作相关要求，县民间艺术团创造了小品《非婚生子》和《查果的生活变化》2个文艺作品。积极开展免费开放活动。5月1日开始每晚安排1小时15分钟由县民间艺术团带领干部群众带头教学普及广场舞，每晚在广场上平均有100多人参与广场舞，使广场舞真正成了尼玛群众文化的一道风采，由文广局制作的《大美尼玛》光盘于6月6日正式向外出售。

【宣传部2018年领导名录】

县委常委、宣传部部长：

格桑卓嘎（女、藏）

县委宣传部副部长：格桑卓玛（女、藏）

（撰稿人：嘎桑旺姆）

统一战线工作

【概　况】 2018年，在县委、县政府的正确领导下，在上级业务部门精心指导下，尼玛县统战部紧紧围绕建设全县发展稳定大局工作，以全县建设大统战工作格局为抓手社会发展稳定为抓手，深入学习贯彻落实党的十九大精神和十九届二中、三中全会精神；深入学习2018年中央统战部长工作会议精神；深入贯彻自治区党委九届三次会议精神和区、市统战民族宗教工作会议精神；深刻领会习近平总书记的系列讲话精神，特别是“治国必治边，治边先稳藏”的重要战略思想和“加强民族团结、建设美丽西藏”的重要指示及给玉麦乡群众回信精神；全面贯彻落实党的宗教工作基本方针和国家管理宗教事务法律法规，贯彻落实新修订《宗教事务条例》和中共中央、国务院《关于加强和改进新形势下宗教工作的实施意见》，深化加强和创新寺庙管理，强化党外人士培养教育，加强社会流动从事宗教活动人员的服务管理，有力推进非公企业健康发展，通过统一战线全体干部上下同心，齐心协力，主动作为，尼玛县全年统战各项工作取得了较好成效。

【宗教事务管理】 2018年，全县宗教工作以区、市统战民族宗教工作会议精神为指导，年初召开了县统战民族宗教工作会议，安排部署了全县宗教工作，与各乡（镇）签订各类目标责任书，确保了尼玛县宗教工作扎实有效推进。利寺惠僧政策落实；紧紧围绕区党委、区政府的维稳举措，深入推进寺庙“九有”“六个一”“两保一低”“一个创建”等活动，让广大僧尼充分享受改革发展成果。在各寺庙已实现五代领袖像、国旗、报纸、文化书屋、电影、电视、广播全覆盖，11座寺庙（拉康、日追）均通水、通电、通路、通信。2018年，尼玛县委统战部协调各“九有”成员单位召开寺庙“九有”项目工作推进会，为寺庙的户用系统、广播电视进行维修和更换。对低保、养老、医疗保险做到了应得尽得范，发放补助22.72万元；把5名60岁以上孤寡僧人纳入“五保”范畴，发放补助2.47万元。驻寺干部对每名僧尼及家庭家访均不少于4次，发放慰问金3万元；为僧尼及家庭办实事、解决困难问题7件，投入10余万元。同时，充分发挥县级领导干部对口联系寺庙和宗教界代表人士制度，使广大僧尼充分感受到了党和政府的关心和温暖，驻寺干部也成了僧尼及僧尼家庭的贴心人。

和谐模范寺庙暨爱国守法先进僧尼创建评选活动。2018年上半年，统战部以“创建和谐模范寺庙”活动为载体，以爱国守法为目标，大张旗鼓地开展了和谐模范寺庙暨爱国守法先进僧尼评选表彰活动，大力表彰先进，鞭策后进，让他们在政治上有荣誉、社会上有地位、经济上有激励，激发了爱国热情。2018 年上半年表彰大会上，共评选表彰了 3 座县级和谐模范寺庙，32 名爱国守法先进僧尼，发放表彰资金 4.6 万元。同时，为深入贯彻落实习近平总书记提出，宗教界人士要做到“政治上靠得住、宗教上有造诣、品德上能服众、关键时起作用”重要指示，尼玛县统战部按照区党委、市委和县委的安排部署，在全县各寺庙开展了“遵行四条标准、争做先进僧尼”主题教育教育活动。为巩固活动成果，将下半年和谐模范寺庙暨爱国守法先进僧尼评选表彰活动，更改为“遵行四条标准，争做先进僧尼”表彰大会，共表彰了 3 座寺庙，59 名僧尼，发放表彰资金 7.77 万元，充分体现了广大僧尼群众在政治上有荣誉感、生活上有关怀感。

【宗教领域“五项”主题教育活动】 尼玛县统战民宗重视宗教领域“五项”主题教育实践活动，将活动作为 2018 年涉宗领域工作的核心任务，贯穿于统战民族宗教部门工作的各个环节，及时制定完善相关文件。6 月 5 日，召开尼玛县宗教领域“四讲四爱”“遵行四条标准、争做先进僧尼”、学习《宗教事务条例》，“引导宗教消费，助推脱贫攻坚实施乡村振兴”“爱讲树”系列主题教育实践活动动员部署电视电话会议，会议学习讲解了各类实施方案，明确了活动主线、活动内容、时间步骤、任务要求；加强组织领导　为深入推进宗教领域“五项”主题教育活动，成立了以县委常委、统战部部长泽仁杰达为组长，县政府副县长、民宗局局长达吉次仁为常委副组长的寺庙“五项主题教育”实践活动领导小组。同时，为加强活动办公室力量，确保活动有序、高效开展，安排室主任和副主任，从统战、民宗、宗教办安排专人组成办公室工作专班，并进行责任分工，确保每项工作都有人抓、有人管、有人负责。宣讲工作。宗教领域“五项”主题教育能否取得成效，最大程度、最快时间、最广范围让宗教“五项”主题教育活动宣讲内容家喻户晓、人人皆知，内化于心、外化与行。统战部在宣讲工作上狠下功夫，及时选派宣讲能力强的 6 名干部、僧尼宣讲骨干参加区、市委和县统战部组织的统战系统宣讲员培训班，在参加培训结束后，深入寺庙巡回对各寺庙宣讲员进行了培训，进一步提升了尼玛县寺庙宣讲员的宣讲能力，深入扎实的开展宣讲工作。

【全国宗教工作自查督查】 党中央历来高度重视宗教工作，在 2018 年首次开展了全国宗教工作自查督查。9 月 11 日，市政协副主席、县委书记徐建主持召开了尼玛县宗教工作自查督查工作部署会议，全面部署了相关工作，并亲自担任尼玛县宗教工作自查督查工作领导小组组长，对全县宗教工作自查督查工作进行亲自把关，严格落实党委主体责任。10 月 22 日，县委副书记、人大常委会主任吉生虎主持召开了宗教工作自查督查工作推进会议，会议上通报了各乡（镇）、县（中）直部门、寺管会对宗教工作自查督查情况和整改落实情况，为全县宗教工作自查督查工作顺利完成注入了动力。在全国宗教自查督查工作期间，尼玛县先后安排了 7 名县级领导带队，先后 3 次深入全县级各部门党委（党组）对宗教工作主体责任落实情况和党的宗教工作基本方针和国家管理宗教事务法律法规执行情况等内容进行了督导检查。

【党外人士队伍建设】 为进一步做好党外干部、党外知识分子队伍建设，结合尼玛县实际，制定完善《统战部干部联系党外人士制度》，巩固发展尼玛县党外人士队伍建设　强化学习 2018 年年初尼玛县开了党外人士座谈会议，会议认真传达学习了党中央、区党委关于新形势下党外人士工作的系列会议、文件和领导的指示精神，深入到党外干部中宣传党外干部选拔的方针政策和党外干部的重要意义为广大党外干部健康成长营造良好的政治舆论氛围。

加强摸排调研。进一步掌握尼玛县党外知识分子分布情况，建立健全党外知识分子人才数据库，通过排查尼玛县党外知识分子295人、党外干部70人。为党外知识分子从事教育科技等工作创造条件、搭建舞台，切实帮助解决实际困难，积极营造人尽其才，才尽其用的社会环境。

加大对党外人士的政治安排。2018年，顺利完成那曲市第一届政协委员选举工作，在原有的基础上新增了2名党外政协委员，同时更换了1名那曲市佛协理事。

【“四讲四爱”群众教育】 制作2个宣传栏、5000本以习近平中国特色社会主义思想和党的十九大精神为主要内容的藏汉双语口袋文化宣传册，成立各级宣讲组97个，涉及人员302人，开展宣讲680场次，受教人数达2.9万余人次。开展了“恩从何来、恩向谁报”“国旗飘起来、国歌唱起来”“爱讲树”主题教育等各类实践活动共136次。按照《尼玛县非婚生子女问题专项治理工作方案》要求，编排关于非婚生子女问题治理宣传小品，教育引导群众树立正确的婚姻观、家庭观，杜绝不正当男女关系、非婚生子等不良社会现象。共开展治理宣传37次、受教人数6800余人次；制作宣传单1033张；制作横幅7条。

【维护稳定】 贯彻落实习近平总书记关于“治国必治边、治边先稳藏”的重要论述，按照区党委、市委关于维护稳定工作部署要求，狠抓各项维稳措施落实，认真做好“双联户”服务管理、“先进双联户”创建评选、网格化服务管理、平安创建、综治等工作，全力推进“扫黑除恶、打非治乱、扫黄打非”专项斗争，积极开展民族团结进步创建活动，深化和加强寺庙管理创新，深入开展涉宗领域“五项”主题教育，确保了全县社会大局持续和谐稳定。召开全县维稳视频专题会议19次，召开维稳专班会议共42次，调整充实维护稳定工作领导小组，定期召开维稳专题会议，及时传达学习区市两级维稳相关会议精神，调整力量部署，改变工作重心，突出抓好藏博会、赛马节、博鳌论坛等各个节点期间的维稳安保、境外法会防范应对、社会面整体防控、情报搜集研判、民俗宗教活动安保、公共安全管理等工作，坚决做到“六个严防”“六个不发生”。制定《尼玛县深入开展打击整治“黑车”等非法营运违法犯罪专项行动工作方案》，在全县内开展打击整治“黑车”等非法营运违法犯罪专项行动。共出动执法200余次，共检查车辆3820辆，查获非法营运车辆30辆，查扣超限超载货车148辆，查扣证照不齐185辆。

【统战部2018年领导名录】

县委常委、统战部部长：泽仁杰达

达果片区寺庙管委会主任、统战部副部长（正科）：嘎玛格列

工商联主席（正科）：琼　达

（撰稿人：嘎玛格列）

民族宗教工作

【概　况】 尼玛县民宗局全称为民族宗教事务管理局，属政府职能部门，民宗局主要职责是贯彻执行党和国家民族宗教工作的方针政策和法律法规；组织开展民族宗教法律法规及政策的宣传教育工作，督促检查民族宗教法律法规政策的执行情况，统筹协调有关部门落实民族宗教政策，促进民族宗教工作开展，尼玛县共11座寺庙（拉康、日追），属格鲁、噶举、宁玛、苯教四大教派。

【寺庙工作】 寺庙属地管理是宗教领域的一项重点工作，民宗局深化加强和创新寺庙管理，积极推进完成寺庙属地管理各项工作。2018年年初，召开全县寺庙属地管理工作部署会议，全面安排部署了2018年寺庙属地管理各项工作，明确目标任务，并县、乡（镇）、村、寺庙层层签订寺庙属

地管理目标责任书，制定下发了《尼玛县寺庙属地管理考核验收办法》，做到了工作有部署、责任细化到人头、工作落地到基层。督促是工作落实落地的重要保证，民宗局按照年初给各乡镇安排签订的寺庙属地管理目标责任书，带头负责，前后5次乡（镇）、寺庙进行督导检查，及时了解项目工作进度。为了检验全县一年来寺庙属地管理工作成效，顺利迎接市委属地验收，及时组织统战、民宗、宗教办全体干部，召开专题例会，对寺庙属地管理验收事宜进行研究部署。并于10月26—30日安排县统战、民宗对全县11座寺庙（拉康、日追）属地管理工作进行了全面的验收。

【基础设施建设】 2018年，民宗局寺庙维修项目共计投资265.25万元，其中：僧舍维修投资85.0595万元、人居环境建设工程投资183.19万元。2018年10月15日至11月15日，同时民宗局协调住建局、发改委等部门对尼玛县2018年宗教活动场所僧舍和人居环境建设项目进行了严格的初步验收。所有项目均严格按照相关程序规定进行施工，并已全部落实完工顺利通过验收。

【民族团结】 广泛开展民族团结进步创建活动，积极利用“三月法制宣传月”“六月法制宣传周”“九月民族团结宣传月”“五下乡”加强民族团结宣传教育工作，重点宣传了中央民族工作会议精神、《中华人民共和国民族区域自治法》以及习近平新时代做好民族工作的重要论述以及民族团结进步先进典型事迹，共举办宣传活动7次，发放各类宣传单、宣传手册7200余份，受教育人数3600余人次；认真贯彻落实习近平总书记“加强民族团结，建设美丽西藏”重要指示精神，坚持公平公正，突出先进典型，积极开展年度民族团结进步创建评选工作，在全县范围营造团结、平等、互助、和谐的民族团结舆论氛围，召开尼玛县2018年民族团结进步表彰大会，隆重表彰民族团结进步先进集体和先进个人，极大地调动全县各族干部群众重团结、争先进的宣积极性，促进了全县民族团结事业的健康发展，2018年度共评选出自治区级先进个人1名；市级先进集体2个、先进个人1名；县级先进集体10个、先进个人15名。

10月10日，市政协副主席、尼玛县委书记徐建看望慰问寺庙僧尼

【文物保护】 成立由副县长、民宗局长为组长，由县统战、民宗、文化、安监等部门为成员的寺庙文物安全生产隐患排查整治工作领导小组。同时，在日常工作中民宗局积极协调县公安局，县文化局、消防大队等有关部门，定期不定期对尼玛县各寺庙（拉康、日追）开展文物安全大检查和宣传文物保护活动。确保尼玛县宗教活动场所各类安全隐患早排查、早解决，并结合寺庙实际，认真研究、摘选重点部分，制定文物保护宣传手册，及时发放到每一位僧尼及驻寺干部手中，切实提高他们对寺庙文物保护的意识。

【民族宗教工作】 开展“五项”主题教育；组织召开宗教领域“四讲四爱”“遵行四条标准、争做先进僧尼”、学习《宗教事务条例》、“引导宗教消费、助推脱贫攻坚实施乡村振兴”“爱讲树”系列主题教育实践活动，动员部署电视电话会议，明确了活动主线、活动内容、时间步骤、任务要求。

【其他工作】 认真推进“六项”工作。根据《市委统战部关于深化开展宗教领域各项主题教育活动和述职评议工作的方案》文件要求，为认真推

9月6日，民宗局干部为群众讲解《宗教事务条例》

1月17日，举行成立尼玛县监察委员会挂牌仪式，市政协副主席、县委书记徐建等县级领导参加

进“六项”工作任务，11月20日，在全县“三项”斗争工作暨宗教领域维稳部署会上认真部署了“六项”工作。并严格按照方案确定时间和工作要求，逐一落实、逐项推进。尼玛县宗教领域“六项”任务，在既定时间已全部完成，其中在寺庙僧尼“五项”主题教育活动学习成效摸底测验平均成绩70分以上。

【民宗局2018年领导职务】

副县长、民宗局局长：达吉次仁（藏）

民宗局副局长：扎　多（藏，主持工作，2018年9月离职）

民宗局副局长：多杰次旦（藏，2018年9月任职）

民宗局副主任科员：贡布多吉（藏）

（撰稿人：贡布多吉）

纪检与监察

【概　况】 2018年，全县共有纪检监察机关19个，其中县纪检监察机关3个，县级编制1个（县纪委），正科级编制1个，副科级编制2个，县纪委内设科室5个，分别为综合室办公室、第一室、第二室、审理室、信息中心。14个乡（镇）于2016年4月均成立了乡（镇）纪委。县纪委监察施行合署办公机制，乡镇纪委共27人，其中副科14人（纪检书记），科员13人（纪检专干）。

【履行从严治党】 加强组织领导，全面统筹部署；2018年4月3日，县委组织召开全县纪检监察工作会议，传达学习了十九届中央纪委二次全会精神、区纪委九届三次全会和那曲市纪检监察工作会议精神，全面总结2017年党风廉政建设和反腐败工作，安排部署2018年工作任务。同年7月23日，召开县委2018年第9次常委会议，会议专题听取了2018年上半年落实党风廉政建设“两个责任”和巡察工作开展情况汇报，研究解决了工作中存在的问题和困难。坚持定期不定期召开县委常委会议听取党风廉政和反腐败工作汇报，2018年，召开县委常委会议6次，研究了《尼玛县深化国家监察体制改革试点工作实施方案》《县纪委监委人员调整相关事宜》《尼玛县2018—2020年开展扶贫领域腐败和作风问题专项整治的实施方案》《中共尼玛县委员会关于市委巡察四组反馈意见的整改落实方案》《尼玛县委关于王拥军书记在督导尼玛县集中整治不作为、慢作为、文山会海等形式主义、官僚主义突出问题时的讲话精神的整改方案》《县纪委关于对部分干部的处理建议》等工作，及时调整充实了县委落实党风廉政建设责任制领导小组组成人员。健全完善《尼玛县2018年落实党风廉政建设主体责任“第一责任人”责任清单、班子成员“一岗双责”责任清单》《尼玛县2018年落实党风廉政建设监督责任清单》，与班子成员、各乡（镇）、县（中）直各单位层层签订了《2018年尼玛县落实党风廉政建设党委主体责任书》，层层传导压力、层层压实责任。坚持把党风廉政建设和反腐工作纳入全县经济社会发展和党的建设总体布局，与全县各项工作同安排、同部署、同落实、同检查，先后8次督促县委督查室对党风廉政建设和反腐败工作进行监督检查。

【日常监督及管理】 严格执行《党政领导干部选拔任用工作条例》，认真贯彻中央《推进领导干部能上能下若干规定》精神，坚决遏制“带病提拔”“带病上岗”等选人用人上的不正之风和腐败问题，研究制定了《尼玛县干部任前廉政法规知识考试暂行规定》，对拟提拔使用的20名干部开展廉政法规知识考试，并进行集体廉政谈话。加强廉政审查力度，对涉及评先评优、干部提拔、干部调动、干部审计、市第一届党代表和人大代表（党员）候选人等相关事宜严格审查、严格把关。截至年底，纪检监察机关共出具廉政证明和廉政意见回复函20批次、232人次、20家单位、1个党组，对6名拟提拔使用干部及时叫停。加强对干部职工遵守工作纪律、会场纪律、上下班制度等情况的监督检查，开展专项检查19次，处理28人，全县点名通报5人；对上班期间玩手机游戏、看视频的40人进行严肃批评教育并要求其作出深刻检讨。

3月31日，召开尼玛县2018年度纪检监察工作会议

【执纪监督】 全县干部职工传达学习区、市纪委相关文件精神，组派暗访组深入到全县各乡（镇）、各单位和寺庙（日追、拉康）进行明察暗访，切实维护了纪律的严肃性。严明维稳工作纪律，在“三大节日”、藏博会等时间点组派督导检查组深入乡（镇）、县（中）直单位、村（居）明察暗访维稳工作纪律落实情况40余次，检查发现落实维稳工作纪律不到位29家，下发通报11次。认真开展廉政谈话大提醒工作，按照分级负责的原则，对771人次干部职工和村（居）“两委”班子进行“一对一”廉政大提醒活动，不断引导党员干部认清廉政风险，增强自律意识。有效运用和践行执纪监督“四种形态”，使红红脸、出出汗成为常态。截至年底，共提醒谈话3人次，约谈17人次，诫勉谈话6人次。

【纪律建设】 紧盯重要节点、紧盯“关键少数”，制定出台《尼玛县纪委2018年中秋国庆节日期间严格落实中央“八项规定”精神、坚决防止“四风”反弹的监督检查方案》，组派2个督导组对各乡（镇）、县直各单位节日期间廉政建设、作风建设等方面进行督导检查，尤其是各乡（镇）党政“一把手”带头落实廉洁自律各项规定情况，切实保证“一把手”落实好党风廉政建设责任。集中整治不作为慢作为文山会海等形式主义、官僚主义突出问题，制定了工作方案，进行了任务分解，组派了督导组，先后深入各乡（镇）、32家县直各单位督导检查不作为慢作为文山会海和形式主义、官僚主义突出问题，县纪委对整治文山会海不彻底、不坚决的3家单位和8个乡（镇）、10个支部的相关负责人和有关人员进行了问责。认真贯彻落实中央“八项规定”精神及其实施细则和实施办法，严格控制“三公”经费支出。截至年底，全县“三公”经费支出573.54万元，与上年同比减少134.06万元，同比下降18.9%。

【严肃惩治腐败】 制定出台了《尼玛县2018年党

风廉政建设和反腐败工作要点》《尼玛县2018—2020年开展扶贫领域腐败和作风问题专项整治的实施方案》《2018年尼玛县扶贫领域腐败和作风问题专项治理实施方案》，成立扶贫领域作风问题整治工作领导小组，召开工作部署会，安排部署扶贫领域作风问题整治工作。紧盯扶贫领域监督执纪，县纪委深入各乡（镇）、村（居）排查扶贫领域腐败和作风问题线索，保障群众利益。2018年，充分发挥巡视利剑作用，对2个乡（镇）开展了常规巡察，整治民生领域腐败问题，坚决查处发生在民生资金、扶贫项目资金、生态环保等领域的违纪违法行为，向县纪委移交线索3件。2018年，县纪委监委共受理各类来信举报39件（含上级转办），初核28件，了结11件，立案3件，党纪处分2人，政务处分2人。

【廉政教育】 深入开展党的政治纪律和政治规矩教育，及时制定工作方案，进行了专题安排部署。2018年，全县各支部共开展专题集中学习466场次，撰写心得体会824篇，开展专题组织生活会37场次，梳理批评与自我批评意见118条。制定了《党的政治纪律和政治规矩党纪法规汇编读本》1200册，涵盖《关于新形势下党内政治生活若干准则》《中国共产党党内监督条例》等21项党内法规相关知识下发至全县党员干部。通过组织县委理论中心学习会、专题警示教育会、夜读等形式传达学习中央、自治区、那曲市关于党风廉政和反腐败文件精神和下发的各类违纪违法典型案例通报。2018年，共集中学习15场次。组织全县党员干部集中观看警示教育片《贪欲·黑洞——黄羽天违纪违法案件警示录》，撰写观影心得体会82份；对全县副科级以上干部编印《忏悔与警示》500册，制作扶贫领域监督执纪藏汉双语海报1000张，在人员密集场所张贴党纪党规知识和作风建设漫画专栏，开通“清廉尼玛”微信公众号，利用县电视台、LED显示屏多次滚动播出党纪党规和廉政教育宣传片，不断增强党员干部的廉洁自律意识。

【健全制度】 健全完善了《尼玛县落实党风廉政建设主体责任定期汇报制度》《乡（镇）纪委向县纪委报告工作制度》《中共尼玛县委员会关于建立县委巡察制度的实施办法》等制度，有效推动党风廉政建设责任制的落实。建立完善25家县直单位的权力清单，并在“网信尼玛”、尼玛县政府新闻网上进行公开，推进权力依法公开规范运行。

【督导检查】 及时制定全县上半年和全年落实党风廉政建设责任制检查考核方案，县委先后组派检查考核组，深入全县14个乡（镇）和县直单位落实党风廉政建设和党委（党组）履职情况进行检查考核，并对检查考核中存在的问题正逐一列出整改清单，明确限期整改要求。9月12—20日，县委大督导工作组深入14个乡（镇），对乡（镇）落实主体责任和“一岗双责”落实情况进行了督导检查。9月22—24日，县纪委联合县委督查室、县委巡察办组成3个专项督导组，对全县12个乡（镇）、18个村（居）、10个党支部党的政治纪律和政治规矩集中教育活动开展情况进行了督导检查，并对4个乡（镇）、3个县直党支部责令整改。7月23日，召开县委2018年第9次常委会议，专题听取了2018年上半年落实党风廉政建设“两个责任”和巡察工作开展情况汇报，研究解决了工作中存在的问题和困难，并对下步工作进行安排部署；于12月底召开2018年党风廉政建设述职述责会议，听取下级党组织党风廉政主体责任落实情况汇报和班子成员“一岗双责”履职情况汇报总结经验，传导责任，分析存在的问题和不足，安排部署下阶段党风廉政建设工作。

【巡察工作】 研究制定了《中共尼玛县委员会2017—2022年巡察工作规划》《中共尼玛县委员会巡察工作实施细则》《中共尼玛县委员会“五人小组”听取巡察情况汇报工作制度》《中共尼

玛县委员会巡察工作领导组工作规则》，设立县委巡察办和2个巡察组，配齐配强12名巡察干部，对2个巡察组配备了2名组长、2名副组长、4名工作人员，为巡察工作提供了组织保障和制度遵循。积极组建“两库”，研究制定了《中共尼玛县委员会巡察组组长库人员管理办法》《中共尼玛县委员会巡察专业人员库人员管理办法》，建立了20名巡察组长库和40名巡察人才库，先后选派30余人次参加自治区和那曲市各类培训、跟班学习，不断提高巡察干部队伍能力素质。聚焦群众最关心、反映强烈的重点领域，县委常规巡察2个乡。巡查期间，共听取汇报2次，召开座谈会2次，发放问卷调查103份，个别谈话189人次，受理来信来访73件次，移交立行立改8件。加强巡察整改力度，2018年4月14日至7月14日，市委巡察四组对县扶贫办（脱贫攻坚指挥部）、4个乡（镇）党委开展了巡察工作。有针对性地提出了3大类20个问题和意见建议5条。县委、县政府高度重视巡察整改工作，及时成立领导小组及办公室，制定了《中共尼玛县委员会关于市委巡察四组反馈意见整改落实方案》，明确整改内容、责任单位、责任人员和整改时限，并将市委巡察四组反馈意见逐条分解细化为20条问题，制定出台了43条整改措施，并先后5次召开会议，听取阶段性汇报，对整改落实工作进行了的安排部署。2018年，20条问题已基本完成整改，其中18条问题需长期坚持。

【监察体制改革】 根据中央、自治区、市委关于推动监察体制改革试点工作的部署要求，及时召开专题会议对监察体制改革进行研究，制定《尼玛县深化国家监察体制改革试点工作实施方案》，转隶3名政法干部、3名检察院工作人员，对转隶人员采取插花式形式与执纪审查人员搭配工作，有效促进纪检监察人员的思想融合、工作融合、感情融和。2018年1月，尼玛县监察委员会正式挂牌成立，配齐配强了领导班子，解决3间办公场所，确保了监察工作的有序开展。先后选派30人次到区、市和浙江大学学习培训《中华人民共和国监察法》及相关党纪党规知识。

【自身建设】 2018年年初，纪委监委的人员经费、公用经费和纪委监委专门办案经费纳入到县级财政预算。先后选派60余人次参加中央、自治区和市纪委业务培训、跟班学习。同时，县纪委监委班子成员带头对纪检干部讲党课和学法活动4场次，对乡（镇）纪委书记、纪检干部视频连线授课5场次，进一步提高纪检监察干部业务能力素质。

强化思想认识，牢固树立不抓党风廉政建设就是失职的意识，真正把党风廉政建设作为一项全局性的工作，与县委中心工作同研究、同部署、同检查。以开展集中整治不作为慢作为、文山会海等形式主义、官僚主义突出问题为契机，精简会议活动规模、时间、效率和质量，有效解决文山会海等顽疾。以正在开展的党的政治纪律和政治规矩教育为契机，开展形式多样的政治纪律政治规矩教育和廉政教育，加强对《中国共产党章程》等党纪党规知识的学习力度；在重要时间节点，加大对干部职工有关作风建设和廉洁自律提醒、教育和监管，切实转变工作作风，建立不敢腐、不能腐、不想腐的长效机制。加强线索搜集排查，扎实开展扶贫领域腐败和作风专项治理工作，聚焦扶贫领域主体责任、监督责任和行业监管责任落实不力、扶贫领域腐败问题和脱贫攻坚工作中搞形式主义、官僚主义三大方面问题，重点查处和纠正在扶贫领域不作为、不担当，截留私分、虚报冒领、优亲厚友以及问题整改不到位等问题。

建立责任追究体系，进一步完善党风廉政建设主体责任、“一岗双责”责任清单和党风廉政建设责任制考核和责任追究办法，用强有力的责任追究，层层传导压力，严肃查处工作中的“慵懒散”问题，确保各级党委更好地履行主体责任，深化作风建设，继续通过明察暗访和专项检查相结合方式，抓住重要时间节点，重点查处用公款相互宴请、赠送节礼、违规消费、公车私用等现象。重点加大对一些党员干部回避问题、形式主义、官僚主义、不作为、慢作为等问题的整治力度，着力解决一些单位、部门“门好进、脸好看、事难办”的现象。

【纪检监察委员会2018年领导名录】

县委常委、纪检委书记、监察委主任：刘建峰

纪委副书记、监察委副主任：益西曲珍（女、藏）

纪委常委、监委会委员：贡秋江村

监委会委员：周小伟

（撰稿人：旦增卓嘎）

尼玛县人民代表大会

综　述

【概　况】 2018年，在县委的坚强领导和政府的大力支持下，在市人大的关怀指导和县人大常委会及全体代表的积极参与配合下，县第六届人大常委会认真贯彻落实党的十九大和中央第六次西藏工作座谈会精神，深入学习贯彻习近平新时代中国特色社会主义思想，按照自治区第九次党代会和区党委九届三次全会要求，紧紧围绕党的治藏方略和全县工作大局，依法履行职责，努力践行党的领导、人民当家做主、依法治国有机统一。尼玛县人大常委会紧扣中心，紧贴民心，紧抓自身建设，圆满完成了全年的各项工作任务，为尼玛县长足发展和长治久安做出了积极贡献。

【尼玛县人大常务委员会2018年领导名录】

县委副书记、人大党组书记、人大常委会主任：
吉生虎

人大常委会副主任：　石秀热旦（藏）

人大常委会副主任：　扎西桑培（藏）

人大常委会副主任文部乡党委书记：
洛　桑（藏）

人大常委会副主任甲谷乡党委书记：
陈豆豆

代表工作

【贯彻党的方针政策】 坚持正确的政治方向，做好人大工作的根本保障。县人大常委会自觉坚持党对人大工作的领导，贯彻党的基本理论、基本路线、基本要求，落实党委的各项决策部署，从法律制度上保证党的路线方针政策贯彻落实，保证县委总揽全局、协调各方的领导核心作用充分发挥，确保人大各项工作有利于加强和改善党的领导。县人大常委会在依法行使各项职权的过程中，始终坚持围绕中心、服务大局，注重把县委的重要决策部署及时转化为尼玛县各单位的实际行动。在人事任免上，认真履行各项法律程序，及时通过人事任免。在重大事项和重要工作部署上，认真落实向县委请示报告制度，自觉接受县委对人大工作的领导。在开展视察调研工作上，及时向县委请示视察调研内容是否紧贴县委的中心工作，是否符合县委年度工作安排。

【机制健全与监督工作】 在县委的正确领导下，县人大常委会充分运用法律赋予的职权，认真履行监督职责，正确处理监督与支持的关系，监督与促进的关系，监督与制约的关系，形成了“在监督中支持，在支持中参与”的良好工作格局。加强对政府工作的监督。听取审议计划执行情况报告、预算执行情况报告、审查批准县财政年度预算调整方案。积极参加政府的重大会议，主动协调参加县长办公会议、政府重大决策的研究部署会议，了解掌握政府研究事项的原委，提出参考意见，促进政府决策的科学性、正确性。2018全年参加县长办公会议、政府重大决策的研究部署会议17次，并就研究通过的重大事项开展专题调研，针对存在的问题提出意见建议，确保自治区、那曲市委一系列决策部署落到实处。参加政府部门多家单位的采购验收工作，一年来，累计参加各项采购验收25次，保障了群众对政府重大资金使用情况的知情权、参与权，确保了物资采购的公开透明。人大常委会在2018年4月组织召开了“一府两院”工作评议会，县文化局和检察院位居前两名，被授予“人大代表满意单位”荣誉称号。加强对“两院”工作的监督。按照“紧扣中心抓重点，顺应民意抓热点，锲而不舍抓难点，拓宽渠道抓焦点”的工作方法，把事关全局、事关长远、事关民生的重大事项，人民群众普遍关注和反映强烈的热点问题，“两院”工作中的薄弱环节和突出问题作为重点监督对象，切实加大法律监督和工作监督。加强与县人民法院和县人民检察院的沟通联系，组织常委会成员和人大代表参加县人民法院重大案件审理的列席旁听工作，了解重大案情的审理情况，对公平审判、公正司法提出合理化建议。截至年底，列席旁听县人民法院案件审理工作11人次。强化法律监督，维护公平正义，加强对县人民检察院的监督力度，确保司法权得到正确行使，一年来备案刑事案件12件17人，为县人民检察院充分发挥检察职能，惩治犯罪提供了有力保障。

加强对乡镇人大工作的指导力度。为全面了解掌握乡镇人大工作情况，巩固乡镇人大规范化建设成果，增强人大代表履行职责的主动性和自觉性，2018年11月中旬，县人大常委会分两组，奔赴14个乡镇进行专题调研。各乡镇在县人大常委会的指导下，在乡镇党委的领导下，紧紧围绕经济建设、社会和谐主题，认真履行宪法和法律赋予的各项职权，不断探索、不断规范、不断作为、不断进取，认真履行职责。同时，视察组对如何开展好人大工作方面提出很多建设性意见，为下一步的人大工作指明了方向。加强代表议案、意见建议办理工作。在六届四次会议结束后，县人大办收集意见建议85条，归纳梳理后形成48条，2018年7月6日，召开意见建议交办会，明确了办理单位。县委、县政府主要领导高度重视，各有关部门及时召开了代表意见建议办理会。县政府主要领导亲自安排部署代表意见建议的办理工作，对意见建议办理制定计划，明确主管领导、办理责任人和办理时限，相关办理人员增强责任意识，主动听取人大意见，自觉接受监督，为快速、有效办理代表意见建议提供了保障。全年48条意见建议全部答复。

【督导检查工作】 9月13—20日，大督导检查工作分4个督导小组（共20人），以走村入户、了解民意、实地查看、查阅资料、现场提问、发现亮点等方式，按照督导工作中的8个大项48个小项的要求，对尼玛县14个乡（镇）进行全面督导检查。对乡（镇）30%以上的村（居），112余户（448余人）的牧民群众进行深入交谈。同时，还对全县11座寺庙（拉康、日追）进行全面排查摸底。在督导检查过程中，督导组现场指出存在的问题，及时的以口头方式向乡党委反馈了督导检查情况，要求各乡镇对存在的问题责令在15个工作日进行整改，并把整改落实情况报大督导办公室（县人大办）。督导组认真履行“调查研究、督促检查、群众交谈、发现典型”四项职责，努力做到“督导不包办、尽职不越位、帮忙不添乱、从严不放松”，促进了乡（镇）各项工作的扎实、有序开展，实现了“提高干部素质、加强基层组织、服务人民群众、促进各项工作”的预期目的。

【视察调研工作】 对群众关注和全县发展稳定的重大问题开展调研是人大工作的重要任务。10月，常委会协同县政协组织区、县、乡三级人大代表和政协委员共16名，利用7天时间对申扎县2个乡镇3个行政村的经济合作组织及县城3家超市、3家药店、县城异地集中搬迁点、万亩千畜工程、棚户区改造情况、尼玛县扶贫产业项目综合商业楼、商砼站进度情况开展视察调研工作，视察调研内容涵盖尼玛县的民生、医疗、基础设施建设、扶贫领域等方方面面，广大代表就影响和制约尼玛县经济社会发展方面提出多项意见建议，并逐项整理后反馈给相关部门进行整改。

【提升代表水平】 1月，县人大常委会组织召开党的十九大精神学习会，县乡人大代表70余人参加学习。为了让广大代表真正学懂、弄通、吃透党的十九大精神，学习内容充分运用群众喜闻乐见的方式、通俗易懂的语言，列举群众身边的真人真事、深入浅出的讲解党的十九大精神。

【行使决定权和任免权】 做出批准财政预算、预算调整方案的决议决定7个，推动尼玛县财政预算科学合理。听取和审议“七五”普法工作情况报告，就普法作出决议。1月12—14日，召开了尼玛县第六届人民代表大会第三次会议选举产生新一届自治区人大代表5名，县人大常委会副主任1名、补选人大常委会组成人员3名、监委会主任1名、人民法院院长1名；4月23—26日，召开尼玛县第六届人民代表大会第四次会议选举产生那曲市第一届人大代表14名，选举和任免国家机关工作人员129人次，坚持党管干部原则与人大依法任免有机统一，圆满实现党委人事安排意图。严格按照《西藏自治区实施宪法宣誓制度办法》规定，先后组织59名新任命人员向宪法宣誓，国家机关工作人员宪法意识和公仆意识进一步增强。

【自身建设】 在做好人大各项工作的同时，结合年初计划安排，及时开展集中学习与个人自学相结合，注重加强自身建设。全年组织全体干部集中学习了党的十九大精神和习近平新时代中国特色社会主义思想及《习近平谈治国理政》《关于

8月21日，召开尼玛县四大班子第6次联席会议

新形势下党内政治生活的若干意见》《中国共产党廉洁自律准则》《中国共产党问责条例》《中国共产党党内监督条例》，参加了党的政治纪律和政治规矩的教育活动，县人大班子开展集中学习30场次，个人自学93次，撰写学习笔记人均200余页。思想政治方面；结合“党的十九大精神学习计划”，常委会认真组织班子成员集中学习，深入开展专题调研，广泛征求民情民意，认真撰写对照检查材料。开好了专题民主生活会，会上进行了深刻剖析，会下切实抓好整改落实。党风廉政方面；落实和推动全面从严治党，贯彻中央关于新时期正风反腐的新部署新要求，着力解决党风廉政建设和反腐败斗争面临的突出问题，深入推进党风廉政建设和反腐败斗争。素质能力方面；通过参加学习培训、抓好班子成员自学等方式，认真学习人大工作各项理论知识，学习了《中华人民共和国宪法》《中华人民共和国全国人民代表大会和地方各级人民代表大会代表法》《中华人民共和国地方各级人民代表大会和地方各级人民政府组织法》《中华人民共和国全国人民代表大会和地方各级人民代表大会选举法》《中华人民共和国监察法》等各项法律法规，熟悉掌握人大工作的议事规则和议事程序。全年安排3名人员参加区、市业务培训，人大班子成员理论知识、业务素质和依法履职水平得到明显提高。

（撰稿人：韩汝楠）

尼玛县人民政府

综　述

【概　况】 2018年以来，在自治区党委、区政府、市委、市政府和县委的坚强领导下，在县人大及其常委会的有力监督和县政协的参政议政下，在中国海油的大力支持下，以习近平新时代中国特色社会主义思想为指导，深入贯彻落实党的十九大和十九届二中、三中全会精神，按照中央、区和市政府工作要求，坚持以人民为中心的发展思想，坚持稳中求进、进中求好、补齐短板、缩小差距的总基调，认真落实县委“123”发展思路，全县各级各部门和各族干部群众乘势而上、开拓进取，勇于担当、干事创业，努力推进尼玛经济社会持续健康发展。较好地完成了县六届人大四次会议确定的目标任务，保持了经济社会平稳健康发展。全县国内生产总值完成7.8605亿元，增速16%；其中，一产完成1.5116亿元，增速2.8%，二产完成1.5377亿元，增速38%；三产完成4.8112亿元，增速14%；固定资产投资预计完成16.59亿元，同比增长27.61%；社会消费品零售总额预计完成2.26亿元，同比增长12%；农牧民人均可支配收入预计完成1.19万元，同比增长12.54%；城镇居民可支配收入预计完成3.33万元，同比增长6%；县财政收入实际完成3388万元，同比增长29.06%。

【尼玛县人民政府2018领导名录】

县委副书记、政府县长：旦　巴（藏）

县委常委、常务副县长：张　喆

县委常委、副县长：

次仁桑旦（藏，5月离职）

县委常委、副县长：邵　阳

副县长：达吉次仁（藏）

副县长：成崇喜

副县长：唐　江

副县长：格桑曲珍（女、藏）

副县长：邓李洪

副县长：阿旺罗布（藏）

副县长：旺　多（藏，8月任职）

（撰稿人：潘佳军）

重要政事

【打好“三大攻坚战”】 打好脱贫攻坚战；始终坚持凝心聚力、攻坚克难、创新办法，从9个方面入手脱贫攻坚工作，全年实现脱贫293户1232人，贫困村出列16个，贫困户人均收入达到10767.06元，贫困发生率由31.44%降至20.02%。“短平快”“万亩千畜”、扶贫门面房、8个乡（镇）奶牛养殖项目实现带动贫困群众增收达308.01万元。积极组建“一乡一社”和“一村一合”89个，促进贫困户就业717人次，收益及分红共计

422.88万元。县劳务输出公司搜集对接长期就业岗位785个，劳务输出5403人14673人次，其中贫困户3550人，劳务收入共计2746.2万元。县城集中搬迁点及各乡（镇）易地扶贫搬迁安置点完成总工程量的80%，搬迁至县城集中安置点的群众已完成入住。尼玛县荣玛乡极高海拔生态搬迁群众262户1102人已搬迁至拉萨市堆龙德庆区古荣乡，通过与当地政府、企业沟通协调，解决了搬迁群众就业、医疗、教育等问题，产业配套项目正在积极推进中，消除了搬迁群众的后顾之忧。兑现2017—2018学年建档立卡、城镇低保、孤儿三类大学生和非建档立卡大学生群体助学金共110人57.27万元。兑现2018年生态岗位资金11405人3991.75万元。摸排确定非婚生子女2067人，涉及1586户，已协商解决1305人的抚养问题。2529名干部职工结对帮扶2373户9440人，全年给予各类物资、慰问金共计249.88万元。将全年90%援藏资金2797.5万元投入扶贫事业，重点加大扶贫产业发展和基础公共服务水平建设。结合各级巡视巡察反馈意见，开展自查自纠，共梳理各类整改问题129条，主要有扶贫对象识别不精准、签订项目合同不规范、主体责任落实不到位等问题，按照整改时限和要求，已全部整改到位，有效防止了不正之风的蔓延，保证了脱贫工作依法推进。

【打好污染防治攻坚战】 尼玛县地处羌塘自然保护区重要区域，生态脆弱，文明建设任重而道远。以中央环保督查为契机，对照各级环保督导组反馈的整改任务清单，按照时间节点，认真整改并如期销号；累计投入93.04万元，对来多乡“多卡巴、哪让”砂金矿矿区进行围栏，修建牧道、管涵，回填部分基坑，修复工程已完工。在县城内、部分乡（镇）共种植树木7000余株，夏季成活率达80%以上，并实施了冬季管护措施。昂孜措—马尔下措湿地和当惹雍措湿地恢复与保护项目全部竣工。加强自然保护区开发建设活动和非法征占用草原监督管理，已办理3起草场征占用手续，收缴植被恢复费2.03万元。全面推进“河长制”工作。针对医疗废物处置、县城垃圾填埋场运营不规范，扬尘污染治理落后、水源地保护措施不健全等问题，各责任单位及时研究制定了规章制度并严格执行实现了保护生态环境常态化制度化。抓好环境监测各项工作，对空气、土壤、水质量进行了常规监测工作，均达到国家Ⅱ类标准。

【打好各类重大风险攻坚战】 坚持强化政府主体责任，加强债务管理，防控债务风险，对政府债务进行摸底排查，全力打好防控各类风险攻坚战。经全面清查，全县涉及政府性债务共3个。其中，阿索乡牦牛养殖项目以县扶贫投资开发有限公司名义贷款，贷款到位资金90万元，年底已全部还清。县城“三项工程”、尼玛镇棚户区改造项目存在政府垫资行为，属于政府隐性债务。为有效解决“双清欠”问题，设立农民工欠薪滚动资金200万元，有效防范化解拖欠农民工工资而引发的信访问题。

【社会保障】 坚定不移“改善民生、决胜小康”，集中力量解决好人民群众最关心、最直接、最现实的民生问题。教育方面。优先发展教育事业，围绕义务教育均衡发展，累计投资4764.5万元加大教育基础设施建设。继续做好控辍保学工作，共摸排辍学学生349名，已教育劝返226名；全县学前适龄儿童、小学适龄儿童、初中学龄少年入学率分别达到66.56%、99.84%、97.04%。卫生方面。加快卫生基础设施建设，新建县级妇幼保健院，对7个乡（镇）卫生院进行改扩建。为县藏医院、部分乡（镇）卫生院配备了太阳能冷链设备及救护车。健康扶贫助力脱贫攻坚，完成搬迁至羊八井、堆龙古荣乡群众医保对接，开展建档立卡群众健康体检和签约服务。强化疾病预防控制管理，计划免疫接种率均超过95%以上，完成2.84万人的健康体检建档和地方病、“三病”筛查工作，开展包虫病综合防治救治工作，免费救治4名唇腭裂患者、2名先心病儿童，完成521名残疾人筛查鉴定。研制生产藏药126个品种共4250公斤，销售额达436万元。四川大学华西医院、西藏自治区人民医院支援帮扶县人民医院工作初见成效，填补了尼玛县医疗领域的多项空白，规范完善了医院各项管理制度。文化事业。不断丰富群众业余生活，组织开展了“3·28”文艺活动，成功举办第九届（中）象雄旅游赛马艺术节。县民间艺术团新创节目《你知道“四讲四爱”吗？》，获得那曲市第一届“四讲四爱”小品大赛一等奖。推荐文部南村八那秀经济合作社参加了第13届义乌文化产品交易会。更新配备牧家（寺庙）书屋书籍1.76万册，发放村村通设备4800套。加大文化遗产保护力度，对文部寺壁画进行了封框保护，对文部乡南村7处石屋进行了维修。全县旅游接待人数2.9万人次，同比增长116.8%，实现旅游综合收入995.79万元，同比增长152.56%。规范了尼玛县藏语文社会用字，提升了藏语言文字使用和规范率。社会保障。进一步完善社会保障制度，兑现1261户4649人城乡低保资金1153万元；兑现各类贫困群众430名救助资金210.5万元。2016年、2017年危房改造项目，涉及群众525户，已完成工程量的20%。2018年“十件实事”总投资4765万元，7个项目已建成投入使用。

【传统产业】 总投资1.54亿元加快农牧基础设施建设，重点实施了农技推广服务体系、重大动物疫情应急物资储备及冷链设施、县、乡农牧业防抗灾物资储备库、申亚乡嘎青村肉羊标准化养殖场、尼玛县人工种草与天然草场改良、2016年及2017年尼玛县退牧还草等建设项目已完工。藏系绵羊养殖基地、绒山羊养殖基地建设项目和2018年国家天然草原退牧还草工程项目已开工建设。全县接羔育幼中成活31.49万头（只、匹），成活率达91.91%。对1068.66亩土地承包经营权完成确权登记颁证工作，证书已发放至群众手中。落实农机具购置补贴资金共计1009.48万元。积极推进农村集体产权制度改革。新建防抗灾仓库15座，各级防抗灾仓库储备饲草料4241吨，帐篷1642顶、衣物4820件以及其他物资，有效降低了自然灾害带来的损失。

【项目建设】 2018年全县开复工项目共计139项，涉及农林水利、交通、社会事业发展、市政基础、以工代赈等，总投资30.87亿元，完成投资16.59亿元。重点实施了县城至文部乡油路项目已基本建成，13个乡（镇）通乡油路全面开工建设。县城弥散式供氧项目已建成投入使用。尼玛镇棚户区改造项目涉及的80户群众已搬迁入住。“三项工程”惠及干部群众529户，新增供暖面积近5万平方米，全县供暖面积达18万余平方米。厕所革命建设项目完成建筑主体和装修工程，完成总工程量的93%。尼玛县城区山洪治理、达果乡多玛村防洪工程、2017年农村饮水安全巩固提升工程已竣工投入使用；尼玛县高效节水灌溉工程完成工程总量的85%。完成招商意向项目11个，落地资金8677万元，已完成商砼站和综合商业楼项目建设。当雄措锂矿开发项目已取得环评等前期手续，通过多次协商，初步达成合作开发意向，立项开发工作全面开展。发展环境稳中向好，紧紧围绕项目建设审批问题的易发多发领域，完善制度缺陷，切实加强对项目资金、项目审批等重点领域的监管。进一步加强项目监管领域备案、报验、拨款各阶段工作，严厉整治不作为、慢作为等现象，特别是在项目验收过程中严查吃拿卡要、人为刁难、随意摊派与工程无关的事情。

【改革创新】 坚持“放管服”，主动适应新常态，加大服务企业、服务基层、服务发展力度，充分发挥职能作用。优化投资审批。根据有关法律、法规和政策规定，结合当前项目管理工作的实际，制定了《尼玛县基本建设项目管理办法》《关于项目管理领域进一步简政放权的规定》，大幅减少了投资项目审批和规范前置中介服务。商事制度改革，实施企业“多证合一”，个体工商户“两证整合”工作，办证时间从原来6个工作日缩减到2个工作日，提速200%。截至年底，已为企业办理“多证合一、一照一码”营业执照70户，个体工商“两证整合”营业执照1008户。推行县人民医院首届科室主任竞聘上岗试点，主动对接，构建医疗联合体，更好的发挥医技人员的主观能动作用，让群众得到医改实惠。积极流转草场租赁，共流转草场147.2万亩，探索合群代牧，实现牧区富余劳动力转移就业。

【经济发展】 2018年，经济社会发展一直保持平稳较快增长的良好势头。全县生产总值预计完成8.07亿元，增速16%；其中，一产预计完成1.42亿元，增速2.8%，二产预计完成1.6亿元，增速38%；三产预计完成5.05亿元，增速14%；固定资产投资预计完成16.59亿元，完成年度计划的101%；社会消费品零售总额预计完成2.86亿元，完成年度计划的113%；农牧民人均可支配收入预计完成1.41万元；城镇居民可支配收入3.81万元；县财政收入完成2041万元；其中税收收入1270万元，非税收入771万元，经济社会发展各项指标总体平稳、稳中有进。以项目建设促经济增长，全年开复工项目共计139项，涉及农林水利、交通、社会事业发展、市政基础、以工代赈等，总投资30.87亿元，完成投资16.59亿元。尼玛县至文部乡油路已基本建成，13个乡（镇）通乡油路全面开工建设，全县境内公路总里程达到3104公里，乡（镇）、行政村通达率达到100%，通畅率分别达到90%、49.3%（含在建），县乡村公路网络体系构建全面推进。农村饮水安全巩固提升工程已经竣工，尼玛县高效节水灌溉工程已经完成工程总量的85%，饮用水源环境符合国家II类标准，水质达标率100%。县城给排水、集中供暖提标扩面，县城供氧项目已建成并投入使用；厕所革命项目已完成总工程量的93%。

【民生改善】“十件实事”全部落实，尼玛镇棚户区改造项目主体全面完工，80户群众顺利回迁。教育基础设施建设，累计投资4764.5万元，实施了村级幼儿园、小学附属设施建设等项目；制定出台《尼玛县2018年教育扶贫工作方案》《尼玛县2018年教育脱贫年初工作计划》；在2016年、2017年的县级资助政策的基础上，结合尼玛县实际出台《尼玛县学生资助实施细则》，进一步扩大资助范围，提高资助比例。制定出台《尼玛县控辍保学专项整治工作实施方案》，确立了县级主要领导任组长，乡镇、有关部门主要领导任成员的领导小组，形成全县齐抓共管局面。兑现2017—2018学年建档立卡、城镇低保、孤儿大学生56名39.57万元，兑现建档立卡大学生45人17.7万元，实现适龄学生上学有保障，贫困家庭入学无负担。摸排辍学学生349名，已教育劝返226名；全县学前适龄儿童、小学适龄儿童、初中学龄少年入学率分别达到66.56%、99.84%、97.04%。包虫病综合防治工作，全县应筛查人数29161人，实筛29549人，筛查率达101.33%，已完成手术治疗37人，建档446份；成功与华西医院签订3年对口帮扶合作协议，受益病患382人。成功举办第九届中象雄旅游赛马艺术节，组织开展“3·28”“五下乡”等文艺演出活动，群众业余文化生活不断丰富。按照“应保尽保、应退则退、进退及时，全面实行保户保人”要求，结合实际制定《尼玛县关于进一步做好城乡最低生活保障对象核对工作的实施方案》，坚决取缔“空享、冒领、优亲厚优”等现象存在。兑现1261户4649人城乡低保资金1153万元，兑现430名贫困群众医疗救助资金210.5万元，五保户集中供养率达到愿意集中供养的100%。

【生态文明建设】 以中央环保督查为契机，在督查组发现问题的基础上，举一反三、全面排查、分类梳理出全县环境保护方面存在的主要问题和薄弱环节共24大项88小项，制定整改方案，对整改任务一一明确责任单位、责任人员和整改完成时限，实行清单制，定期督导，整改一个，销号一个，一抓到底。7月，县整改办联合县环保局组成督查小组采取听汇报、查资料、看现场等方式，对相关责任单位及企业整改工作落实情况进行专项督查，形成情况通报，确保督查问题得到有效解决。6月，对生态村、生态乡（镇）申报工作进行全面安排部署。2018年，共申报1个生态乡（镇）和43个生态村。全面推进“河长制”工作，设立县级河长28名，乡（镇）级河长124名，村级河长77名，县级河长巡河10次，乡（镇）级河长巡河146次。实施植树造林项目。认真贯彻落实习近平总书记关于第二次青藏高原综合科考和那曲依靠科技种树的指示精神，在西藏露珠源园林工程有限公司的技术指导下，总投资73.7149万元，种植沙棘、红叶子、云杉、青皮柳、白柳、藏红柳、苹果、桃树、披肩草、波斯菊等，成活率80%以上。农村环境综合整治。根据自治区《关于下达农村环境综合整治资金的通知》文件要求，为达果乡、申亚乡共5个村进行修建简易垃圾堆放点、购买垃圾桶、清运垃圾推车。来多乡矿区复垦：投入资金36.03万元，对来多乡砂金矿区实施围栏措施，修建牧道、管涵，部分基坑进行回填，所有项目已全部完工。生态保护红线划定工作：主要涉及羌塘自然保护区、当惹雍错、昂拉错—马尔下错、洞措自然保护区、色林错自然保护区以及各乡（镇）生态功能极重要极敏感区。生态保护红线面积为35767.28平方公里，占县域辖区面积（72499平方公里）的49.33%，斑块数量为151个，包括禁止开发区等各类保护地以及生态环境功能重要区 / 生态环境敏感区两类，划定结果待自治区环保厅最终审定。

地方志工作

【概　况】2018年，尼玛县地方志办公室按照那曲市委办公室、那曲市政府方志工作要求，关于贯彻落实《全国志鉴事业发展规划》和《地方综合年鉴编纂出版规定》精神，进一步加强文化自信，切实发挥志鉴作用，尼玛县成立了以县委副书记、县长旦巴为第二轮尼玛县志编纂委员会主任，副县长唐江为县志编纂委员会副主任，成立尼玛县年鉴编纂委员会和年鉴编辑部。

10月22日，《尼玛年鉴（2018）》卷县级审核会召开

【志鉴编修要求】尼玛县地方志办工作人员始终以习近平新时代中国特色社会主义思想为指导，坚持资料的征集力度决定志书的编纂进度与质量的原则，志鉴丛书主要是反映本行政区域内自然、政治、经济、文化、军事、社会的历史与现状，常以述、记、志、传、图、表、录等体裁构成。编纂地方志是一项长期的具有连续性的社会主义文化建设事业，对全面了解和反映尼玛县地情人文，对积累和保存地方文献有重要意义。志书是一面镜子，是一个地区政治、经济、文化、社会等各项事业发展进步的真实写照；也是每一个单位以实践编写的史册，记录着每一个时间段、每一个单位的职能发挥情况；更是留给子孙后代的宝贵历史遗产，使命光荣，具有存史、育人、资政的意义。

【尼玛县志编纂工作】基本材料搜集阶段；第一轮《尼玛县志（1959—2000）》资料收集工作。尼玛县地方志办公室向县（中）直单位、企事业单位及各乡镇下发《关于上报县志编纂所需资料

11月18日，县地方志工作人员向措杰老人咨询区域传说

的通知》，共收集地方志材料50余份。在此期间，地方志工作人员通过查阅自治区、地区及县档案馆资料、《尼玛县组织史》《自治区统计年鉴》《中国地名录》及其他资料，收集各类文字资料1.5万余份，各类图片资料280余幅。同时，邀请自治区社科院巴桑旺堆，自治区地矿局陆彦，豆格扎西、次旦多杰等专家，为县方志工作进行指导。在材料收集阶段，县地方志工作人员到自治区、地区档案馆及其他单位查阅资料40余次，采访老领导、老干部及相关人员230余名。地方志工作人员还深入县14个乡镇、77个行政村、11座寺庙，对各种资料进行详细收集，2018年12月底已形成50多万字的《尼玛县志》第一轮已通过终审会，正准备验收会的前期相关工作。

第二轮《尼玛县志（2001—2010）》资料收集工作。2017年7月，县地方志办公室向县（中）直单位，企事业单位及各乡镇下发《关于上报第二轮县志编纂所需资料的通知》，共收集地方志材料70余份。在此期间，地方志工作人员，通过查阅自治区、地区及尼玛县档案馆资料、《尼玛县组织史》《自治区统计年鉴》《中国地名录》及其他资料，收集各类文字资料1.1万余份，各类图片资料100余幅。在材料收集阶段，尼玛县地方志工作人员到自治区、地区档案馆及其他单位查阅资料20余次，采访老领导、老干部及相关人员300余名。地方志工作人员还深入尼玛县14个乡镇、77个行政村、11座寺庙，对各种资料进行详细收集，已形成32万余字的《尼玛县志》第二轮的初稿。

【尼玛县年鉴编纂工作】 2018年3月，县地方志办公室向县（中）直单位，企事业单位及各乡镇下发《关于报送2018年度〈尼玛年鉴〉资料的通知》，共收集地方志材料68份。在此期间，地方志工作人员，通过查阅自治区、地区及尼玛县档案资料、《统计年鉴》、尼玛县年鉴及其他资料，收集各类资料45余份，各类图片资料471余张。

县地方志工作人员到自治区、地区档案馆及其他单位查阅资料20余次，采访老领导、老干部及相关人员10余名。在大量收集原始资料的基础上，方志工作人员对各种资料进行了仔细的甄别筛选，共整理有价值的文字材料150余份、62万字，图片230余张。2018年6月，方志办开始文字录入工作，到7月中旬完成此项工作，形成了63万余字的《尼玛年鉴》2018卷。在之后的1个月，对年鉴稿进行了修改校对。2018年11月底完成了《尼玛年鉴（2018）》卷最终稿共287页，11篇章、65万余字、图片221张并将公开出版。

中国海油援藏工作（中国海油第六批）

【概　况】 2018年是改革开放40周年，是决胜脱贫攻坚战的关键年。中国海油第六批援藏工作队（以下简称“援藏工作队”）紧紧围绕那曲市和尼玛县脱贫攻坚和经济社会发展大局，在区、市、县各级党委政府的坚强领导下，在中国海洋石油集团有限公司的指导下，按照“两学一做”学习教育和“四讲四爱”主题教育实践活动的要求和部署，认真学习贯彻党的十九大和十九届一中、二中、三中全会精神和自治区党委九届三次、四次全会及那曲工作会议精神，以改善尼玛县的民生作为工作的出发点和落脚点，积极投入

9月8日，中国海洋石油集团有限公司副总经理、党组成员徐可强一行了解尼玛县发展历程

到西藏的稳定发展和脱贫攻坚事业中。

【学习理论知识】 援藏工作队坚持以习近平新时代中国特色社会主义思想为指导，始终严格遵守党的政治纪律和政治规矩，坚决拥护党中央的领导权威，认真落实习近平总书记治边稳藏重要战略思想和“加强民族团结、建设美丽西藏”的重要指示，增强“四个意识”，坚定“四个自信”，践行“两个维护”。按照“一岗双责”的要求，王文波、张喆两位援藏工作队员积极参加上级党委和支部组织的各项活动，围绕党的十九大精神、《习近平谈治国理政》《习近平扶贫论述摘编》等先进的理论知识开展学习，持续加强对《中国共产党廉洁自律准则》和《中国共产党纪律处分条例》的理解，认真执行中央“八项规定”和自治区的“十条禁令”，对分管领域和分管部门开展提醒教育，做到令行禁止，将党风廉政建设的有关要求不折不扣地落实到工作中。2018年，按照“扶贫领域作风建设年”部署要求，根据集团公司扶贫领域腐败和作风问题专项治理现场检查反馈问题、中央第三次巡视组反馈问题以及自治区党委巡视六组脱贫攻坚专项巡视反馈问题，援藏工作队努力提高政治站位，积极完善整改方案，亲力亲为落实整改措施，以坚决的态度、有力的措施、过硬的作风，立行立改、全面整改，以实际行动和工作实效推动脱贫攻坚走深走实，确保如期实现高质量脱贫攻坚目标。

【加大对口援助力度】 脱贫攻坚战已进入决胜阶段的关键时刻，援藏工作队充分发挥好尼玛县委、县政府与中国海油的桥梁纽带作用，积极汇报对接，争取项目资金，科学安排项目，聚焦精准脱贫。通过努力，2018年度援藏资金从年初计划的2000万元增加到3047.5万元，较上年增加了52.4%，其中2797.5万元投入了扶贫领域和民生领域，占当年援藏资金总额的91.8%。

【扶贫与发展产业结合】 援藏工作队贯彻“绿水青山就是金山银山，冰川雪地也是金山银山”理念，围绕充分开发尼玛县生态旅游资源，投资50万元开展尼玛县旅游宣传，邀请专业团队拍摄、制作旅游宣传片，进一步提升尼玛县旅游品牌影响力和吸引力。投资50万元为申亚乡扶贫宾馆采购家具家电并配备相关服务设施，将于2019年5月形成接待能力。项目由村民合作组织经营管理，将带动10余名建档立卡贫困户稳定脱贫。近两年，投入375万元（其中2018年投入175万元）援藏资金配套的文部乡温泉生态酒店建设项目已完工，将提升当惹雍错古象雄景区的旅游接待服务能力，进一步增加旅游就业。预计总投资3000万元（其中2018年计划

9月10日，中国海洋石油集团有限公司副总经理、党组成员徐可强副总经理（左三）走访慰问建档立卡贫困户

投入952万元）在尼玛县城修建集旅游接待、商场、餐饮、住宿、影院等为一体的旅游扶贫综合体，项目建成后，依托西部旅游环线交通优势，加大旅游服务接待能力的同时将带动20—30名建档立卡贫困人口参与就业，按月工资1856元（尼玛县最低工资标准）计算，年增收44.5万—66.75万元。项目纯利润按15%计算，年盈利约201.6万元，可使依托该项目分红的900名贫困人口人均增收达2000元以上，有效促进贫困户长期增收、稳定脱贫。由于该项目是年中新增项目，加之尼玛县施工窗口在2018年11月初关闭，故2018年只完成了前置手续和设计方案优化，未开工建设。投资48万元的尼玛镇鲁根村奶牛养殖项目，已购买母牛55头，订购网围栏3套。该项目解决建档立卡户就业6人，带动全村43户建档立卡贫困户，在12月尼玛县第六届畜产品展销会上通过销售奶制品盈利1万余元，实现了当年投资、当年运营、当年见效益。下一步将继续购入优质奶牛，扩大养殖规模，争取产生更大效益，带动更多贫困人口。

【改善民生】 结合自治区党委关于“援藏央企力争本期建设3个小康示范村”的工作任务，2018—2019年，援藏资金配套投资2000万元（其中2018年投资1225万元）建设县城易地搬迁扶贫集中住宿点室外给水、污水、雨水、供暖、室外路面硬化及照明工程，可以使12个乡镇483户1875名建档立卡贫困群众迁入后，有效提升其生活质量和幸福感。投资100万元的基层卫生医疗从业人员培训培养项目进展顺利。2018年，依托四川大学华西医院和西藏自治区人民医院的对口帮扶资源，基层卫生医疗从业人员培训成效提升明显，继续发挥着提升基层医疗条件和人民群众健康水平的良好作用。投资100万元的市政保洁员就业项目为80名贫困户建档立卡。

【扶贫与扶志扶智结合】 投资147.5万元的就业技能及管理提升培训项目全年共培训67名建档立卡贫困群众，培训涉及天然饮用水生产操作、工程机械驾驶及操作、汽车驾驶等需求量大、有针对性的就业技能，取得了良好效果，培训后已有10余名学员上岗就业，对促进尼玛县转移就业起到了积极作用。面向尼玛县基层干部职工开展了公文写作、脱贫攻坚及党性修养等方面的培训，全年共培训60人次，有效推动了党建促脱贫攻坚和致富带头人培养工作。投资50万元的文化交流交往交融项目不仅丰富了群众的业余文化生活，也极大提升了尼玛县文化事业水平。支持尼玛县成功举办2018年第九届（中）象雄文化旅游赛马艺术节，县民间艺术团的节目推陈出新，表演水平不断提升，新创节目《你知道“四讲四爱”吗？》获得那曲市第一届“四讲四爱”小品大赛一等奖。2017年续建的尼玛县广播电视台演播大厅建设项目，极大提升了尼玛县的新闻采编播能力和水平，硬件设施在那曲市县级电视台中排名第一，在自治区同级电视台中名列前茅，建设水平得到了上级有关部门的高度评价，也极大地提升了尼玛县意识形态和宣传工作能力水平。

【招商引资】 通过与各级政府部门和相关企业开展对接，结合那曲地区的资源禀赋和实际情况，初步确定了天然饮用水项目和海油高品质高原环保沥青进藏项目并正在有条不紊推进。在那曲市委、市政府和有关部门的大力支持下，经过近一年的努力，投资约2.6亿元的西藏初源水业天然饮用水项目在第四届藏博会上正式签约落户，那曲市物流园区于2018年9月16日正式奠基开工建设。中国海油高品质环保沥青进藏项目也已开展了多次对接工作，中国海油旗下2家沥青生产企业业已入围西藏自治区交通厅供应商库。

【产品走出高原】 2018年10月15—17日，中国海油在总部大厦举办了“全国扶贫日”产品义卖活动，随即下发了《关于中国海油全员参与消费扶贫的通知》。根据文件精神，在扶贫办的协调支持下，援藏工作队积极协助地方企业与海油发展配餐公司、中海实业有限公司进行商务对接，积极推进西藏特色产品的销售。在集团公司各单位和广大海油员工的支持下，2018年，累计购买西藏自治区农产品5.78万元，帮助销售西藏自治区农产品70.4万元，有力地推进了消费扶贫。

【脱贫攻坚工作阶段成果】 2018年，尼玛县国内生产总值预计完成8.07亿元，增速16%；固定资产投资预计完成16.59亿元，同比增长27.61%；社会消费品零售总额预计完成2.26亿元，同比增长12%；农牧民人均可支配收入预计完成1.19万元，同比增长12.54%；城镇居民可支配收入预计完成3.33万元，同比增长6%；县财政收入实际完成3388万元，同比增长29.06%。截至2018年年底，尼玛县精准核定贫困户2379户9430人，2016—2017年脱贫548户2187人，贫困村退出4个，2018年脱贫293户1232人，贫困村退出16个，2018年贫困户脱贫人均纯收入达到10767.06元，同比增长40.97%，贫困发生率由32.6%降至20.02%，为2019年如期脱贫摘帽打下坚实的基础。2019年是尼玛县脱贫摘帽之年，在市委、市政府、县委、县政府的领导下，在集团公司的指导下，援藏工作队深入基层开展调研，实地了解脱贫需求，精心编制项目计划，多次全面汇报对接。中国海油已初步确定将2019年度援藏资金增加至4000万元，进一步助力尼玛县脱贫摘帽和经济社会持续稳定发展。

【中国海油第六批援藏工作队领导名录】

市委副秘书长、县委副书记：王文波

市政府副秘书长，县委常委、常务副县长：张　喆

（撰稿人：张　喆）

脱贫攻坚工作

【概　况】 2018年，尼玛县认真贯彻落实党的十九大、十九届二中、三中全会精神和习近平新时代中国特色社会主义思想，贯彻落实中共中央政治局常委、全国政协主席汪洋在听取西藏深度贫困地区脱贫攻坚情况汇报时重要讲话精神，贯彻落实西藏自治区党委书记吴英杰在全区深度贫困地市和县（区）脱贫攻坚工作汇报会上的讲话精神和那区市委书记松吉扎西的重要讲话精神。在县委、县政府的坚强领导和上级部门的精心指导下，始终坚持把脱贫攻坚工作作为头等大事和第一民生工程，将精准扶贫工作作为重中之重，统一思想认识，强化组织领导，理清工作思路，扶持特色产业发展，改善群众生产生活条件，激发群众内生动力，众志成城、攻坚克难，脱贫攻坚取得阶段性成效。落实“五级书记”抓扶贫工作责任制，凝聚全县干部群众力量和智慧，全力以赴打好脱贫攻坚战。截至11月底，精准核定贫困户2379户9430人，2018年脱贫293户1231人，退出贫困村16个。2018年贫困户脱贫人均纯收入达到10767.06元，同比增长40.97%，返贫发生率由32.6%降至20.02%。

【年度目标任务】 强化组织保障，县委常委会定期听取全县脱贫攻坚工作汇报，及时掌握工作动态，切实解决脱贫攻坚工作困难和问题，提出工作指导性意见。截至12月底，共召开常委会9次、“四大班子”联席会议3次、县扶贫开发领

2月16日，那曲市政协副主席、县委书记徐建，县委副书记、县长旦巴等在家县级领导跟县城搬迁群众户共同欢庆藏历新年

7月13日，尼玛县举办扶贫客运出租车启动仪式

11月16日，为搬迁群众发放新房钥匙、电卡及生活用具　　住建局　供

导小组会议5次，听取全县脱贫攻坚汇报，研究脱贫攻坚工作，并对下步工作进行安排部署。同时，充分发挥党组织及党员在脱贫攻坚中的政治引领和先锋模范作用，成立脱贫攻坚党支部，利用党日活动学习时间，学习党的先进理论及脱贫攻坚各项政策知识，进一步加强“党建促扶贫，扶贫抓党建”工作格局。召开年度部署会，按照县委、县政府统一部署，同年3月31日，组织召开2018年脱贫攻坚年度部署会，全面总结2017年脱贫攻坚工作经验，汲取不足，安排部署2018年脱贫攻坚工作，并对5个先进集体乡（镇）和5个先进个人发放奖金15.5万元。召开全县2018年脱贫考核验收部署会，为坚持实事求是，规范操作，杜绝虚假脱贫、数字脱贫，确保贫困户脱贫、贫困村（居）退出考核评估经得起检验，县脱贫攻坚指挥部和县扶贫开发领导小组先后召开部署会议，统筹协调各单位开展相关工作，切实做到程序公开、数据准确、档案完整、结果公正、质量有保障。

【产业发展】 共到位产业扶贫资金22947.02万元，其中已支出资金21721.81万元，剩余资金1225.21万元，资金使用率达到94.66%；“短平快”方面：截至12月底，12个“短平快”项目已基本完工，实现贫困户就业181人，薪金收入达77.34万元，对建档立卡贫困231人分红了36.3万元；“万亩千畜”建设项目：截至2018年年底完成工程总量100%。其中2018年人工种草1.2万亩，产干草562.4吨，每亩产干草达54.1公斤，预计收入134.98余万元。养殖基地以“公司+基地+贫困户”模式进行运营，共养殖牦牛43头，绵羊1900只，山羊1300只，并预计在12月8日，尼玛县畜产品展销会期间宰杀牦牛36头、绵羊200只、山羊100只进行出售，总收入47.7万元。扶贫商业房、商业街区建设项目：扶贫商业房、商业街项目已基本完工，10月底已通过县级初验，并已经做好了招租计划，贫困户通过劳动实现收益94.7万元。

“一乡一社”建设项目；14个“一乡一社”实现收益1133.77万元，带动贫困户2379户，9430人。主要带动方式为以草场流转、转让贫困户取得租金方式受益679人，受益金额达807.74万元；以订单收购原材料、牲畜等方式让贫困取得酬金方式受益167人，受益金额达109.87万元；以吸纳务工方式让贫困户取得薪金方式受益867人，297.45万元；以国家扶持资金折股量化到户方式和贫困户以牲畜、资金、草场、劳力入股等方式让贫困户取得股金分红5768人，234.82万元。全县77个村（居）中“一村一合”已组建完成75个，拨付75个村（居）启动资金1500万元，荣玛乡2个村因高海拔生态搬迁未成立“一村一合”。奶牛养殖项目；涉及8个乡（镇）奶牛养殖项目已全部运转，实现贫困户就业137人，薪金收入达62.3万元，对建档立卡贫困户839人实现股金分红 49.19 万元。

【转移就业】 截至 2018 年年底，县劳务输出公司，搜集对接长期就业岗位 785 人。劳务输出总人数 5403 人 14673 人次，其中建档立卡 3550 人，劳务输出收入共计 2637.93 万元。2018 年已完成培训 566 人，完成率 70.75%，培训后就业人数 359 人，就业率为 63.42%，已拨发培训经费 101.58 万元。

完成建档立卡劳动力就业 3550 人，其中流动性劳动力就业 1858 人，任务完成 99.04%，不可流动性劳动力就业 1692 人。2018 年对“不想干活，只想等靠要”的贫困人员 48 人，由县政法委牵头集中进行法制培训，同时组织学员在尼玛镇棚户区改造施工点进行务工，共收入 3.12 万元，部分学员在县城施工地务工，共收入 2.19 万元，经过培训返乡学员思想和行为上得到很大改观，激发了贫困群众内生动力。

【易地搬迁】 “十三五”期间易地扶贫搬迁共有 1224 户 4471 人，其中 2 户 10 人搬迁至那曲市，2016 年实施完成 233 户 643 人，在 2017 年提前实施“十三五”期间剩余易地搬迁任务，共 989 户 3818 人。共到位易地搬迁资金 23748.97 万元，其中已支出资金 20468.99 万元，剩余资金 3279.98 万元，资金使用率达到 86.19%；易地搬迁项目完成总工程量的 80%，已完成入住 720 户，入住率 77.85%。剩余 56 户易地搬迁户正在陆续搬迁过程中，预计 12 月底全部完成入住。组派工作组督导检查 50 余次，集中检查 5 次，并在每个月定期召开易地扶贫搬迁项目推进会，共召开 7 次，要求各施工队认真制定切实可行的施工计划表、倒排工期表、加快施工进度，但仍未完成年度工程任务。

5 月 23 日，尼玛县贫困群众前往那曲市参加厨师培训

荣玛乡高海拔生态搬迁共计 262 户 1102 人，除留守参与牧业生产的 531 人外，其余全部搬迁至堆龙德庆区古荣乡。通过乡政府与当地政府、企业沟通协调实现长期就业 18 人，工资收益 4.09 万元，短期就业 210 人，工资收益 24.14 万元，对接 216 名就读学生学校问题。

【教育扶贫】 兑现 2017—2018 学年建档立卡、城镇低保、孤儿大学生 56 名，39.57 万元。2018 年已资助非建档立卡大学生 45 人 17.7 万元，实现适龄学生上学有保障，贫困家庭入学无负担。落实分管副县长、乡村主要领导控辍保学主体责任，形成全县齐抓共管局面。截至 12 月底，幼儿园在校 1403 人，入院率 66.51%；小学在校生 3086 人，净入学率 99.84%；初中在校生 1321 人，毛入学率 100.15%。

【生态补偿】 截至 12 月底，已经兑现 2018 年生态岗位资金 11405 人 3991.75 万元。核查 2017 年不符合要求生态岗位人员 557 人，现已经回收 2017 年不符合要求生态岗位人员 470 人 141 万元，其余资金将在 12 月 20 日前收回。加大考核审查力度，设立尼玛县生态补偿政策联络小组，将涉及生态岗位的林业局、农牧局、环保局等 8 家单位纳入到联络小组，将生态组的工作量化、细化、日常化；开展 2018 年村级生态环卫管护员的遴选审核工作，选定 77 个村（居）462 名村级生态环卫管护员，制定了详细的《尼玛县村级生态环卫管护员管理考核办法（试行）》。严格村级生态环卫管护员考核管理，将政策性补助跟自己的劳动有机结合起来，实现体面、有尊严脱贫。

全年共兑现生态环卫管护员补助资金 138.6 万元，同时，及时配置生态环卫管护设备 462 套。

【社会兜底】 全县享受农村低保对象 1105 户 4313 人，其中纳入建档立卡低保对象 1090 户 4226 人，僧尼 15 户 87 人，建档立卡贫困户纳入率达到 100%。截至 12 月底，共兑现建档立卡贫困户低保资金共计 685 万余元。审核确定无劳力 1793 户 3818 人，兑现无劳力定向补助资金 99.26 万元，在原有兜底对象基础上按《关于那曲市农村低保及社会兜底对象认定统计的通知》的精神，重新认定兜底对象，将符合文件要求的继续纳入兜底对象，不符合要求的退出兜底对象，共退出 1 户 1 人。截至 2018 年年底，全县兜底对象 51 户 91 人。完善医疗救助体系，全面增强医疗救助在脱贫攻坚中的作用。社会保障兜底工作开展以来最低生活保障对象、特困人员、重度残疾等重点救助对象从医院报销后个人自付部分 100% 实行医疗救助；低保边缘户、一般残疾等一般救助对象医院报销后个人自付部分 85% 实行医疗救助，截至 12 月底，共救助医疗困难的贫困户 250 人，兑现救助资金 121.58 万元；救助临时困难群众 25 户 82 人，兑现救助金 17.9 万元；救助流浪乞讨 6 人、兑现救助金 0.82 万元。

【健康扶贫】 面向全社会招标全民健康体检和“三病”筛查医疗机构，确定拉萨广升医院为第三方医院，通过体检，排查出建档立卡患病人员 772 人，患病率为 8.3%，主要是胆结石、慢性结石性胆囊炎、肝血管瘤、肝钙化灶、慢性支气管炎等，建档立卡健康体检率达到了 100%。

截至 2018 年 12 月，开具“绿卡”18 张、“先住院后结算卡”103 张，完成建档立卡人员家庭医生签约服务工作，使贫困群众得到及时、便捷、周到的医疗服务，确定患病需救治 869 人次，大病集中救治 31 人，慢病签约服务 42 人，重病兜底治疗 8 人。筛查确定因病致贫返贫人员 81 人，已通过县医院或上级医院救治 81 人、220 人次，救助资金达 155.76 万元。组织各乡（镇）专干人员对尼玛县“两扶”享受人员进行再一次核查和清理，完成了网络系统录入工作，其资金通过银行卡方式已落实兑现完毕，共计下拨落实 622 人资金 147.9 万元。

【督导检查】 及时更新全县建档立卡数据。按照自治区《关于开展 2017 年度考核整改建档立卡数据信息调整和补录工作的通知》的要求，以“共同生活，共享开支”和户口本相结合为依据，及时开展建档立卡系统数据的调整审核工作，共清退 34 户 124 人，增加 24 户 92 人，做到了“应纳尽纳、应退尽退”，确保了尼玛县建档立卡贫困户“零漏评”“零错评”“零错退”。积极开展反馈问题整改工作，梳理脱贫攻坚共组开展以来反馈问题 113 个，严格按照“定人、定责、定目标、定时间、定任务、定标准”的要求，完成整改 109 个，4 个问题正在整改中。深入开展督导检查，4 次组派工作组对全县脱贫攻坚工作进行了督导检查，对检查出的问题现场反馈，提出整改要求，以严督实导推动工作落实。其中，由县纪委书记、监委主任刘建峰带队的检查组，搜集各类问题和线索 60 余件，责令整改 50 余件，通报不作为慢作为 6 件 6 人，分别为达果乡 3 村驻村工作队在开展扶贫领域工作中消极怠工，严重不负责任，且态度不端正，在全县范围内通报批评。

【整治陋习】 成立由县委副书记、县人大常委会主任担任组长的非婚生子女问题专项治理工作领导小组，组织召开非婚生子女问题专项治理安排部署会，制定出台藏汉双语版《尼玛县非婚生子女问题专项治理工作方案》《尼玛县非婚生子女专项整治暂行办法》，各乡（镇）结合自身实际制定切实可行的工作方案。县宣传部牵头有关部门成立宣传小组，制定宣传方案，共宣传 8 次覆盖 1953 人，联合民间艺术团创作关于“非婚生子”专项治理小品 1 次。宣传阶段将贯彻非婚生子女专项治理工作始终。开展非婚生子女专项整治，摸排确定非婚生子女 2254 人，涉及户数 1794 户，生父 2089 人（其中，已相认生父 1734 人，无法联系生父 170 人，待鉴定生父 145 人，已过世 40 人），其中建档立卡贫困户 444 户，达到 30%，已协商解决 1305 人，缴纳抚养费 1999.42 万元，全县社会风气进一步好转。

【帮扶工作】 做好援藏帮扶，深入贯彻落实对口援藏扶贫工作会议精神，积极对接中海油公司，加大援藏资金向扶贫领域倾斜。2018 年，省部级以上领导干部到协作地区调研对接 1 次、投入财政援助资金 3047.5 万元，其中投入扶贫领域 2797.5 万元，重点加大产业扶贫和公共服务水平提升投入力度，援藏资金投入扶贫领域达 91.79%。做好结对帮扶，按照“321”帮扶原则，市县乡 2529 名干部职工参与结对帮扶，实现贫困户结对帮扶全覆盖。下发《关于开展结对帮扶工作的补充通知》，突出精神帮扶、找增收门路为主，物质帮扶为辅。截至 12 月底，干部职工入户开展思想教育、惠民政策宣传 650 余次，帮扶贫困群众劳务输出 117 人次，劳务收入共计 35 万元，给予各类物资、慰问金共计 249.43 万元。做好社会帮扶，文部乡南村八那秀专业经济合作组织对达果乡建档立卡贫困户 7 户 40 人捐赠价值 12.87 万元的藏式家具；北京百旺金赋科技有限公司西藏分公司对建档立卡贫困户在校大学 13 名开展帮扶活动，帮扶资金达 2.6 万元；昆仑商贸有限公司对达果乡多玛村开展“百企帮百村”活动慰问了 2 万元，在那曲市三宜酒店和昆仑加油站就业岗位正在对接中。

【自身建设】 脱贫攻坚必须提升干部素质；脱贫攻坚，关键在人，成败在党员干部。党员干部自身思想素质的高低、工作能力的强弱，对抓好扶贫攻坚工作起着至关重要的作用。各级领导干部要加强学习，深刻领会脱贫攻坚工作的目的和意义，转变作风、勇于担当、主动作为，争当脱贫攻坚的先锋和表率。各部门特别是党政“一把手”，必须当好扶贫开发攻坚工作第一责任人，以高度的政治责任感，切实承担起主体责任，加强组织领导，强化工作措施，以雁过留声、抓铁留痕的决心抓实脱贫攻。脱贫攻坚必须紧盯民生领域。为让建档立卡贫困户在 2019 年稳定实现“两不愁三保障”的伟大目标，要加强监督检查，及时发现不正之风和腐败问题，将“不良思想”扼杀在萌芽状态。要加强对重点领域，特别是重点工程项目建设、惠农资金发放的验收审计，确保民生资金使用“不走样”。要畅通信访举报渠道，接受群众监督，让腐败行为无处遁形。脱贫攻坚必须强化问责处理。整治民生腐败是打赢脱贫攻坚战的前提。紧盯侵吞民生资金等损害群众利益的腐败和“四风”问题，就是在维护群众的切身利益，确保让民生资金用在刀尖上、落到实处，让群众得实惠，产生巨大的扶贫效益。

【脱贫攻坚】 始终坚持把脱贫攻坚工作作为头等大事和第一民生工程，将精准扶贫工作作为重中之重，统一思想认识，强化组织领导，理清工作思路，扶持特色产业发展，改善群众生产生活条件，激发群众内生动力，众志成城、攻坚克难，脱贫攻坚工作有序推进。落实“五级书记”抓扶贫工作责任制。与各乡（镇）党委、政府签订 2018 年脱贫攻坚责任书，立下军令状，各乡（镇）与村（居）同时签订责任状，将任务层层分解，压力层层传导、责任层层压实。研究部署脱贫攻坚工作。3 月 31 日，组织召开 2018 年脱贫攻坚年度部署会，全面总结 2017 年脱贫攻坚工作，安排部署 2018 年脱贫攻坚工作，明确目标责任，指明发展方向，开好局、起好步，扎扎实实推进脱贫攻坚各项工作；8 次召开县委常委会、2 次召开“四大班子”联席会议，听取脱贫攻坚工作开展情况汇报，研究解决工作中的困难和问题，安排部署下阶段工作。全年，实现脱贫 293 户 1232 人，贫困村出列 16 个，贫困户人均收入达到 10767.06 元，贫困发生率由 31.44% 降至

8 月 23 日，申亚乡“一乡一社”分红现场仪式

20.02%。县劳务输出公司搜集对接长期就业岗位785个，劳务输出5403人14673人次，其中贫困户3550人，劳务收入共计2746.2万元。易地搬迁项目完成总工程量的80%，入住率达到80.4%；荣玛乡高海拔生态搬迁至堆龙德庆区古荣乡262户1102人，通过与当地政府、企业沟通协调，实现长期就业18人，短期就业210人，对接216名就读学生学校问题，有效消除了搬迁群众的后顾之忧。积极组建“一乡一社”和“一村一合”89个，促进贫困户就业717人次，收益及分红共计422.88万元；8个乡（镇）奶牛养殖项目已全部运转，就业182人，实现收益169.72万元。投入援藏资金2797.5万元，实施县城集中搬迁安置点附属设施及文部乡北村温泉酒店建设等项目。

【脱贫攻坚指挥部 2018 年领导名录】

脱贫攻坚指挥部总指挥长：旦　巴（正县）

脱贫攻坚指挥部副总指挥长：

邵　阳（副县）

脱贫攻坚指挥部办公室主任：旦增江村

（撰稿人：旦增江村）

机关工作委员会

【概　况】 2018年年初以来，按照区党委、市委、和县委关于基层党建工作的安排部署，在县委的正确领导及各机关党支部的支持和共同努力下，以学习贯彻习近平新时代中国特色社会主义思想和党的十九大精神为重点，较好地完成了尼玛县机关基层党建各项工作任务。

【理论学习】 为认真抓好习近平新时代中国特色社会主义思想、党的十九大精神学习教育以及区党委九届三次全会精神在县直机关各党支部落地生根，结合“两学一做”学习教育常态化制度化，将习近平新时代中国特色社会主义思想和党的十九大精神纳入全县“两学一做”学习教育的必学内容。各党支部充分利用“三会一课”“主题党日”等制度，定期组织党员干部认真学习习近平新时代中国特色社会主义思想和党的十九大精神，畅谈个人感受，撰写心得体会；利用业余时间，灵活采取个人自主学习、重点摘抄学、结对比着学等形式，强化对基本观点的学习理解，深化理解习近平新时代中国特色社会主义思想和党的十九大精神实质，向县直机关各党支部发放学习资料579余册。为党员干部学习贯彻、学懂弄通党的十九大精神提供了保障。县直机关党员干部普遍做到了对党的十九大报告摘抄一遍；5月底起，以支部为单位组织全体党员干部进行了党的十九大精神学习情况考试，并将考试成绩进行了公布，并要求各党支部抽取时间将未能参加第一期考试的干部和第一期成绩不合格的干部组织再进行考试，有效激发了党员干部学习的热情；扎实推进“两学一做”学习教育常态化制度化。积极组织党员干部学习新修订的《中国共产党章程》，各党员干部书写学习笔记4万字左右，各党员基本做到了知其然，并知其所以然；围绕学习习近平总书记系列重要讲话精神，以《习近平谈治国理政》第一、二卷为基本教材紧密结合起来，作为案头卷、必读书，组织党员干部认认真真学、原原本本学。为深入贯彻落实习近平总书记在全国组织工作会议上的重要讲话精神，贯彻落实吴英杰书记关于区党员教育培训特别是政治教育的重要指示精神、全区组织指导和党员管理业务培训班精神，切实加强党员政治教育，10月15日，结合各支部实际，制定下发了《尼玛县机关党支部2018—2020年党员政治教育培训方案》。

【基层党建】 各党支部及时召开机关基层党建工作部署会议，总结上年度工作，部署全年任务，研究制定述职评议考核中存在问题的整改方案，并通过扎实推进“两学一做”学习教育常态化制度化，落实“书记抓、抓书记”等制度，有力加强了机关基层党建工作，推动了整改工作；为推进县直机关基层党组织全面从严治党主体责任和党建工作责任制落实，明确县直机关各党支部书记抓机关党建的职责和任务，机关工委与县直机关各党支部书记签订2018年度县直机关基层党建工作责任书38份；出台《尼玛县2018年县直机关基层党建工作要点》，建立基层党建工作任务清单，细化工作任务6项，明确了责任单位和完成时限。并结合日常工作动态向各党支部下发了第一、二、三季度党建工作任务分解表，不断细化了工作任务；6月5日起，机关工委联合县委组织部及县委宣传部，先后赴县直机关各党支部督导检查了机关基层党建工作开展情况，并就考核项目中存在的问题逐一提出了整改要求，且下发了督导情况汇报，要求各党支部制定整改方案。为深入贯彻落实党的十九大精神和习近平总书记关于落实党建工作责任制重要精神，9月28日，在政府二楼会议室召开尼玛县县直机关党支部党建工作推进会，会议听取了各支部在上半年党建工作中存在的问题并提出整改要求。为深入落实全面从严治党要求，9月，联合县纪委、县委宣传部赴县直机关各党支部对党建各项工作开展情况进行督导检查，对检查中发现的问题现场指出，并要求及时整改。10月，联合县委组织部赴县直机关17个党支部对党建各项工作开展情况及上半年督导检查整改落实情况进行督导检查，并制定下发《2018年下半年县直机关各党支部党建督导整改通知》。

【队伍建设】 新成立脱贫攻坚党支部与农行党支部，并选举产生了领导班子，脱贫攻坚党支部所有党员组织关系均已转入脱贫攻坚党支部，有效加强了党员管理；坚持做好党费收缴工作，每月15日前由各党员将自己应交的党费，足额交至所在支部组织委员处，由组织委员集中将本支部所有的党费交至县直属机关工作委员会，再有县直属机关工作委员会将县直机关各党支部的所有党费交至县委组织部，存入党费专用账户；出台党支部“主题党日”十条规定，精心组织实施，统一规范操作，确保活动标准有章可循、政治属性贯穿始终、服务群众务求实效、载体机制实施创新，截至2018年年底，县直机关各党支部累计开展“主题党日”活动200余次；为做好机关党建工作，夯实党的基层组织建设，要求政府机关第三支部与政府机关第六支部依照新《中国共产党章程》和《中国共产党党和国家机关基层组织工作条例》的有关规定，及时做好机关党支部空缺岗位选举工作；根据政府党员领导干部的工作需要及为进一步建设并参与好党组织的活动，机关工委将政府党员领导干部的组织关系转至分管单位所在党支部；为认真做好2018年新发展党员工作，将对确定拟定发展对象人员进行了考察，并统计整理全县2018年新发展党员，截至2018年年底，新吸收245名，转发展对象171名，转预备党员的140名，转正式党员的122名。根据县纪委要求，为进一步规范全县党内政治生活，10月，各支部组织召开党的政治纪律和政治规矩专题组织生活会。

党员干部队伍建设。制定下发《县直机关党支部党员干部学习贯彻习近平新时代中国特色社会主义思想和党的十九大精神轮训方案》，要求各党支部按照方案要求，以支部书记或党员领导干部讲党课的形式，对党员干部进行授课；6月19日，联合县委组织部，举办一期党务工作者培训班，各乡（镇）组织委员、党建专干，县直机关各党支部组织委员参加培训。培训班上主要讲了发展党员的具体程序，切实解决了发展党员程序不正规的问题。另外还讲解如何开展“三会一课”制度、“主题党日活动”和丰富党组织活动工作及讲解党员党组织关系转接工作开展情况，并制作下发34本发展党员工作手册，以便各党支部发展党员工作更规范化；为丰富党组织活动及激发党员干部学习兴趣，6月26—29日组织县直机关各党支部分别开展了“不忘初心才能不负新时代”为主题的演讲比赛、组织全县干部职工在县文化活动中心观看纪录片《厉害了，我的国》及退休老党员畅谈党的十八大以来西藏变化主题党课，邀请退休干部对在职干部进行授课学习；为积极响应习近平总书记提出的各项要求及发扬党员干部带头维护尼玛县生态文明和推动党员干部积极性、树立党员先锋模范作用，以县直各党支部为责任主体，将尼玛县绿化区域划分给县直各党支部负责养护管理。为进一步完善下步党务工作，11月8日，联合县委组织部组织各乡（镇）及县直机关党支部党务工作负责人和专干，利用一天时间，在政府三楼会议室召开尼玛县2018年基层组织标准化建设工作培训推进会。

【机关工作委员会2018年领导名录】

机关工作委员会副书记：边巴央金

（撰稿人：闫万平）

巡察工作

【概　况】 县委巡察办成立于2017年8月，巡察工作启动以来，根据中共西藏自治区委员会巡视工作领导小组办公室印发的《关于学习贯彻中共中央办公厅印发的〈关于市县党委建立巡查制度的意见〉的方案》的指示精神，尼玛县立即深入学习领会，并同时着手落实有关文件要求。

5月18日，巡察办主任普桑（中）对巡察工作做进一步安排部署

【健全机构】 县委按照“巡察机构常设化、巡察工作常态化”的基本要求，高标准组建巡察机构、全方位完善工作机制。

健全机构队伍，成立县委巡察工作领导小组。按照《关于市县党委巡察工作实施办法（征求意见稿）的通知》文件精神，为全面推进县委巡察工作，尼玛县立即召开党委专题会议，成立了以市政协副主席、县委书记徐建为组长的巡察工作“五人小组”，成立了以县委常委、纪委书记刘建峰为组长，县委副书记、县组织部部长柳跟象为副组长的县委巡察工作领导小组。巡察工作领导小组下设巡察办公室，负责统筹、协调、指导巡察组开展工作等职责。巡察办下设两个巡察小组，由巡察组承担巡察任务，向巡察工作领导小组负责并报告任务。通过以上机构队伍的成立，进一步落实了尼玛县巡察工作的主体责任。尼玛县委对县委巡察工作机构编制问题进行专题研究后，及时向市编办上报了县委巡察工作机构设置的请示，市编办对县委巡察办的机构编制予以了批复后。

【编制情况】 县编办按从全县编制总量内先后调剂12个行政编制纳入巡察办统筹使用，其中县委巡察办公室核定编制4名，科级领导职数2名（主任1名、副主任科员1名）。设立县委巡察组2个，2个巡察组核定编制共8名，每组各4名。

其中科级领导职数4名（正科2名、副科2名）。

人员选配情况。尼玛县巡察办及巡察组人员已配备到位，办公室4人，每个组4人，共12人。

“两库”组建情况。建立了由组织人事、纪委监委、财政审计、公检法等部门干部组成的尼玛县委“两库”。尼玛县已建立20人的巡察组长库及40人的巡察人才库。开展前一轮成立两个巡察组，8名理想信念坚定、敢于担当、守纪律懂规矩、业务能力强的巡察干部，充实到巡察组，为巡察工作提供了坚实的保障。

【业务培训】 为了进一步提高巡察干部的业务水平能力，进而有效推进巡察工作的开展，在开展首轮巡察前，县委巡察办利用三天的时间，在县理论学习中心会上征集意见，将意见作为巡察干部培训的重要内容，并2018年被市委巡察办抽调4人参加巡察双湖，对巡察组的干部进行了巡察前期工作的理论知识培训，有效地提高了巡察干部的理论水平，为巡察工作依规依纪开展提供了保障。

【制定工作流程】 巡察制度是党章作出的重要制度安排，是落实党要管党、从严治党要求的重要手段，也是强化党内监督的重要形式。根据文件要求，为进一步细化巡察工作的具体流程，将巡察工作做到实处、落到深处，更加有效地确保巡察工作有质有量的完成，县委巡察办根据尼玛县实际情况，着手于巡察工作可能存在的重点、难点问题，研究制定了《中共尼玛县委2017—2022年巡察工作规划》《中共尼玛县委2018年度巡察工作计划》《尼玛县委巡察组工作规划》《巡察工作领导小组工作规则（试行）》和《五人小组听取巡察情况汇报工作制度（试行）》《巡察组组长库人员管理办法（试行）》《中共尼玛县委2019年度巡察工作计划》《中共尼玛县委2019年第一轮巡察工作计划》《尼玛县委巡察规划（2019—2022年）》等相关规定。

【巡察动员部署会】 2018年4月23日，尼玛县委第一轮巡察工作动员会召开，县委副书记、组织部部长柳跟象，县委常委、县纪委监委书记、县委巡察工作领导小组组长刘建峰等县委主要领导出席本次动员部署会，并作动员部署。2018年11月5日，第二轮脱贫攻坚专项巡察工作动员部署会召开，县委常委、纪委书记、监委主任、巡察工作领导小组组长刘建峰，县委副书记、县委组织部部长、巡察工作领导小组副组长柳跟象参加会议。

【巡察队伍建设】 根据关于巡察干部队伍建设的相关要求，为严格巡察干部标准条件，切实把忠诚干净担当的优秀干部选配到巡察队伍中，防止照顾性安排。县委巡察办通过组织研究，建立和完善了巡察组组长库和巡察干部人才库，并着重加强巡察干部的教育、管理和监督，并建立健全了退出机制，对不适合从事巡察工作的人员，将及时予以调整。

【开展巡察工作】 根据县委关于尼玛县第一轮巡察

6月8日，县委巡察工作领导小组汇报会

10月25日，召开第二轮扶贫领域巡察工作动员部署会

工作的相关安排部署，自2017年9月11日至11月30日，县委巡察一组、巡察二组分别进驻荣玛乡、来多乡开展了扶贫领域专项巡察和常规巡察工作，以发现问题、聚焦矛盾、整改落实、形成震慑为最终目的，通过设立群众举报箱、召开动员部署会、发放问卷调查表、与被巡察单位干部职工个人谈话、核对扶贫账目、查阅扶贫相关文件资料、入村入户核对扶贫档案、深入农牧民家中了解扶贫信息等相关措施，巡察一组、巡察二组已基本完成了扶贫领域专项巡察和常规巡察工作。

根据县委关于尼玛县2018年第一轮巡察工作的相关安排部署，自2018年5月1日至7月1日尼玛县开展第一轮巡察。县委派出1个巡察组分别对卓瓦乡、吉瓦乡开展了常规巡察。以发现问题、聚焦矛盾、整改落实、形成震慑为最终目的，通过设立群众举报箱、召开动员部署会、发放问卷调查表、与被巡察单位干部职工个人谈话、核对扶贫账目、查阅扶贫相关文件资料、入村入户核对扶贫档案、深入农牧民家中了解扶贫信息等相关措施，巡察一组已基本完成了常规巡察工作。根据区、市、县委关于尼玛县2018年第二轮巡察工作的相关安排部署，自2018年11月7日至12月26日尼玛县开展第二轮巡察。县委派出2个巡察组以“一拖三”的方式分别对军仓乡、俄久乡、县人力资源与社会保障局；申亚乡、甲谷乡、县民政局开展了扶贫领域专项巡察，此次巡察重点围绕中央、区党委、市委和县委脱贫攻坚方针政策贯彻落实情况、党委落实脱贫攻坚主体责任情况、纪委落实监督责任以及对脱贫攻坚过程中各类巡视巡察监督检查发现问题整改落实情况等“五个落实”开展监督检查。

【巡察办公室2018年领导名录】

巡察办主任：普　桑（藏）

巡察办副主任：扎西卓玛（女、藏）

（撰稿人：扎西卓玛）

创先争优强基础惠民生

【概　况】 坚持以习近平新时代中国特色社会主义思想为指导，坚持以人民为中心的发展思想，坚持依法治藏、富民兴藏、长期建藏、凝聚人心、夯实基础的重要原则，紧紧围绕长足发展和长治久安总目标，聚焦新时代干部驻村重点任务，在事关基层基础的根本性、基础性、长远性问题上精准发力，为决胜全面建成小康社会、打赢脱贫攻坚战、建设社会主义现代化国家打下坚实基层基础。坚持“好中选优、优中选强”原则，把294名驻村工作队员选派到基层一线，与基层群众同吃、同住、同学习、同劳动。以巩固党的执政地位和维护习近平总书记的核心地位为出发点，贯彻落实新时代干部驻村“七项重点任务”，不断保障和改善民生，有效促进了社会稳定发展，使广大人民群众的生活水平和质量得到提升。

【领导组织】 县委副书记、组织部长柳跟象担任强基办主任，朗措担任办公室负责人，办公室工作人员2名，尼玛县创先争优强基础惠民生活动领导小组由柳跟象担任组长，朗措担任副组长，成员有路一雄。

【群众思想教育】 持续深入开展好“四讲四爱”和“爱、讲、树”主题教育实践活动，积极引导群众制定村规民约，推动倡导文明新风，促进

3月23日，吉瓦乡鲁康村工作队开展感党恩教育活动

4月13日，达果乡鲁玛俄布居委会工作队开展“四讲四爱”宣讲活动

村民既富“口袋”又富“脑袋”，积极引导广大群众想方设法用双手多劳动多挣钱多增收。驻村工作队一年来共组织“四讲四爱”宣传教育活动350场次，参与群众超过2.4万人次。

【致富门路】 培育组建好农牧民经合组织，壮大村集体经济。发展本地手工艺制作、奶制品加工、农牧民施工队。充分利用驻村工作队自身优势，参与“一村一合”管理指导，让产业项目运营更加合理，盈利更大化，从而拓宽群众致富门路，“一村一合”产业发展势头良好。

【改善民生】 关心慰问困难弱势群体以“三大节日”“3·28”“十一”等重大节日为契机，协同村（居）干部对贫困户、五保户进行关心慰问，对残疾人开展志愿帮扶，把党和政府的关怀送到群众的心窝里。2018年，共计慰问320人次，发放慰问金和慰问品价值90多万元，帮助解决群众实际困难、通过走访调查，聚焦群众最关心的难点问题，及时解决力所能及的问题，及时协调上级部门帮助解决难点问题，确保帮到关键处，帮到群众心坎里。

【惠民政策】 各驻村工作队员在自身掌握好惠民政策的前提下，开展各类惠民政策的宣传工作，防止出现政策棚架、跑冒漏滴、截留挪用、多拿贪占等现象发生，让群众得到实惠，真正明白“惠从何来、惠在何处”。不断增强基层党组织的政治引领力、思想引领力、群众组织力、社会号召力，不断满足人民日益增长的美好生活需要。

【精准扶贫】 各驻村工作队广泛宣讲扶贫政策，注重扶贫同扶志扶智相结合，引导克服“等、靠、要”思想。经常组织贫困户学习习近平总书记关于扶贫工作的系列论述，召开脱贫典型户与贫困户见面交流会，邀请脱贫户以亲身经历谈脱贫、指点迷津出主意等方式，引导贫困户对比感悟增动力，主动思考脱贫路子。

【基层组织建设】 发展壮大党员干部队伍，突出政治标准，综合考量发展对象的能力素质、道德品行等情况，严格发展每一名党员，充实了党员致富带头人队伍，两年来共发展党员282名，培养党员致富带头人102名。整顿软弱涣散党组织，结合存在的问题，制定整顿实施方案、确定整改具体步骤和完成时限，确保软弱涣散党组织如期完成整顿。用好管好村级活动场所，以服务群众为目的，吸引群众为手段，在发挥便民作用的同时，定期组织群众开展文娱活动，不断把村级活动场所建设成为学习型、服务型、创新型、引领型、战斗型的主阵地。

【创新工作】 俄久乡玛迁村工作队帮助贫困群众通过技能提升、自主创业就业，助力全区打赢精准扶贫精准脱贫攻坚战。自治区政府办公厅驻俄久乡玛迁村工作队组织贫困群众积极开展驾驶技能培训工作。2018年上半年，工作队长拥军带头向自治区劳动就业局上报申请并获批，争取到创业资金48.5万元，用于牧民群众驾驶技能培训学费补助。

【其他工作】 各驻村工作队把学习宣传好、贯彻落实好党的十九大精神作为驻村工作的首要政治任务。运用通俗易懂的语言、喜闻乐见的方式，走进牧户牧户家中、深入放牧点，面对面向群众宣讲党的十九大精神，深入宣讲习近平新时代中国特色社会主义思想的历史地位、丰富内涵、精神实质、实践要求。在提升村干部文化素质的基础上，拓宽教育覆盖面，帮助村民提高文化素质，特别是使用国家通用语言文字的能力。驻村工作队员带头讲普通话、写汉字，以实际行动影响村民崇尚文明新风。积极组织村民开展村容村貌整治工作，固定环境整治日、垃圾处理点；协助开展人工种草、整治脏乱差、建设美丽乡村活动 414 次，参与群众 32000 多人次。

【强基办 2018 年领导名录】

强基办主任：

柳跟象（县委副书记、组织部部长）

强基办副主任：席高强（2018 年 8 月离职）

（撰稿人：路一雄）

政协尼玛县委员会

综 述

【概 况】 2018年，在县委、县政府的大力支持和市政协的正确指导下，县政协深入学习贯彻党的十九大、十九届二中、三中全会精神和自治区第九次党代会精神，认真学习领会政协第一届那曲市委员会第一次全体会议精神，认真学习贯彻习近平总书记系列重要讲话精神和治国理政新理念新思想新战略，紧紧围绕县委、县政府确定的目标任务，认真履行政治协商、民主监督、参政议政职能，为建设和谐尼玛凝聚共识、凝聚智慧、凝聚力量，圆满完成了年初确定的各项工作任务。

【政协2018年领导名录】

政协主席、政协党组书记：平措达杰

政协副主席：多吉朗杰

政协副主席、达果乡党委书记：李才高

政协副主席、中仓乡党委书记：琼次仁

政协副主席、玉彭寺寺管会副主任：旦增次成

重要工作和活动

【理论学习】 加强政治理论学习：学习是做好一切工作的先导和前提。县政协党组始终把推进学习工作作为政协组织建设的首要任务，紧扣“突出学习重点、改进学习方式、务求学习实效”三大环节，大力推进学习政协党组织建设，努力做到政治协商有高度、民主监督有力度、参政议政有深度。尼玛县政协党组全体党员干部始终坚持每周参加县委理论中心组学习会、县级领导讲党课和支部学习会，每一次都认真做好相应的笔记，并撰写心得体会，同时参加县委宣传部组织的每周二、四集体夜读《习近平谈治国理政》。政协党组也自主制定了学习计划，班子成员在2018年先后共集中组织学习理论知识13次，其中1次党组会议、3次常委会、5次主席会、4次委员和办公室人员会议。

【学习会议精神】 县政协党组组织委员和政协干部职工开展了党的十九大和自治区第九次党代会精神学习会，要系统学习、深刻领会，准确把握党的十九大报告的精神实质和丰富内涵。要凝聚共识、团结一心，为发挥社会主义协商民主重要作用，实现党的十九大提出的战略目标任务贡献政协智慧和力量。广大政协委员要始终坚定人民政协的政治方向，把党的领导作为人民政协事业发展进步的根本保障，聚焦党的十九大提出的一系列重大战略部署，为尼玛县贯彻党的十九大和自治区第九次党代会精神献计出力。

【召开六届三次会议】 政协第六届尼玛县委员会第三次会议于2018年4月22—25日在尼玛县召开会议应到委员53人，实到48人，符合《中国

人民政治协商会议章程》规定。会议期间委员们以饱满的政治热情、高度的责任感和使命感，审议通过了政协第六届尼玛县委员会《常委会工作报告》《提案工作报告》和大会各项决议；列席了尼玛县第六届人大四次会议，协商讨论了县委副书记、县长旦巴所做的《政府工作报告》和其他报告；广大委员本着对党委政府负责、对人民群众负责、对尼玛县发展负责的精神，围绕尼玛县各项行业领域认真讨论，充分协商提出了许多建设性的意见和建议。

【履行职能】 县政协始终坚持团结和民主两大主题，紧紧围绕县委的重大决策部署，把政协工作始终置于全县大局之中，始终与县委保持高度一致。在区、市、县的实施政策落实方面，做到参与中支持、支持中服务、服务中监督，充分发挥政协“政治协商、民主监督、参政议政”三大职能。

【脱贫攻坚】 始终把群众的利益放在心上，把责任扛在肩上，把行动落到脚上，切实把脱贫攻坚做实、做精、做细。2018 年，根据市脱贫攻坚指挥部工作需要，政协班子抽调了色尼区精准扶贫工作中的成员，帮助该区开展精准识别工作，同时深入各乡（镇），走村入户，对各乡（镇）开展精准扶贫工作情况进行督导，在督导过程中所发现的问题和需要整改的情况反馈给乡（镇）主要领导，并将每个乡（镇）存在的问题和典型亮点，汇报给那曲市脱贫攻坚指挥部，为市委、市政府决策部署提供决策依据。始终把政协工作与扶贫工作结合起来，积极参与结对认亲活动，出资金，出思路、出渠道，寻找致富门路，形成每个贫困户不同的脱贫路子。精准脱贫中，思想观念上的提高，必然带来行动上的自觉，思想是决定一个人贫富的关键问题。2018 年，在结对帮扶工作中，政协班子共拿出现金 9700 元和糌粑、面粉、衣服等价值 4000 多元的生活用品。在物质上改善贫困户生产生活条件的同时，特别注重宣传扶贫政策，交心谈心进行思想教育工作。

【驻村工作】 驻村工作是西藏自治区当前和今后一个时期很重要的一项群众性工作，按照县委、县政府的安排部署，在政协办人员紧缺的情况下，2018 年县政协办挂包申亚乡六村，积极开展驻村工作，为充分做好驻村点各项工作，政协领导班子成员先后四次赴申亚乡六村，亲切慰问驻村干部的同时，详细了解驻村点的基本情况，为今后该村脱贫致富工作奠定了良好的基础。

【提案工作】 政协第六届尼玛县委员会第三次会上共收到委员提案 13 件，其中采纳 12 件和废除 1 件。这些提案都涉及人民群众的切身利益和尼玛县发展稳定大局，政协尼玛县常务委员会高度重视提案督办工作。2018 年 9 月 4 日，专门召开了提案交办专题会议，会议分析研究委员议案、意见建议。对于能够解决的议案、意见建议要尽快予以解决，对暂时无法解决的议案、意见建议要创造条件逐步解决，并在答复中说明暂时不能解决的原因，杜绝答复内容含糊不清，应付了事。

【配齐政协专干】 根据政协那曲市委员会的要求，各县要尽快配齐配强乡（镇）政协工作联络人员，政协尼玛县委员会 8 月 6 日召开了第 5 次主席办公会议，对这项工作进行研究。并将推荐名单报送给县委组织部，经组织部批准确定各乡（镇）组织委员为政协工作联络人员。

【视察工作】 2018 年 6 月，县政协参加了市政协联合西部 4 县组织开展的关于牧业改革助力乡村的视察调研活动，深入调研了荣玛乡异地搬迁、牧区村镇建设、人工种草、就业技能培训等问题。同年 7 月，县政协参加了由市政协主席才仁郎公带队赴青海玉树、昌都的考察团，向兄弟州市学习成功做法和先进工作经验，切实提升素质，增强综合能力，提高政协履职实效。2018 年 11 月 5—10 日，县政协会同县人大以及人大代表、政协委员和乡（镇）经济合作组织负责人共20人组成调研组赴申扎县下过乡（3村）和申扎镇（6村、7村）对“一乡一社”“一村一合”经济合作组织以及牲畜养殖基地、农牧民合作组织等进行调研，还对本县城的超市、诊所、万亩千畜人工种草、棚户区改造项目和扶贫项目进行了视察。

【自身建设】 县政协始终把加强自身建设摆在突出位置，着力固本强基，增强履职活力，努力建设高素质的政协委员队伍和打造高效能的政协干部。

加强理论学习把牢方向。县政协把学习理论知识作为首要政治任务来抓，组织干部及委员专题学习党的十九大等各类会议精神，尤其是注重学习了习近平新时代中国特色社会主义思想、谈治国理政及政协章程。通过开展多层次、多形式学习，深刻领会习近平新时代中国特色社会主义思想，引导政协委员和各界人士更加自觉地坚持党的领导，增进政治认同、思想认同、情感认同，坚定“四个自信”，不忘初心，携手奋进。

发挥委员作用树立形象。健全委员履职档案，完善委员年度履职考核评价机制，坚持对委员参加会议、参与活动、提交提案、反映社情民意等情况进行评分通报，委员履职热情和履职能力不断提高。政协委员每年开展自愿捐款活动，截至年底，共捐款9400余元，临近藏历新年时赴县集中供养地专门为孤寡老人们开展送温暖活动，受到社会各界好评和群众称赞。

加强机关建设夯实基础。围绕懂政协、会协商、善议政的要求，切实推进学习型、责任型、创新型、服务型机关建设。提高办文办会办事效率，强化综合协调、信息沟通等工作，提升了政协机关服务水平。强化为民履职理念，坚决落实党风廉政建设主体责任，履行“一岗双责”责任，在思想上筑牢机关干部拒腐防线。抓好机关干部队伍建设，切实提高政协干部队伍适应经济社会发展新常态的能力和水平。

（撰稿人：钟　垒）

人民团体

尼玛县总工会

【概　况】 2018年，在尼玛县工会工作在县委、县政府的正确领导下，在市总工会的关心、指导和帮助下，结合县总工会自身特点，紧紧围绕全县中心工作，积极发挥工会组织作用，凝聚人心，以维护职工队伍和社会稳定为着力点，全面履行工会的各项职能。

【组织基础建设】 按照“哪里有职工，哪里就要建立工会组织”的原则，尼玛县工会着眼于扩大工会组织覆盖面，不断提升工会组织服务职工的能力和水平，切实增强工会组织吸引力和凝聚力。加大组建工会力度，现建有工会组织26个，其中12个工会小组、14个乡（镇）工会委员会。年中对全县会员进行梳理和更新、登记，截至10月，全县工会会员1138人，其中2018年新增68人。

【宣传工作】 全面学习贯彻党的十九大和十九届二中全会精神，区党委党的群团工作会议精神，深刻理解党对工会工作提出的新任务新要求，切实把握工会工作面临的机遇和挑战，牢固树立科学发展观和正确政绩观，始终坚持党的领导，找准位置，选好角度，把思想和行动统一到县委关于发展与稳定的精神上来，切实增强工作的责任感和使命感。

深入学习贯彻落实中央、区、地重要会议及党的群团工作会议精神，进一步加强职工、农民工的法律意识和法治观念，确保职工队伍持续稳定。借助“雷锋纪念日”“3月综治宣传月”“女职工维权月”“5·23西藏和平解放日”“6月综治宣传周”“安全生产月”等节日积极开展法律法规的宣传活动，向职工群众发放《中华人民共和国工会法》《中华人民共和国劳动法》《中华人民共和国安全生产法》《职工教育读本》等法律法规宣传材料500余册。组织女职工开展欢庆“三八”妇女节活动。开展文化下乡活动，宣传发放《中华人民共和国工会法》《中国工会章程》《中华人民共和国劳动法》《法律援助条例学习材料》等藏汉双语法律法规宣传资料，大力弘扬法治精神，普及法律知识，增强职工依法维权意识，积极引导广大群众自觉守法、遇事找法、解决问题靠法，依法维护职工的合法权益和特殊利益。

8月27日，县工会组织开办尼玛县首届干部职工“象雄杯”足球联赛

8月30日，县工会主席对企业干部职工传达学习自治区总工会十次代表大会精神

【法律进企业活动】 8月30日下午，尼玛县总工会深入县粮油公司和县贸易公司等企业开展“法律进企业”普法宣传活动。主要宣传了劳动合同签订、职工福利待遇、工伤等法律知识，现场与职工互动交流，并宣传与劳动合同、用工维权、劳资矛盾调解等相关的法律法规和职工维权知识，引导职工和农民工依法表达自身诉求，维护自身合法权益。活动共发放《中华人民共和国工会法》《中华人民共和国劳动合同法》《中华人民共和国安全生产法》《进城务工人员须知》等普法宣传资料46余份，并现场解答了企业职工提出的各种法律问题，参加此次活动的职工达到52余人。

【服务职工】 继续加大对困难职工的帮扶力度，协助党政努力满足职工在劳动就业、医疗卫生、社会保障等方面的基本需求，让困难职工真切感受到温暖和希望。切实做好困难职工解困脱困建档立卡工作。根据区总关于精准扶贫工作相关文件精神，要求各基层工会通过建档立卡，对困难职工进行精准识别，了解困难状况，分析致困原因，摸清帮扶需求，明确帮扶主体，落实帮扶措施，实施动态管理。

开展一对一结对帮扶慰问活动。为进一步落实县委、县政府、县扶贫攻坚指挥部关于帮扶任务的工作安排，扎实推进党员干部一对一帮扶活动的顺利开展。2018年，先后3次深入中仓乡、军仓乡深入开展结对帮扶活动。对帮扶对象拉家常、问冷暖，详细了解贫困户的家庭状况、农业生产、经济来源、子女教育等方面存在的实际困难和未来打算，宣传国家扶贫政策和县委、县政府精准扶贫的决策部署，鼓励他们树立信心，克服“等、靠、要”的腐朽堕落思想，通过自力更生勤奋致富，并认真记录了各自对口联系号码。此次结对帮扶活动，工作人员共慰问扶贫对象10户，送去慰问8000元。

【民生工程】 2018年工会服务在基层，尼玛县工会积极开展服务职工系列送温暖活动，慰问近8户困难职工、农民工，共计发放慰问款8000元；对患有重大疾病的职工实施“大病救助”，共救助3户，发放慰问金1.5万元；开展“金秋助学”活动，根据年初援藏项目资金申报计划，助学金共计15万元，截至年底，资金未到账。

【帮扶工作】 为切实把党和政府的温暖送到困难职工的心坎上，使企业困难职工过上一个安定、祥和的节日，元旦、春节期间共慰问困难企业3家、困难职工48户，发放慰问金4.8万元。慰问环卫工人10人，慰问金达3000元。同时，与困难职工家庭零距离进行交流，同他们唠家长、问冷暖，详细了解了困难职工家庭成员的近期生活、身体状况以及当前面临的困难，鼓励他们坚定生活的勇气和信心，克服眼前困难。让他们感受党的温暖、社会的进步。

【宣传知识】 5月10日，尼玛县开展了“婚姻观、生育观、家庭观”宣传教育活动，全县女性干部职工、妇女群众共70余人参加，宣传教育活动由县委宣传部副部长格桑卓玛主持。在会上西藏自治区人民医院医师向茂菊进行了生理健康教育；而后由县妇联主席德吉卓玛讲解了非婚生子女方面的相关知识。非婚生子女问题带来的各种生理和健康上的危害，使广大女性干部职工和妇女群众对健康知识有了更深刻的认识。

【工会改革工作】 根据那党办发关于印发《那曲市总工会改革方案》的通知要求，工会办公室及时撰写尼玛县工会改革工作方案并提交县委。

【开展安康杯活动】 为了进一步加强校园安全管理，落实上级部门关于对学生开展安全教育的要求，3月13日上午，县总工会及县二小在学校操场上召开学生开学安全教育大会，对全校师生进行了开学安全教育。目的是让全校师生了解校园安全的重要性，掌握安全知识，培养学生“珍爱生命，安全第一”的意识，预防各类突发事件。

【劳模推选工作】 根据那曲市劳模推选工作的相关要求，对各乡镇、各单位下发相关通知进行在全县范围内推选那曲市第一届劳动模范人员。按要求完成了各级劳模在尼玛县的推荐评选工作，甲谷乡农牧综合服务中心仁青被评为那曲市第一届劳动模范。

【工会经费收缴】 2018年年底，工会办向县政府和县财政局提交了2018年工会经费2%的预算，截至年底全部已到县总工会账上，个人会费缴纳正在进行中，预计10月30日之前完成。收缴入账工作，以预计11月底可全部完成。

【职工文体活动】 为了营造企业和职工积极工作、和谐生活的氛围，更好地丰富全县干部职工的业余生活，感受工会的温暖，尼玛县总工会开展“庆五一、五四”系列活动。此次活动项目有篮球竞赛、拔河比赛、接力赛、表彰“五一劳动奖状”等体育活动，活动经费13002元。7月30日至8月5日，尼玛县总工会和县委宣传部联合举行了尼玛县首届干部职工“象雄杯”足球联赛。活动经费达16604元。

【会员发放节日慰问品】 2018年，充分体现工会对全体会员生活的关怀，让基层工会会员切实感受到党和政府的温暖，让他们度过一个欢乐、祥和、喜庆的节日。县总工会向全体会员发放“三大节日”“五一”劳动节、中秋节、国庆节等节日慰问品，资金共达128.4万元。

【尼玛县总工会2018年领导名录】

总工会主席：扎西拉姆（女、藏）

（撰稿人：扎西拉姆）

共青团

【概　况】 深入学习贯彻党的十九大精神和习近平总书记系列重要讲话精神，认真贯彻落实团市委群团工作会议精神，按照团市委的部署要求，扎实开展各项共青团工作，努力践行“服务青年、服务社会、服务大局”的工作方针，进一步解放思想，开拓创新，不断深化团的各项工作，推动尼玛县共青团工作再上新台阶。

【维护青少年合法权益工作】 为切实开展好维护好青少年工作，努力提高尼玛县广大青少年的法律素质和法制意识，以加强青少年思想道德建设和青少年法治教育为重点，积极开展宣传活动。加大法制宣传力度，开展法律进课堂活动，要求各校要将法制教育纳入教师常规管理和班级管理考核的内容，要求每班每月至少开设一节法制教育课；组织开展以学习《中华人民共和国预防青少年犯罪法》和《中华人民共和国未成年人保护法》为主题的法制宣传活动，通过班会、征文、演讲、上街宣传等形式，加强法制宣传教育工作；把预防青少年违法犯罪教育、普法教育作为德育工作的重点长期抓，并与传统美德教育相结合，采用各种方式方法灵活生动地进行德育工作，不断提高学生人格修养。定期给青少年作法制报告，聘任法制副校长，开展法制教育。积极联系有关单位聘任法制副校长，每年为学生做1—2次法制报告。

【广大青年精神文化需求】 共青团委始终以重大节庆日为契机，广泛开展丰富多彩的活动，增加青年的业余生活。团县委组织青年积极参与文化活动，为庆祝“五四”，以“岗位作贡献、青年展风采”为主题，“五四”前后，在广大青年中开展丰富多彩的庆祝活动，通过开展篮球竞赛、拔河比赛、接力赛等方式，吸引广大青年积极参与到活动中，营造了浓厚的节日氛围，更好地凝聚和调动尼玛青年职工的积极性。并对优秀团员、优秀少先队、优秀班干部、优秀团干部进行了表彰，共计表彰学生 91 人，发放了奖金 9100 元，在文体比赛中表现优异的先进队伍，进行了表彰奖励，共计发放奖金 21400 元。

【教育管理制度】 大力加强团员意识教育，要求各乡（镇）团委、各学校严格执行“举团旗、学团章、唱团歌、戴团徽、过团日”的要求，增强团员对组织的归属感和作为团员的光荣感。加强庄严神圣、贴近学生特点的入团等仪式教育，充分运用学习培训、主题教育、实践活动、同伴分享等方式加强团员经常性教育。创新“三会两制一课”方式和载体，把团员教育评议制度与团员年度团籍注册制度结合起来。完善和加强了团员档案的管理，建立了团员登记表制度。

【预防青少年违法犯罪】 尼玛县预防青少年违法犯罪工作，紧紧围绕“减少和预防青少年违法犯罪，促进青少年健康成长”这条主线，进一步发挥预防青少年违法犯罪工作的职能，切实加强预防青少年违法犯罪工作。充分利用“七五普法”“六一”“综治宣传日”等有利时机，通过发放《中华人民共和国未成年人保护法》《中华人民共和国预防未成年犯罪法》宣传册，利用村（居）务公开栏宣传等方式，增强了青少年的法制观念。同时，为进一步推动共青团基层组织建设和基层工作，为各乡（镇）团委开展工作下拨了 2 万元的共青团专项工作经费及 1 万元的预防青少年犯罪活动经费，为开展好共青团工作提供坚实的经费保障。9 月 5 日，团县委组织 30 名青年召开预防青少年违法犯罪工作会议。会议中，围绕《中华人民共和国预防未成年人犯罪法》，重点讲述了未成年人犯罪的原因和如何预防未成年人犯罪，用通俗易懂的语言讲解了法律等相关内容。会议最后，发放了预防犯罪法律手册，加深了他们对法律知识的掌握。

10 月 29 日，在县委宣传部部长格桑卓嘎的陪同下，团县委负责人仁青卓玛深入尼玛县中学，检查学校预防青少年违法犯罪工作。共青团委与校领导就预防青少年犯罪工作进行了交流和沟通。详细了解了当前学生的思想状况，学校的课余文化生活、思想教育工作、法制宣传、预防犯罪工作、心理辅导及咨询等工作。同时，参观了学校的青少年心理咨询室、体验室，部长强调，必须认真做好摸底排查工作，掌握人员的具体情况，积极开展各类维护青少年合法权益和预防青少年违法犯罪主题活动，如青少年法治宣传教育、未成年人保护法宣传、青少年权益保护、青少年毒品预防、青少年防艾教育等，为进一步做好预防工作指明了方向。

【送温暖活动】 重阳节也是中国老人节，为大力弘扬中华民族尊老敬老的传统美德，传承优良家风，进一步在尼玛县营造尊老、敬老、爱老、助老的浓厚氛围，激发全县人民参与敬老助老活动的热情。10 月 17 日上午，尼玛县团委、宣传部、县文广局联合组织青年志愿者前往县城敬老院开展打扫卫生、献文艺、送牛奶和面包等充满爱心的慰问活动。通过这次慰问活动，不仅促进了老人们与干部职工、青年志愿者的交流，而且使广大青年们能够更加深刻地了解老人们的生活，同时也使敬老院老人深切感受到了来自政府的温暖和关怀，更让他们度过了一个温馨快乐的重阳节。此次活动共落实资金 2640 元。

【共青团推进脱贫攻坚工作】 根据区、地、县关于精准扶贫干部结对帮扶的有关文件精神，为进一步落实县委、县政府、县扶贫攻坚指挥部关于帮扶任务的工作安排，扎实推进党员干部一对一帮扶活动的顺利开展。深入军仓乡深入开展结对帮扶活动。向帮扶户送去糌粑、棉被、油、茶壶等慰问品及现金，共计人民币5500元。

做好团市委各类贫困青年农民技能培训班上报工作，尼玛县团委高度重视，及时上报青年牧民信息，此次共上报10人前往那曲参加技能培训班，培训职业有藏式烹饪及酒店管理，按照他们的意愿选择培训技能。并专人负责去那曲派送青年农牧民，为他们提供路费和餐食，共计支出2100元。为助推精准扶贫文化教育工作，团县委在团市委的帮助下争取了西藏青少年发展基金会“国酒茅台·国之栋梁——希望工程圆梦行动大型公益活动”资助、浙江援藏助学资金、国务院国资委党费专项资助等，为尼玛县贫困大中小学生争取了资金。在团区委和团市委的关心支持下，团县委选派优秀创业青年致富带头人赴内地、日喀则、林芝进行考察交流学习，开展青年创业经验交流会，开拓了眼界，解放了思想，极大地激发了他们创业致富的热情。组织以《关爱农牧区儿童，捐赠爱心书包》为主题的爱心书包发放活动。对尼玛县军仓乡完小、阿索乡完小进行了“关爱牧区儿童、捐赠爱心书包”仪式，将书包75个、文具102盒、钢笔102支、水彩笔72支、铅笔102支、卡纸72张、图书52本、手套72副、保温杯42个、削笔机42个、尺子42把、团徽52个等学习用品发放到全校75名孩子手中。并告诫同学们一定要把点滴之恩化作自强不息、奋发学习的动力，用优异成绩报答父母的养育之恩，报答老师的教诲之恩，报答社会的关爱之恩，不辜负社会各界的期望，做一个积极向善的好少年，长大后成为“四有”新人。

为迎接“十一”国庆节，切实做好感党恩、送温暖慰问活动，以实际行动帮助家庭困难学生度过一个欢乐祥和的节日，突显群团组织在联系、引导、服务青少年的重要作用，让贫困学生感受到党和政府的温暖和关怀，县团委、妇联联合深入尼玛县二小、完小为100名贫困学生送上了节日祝福，并为他们送去了棉衣、鞋子、棉裤等价值人民币1万元的慰问品，鼓励他们要在党委、政府的关心支持下，自强自立，树立信心，在学校要努力学习，用优异的成绩回报父母、回报社会。

【主题教育活动】 11月22日上午，尼玛县团委和中学联合开展“四讲四爱”感恩教育，快乐成长主题教育活动，全体师生以及所有后勤保障人员参加了活动。活动中各班代表发表了感恩父母、感恩老师等主题的精彩演说，充分表达了对父母养育之恩的感激、对老师培育之恩的感谢。

【共青团尼玛县2018年领导名录】

团委副主任科员：普　珍（女、藏）

（撰稿人：普　珍）

妇　联

【概　况】 基层妇女组织建设情况。2018年11月上旬，尼玛县妇联在县委、县政府正确领导下，按照严格改革程序，77个行政村居已全面完成村（居）“会改联”工作任务，新一届村妇联班子主席77名、副主席78名、兼职副主席228名、执委303名。全县乡镇区域化改革新一届妇联班子兼职妇联主席14名、副主席14名、兼职副主席78名、执委78名。通过改革，把在妇女群众中有影响力和号召力的各界优秀妇女代表选到妇联队伍中，使他们政治上有名分、组织上有身份、工作上有责任，改变了妇联系统“倒金字塔”现状，真正把“妇女之家”建设成为让妇女群众认同、信赖、热爱“温暖之家”，实现服务妇女零距离，让妇联组织真正当好姐妹们贴心的“娘家人”。

【自身建设】 加强政治理论学习是妇女工作的一项重要任务，一直以来尼玛县妇联高度重视政治理论学习，积极参加机关党支部学习活动，参加县理论中心组学习会，通过统一学习和自学的方式深入学习党的十九大和习近平总书记系列重要讲话精神，要求各级妇联工作人员拽写心得体会最少三篇，学习笔记不少于3万字，从而加强理论联系实际的能力，增强更好的服务妇女群众的意识。关心困难妇女，面对困难妇女的救助，尼玛县工青妇积极组织有爱心的干部职工进行捐款，及时派一名妇联工作人员到拉萨进行看望慰问，为一名身患子宫肌瘤病的军仓乡困难妇女达珍解决了5000元医疗费用，使她切身感受到党和国家的温暖，妇联组织的关心。在尼玛县军仓乡砂来驻村点开展“藏历新年和春节”来临之前，县妇联驻村队以走村入户形式，进一步了解妇女群众的生产生活，代表县妇联对贫困妇女、单亲母亲、残疾儿童节日的慰问。砂来村5名贫困妇女家庭、3名单亲母亲家庭、2名残疾儿童家庭每家发放现金300元和哈达，关爱妇女儿童工作送去了党和政府、妇联组织的温暖。“六一”儿童节，为了让尼玛县幼儿园、一校、二小三个学校贫困儿童能够过上温暖而幸福的节日，县妇联对尼玛县幼儿园慰问3000元，一、二小每个学校5000元，共发放13000元。深入推进“两癌”项目实施。截至7月、8月两次联合县卫生局，为160名建档立卡贫困妇女免费开展了免费“两癌”筛查。开展“一对一”帮扶贫困户慰问暖人心，县妇联前后两次向6户贫困户家庭赠送了家庭所需生活用具，价值500元，现金3000元，共慰问3500元。“喜迎十一国庆”对尼玛县一小、二小50名困难学生送去鞋子、马甲、内衣内裤、保暖裤等，共价值500元的慰问品，各级妇联点滴关爱，让尼玛县一小、二小的50名贫困孩子们感受到了寒冬天里的温暖，把党和政府的温暖送到他们的心坎上。尼玛县各级妇儿工委及成员单位多角度、多层次、全方位地宣传男女平等基本国策，取得了良好社会效应。积极参与“三月综治宣传月”活动，通过设立宣传咨询点、发放宣传资料、现场解答等方式，广泛宣传《中华人民共和国妇女权益保障法》《中华人民共和国反家庭暴力法》《中华人民共和国未成年人保护法》《中华人民共和国婚姻法》《中华人民共和国禁毒法》等相关法律法规和国家相关政策，进一步加强妇女群众的法律意识，使她们能够知法、懂法、用法，维护自己的合法权益。利用驻村及“五下乡”的活动，开展形式多样的宣传活动，尼玛县妇联主席利用自己的优势，用通俗易懂的语言进行宣传教育，教育广大妇女群众树立正确的人生观、价值观、婚姻观、生育观、家庭观。组织召开关于非婚生子女问题专项治理宣传活动。为进一步完善和规范未婚生子宣传工作，引导广大群众树立正确的婚姻观、家庭观，有效杜绝不正当的关系，非婚生子等不良社会风气，按照上级有关文件精神，进行广泛宣传，发放宣传资料，通过开展宣传，让群众深入了解非婚生子问题的严重性及婚姻法相关法律法规。“十一”国庆期间，在县妇联主席德吉卓玛带领下，前后深入申亚乡、卓尼乡、卓瓦乡、吉瓦乡、甲谷乡、达国乡6个乡镇共300多名妇女群众，宣传《中华人民共和国妇女权益保障法》等相关法律知识。加强宣讲尼玛县《妇女儿童发展规划（2016—2020年）》，从七个方面讲解妇女儿童

7月30日，召开县妇联对14个乡镇妇联主席业务培训会

发展规划的基本原则和总体目标。

加强阵地建设，强化联系服务作用。各村依托妇联组织、妇女儿童维权岗做好服务和维权工作，主动关心妇女、儿童工作和生活，自觉维护妇女儿童的合法权益，为权益受到侵害的妇女儿童提供保障。改革后，基层妇女干部队伍得到极大充实，基层妇女干部队伍进一步年轻化、知识化，同时基层妇联组织把履行基本职能同履行政治职责紧密联系起来，综合运用依法维权服务、巾帼志愿服务、公益慈善服务、社会组织服务等各种服务手段，为各项工作开展打开了新局面，打通了联系、服务妇女群众的“最后一公里”。

组织新一届妇联班子开展提升业务的培训工作。9月6日，那曲市妇联党组书记阿梅在荣玛乡乡搬迁安置点党团活动室，与乡党委书记加央边久一同召集荣玛乡新选举产生的9名兼职副主席，为她们传授妇联知识，以此来提高她们的业务能力。在县委常委宣传部格桑卓嘎部长的大力支持下，前后两次召开各乡镇妇联主席及工作人员工作会议。找准明确的方向，对新一届妇联主席提出具体举措和更加具有操作性的对策意见。此次的培训内容具有很强的指导性，可操作性，为尼玛县新一届妇联班子在今后工作指明了方向，并对尼玛县各级妇联组织提出了希望和要求。

【组织社会活动】 尼玛县妇联积极助推脱贫攻坚工作，在市妇联党组书记阿梅的亲自指导下，在高海拔搬迁点组织妇女进行手工编织技能培训，有效的为搬迁点妇女群众增添了一门生活技能，增加了一份收入。在市妇联党组和县妇联支持下，在高海拔搬迁点建立妇女之家挂牌仪式，同时那曲市妇联组织和尼玛县妇联组织，为荣玛乡高海拔搬迁点“妇女之家”分别捐助了2万元建设扶持资金。该“妇女之家”主要售卖妇女日常继续生活用品，同时为广大妇女学习编织产品提供场所。

【其他工作】 尼玛县妇联召开以“巾帼心向党、建攻新时代”为主题的庆祝“三八”妇女节座谈会。按照“七项任务”要求，尼玛县妇联不等不靠，主动作为，围绕主责主业，狠抓七项任务落实，以点带面有序开展“七项任务”工作，为开展驻村工作奠定坚实基础。紧紧围绕县委、县政府的工作，克服工作人员少工作任务重，积极组织驻村工作人员，深入开展实施“七项任务”，履行创先争优强基础惠民生活动的责任和义务。工青妇年初制定牧区妇女发展党员计划，建立妇女干部、积极分子、预备党员、正式党员花名册。

【尼玛县妇联2018年领导名录】

工青妇副主任、妇联主席：

德吉卓玛（女、藏）

妇联副主任：仁青卓嘎（女、藏）

（撰稿人：仁青卓嘎）

法治

政法委及综治

【概　况】2018 年，尼玛县政法、综治、维稳等各项工作在县委、县政府的正确领导和上级业务部门的精心指导下，坚持以邓小平理论、“三个代表”重要思想、科学发展观、习近平新时代中国特色社会主义思想为指导，全面贯彻落实党的十九大，十九届一中、二中、三中全会精神，自治区第九次党代会，区党委九届三次全会精神，贯彻落实习近平总书记治边稳藏重要战略思想特别是“加强民族团结、建设美丽西藏”的重要指示以及给隆子县玉麦乡群众的重要回信精神，以维护社会稳定服务经济发展为中心，以维护社会和谐为目标，以维护人民利益为根本，以春节、自治区“两会”、藏历新年、全国“两会”“上合组织青岛峰会”、国庆节等各个时段的安保工作为主线，全面加强政法、综治、维稳工作和政法队伍建设，始终把维护稳定工作提到了重要议事日程，切实把各项维稳措施落实在实际工作中，有力地维护了尼玛县社会局势的持续和谐稳定，实现了“三不出”“三无”的工作目标。

【社会面管控】尼玛县始终贯彻落实区、市、县三级党委、政府、维稳指挥部关于维护稳定工作的一系列指示精神，结合尼玛县实际，完善机制建设，严格维稳责任，细化维稳措施，狠抓措施落实，及时调整充实了维护稳定工作领导小组，坚持定期召开维稳专题会议，及时传达学习区市两级维稳相关会议精神，调整力量部署，改变工作重心，突出抓好春节、自治区“两会”、藏历新年、全国“两会”“上合组织青岛峰会”、端午节、国庆节等各个节点期间的维稳安保、公共安全管理等工作，确保了各项工作部署有人抓有人管。

社会面管控。尼玛县公安局和各乡（镇）派出所开展大清查专项整治活动，对辖区内藏餐馆、娱乐场所、宾（旅）馆、网吧、出租屋、加油站等重点场所进行拉网式集中清查，2018 年尼玛县参与维稳工作人数 18800 余人次，“红袖标”出动人数 4.1 万余人次。

【制定规章制度】结合尼玛县实际，制定了《尼玛县包乡“镇”、包村“居”、包户、包寺、包僧》制度，《尼玛县开展扫黑除恶打非治乱专项斗争的工作方案》制定了相关措施，14 个乡（镇）

4 月 15 日，尼玛县开展国家安全教育日宣传活动

相应制定了各类文件和规章制度，县维稳指挥部与各乡（镇）、各单位签订了维稳目标责任书，各级各部门层层签订了责任书。

【加强检查力度】 尼玛县安狮检查站、中仓乡检查站严格按照“四逢必查”要求，切实做到“人过留影、车过留牌、物过留资料”，发现问题严加看管，及时上报。2018 年中仓乡临时检查站和波仓公安二级检查站累计排查过往人员 264532 人次、车辆 126540 辆、物品 102564 件，检查中发现 486 起超速、摩托车未戴头盔 146 起、超员 35 起、车辆未年检 46 辆，超载车辆 23 辆。

【安全生产】 尼玛县严格按照上级维稳指挥部的相关要求，认真开展了尼玛县散装油销售管理工作专项社会稳定风险评估，切实发现和整改了一些散装油销售管理方面的问题；强化了源头控制、末端管理、运输查控和实名制销售，做到了各类易燃易爆物品管控有效，社会稳定风险相对减少，特别是对散装油实名制销售上做到了万无一失。2018 年尼玛县共发生各类安全生产事故 1 起（“4·30”中仓乡较大交通安全事故造成 3 死 3 伤）。截至 10 月 15 日，共安全检查 98 次、排查安全隐患 175 处、整改隐患 111 处、整改率 63%、出动执法人员 250 余人次、出动执法车辆 130 余台、下发整改通知书 35 份。

【矛盾纠纷和信访隐患排查调处工作】 尼玛县坚持属地管理、分级负责，妥善处理各类社会矛盾，高度重视军产租户、军退人员、双拖欠上访隐患的调处稳控工作，理顺情绪、解决问题，防止矛盾激化、问题升级，防止被境内外敌对势力插手利用。2018 年尼玛县共 29 起矛盾纠纷调解完毕。

9 月 2 日，县委政法委开展结对帮扶慰问活动

【打击整治非法营运】 那曲市扫黑办下发的《那曲市深入开展打击整治“黑车”等非法营运违法犯罪专项行动工作方案》通知要求，尼玛县及时制定了《尼玛县深入开展打击整治“黑车”等非法营运违法犯罪专项行动工作方案》，在全县内开展打击整治“黑车”等非法营运违法犯罪专项行动。2018 年共出动执法 200 余次，共检查车辆 3820 辆，查获非法营运车辆 30 辆处罚款 1 万—5 万元不等，查扣超限超载货车 148 辆处罚款 3000—1 万元不等，查扣证照不齐 185 辆处罚款 500—5000 元不等。通过开展打击非法营运专项整治行动，严厉打击了非法营运车辆的嚣张气焰，交通运输市场取得了一定的成绩。

【扫黑除恶打非治乱专项工作】 尼玛县结合实际及时制定了扫黑除恶打非治乱专项斗争工作方案，成立了以县委书记为组长的领导小组，成立了以政法委书记为组长的专项领导小组，两个领导小组设立了办公室。2018 年，共召开动员部署会议 1 次、专题会议 3 次、推进会议 1 次，及时签订了扫黑除恶打非治乱线索摸排承诺书。尼玛县共设立举报箱 68 个，发放举报联系卡片 2000 余张，县政府拿出 10 万元用于开展“扫黑除恶打非治乱”专项工作，及时建立了举报奖励制度；尼玛县共开展了 105 余次宣传活动，发放和张贴了宣传资料 8000 余张，制作了关于举报黑恶势力违法犯罪线索通报视频，制作藏汉双语通告 2000 余张，悬挂横幅 80 余条，清查次数 50 余次，对各商铺和娱乐场所制定扫黑除恶温馨提示 500 余张，新闻宣传 10 次，已覆盖 14 个（镇）、77 个村（居）。侦破 5 起赌博案件，抓获 1 名犯罪嫌疑人、19 名违法人员，缴获赌资 50917 元。

【社会稳定风险评估工作】 严格审核，严格落实工作责任和措施，加大报送重大事项社会稳定风险评估报告的把关审核备案力度，严格审查评估工作是否规范、排查风险是否详尽、等级是否准确。对手续不全、不完善的项目，一律不立项、不备案。尼玛县严格按照《尼玛县重大事项社会稳定风险评估实施细则》的要求，各单位、各乡（镇）及时对重大活动、项目、赛马节进行了风险评估和制定安保方案、预案，确保各类活动、项目、赛马节顺利进行。

【安置帮教】 司法部门高度重视刑释解教人员安置帮教工作和社区矫正工作，始终坚持“教育、感化、挽救”的工作方针。在刑释解教人员安置帮教方面，由司法局牵头，协调各乡（镇）对现有列管的20名刑释解教人员进行了全面的摸底排查，更新了个人档案，切实做到了底数清、情况明、档案全、管控措施到位，有效降低了重新犯罪率。同时，实行“六对一”帮教方式，无社区矫正人员。进一步完善法律援助工作制度，加强法律援助宣传力度，与县人民法院积极合作，加大对县群众的法律服务，努力提高法律援助的公众知晓率，拓宽了法律援助覆盖面。2018年，司法局共代写民事起诉书和答辩状共31起，法律咨询5人。

【综合治理】 3月30日，召开2018年度政法综治维稳工作会议，全面总结了2017年度综治工作，客观分析了综治工作中存在的问题，并立足实际，就“双联户”、城乡网格化等重点工作进行了再强调、再部署。及时对2017年度综治先进集体进行了表彰，表彰资金达12.6万元，对排名倒数三名的乡（镇）及单位罚款共计6.3万元，同时，根据《尼玛县社会治安综合治理问责办法（试行）》要求，排名倒数三名的乡（镇）、单位于4月2日和5月31日对6家主要负责人进行了提醒式谈话，并在全县范围内进行通报批评。

【基层基础建设】 尼玛县按照自治区、那曲市的有关文件精神，建立健全了综治组织机构，特别是进一步完善了村级综治组织，并配齐了村综治

11月21日，召开尼玛县“扫黑除恶、打非治乱、扫黄打非”专项斗争工作推进会，市政协副主席、县委书记徐建（左四）等县级领导出席会议，县委常委、政法委书记、公安局党委书记、政委欧珠（右二）主持会议

办主任、副主任以及工作人员，确保了全县最基层综治各项工作的顺利开展。确定任命一名专抓综治暨双联户工作的乡（镇）副职（副书记或副乡长）兼任综治办主任，全面负责该乡（镇）综治暨双联户工作。建立健全了县、乡、村三级综治、平安组织，配齐配强了专、兼职综治、双联户工作人员，确保了综治、维稳暨双联户工作在基层有人抓、有人管。县（中）直各单位、学校、村、寺庙都建立了由主要负责人担任组长的综治、维稳暨双联户工作领导小组，负责本单位、学校、村、寺庙的日常综治、维稳暨双联户工作。县综治办立足实际，结合区、市两级综治委相关文件和会议精神，制定出台了《2018年尼玛县综治（平安建设）工作要点》，从三个方面22个小项对全年综治工作进行了安排部署，3月3日尼玛县综治办与各乡（镇）、各单位签订了综治、维稳等各类责任书，切实将任务细化到了部门、责任明确到了人。县综治办认真研究制定了《尼玛县2018年上、下半年各乡（镇）综治（平安建设）暨“双联户”服务管理工作督导检查工作方案》和《尼玛县2018年上、下半年县综治成员单位综治、维稳工作督导检查工作方案》，利用12天时间，本着“查找问题、分析原因、弥补

不足”的要求，于5月8—13日、9月3—9日对各乡（镇）综治、维稳、“双联户”工作进行督导检查。6月23日至7月7日和9月28日至10月6日分上下半年对县（中）直各单位、14个乡（镇）、部分村（居）进行综治工作验收，确保了尼玛县综治工作有序推进。

【“双联户”服务管理】 加强“先进双联户”相关奖励政策的兑现落实工作。协调县财政局和各乡（镇）综治办，及时兑现了2017年度村级、乡级、县级“先进双联户”共236个2229户，奖金共计44.25万元；县级先进集体16个，兑现奖金7.4万元；地区级“先进双联户”3个31户，兑现奖金6.2万元；地区级先进集体3个，兑现奖金15万元；自治区级“先进双联户”1个12户，兑现奖金3.6万元。并及时兑现了2017年度户长补助190万元，2018年度户长补助正在兑现当中。为切实提高基层综治工作人员对综治、“双联户”服务管理工作及城乡网格化服务管理工作水平，按照《尼玛县2018年社会治安综合治理暨“双联户”服务管理工作培训方案》要求，县综治办于4月9日、6月20日、9月19日、9月20日组织县（中）直各单位、14个乡（镇）综治专干，采取以会代训、交流发言等方式，开展尼玛县社会治安综合治理工作（平安建设）暨“双联户”、城乡网格化服务管理工作培训。9月18日，县综治办联合县公安局刑警大队、县司法局等相关部门对县城50余名“双联户”户长进行了为期一天的培训，通过培训，让“双联户”户长在岗位上发挥出实际作用。为进一步调动联户单位户长的工作积极性和主动性，努力提高其履职能力和服务水平，推动全县“双联户”服务管理工作纵深开展，就“双联户”户长履行“十九联”任务开展进行细化分解和量化考评，按照《尼玛县“双联户”十星考核办法》的工作要求，每月对950个联户单位户长进行绩效考评打分，为2018年度“先进双联户”创建评选工作奠定基础。“联户平安、联户增收”稳步推进。尼玛县文部乡保护生态、利用荒废土地、助力双联户单位增收。文部乡北村两个“联户”单位牵头，将引进的拉萨市优良土豆品种发放给农牧民群众，在乡政府北面荒废土地上种植1.3亩土豆。“双联户”单位共32人参与土豆种植，有效带动了联户内5户建档立卡贫困户脱贫致富，帮助1户“五保户”增加收入，受益群众达到20户81人。14个乡（镇）进一步细化活动措施，以各乡（镇）综治办为主的宣讲团深入村居、牧户宣讲以党的十九大精神、“四讲四爱”为内容，着力教育引导群众拥戴核心、转变观念、脱贫致富，2018年，14个乡（镇）共宣传120余次，12000余人次。以十星级考评结果为依据，开展“先进双联户”创建评选工作。组织各乡（镇）、村（居、便民警务站）认真开展“先进双联户”和“先进双联户”创建评选先进集体评选活动。截至2018年12月底，已完成村、乡、县三级“先进双联户”创建评选工作，共评选村级“先进双联户”联户单位190个1804户，乡级“先进双联户”联户单位38个380户，县级“先进双联户”联户单位11个109户，县级“先进双联户”创建评选先进集体16家单位。9月底，各乡（镇）组织牵头对950名双联户户长进行绩效考核，全年共评比出优秀双联户户长581名、称职356名、不合格13名，根据《尼玛县“双联户”户长绩效考核办法》及各乡（镇）党委研究决定对13名绩效考核不合格的双联户从户长补助中扣除1040元的务工补贴，进一步调动各联户长工作积极性，增强联户长履职尽责意识。

【网格化服务管理】 按照那曲市综治办相关会议要求，及时制定了《〈尼玛县进一步深化城乡网格化服务管理工作实施办法〉的通知》，进一步完善“网格化”服务管理工作的组织划分工作，按照“1+5+X”的工作要求配齐网格力量，明确各力量职责任务和工作要求，并立足实际，将“双联户”与“网格化”有机结合，县综治办及时组成工作组到各乡（镇）指导网格化工作开展，全力推进全县网格化服务管理工作。加大综治宣传力度。为深入贯彻落实区、市两级综治委关于社会治安综合治理及平安创建宣传教育的一系列方针措施，进一步深化尼玛县社会治安综合治理及平安创建工作。尼玛县综治办立足实际，制定出台了《尼玛县2018年“3月综治宣传月”活动方案》《尼玛县2018年“六月平安宣传周”活动方案》《“9·16”平安西藏宣传日》宣传方案，并按照方案要求组织县综治委各成员单位采取发放宣传单、悬挂横幅、现场答疑等多种形式，大力宣传了“双联户”服务管理工作、城乡网格化服务管理工作、“先进双联户”创建评选各项优惠政策、精准扶贫政策、《西藏自治区流动人口服务管理条例》《中华人民共和国安全生产法》《中华人民共和国消防法》《中华人民共和国劳动合同法》《中华人民共和国治安管理处罚法》《信访条例》《尼玛县非婚生子女专项治理暂行办法》、扫黑除恶打非治乱专项斗争等工作，切实提高了群众对综治工作的了解率和参与率。2018年共3次宣传，共悬挂横幅50条，张贴宣传画册1200余张，发放藏汉两种宣传单10000余份，受教育群众达12000余人。加强青少年思想政治教育、道德教育、纪律教育和法制教育，学习党的十九大会议精神内容，县城1所中学、2所完小、1所职校及各乡（镇）小学校都配备了法制副校长，并充分发挥他们的作用，开设法制、德育课程，增强青少年的法律意识，努力构建学校、家庭、社会“三位一体”的防范网络，共同防止青少年违法犯罪，2018年对全县15所学校共开展法治教育300余堂课，受教育学生9000余人次。

【涉法涉诉信访】 为达到促进社会稳定的最终目标，切实抓好涉法涉诉信访工作，狠抓涉法涉诉信访工作各项工作措施的落实，确保社会局势的持续稳定。坚持政法部门领导信访接待制度，认真听取人民群众对政法部门及政法干警执法办案方面的意见和建议。坚持涉法涉诉信访案件全面摸底排查制度，2018年，涉法涉诉信访案件0起，信访案件15起（本级10起，上级转办5起），12起已调节完毕，3起正在调处当中。加强实有人口管理工作。做好精神障碍患者的服务管理工作。全县共有严重精神病患者16人，按照四对一的管控措施，乡级、村级、派出所、家属做好精神障碍患者的服务管理工作，签订责任书。加强流动人口服务管理工作。按照流动人口“来有登记、走有注销”和出租房屋“租有登记、停有核销”的要求，扎实做好流动人口、出租房屋动态信息采集管理，2018年，尼玛县办理暂住证共4270人。加强非婚生子专项整治工作。尼玛县综治办将非婚生子工作纳入全年综治考评，2018年共摸排确定非婚生子女2067人，涉及户数1586户，生父2089人（其中，已相认生父1734人，无法联系生父170人，待鉴定生父145人，已过世40人），其中建档立卡贫困户444户，达到30%，已协商解决1305人，缴纳抚养费1999.42万元，全县社会风气进一步好转。

【政法系统履职能力】 县委政法委。3月1日、6月18日召开全县扫黑除恶打非治乱专项斗争会议，10月14日召开全县政法系统“全面加强政治建警、打造过硬政法队伍”专项教育整顿活动动员部署会议，3月30日，召开尼玛县政法工作会议，明确了任务，细化了工作措施，把各项工作任务落实到人，落实到部门。按照那市政法委下发的文件精神，及时制定下发了《尼玛县委政法工作会议任务分工方案》，扎实推进各项工作纵深开展，确保各项既定措施落到实处。政法委工作人员结对帮扶工作常抓不懈；对卓瓦乡五村8户贫困家庭进行一对一帮扶，于9月5日、10月8日、10月13日深入结对贫困家庭中，帮他们理清思路，寻找脱贫门路，教育引导转变思想观念；一对一帮扶，共解决资金 7000 元，生活用品（面粉、糌粑、油）折合人民币 2600 元。

县公安局。各部门通力配合，严打整治各类犯罪工作整体稳步推进。共立刑事案件 2 起、破获 2 起，未破 0 起，整体破案率达 100%；起诉案件 2 起，其中取保候审 1 人，移送起诉 6 人；同时，为进一步做好积案清理工作，安排 14 个乡（镇）派出所民警走村入户进行宣传，并充分发挥刑侦部门主力军作用，确保陈年旧案能及时妥善清理，截至 2018 年年底，已对 2017 年 7 起积案进行了清理，并已全部移送起诉。2018 年共受理治安案件 14 起、查处治安案件 14 起、罚款 2300 余元、收缴赌资 52323 元、行政拘留 6 起 18 人。

县人民检察院。共受理各类刑事案件 12 件 17 人，受理提请批捕案件 4 件 5 人，经审查后，依法批准逮捕 5 件 7 人，批捕率达到 100%；受理审查起诉案件 8 件 12 人；依法提起公诉 7 件 11 人，已作有罪判决 3 件 5 人，提前介入公安机关侦查案件 3 件 5 人，移送县人大备案 3 件 5 人。

县人民法院。共受理案件 38 起，其中民事案件 30 件，刑事案件 7 件，执行案件 1 件。审执结 35 件，未结 3 件，结案率达 92.11%，结案标的额为 1967151.35 元。

县司法局。充分利用 3 月、6 月、9 月综治宣传活动对《中华人民共和国婚姻法》《中华人民共和国道路交通安全法》《中华人民共和国人民调解法》《信访条例》等相关法律法规进行宣传，截至 2018 年年底，共发放各种宣传资料、图片、手册 3700 余份。召开宣传讲座 13 次，受教育群众达 2300 余人次。同时，于 2018 年 9 月 29 日对全县 802 名干部职工进行了法律知识考试。此次考试全面检验了全县干部职工学习《中华人民共和国宪法》《中华人民共和国监察法》和全国“两会”等精神活动成果，对推进依法治县、依法执政、依法行政具有重要意义。

县森林公安局。历经五年时间的不懈努力，破获了 2012 年“10・19”重特大非法收购、运输、出售珍贵濒危野生动物制品案，在拉萨市刑警支队反扒大队的协助下将主犯缉拿归案，按照国家野生动物价值评估方法计算案值达到 224 万元，为保护全县草原生态建设做出了积极贡献。

【政法委 2018 年领导名录】

县委常委、政法委书记、公安局党委书记、政委：欧　珠（藏）

政法委副书记、县综治办主任：

格桑旺姆（藏）

县政法委副主任科员：德吉央宗（藏）

（撰稿人：陈双喜）

公　安

【概　况】 2018 年，尼玛县公安局在县委、县政府以及市公安局的正确领导和有力指导下，尼玛县公安工作以科学发展观为指导，全面贯彻落实党的十九大，十九届二中、三中全会精神，紧紧围绕“行长久之策、谋固本之举”。圆满完成了春节、藏历年、雪顿节、“那曲市羌塘恰青格萨尔赛马文化商贸旅游节”“那曲工作会议”活动期间的各项安保工作。各项公安业务工作扎实有序开展，党建工作、队伍建设、规范化建设和“四讲四爱”教育活动稳步推进；同时根据时代的进步和公安业务工作的要求，不断加强领导班子建设，不断创新工作机制，规范执法行为，以人民满意作为工作思路和最终目标。

2018 年，尼玛县公安局紧紧围绕地区公安处和县委、县政府的工作大局，坚持“立警为公、执法为民”的方针，在打击严重刑事犯罪、加强治安行政管理、有效防范和妥善处理各类群体性治安事件等各项公安保卫工作中，充分发挥职能作用，维护了尼玛县的社会持续稳定，为促进尼玛县经济建设、保障人民群众安居乐业作出了积极贡献，在全体民（辅）警的共同努力下，各项公安工作取得了一定的成绩。

【社会面巡逻排查管控工作】 始终坚持按照上级指示精神，把街面巡逻工作常态化，坚持做好“白天街上有警察、晚上街上见警灯”，坚持每天对城区进行大排查，将排查情况进行详细统计，并将日常排查工作和突击检查工作有机结合，突出重点，通过不间断、高密度、拉网式排查，有效防范和震慑了各类违法犯罪活动。2018年，各节点，共计出动巡逻排查警力4960余人次，警车1600余台次，累计排查重点要害部位162次，盘查人员2811人次，车辆908辆。日常巡逻排查工作坚持常抓不懈，出动巡逻排查警力共计2840余人次，警车730余台次，排查重点要害部位112次，盘查流动人员1533人，车辆416辆。按照上级业务部门的要求，针对新出来的特点，县公安局相继出台签订了《2018年流动人口目标管理责任书》《娱乐场所治安管理责任书》《民用爆炸物品安全管理责任书》《尼玛县流动人口管理措施》等。同时，公安局与各个场所签订了《尼玛县娱乐场所目标管理责任书》，共签订责任书560余份。公安局在排查过程中，对流动人口进行了一一登记，并建档造册，做到了底数清、情况明。

【户籍管理工作】 尼玛县总有人口34750人，其中男15605人，女19745人，新生上户220人，死亡注销67人，市外迁入30人，迁出市外40人，主项变更6人，非主项变更0，所有注销20人，所内移居50人，补录上户8人，全年共办理二代证身份证1800人。

【公安局2018年领导名录】

县委常委、县委政法委书记、县公安局党委书记、政委：欧　珠（藏）

公安局党委副书记、局长、督察长：

苏新华

公安局党委委员、副局长：

达娃次仁（2018年8月5日任职、副科）

公安局主任科员：平措次仁（藏、正科）

公安局党委委员、尼玛镇派出所所长：

吴兵（2018年8月5日任职、正科级）

（撰稿人：边巴次仁）

【消防大队概况】 2018年以来，尼玛县消防大队按照支队党委的统一安排部署，深入贯彻落实习近平总书记系列重要讲话精神，不断强化党组织建设，深化党的十九大精神的学习，从改进作风入手，提升队伍建设管理水平。根据尼玛县实际，合理安排训练演练，不断提升大队整体战斗力。大队主官团结带领大队官兵，牢记职责使命，创新求实、真抓实干，全面落实《2018年消防工作目标责任书》内容，全面宣传贯彻《中华人民共和国消防法》和《全民消防安全宣传教育纲要》，深入开展“除火患、保平安”、人员密集场所消防安全专项整治、“大排查大整治”及冬春、夏季火灾防控等专项整治活动，圆满完成了全年各项既定任务目标，确保了尼玛县火灾形势的整体平稳，为全县经济发展和社会稳定创造了良好的消防安全环境。2018年，全县共发生火灾4起，抢险救援2起，社会救助2起；年内全县未发生一起较大以上火灾事故，保持了火灾形势的持续平稳。

【消防安全工作措施】 通过宣传宣讲等方式把消防安全知识普及到各行政村、农牧区、学校社区、各个行业。排查梳理出安全隐患和重点部

4月13日，李硕参谋带领大队在学校开展模拟地震拉动演练现场

位，不留死角，不留盲区。加大整治力度，该整改的整改、该停业的停业、该取缔的取缔。抓防范，要因时、因地、因情落实各项防范措施，杜绝群死群伤重特大火灾事故的发生。每逢节点，公安局积极协调县消防大队将所有消防车辆和人员停放在人员密集场所、公共复杂场所和重点要害部门，强化消防安全，落实防火职责，确保了各节点期间的消防安全。抓处置，加强扑火演练，积累处置经验，高效应对险情，最大限度保护人民群众生命财产安全。治安大队共到各单位、场所排查消防隐患 20 次。

2018 年，羌塘恰青格萨尔赛马文化商贸旅游节于 8 月 10—14 日在那曲镇举行，为确保此次赛马文化节顺利举行，按照那曲市局的要求，尼玛局选派 20 名精干警力参与那曲市赛马节期间的安保维稳工作，圆满完成市局安排的各项工作。

【落实消防责任制】 消防大队与各乡镇及政府有关部门单位签订消防安全目标责任书共 30 份。

消防监督执法。2018 年度，全县共检查单位 532 家，发现火灾隐患 300 处，落实整改 298 处，下发责令改正通知书 297，下发行政处罚决定书 9 份，罚款 9400 元。

消防宣传教育。大队以消防宣传进校园和《社会消防安全宣传教育培训》宣贯为主线，充分利用各种媒介宣传平台，造大消防宣传声势，贯彻全县行业部门消防安全培训，共组织宣传 96 次，有效普及全社会消防安全知识、形成社会关心、重视、支持消防安全工作的良好局面。

7 月 18 日，益西多杰副大队长带领大队官兵开展夜间演练

消防检查。按照自治区、那曲市统一部署，联合公安派出所、安监、教育、工商、卫生等部门联合开展隐患排查，深入开展夏季、冬春火灾防控专项行动，“消防安全大排查大整治”累计开展联合检查 60 余次。

消防训练。开展俯卧撑、仰卧起坐、单腿深蹲起立、单杠引体向上、双杠杠端臂屈伸、单杠卷身上、100 米负重（2 盘 Φ65 水带）跑、搬运重物折返跑、（30 公斤、20 米 ×5）、100 米跑、3000（1500）米跑、60 米肩梯（六米拉梯）跑、组合训练器材练习等科目的体能训练，开展消防车辆主要性能掌握及灭火剂供给系统、防护、侦检、救生、破拆、照明、通信等器材装备的操作训练，开展水带铺设、登高、结绳法、救人与自救、现场急救等技术科目训练等，累计开展体技能训练 200 余次。

【理论学习】 认真开展“维护核心、听党指挥”专题教育，转变官兵工作作风。大队严格按照总队、支队两级党委要求，认真开展“党的十九大会议精神”与“习主席系列讲话精神”的专题教育活动，对 2018 年消防部队改革转吏框架方案及习主席致训词一系列讲话精神进行学习，并开展了为期 3 个月的教育整训活动。

【自身建设】 大队新营房建设完毕，已经入住，附属工程已经开始，大队完成 2018 年辅警员招录指标，提高了大队战斗力。

【其他工作】 大队组织指战员开展了重点单位实战化训练演练 90 余次、出警拉练 10 余次，开展了义务清扫街道 30 余次，开展扶贫慰问 2 次，慰问品及慰问金累计 5000 余元。

【消防大队 2018 年领导名录】

消防大队副大队长：益西多杰

政治教导员：张延昌

（撰稿人：张延昌）

检　察

【概　况】 2018年，检察院始终坚持党的绝对领导，以习近平新时代中国特色社会主义思想为引领，深入贯彻党的十九大，十九届一中、二中、三中全会、区党委九届三次、四次全委会、全市检察长会议精神。在县委和上级检察院的坚强领导下，在县人大及其常委会的有力监督下，在政府的大力支持和政协的民主监督下，以“一个引领、两个紧扣、三个紧紧围绕”的西藏检察工作总体思路谋篇布局，以“强化法律监督，维护公平正义”为己任，围绕打赢“三大攻坚战”，深化“政治建检，打造过硬检察队伍”专项整顿教育。坚持正确的政治立场，忠诚履行检察职责，把落实上级部署要求与基层实践探索、服务社会经济发展与推动检察工作发展、强化法律监督与强化自身监督紧密结合起来，忠实履职，积极作为，各项检察工作取得了新进展。

【社会综合治理】 贯彻宽严相济刑事政策，摒弃构罪即捕、以捕代侦的旧观念，对轻微刑事案件，以无社会危险性不捕、不起诉。积极参与“平安尼玛”建设，加大综治民调工作力度，在完成常规工作的基础上，首次针对两起犯罪案情简单，情节轻微，犯罪嫌疑人主观恶性不大，危害程度不大，不需要羁押，可能会被判处缓刑的盗窃案件，建议由公安机关不经批捕

1月8日，县人民检察院检察长何玉东在养老院慰问孤寡老人

9月3日，检察院组织开展干警慰问帮扶活动

程序直接起诉，这种“不捕直诉”的做法体现了宽严相济的刑事政策以及教育、改造、挽救的刑罚功能的发挥和司法成本的节约，缩短了诉讼时效，提高了诉讼效率，取得了良好的社会效果。积极推进以生态环境和资源保护等为重点的公益监督工作，切实保护国家利益和社会公共利益。积极配合县食药监督管理局、县工商局对尼玛县城内的诊所、菜店、化妆品店、饭馆、超市等进行了专项检查监督活动。为保障群众“舌尖上的安全”，检察院联合县食药监局、工商局等部门行政执法进行全程监督，同时也对食品药品经营者现场进行了食品药品安全法治教育。

11月12日，检察院联合食药监局、工商局开展食品药品安全检查2018年以来，检察院依法向行政机关发出书面检察建议2份，使本院在行政公益诉讼工作方面，实现零突破。

【维护稳定】 2018年，检察院为尼玛县经济发展、社会稳定做出了应有的贡献。院党组始终把维护社会稳定、促进长治久安作为首要政治任务。健全常态维稳安保和值班备勤机制，全院全力参与各节点及日常的维稳安保工作，认真贯彻落实24小时值班带班、备勤处突、“零报告”等制度，做到了对外来人员和车辆逢车必检、逢人必查。2018年3月带领一名干警深入到吉瓦乡进行驻乡维稳督导，期间走村入户26次。全年共投

入警力200余人次、车辆50余台次，实现了“三无”“三不出”的工作目标。

【法治宣传与依法治理】 检察院借助新媒体传播快、传播广的优势，选取具有普法意义、贴近群众生活的案件案例，在微信公众号、“两微一端”等平台开展法治宣传教育，为群众提供了生动形象的普法教育及便捷的学法渠道。在综治宣传月等宣传节点，配合综治办、县（直）各部门在县城各区域开展法律宣传工作，发放宣传《中华人民共和国婚姻法》《检察院职能》等宣传材料千余份。院组织开展综治宣传月活动1次，发放法律宣传材料200余份，接收法律咨询20人次；派出1名干警担任尼玛完小法制副校长，在尼玛完小、二小举办法治进校园宣讲活动4次，有效预防“校园欺凌”和暴力犯罪。同年6月，选派1名干警参与“五下乡”活动，发放各类宣传资料500余份；选派1名干警到县矫治中心授课，努力做好司法服务保障工作。在检察院督导组下乡督导期间，发放各类法制宣传材料200余份；慰问对口联系宗教界代表人士1次，以电话形式关心关爱、解难帮困、服务引导2次；院内组织开展了“世界禁毒日”和“平安宣传周”等活动，发放各类法律宣传材料2400余份。积极开展“扫黑除恶、打非治乱、扫黄打非”专项斗争。院党组为进一步推动“扫黑除恶、打非治乱、扫黄打非”专项斗争，充分履行检察职能，切实维护社会治安大局稳定，制定出台了《尼玛县人民检察院扫黑除恶、打非治乱、扫黄打非专项斗争实施方案》，成立了以党组书记、检察长为组长的专项斗争领导小组，组织召开了专项斗争工作推进会，认真贯彻落实各级指示精神，强化要求，细化措施，为推动专项斗争落实到位，组织召开“三长”联席会1次，成功办理一起打非治乱案件，利用检察院的微信公众号、“两微一端”等平台推送各类法治宣传材料10条，抽调1名干警到县扫黑办开展工作，确保了扫黑除恶、打非治乱、扫黄打非专项斗争取得实实在在的效果。

【提升办案质量】 为进一步提升刑事案件侦办质量，落实“两个杜绝”工作原则，即杜绝冤假错案、瑕疵案件的发生，同时提高办案质量、增强工作效率、节约诉讼成本，检察院办案质量大提高活动办公室在县委政法委的组织领导下，组织召开六类刑事案件证据指引标准学习会6次，报送相关简报6次。通过学习，使政法干警认清了六类刑事案件学习活动的重要性、必要性和紧迫性，进一步提升了政法干警的办案能力及水平，为尼玛县营造了良好的刑事司法环境。

【精准扶贫工作】 检察院按照县委、县政府总体安排，结合驻村工作实际，对吉瓦乡3村开展结对帮扶活动。本院12名干警与吉瓦乡3村共计20户结对帮扶，累计帮扶人民币2万余元。通过开展常态化的“结对认亲”活动，逐户制定脱贫对策，精确帮扶，注重从思路上、机制上、根本上解决致贫的关键问题。同时，为支持干警驻村工作，检察院送去慰问金6000元，送去办公桌椅、办公用品等，价值2万多元；驻村干警在村居积极作为，得到村居群众及乡党委政府的认可，一名干警获得市级“优秀驻村工作队员”荣誉称号。9月，检察院临时工石加（尼玛镇建档立卡贫困户）的小孩患有先天性心脏病，干警们为此进行了捐款，共筹集资金3770元，为石加一家解了燃眉之急，充分展示了检察干警扶贫济困的责任感和奉献爱心的公益情怀。

深化体制改革，持续不断增强发展内生动力配合完成国家监察体制改革。坚决贯彻中央关于监察体制改革的决策部署，把配合搞好监察体制改革作为一项重大政治任务，坚决支持改革。

【司法体制改革】 检察院紧跟上级院的司法体制改革步伐，积极推进各项改革措施落地生根。以落实司法责任制为重点，完善相关配套机制改革。检察院遴选员额制内检察官共4名（1名已转隶），同时现预留员额1名。司法辅助人员6

名、行政人员2名，拟设立内设机构4个，办案组3个。按照增资保障标准，2018年1—3月兑现了所有干警2017年预发增资工资及月绩效、年绩效考核奖金。

【改善育人环境】 检察院党组始终将“以干警为本”“从优待警”“环境留人”作为重点工作之一常抓不懈，积极探索改善干警生活工作条件，采取了一系列措施。2018年以来，在县委、上级检察院和县政府、县委政法委的大力支持下，修建了干警浴室，有效解决了干警洗澡难等问题，绿化了环境，改善了干警居住条件；2018年3月，检察院启用了干警食堂，有效解决了干警就餐的后顾之忧，提高了工作效率。

【队伍建设】 以党建促队建，努力打造过硬检察队伍。认真贯彻中央关于党建工作的一系列重大部署，健全完善党建工作各项制度，紧紧抓住“政法机关是党的政法机关永远不变的根和魂”这一主题，加强和推进意识形态领域教育管理工作，定期安排和组织党组理论中心组学习会、支部学习会、民主生活会和组织生活会。全年共组织政治理论学习15次、检察业务学习40次、学习习近平“谈治国理政”20次；邀请老党员上党课1次，邀请援藏干部专题讲座1次；“一把手”交心谈心2次、班子成员（含支部书记）上党课5次，班子成员参加县委理论中心组学习49次，组织干警收看业务专题讲座6次；收看《建国大业》《守望正义——群众最喜爱的检察官》等教育影片2次；召开民主生活会、组织生活会各1次。安排干警参加司法考试考前培训1人，安排干警参加上级院组织的各类检察业务工作培训7人次，县委组织部安排到内地学习的2人次。每名干警撰写相关学习笔记1万余字，心得体会12篇，观后感2篇。全体干警把思想和行动统一到县委和上级院的要求上来，树牢“四个意识”，坚定“四个自信”，坚决做到“两个维护”，有力促进了检察队伍的政治担当和职业素养。

【班子建设】 院党组以“六力”“六个年”活动为契机，深入推进改革和工作机制创新，强化领导班子建设，始终注重加强自身修养，在参加县委和院党组理论中心组学习的基础上，要求班子成员遵守各项规章制度，以身作则，严格执行重大事项报告制度，严格落实民主集中制，凡属“三重一大”问题都集思广益，集体研究决定，充分听取班子成员的意见，发挥班子成员的积极性和主动性，适时召开民主生活会，开展批评与自我批评，班子成员之间相互协调配合，互相监督，做到了服从不盲从，到位不越位，分工不分家，检察院召开的以“强化创新理论武装，树牢‘四个意识’，坚定‘四个自信’，坚决做到‘两个维护’，勇于担当作为，以求真务实作风坚决把党中央决策部署落到实处”为主题的民主生活会及“讲政治、重规矩”专题组织生活会上，院全体党员干警撰写对照检查、开展了批评与自我批评。

【廉洁自律】 2018年年初，全院干警层层签订党风廉政建设责任书。全年组织开展节前廉政警示会议6次。同年5月，院党组针对班子成员、科室负责人分工不细、责任不明确及奖惩不明等问题，召开专题会议进行了研究，把工作分解量化到人，职责权责细化到人，制定了《尼玛县人民检察院2018年度工作目标任务分解表》，并进一步完善了绩效考核制度，坚持了检察院的检察业务及党风廉政建设责任制同部署、同落实、同考核，推动了检察工作的全面健康发展，检察院在司法体制改革和监察体制改革叠加影响、队伍结构矛盾突出和人员思想活跃双重制约、业务工作和专项工作同步加压的新形势下，工作取得了新的进步和发展。检察工作依然存在着不少问题和不足，主要表现在：服务和保障大局的措施还不够具体，机制还有待进一步完善；对检察体制改革的研究预判不足，新的办案模式尚需探索，干警的司法理念、业务素能有待进一步转变和提高；

检务公开的信息化应用存在短板，检察工作的科技含量还有待进一步提升。对这些问题，检察院将采取有力措施，切实加以解决。

【人民检察院 2018 年领导名录】

检察院党组书记、检察长：何玉东（藏）

检察院党组成员、副检察长：罗小琴（藏）

检察院党组成员、公诉科科长：
朗桑欧珠（藏）

检察院党组成员、主任科员：
次吉拉姆（女、藏）

检察院党组成员、主任科员：
才旦卓嘎（女、藏）2018 年 12 月退休

（撰稿人：央巴姆）

法 院

【概 况】 2018 年，尼玛县法院在县委的领导、县人大及其常委会的监督、政府、政协的大力支持及上级法院的指导下，全面深入学习贯彻党的十九大精神和习近平新时代中国特色社会主义思想，紧紧围绕“让人民群众在每一个司法案件中都感受到公平正义”的工作目标，始终坚持司法为民、公正司法工作主线，聚焦执法办案第一要务，积极推进司法改革，加强法院队伍建设，各项工作取得新提升和新发展。

【司法便民化】 优化立案庭立案咨询功能，实行“五心接待”立案服务，通过建立多元化纠纷解决机制工作室，统筹整合人民调解、司法调解等力量，对家事、合同、相邻关系以及小额债务纠纷进行先行调解，通过诉讼前端分流化解了大量纠纷。尼玛法院成功调解了原告洛某与被告顿某民间借贷纠纷一案。经承办法官主持调解，原告洛某与被告顿某最终握手言和，被告顿某按照每月 2000 元的方式偿还借款 10000 元，原告洛某也不再追偿欠款所产生的利息。将一批群体性民事案件化解于萌芽阶段，最终双方未经过诉讼程序，圆满解决纠纷。建立健全了包括执行、信访在内的审判流程管理制度，按照有访必接、有信必复、有诉必理、由查必果的要求，确保申诉信访渠道畅通。积极化解平息上级人大、政法委转办的信访案件。在党的十九大及全国、省、市、区两会等节假日期间对办理案件进行排查，对涉诉信访苗头线索进行集中梳理，及时掌握动态，落实化解责任，营造和谐稳定的社会环境。

【法制宣传】 加强流动法庭巡回办案，大力营造法治氛围。按照“谁执法谁普法”的要求，采取法官讲法、以案释法、判后答疑、送法下乡等方式，以“宁愿法官多跑路、不让群众多受累”为宗旨，到学校、企业、寺庙、乡镇等进行法治宣传 24 次、提供法律咨询 41 次，受教育群众 1.9 万余人次。巡回审判 4 场次，140 余人参加旁听，开展以案释法工作，收到了良好的法律效果和社会效果。积极争取党委、政府的支持，成立法律援助工作站，落实司法援助措施，全年为确有困难的 3 件案件当事人依法减缓免诉讼费 2700 元。

【周例会推进院务】 2018 年年初开始，依院党组决定，尼玛县人民法院制定并实施了《尼玛县人民法院周例会制度》。自周例会实施以来，本院整体工作运行起到了显著的推动作用，周一按时召开促常态。每周周一上午或下午及时组织周例会，不仅促进了周例会规范化、常态化，而且成了每位干警总结上周谋划下周的新起点。会上交

4 月 17 日，那曲市中院党组书记、院长旺扎一行在检查指导尼玛县人民法院工作

流互动促学习。在会上各庭室（局）负责人及每位干警汇报上周该庭室（局）及个人工作完成、开展情况，并讲述工作中遇到的疑难问题，争得其他干警的帮忙，重大问题则由大家共同讨论解决，使新老干警互帮互助、答疑解惑。有效遏制工作懈怠症。周例会上，根据每位干警汇报工作内容，院领导在会上对此进行点评、通报，使最大程度促进了干警们的工作积极心，有效遏制了工作中懒、散现象。工作方式逐步促科学。会上每位干警提出各自专管工作开展近况，总结以往漏洞缺点，对问题如何补漏及细化措施，汇报合理、合情、合法，行之有效的科学工作计划。定期了解案情院态。会上每位干警汇报各项工作进展后，会后全体干警不但明白院内外整体工作现状及各类案件办案进程，而且让干警对近期法院工作的侧重点有了把握。通过召开周例会，为今后尼玛县人民法院公正司法、为民执法及本院其他工作顺利开展奠定了坚实的基础。

【推广“两微一网”】 通过审判工作和法制宣传的有机结合，努力让当事人在本院的每一起案件中感受到公平正义。用送法下乡、法律进寺庙、法制进校园、法律进中队、微信网络普法、设立法律咨询室等多种宣传方式让尼玛县社会各行各族满足知法学法需求，引导他们更好懂法守法，依法办事。截至2018年年底，尼玛县法院微信公众号上发布法院院务、转发、普法（藏汉双语）等类信息144余篇。关注人数大285人，建立西藏自治区尼玛县人民法院官方网站，发布本院日常院务信息。

5月8日，尼玛县人民法院开展结对帮扶慰问活动

【文化建设】 以搬迁入驻新审判大楼为契机，大力加强机关文化建设，通过打造院内藏汉双语文化墙、党建长廊、文化长廊等文化项目，营造尼玛县人民法院“尚法、厚德、秉正、唯民”文化氛围，弘扬法官道德风尚。开展“坚定理想信念、坚定法治信仰”为主题的读书活动3次。打造干警健身区域，结合“四讲四爱”群众教育实践活动，开展“宪法知识”“廉政知识竞赛”“讲文明爱生活”等系列主题活动，丰富干警精神文化生活。7月29日，法院召开在家全体干警参加学习社会主义核心价值观，会议由院党支部组织，学习贯彻党的十九大精神。通过交流，大家一致认为：确保全院干警，特别是党员干部在思想上、政治上、行动上与党中央保持高度一致。狠抓执法办案第一要务，以实际行动中贯彻落实党的十九大会议精神，推进中国特色社会主义法治文明建设，要体现在工作实际中，就是要坚持公正廉洁为民司法与社会主义核心价值观有机结合，办好每一起案件。学透党的十九大提出的全面依法治国重要论述，结合尼玛县人民法院实际，审判业务中要体现社会主义核心价值观理念。

【流动审判团队】 法院为切实贯彻落实司法为民的要求，组成了流动审判团队，充分发挥法院车载流动法庭的便利作用，切实解决了尼玛县牧民群众因路途远、交通不便带来的诉讼负累。2018年尼玛县人民法院因案件当事人请求，案件主审法官带领法院流动审判团队到距尼玛县198公里的来多乡下乡进行案件审理开庭，切实解决了人民群众到法院打官司因各种原因诉不起的诉讼难题，切实用实际行动努力践行着人民法院司法为民的宗旨。

【公开审理案件】 按照司法公开的要求，尼玛县法院公开审理一起买卖合同纠纷案件，并进行庭审网上直播，进一步延伸公开触角，把司法公开落到人民群众的指尖上，让司法更加阳光，让监督更加智能化。通过庭审直播，不仅能够让广大人民群众更好的实现对人民法院审理案件过程的知情权、参与权、监督权，同时也能够更有力地规范法官在庭审中的一言一行，从而达到司法公开促进司法公正的目的。

【机构沿革】 法院“三定”方案核定的内设机构为8个，根据《关于各县人民法院设置内设机构的批复》设置8个副科级内设机构，分别是：办公室、立案庭、刑事审判庭、民事审判庭、行政审判庭、执行局、审判监督庭、司法警察大队。县人民法院共设置派出人民法庭3个，分别为卓尼人民法庭、阿索人民法庭、文部人民法庭。

【内设机构】 2018年7月，法院内设机构改革的初步打算。准备将8个内设机构整合为5个内设机构，分别为：立案庭（诉讼服务中心）、综合审判庭、执行局、综合办公室、政治部。保留立案庭（诉讼服务中心）。这是案件进入法院的一个窗口。设置综合审判庭，将民事审判庭、刑事审判庭、行政审判庭、审判监督庭四个庭室整合为一个综合审判庭。这样设置一方面突出审判部门主体地位，优化整合审判资源配置；另一方面减少领导职数，让法官及司法辅助人员专业化，去行政化。逐步除去各审判庭法官配置比例失衡现象，提高办案质量和效率，保留执行局。设置综合办公室，并负责其他警务工作。把法警大队归入其中。原先的行政办公室改为综合办公室，

7月3日，法院支部组织干警对县敬老院开展慰问活动

分管财务政工、文秘宣传、后勤保障，设置政治部。这是原来8个内设机构里没有的新成立的机构，目的是分管机关人事、党建、党风廉政、纪检监察方面的工作。

【审判队伍】 尼玛县人民法院在上级法院的具体指导和县委的坚强领导下，结合尼玛县经济发展实际和法院实际情况，在2017年6月初，将人员分类定岗落到实处，使司法体制改革试点工作在依法有序、积极稳妥中逐步推进。根据《西藏自治区司法体制改革试点工作方案》《西藏法院司法体制改革试点工作实施方案》《西藏法院人员分类管理办法（试行）》、西藏高院《关于全区法院人员分类定岗工作的指导意见》、那曲中院《关于做好人员分类定岗工作的通知》，结合尼玛法院队伍与审判工作实际，制定了《尼玛县人民法院人员分类定岗工作方案》。

根据方案要求，尼玛县人民法院积极探索法官、司法辅助人员和司法行政人员三条管理路径，并严格制定相关考核办法和相关制度建设。此次人员定岗分类设定第一批入额法官员额数为5名，11名司法辅助人员和司法行政人员经过双向选择、意向填表，最终院党组根据个人意愿、司法资源配置、年龄结构等方面进行综合考虑，确定法官助理3名，书记员4名，司法警察1名，司法行政人员3名。为将司法体制改革内容更好地落到实处，法院坚持以优化审判组织为切入点，通过优化诉讼程序，推进法官员额制、法官助理制度、裁判文书签发制度改革等措施，以员额制为基础，以责任制为核心，以监督制为保障，以绩效制为支撑，分别从人员分类管理、法官员额、审判模式制定、合议庭的成立、合议庭办案责任制、完善审判委员会以及在建立办案质量终身负责制和错案责任追究制方面一一作出规定，稳步提高审判质效，同时要求在过渡期间人员进行交叉办案。司法辅助人员是指法官助理、书记员、执行员等，是人民司法队伍的重要

组成部分，其职责分别为：书记员，主要是担任审判记录及有关审判事项。包括收案立卷，开庭前准备、保管证据、整理案卷、处理文书、接待来访、协助审判人员调查走访，依法送达起诉书副本、发传票、通知书、公文等。要求开庭前认真阅读、熟悉案情，认真做好各种笔录、准确、全面反映审判活动全过程。执行员，负责办理已发生法律效力的民事、经济判决裁定的执行事项；刑事附带民事判决中关于财产执行事项及调解协议需执行的案件；有关单位依法申请法院执行的案件。执行员根据执行通知书、申请执行书和法律文书进行工作。如在执行中发现案件确有错误，应立即停止执行并及时联系审判庭复议，不得擅自改变原裁决确认的事项。对拒不履行裁判确定义务的，有权强制执行。法警，主要是依法保卫审判活动的正常进行，包括法庭警卫、押解人犯、执行司法拘传、配合执行员对拒不履行本院裁判案件的强制执行。县人民法院建立以来，配有专职和兼职法警。现有专职法警 2 人。

【审判工作】 履行审判职责做社会稳定的助推者，近年来，尼玛法院紧紧围绕“推进社会矛盾化解、社会管理创新、公正廉洁执法”三项重点工作。

旗帜鲜明保稳定。始终把维护社会稳定、促进长治久安作为首要政治任务，突出持续加强教育。健全常态维稳安保和值班备勤机制，严管要害部位，确保实现“三不出”“三无”目标。全院全力参与各节点维稳工作，严格执行 24 小时值班带班制度。2018 年，共投入警力 600 余人次、车辆 50 台次，深化职能助力平安建设。坚持以审判执行工作为平台，积极参与县社会治安综合治理整治活动，与检察、公安、司法等机关协同配合，形成工作合力，维护全县社会和谐稳定。同时，支持全县重点项目推进，对于项目建设过程中遇到的涉法问题，全面、及时、准确地提供司法服务。深化干部驻村精准扶贫。法院把干部驻村作为重点工作来抓，坚持与审判工作同谋划、同部署、同落实。2018 年，派出 2 名干警进驻卓尼乡 5 村，协调完成帮扶项目 4 个（网围栏项目、村委会新建项目、小河桥梁项目、村委会办公用品自筹项目）。积极参与精准扶贫工作。根据县委、县政府总体安排，尼玛县人民法院 18 名干警结对帮扶对象尼玛镇 2 村、10 村和荣玛乡 2 村，卓尼乡 4 村、5 村，按照县脱贫攻坚指挥部“321”的要求，帮扶对象 27 户，帮扶资金共计达 2.7 万元。通过开展常态化的“结对认亲”活动，逐户制定脱贫对策，精确帮扶，注重从思路上、机制上、根本上解决致贫的关键问题。

【开展庭审实质化工作】 建立《尼玛县人民法院审判委员会运行办法》《审判管理流程管理办法》《合议庭办案规则》等管理制度，进一步优化审判权职设置，严格落实法官办案责任。若有发回重审的案件全部由院领导主审，总结审判经验、指导审判实践。充分发挥庭审在查明事实、认定证据、保护诉权、公正裁判中的决定性作用。依法为被告人指定辩护律师，充分发挥辩护律师作用，充分保障被告人权利。加强审判质量监督，实现全年无错案、无重大瑕疵案件、无超审限案件。人民法院的任务是审理刑事案件、民事案件及行政诉讼案件，执行各类案件通过审判、执行活动的开展，调节各种社会关系，维护社会稳定和经济发展。2018 年，尼玛县人民法院坚持立足审判执行工作，服务经济社会发展和保障民计民生，坚持维护公平正义，力求营造良好的社会法制环境维护社会稳定、保障经济社会又好又快发展，对审判工作提出了更高的要求，认真履职、扎实工作，审判各项工作取得了新进展，为建设平安、和谐、小康、生态尼玛提供了有力的司法保障，立足审执工作，提升服务大局的能力和水平提供有力的法律服务和司法保障。刑事审判：以努力践行“为大局服务，为人民司法”的工作主题。不断提高审判质量与效率，完成了审判工作任务。

民事审判：审理民事纠纷案件，维护社会稳

定把婚姻家庭、损害赔偿、相邻关系等热点案件作为重点，并不断加大调解力度，既维护当事人的合法权益，又化解矛盾纠纷。紧紧围绕党和国家经济建设大局，充分发挥定纷止争、调解纠纷的职能，积极稳妥地处理好各类民事纠纷，力争做到法律效果与社会效果相统一，适应了“公正与效率”的工作主题，切实有效地维护了当事人的合法权益，做到了无一起上诉、上访案件。截至2018年年底，尼玛县人民法院共受理民事案件30件，审结30件，结案标的金额1967151.35元，结案率为100%。

执行案件：为坚决贯彻落实最高人民法院关于基本解决执行难的重大决策部署，根据最高人民法院《关于落实“用两到三年时间基本解决执行难问题”的工作纲要》，确保在2018年实现基本解决执行难的工作目标，执行工作以最大限度地实现当事人的合法权益为目标，以提高实际执行到位率为着力点，不断加大执行工作力度，维护当事人合法权益、树立司法权威。截至2018年年底，尼玛县人民法院受理执行案件1件，申请执行标的12万元，实际到位金额6万元，在执行过程当中双方当事人自愿达成和解协议，申请执行人申请撤销执行，故此案已终结执行，执结率为100%。

立案工作：立案庭作为群众来诉来访的主要窗口，同时也是县人民法院案件登记、移转的重要窗口，承担着全院的民事、刑事、执行、信访等案件的登记、审查、移转工作。立案庭严格按照立案登记制等规定要求，本着以人为本的服务理念，热情服务，做到及时立案、及时审查、及时移转。截至年底，立案登记案件38起（其中民事30起，刑事7起，执行1起）；咨询当事人120余人；减免诉讼费775元，无信访案件和司法救助金案件，同时设立了法律援助工作站。

【法院2018年领导名录】

法院党组书记、院长：索朗德吉（女、藏）

法院党组副书记、副院长：

冉　军（2018年1月离职）

法院党组副书记、主任科员：刘芳芳（女）

法院党组成员、执行局局长：杨伟家

法院党组成员、立案庭庭长：

白玛拉珍（女、藏）

法院党组成员：次仁曲桑（藏）

（撰稿人：达娃琼达）

司法行政

【概　况】 2018年，尼玛县司法局在县委、县政府的正确领导和市司法局的业务指导下，紧紧围绕县委、县政府的中心工作，以确保社会稳定和长治久安为目标，以有效解决影响社会和谐稳定的源头性、根本性、基础性问题为切入点，认真贯彻落实党的十九大及习近平总书记系列重要讲话精神和区、市、县党委政法工作会议精神，以“两学一做”学习教育活动为抓手，以保障民生为根本取向，进一步加强司法行政队伍建设，全面发挥司法行政职能作用，为全县经济社会跨越式发展提供优质高效的法律服务和坚强的法律保障。落实工作责任：狠抓建设，打造一支忠诚、干净、担当的司法行政干警的队伍。通过省司法行政工作平台，以开展“两学一做”学习教育为契机，利用“三会一课”“党员活动日”和相关教育培训，加强对党员干部意识形态工作的教育。通过学习先进典型人物事迹、专家演讲课题等，不断强化队伍政治意识、大局意识、责任意识、忧患意识。创新形式，结合本职业务融会贯通。利用“法律八进”“七五普法”活动，通过法律援助，结合基层司法社区矫正人员每月报到机会，借助尼玛司法微信、微博等平台，广泛宣传法律法规，调解各类纠纷，规范社区矫正人员请销假制度。截至12月底，司法局法治宣传活动已举办18场，发放宣传资料3000余册，代写

6 月 3 日，司法局开展扶贫慰问活动

法律文书 46 份，法律咨询人次达 80 余次。追究责任，严格落实“一岗双责”制度。司法局领导和干部职工签订目标责任书。对出现交办事项不到位、不安排部署、不有效落实等问题，追究其责任，严格落实“一岗双责”制度，谁主管谁负责。人民调解：2018 年度全县现有 81 个人民调解委员会和 9 个专业性行业性人民调解委员会，共调解各类矛盾纠纷 38 起，调解成功 38 件，调解成功率 100%；排查纠纷 20 件，人民调解员开展法制宣传教育活动 6 场次，为全县社会和谐稳定作出了积极贡献。

【安置帮扶】 全年接收刑释解教人员 4 人，加上以往接受的刑释解教人员 14 人，全县共有刑释解教人员：18 人，帮教率达 100%，安置率达 100%，衔接率达 98%以上，刑释解教人员无重新犯罪。普法宣传：2018 年是“七五”普法的第三年，司法局注重在法治宣传形式的多样化和法治文化建设的常态化上下功夫，据统计，全年下乡上法制课 18 余场次，受教育人数 3000 余人；到学校法治宣传 8 余场次，受教育师生 1500 多人次；发放各类法律知识手册 5000 余份，出动宣传车 10 余场次，制作板报、宣传画 8 余份，向群众解答法律咨询 30 余人次，受教育群众达 3000 余人。尼玛县司法局坚持法制宣传教育和法治实践相结合，通过举办法律讲座、推进一村一法律顾问工作、全县巡回普法宣传等方式全力推动全民树立法治观念。

【法律援助】 完善法律援助工作制度，扩大法律援助覆盖面，将残疾人、老龄人、妇女儿童、困难群众列入法律援助的重点对象。组织实施“法律援助应援尽援”惠民政策，拟写法律援助工作绿色通道方案，适时降低法律援助申请人经济困难审查标准，扩大法律援助事项范围，进一步加大对农民工、妇女儿童等弱势群体的法律援助。积极为困难群众和弱势群体提供法律援助工作。2018 年，共代写 46 份起诉书，最大限度地满足群众对法律援助的需求，确保法律援助的质量和效果。

【教育培训】 强化理论武装。切实抓好党的十九大精神的学习宣传工作，充分认识加强和改进新形势下党的建设的重要性和紧迫性，以改革创新精神推进党的建设新的伟大工程，为法治尼玛、平安尼玛建设提供坚强有力的思想政治和组织保证。进一步学习习近平总书记系列重要讲话精神和治国理政新理念新思想新战略，全面把握丰富内涵，深刻把握鲜明特点，自觉用以指导实践、推进工作。开展宗旨教育。深入推进“两学一做”学习教育常态化、制度化，大力开展“发扬传统、坚定信念、执法为民”主题教育实践活动，切实解决司法行政队伍在理想信念、宗旨意识、执法执业、作风纪律等方面存在的突出问题，促进司法行政工作全面发展，为尼玛县经济

10 月 23 日，尼玛县司法局开展棚户改造优住户、宣传到位保万家法治讲座

社会发展提供更加有力的法治保障。继续深化社会主义法治理念和社会主义核心价值观教育，通过以案析理、以案释法等多种形式，切实解决为谁掌权、为谁执法、为谁服务的问题，使社会主义法治理念教育更加具有针对性、实效性，使社会主义价值观教育更加具有时代性、引领性，为保障严格、公正、文明执法提供强大思想武器。

提高业务技能。抓好领导干部能力培训工作。以学习领导科学、管理学等知识为重点，进一步提升司法行政部门领导干部管理和协调能力。加强司法行政干部职工业务素质培训。以岗位练兵为抓手，以司法行政干部职工“基本功”培训为重点，着力提高履行岗位职责的本领。加强法律知识培训，以新法律和新司法解释为重点，努力提升广大司法行政干部职工学法、懂法和运用法律政策、群众工作、信息化实战应用、突发事件处置能力。加强前沿理论知识培训。以司法行政前沿理论知识为重点，通过培训，努力打造一批精英型、复合型的司法行政人才。

【自身建设】 全面抓好班子和队伍建设：深入开展“两学一做”学习教育，严格落实“三会一课”制度常态化教育，司法局主要领导带头讲党课，进一步增强“四个意识”，坚定正确政治方向，开展“履职尽职、攻坚克难”主题教育活动，组织党员干部深入联点帮扶村开展帮扶活动；深入开展“党内谈心谈话”活动，以开展责任心教育为切入点，深入查摆、切实解决党员干部在工作、思想上存在的突出问题，为党在思想上、政治上、行动上的团结统一夯实基础。在实践中比工作、比学习、比奉献，做到在其位、谋其政、任其职、尽其责，真正把党性教育成果转化为干事创业的具体行动。

【精准扶贫】 尼玛县司法局扶贫工作组认真落实区扶贫脱贫领导小组相关工作要求，结合帮扶户实际，立足思想、政策帮扶，注重帮助解决帮扶户实际困难，精准扶贫。注重思想帮扶，拉近与帮扶户的距离。通过走访慰问与帮扶人员谈心交心、电话沟通等形式，嘱托他们放下思想包袱，树立脱贫信心。

【司法局 2018 年领导名录】

司法局副局长：洛桑扎西

司法局主任科员：德吉卓嘎（女、藏）

司法局副主任科员：普布次仁

（撰稿人：洛桑扎西）

军 事

人民武装

【抓理论学习】 学习贯彻党的十九大精神和军委主席负责制，根据分区计划，结合本部实际制订详细计划措施，扎实抓好“传承红色基因、担当强军重任”和“不忘初心、牢记使命”主题教育，更新橱窗、标牌及灯箱等，营造学习党的十九大浓厚氛围，引领官兵听党话、跟党走。深入系统学习习近平新时代中国特色社会主义精神，不断树牢“四个意识”、坚定“四个自信”、做到“两个维护”。认真开展和平积习大讨论、大扫除，深挖细查和平积习，制定整改措施，扫除和平积习。培育官兵立足岗位及时转变角色，学习国防后备力量建设、征兵等知识，为履行职责打下基础。

【强化练兵备战】 贯彻学习新军事训练大纲，紧贴使命任务，着力提升训练效益。按照《西藏军区战备工作若干实施细则》完善战备工作准备。全年组织实弹射击作业 2 次。根据分区下发训练计划，组织参谋业务技能、射击、基础军事体能训练等，官兵军事素养有所提升。根据 2018 年民兵调整改革工作，调整相关组织领导，制定并下发《尼玛县 2018 年民兵调整改革实施方案》。积极做好征兵工作，2018 年年初，开始进行兵役登记，超额完成 2018 年度兵役登记工作。

【党组织建设】 牢固树立团结意识，努力做到“三个珍惜”：珍惜党的事业，把党的利益看得高于一切，重于一切，勤勤恳恳，兢兢业业，为党工作；珍惜集体荣誉，任何时候都要维护党委、集体的荣誉；珍惜革命战友情，在生活工作中与同志之间亲如兄弟，互相帮助。团结一致，官兵的心拧成一根绳，齐心向前看、聚力干工作。

【军政军民关系】 春节、劳动节等节日带领党员慰问看望孤寡老人并帮助打扫卫生，进入学校向学生宣讲党的十九大精神，在干部职工中开展国防教育，树立人武部良好形象。认真扎实开展扶贫攻坚工作，定点帮带扶贫户 9 家，通过物资捐赠、资金帮带、观念扶贫等实现脱贫 3 家。积极参与县委、县政府工作，加强沟通协调，为维护社会稳定、经济建设、国防后备力量建设、脱

2 月 13 日，武装部在县敬老院开展看望慰问活动

3 月 19 日，武装部组织人员到敬老院开展打扫卫生活动

贫攻坚工作建言献策，得到县委、县政府高度肯定。同时县委、县政府帮助人武部改造自来水、下水道，配备公务车一台，解决生活工作中的实际困难。

【作风纪律建设】 深化党风廉政建设，坚持系统学习《中国共产党章程》和其他党的政策文件，树牢廉洁意识。按照预算安排、党委严格把关、有理有序开支各项经费，确保单位的财务和军需物资的阳光、透明使用。积极整改财经管理历史遗留问题，结算 2016 年采购民兵服装遗留经费 54870 元，整改 5 个方面 12 个财经问题。征兵工作公开接受纪委和群众监督，群众反映良好，没有提出任何异议。

【基础设施建设】 投入 3920 元维修温室大棚，种植蔬菜，优化饮食结构。投入 1465.1 元购买净水机软水盐，维护净水设备，保障官兵饮用健康达标水。投入 9 万余元完成营房正面玻璃幕墙和窗户维修，解决破烂窗户的安全隐患，改善官兵居住办公条件。投入 7.3 万元，完成二楼洗漱间防水处理，为所有洗漱间安装冲水水箱、更换便池，维修一楼部分洗漱间天花板吊顶，疏通部分堵塞厕所，改造水管，接通所有房间冷热水，进一步改善官兵生活条件。投入 5.1 万元，改造宿舍、食堂、办公室、武器库值班室、大门值班室暖气管线，解决官兵冬季取暖，官兵生活工作环境得到改善。

【人民武装部 2018 年领导名录】

人武部部长：珠　萨（藏）

政治委员：张志飞（2018 年 6 月退役）

人武部副部长：周升峰　（2018 年 9 月任职）

人武部副部长兼军事科长：

瞿青川（2018 年 9 月离职）

政工科长：张　毅（2018 年 9 月离职）

保障科长：达　萨

（撰稿人：达　萨）

武警中队

【概　况】 中国人民武装警察部队执勤四大队尼玛中队，主要负责尼玛县看守所外围武装戒严任务及维护尼玛县社会稳定、民族团结、促进经济发展和临时跨区处突作战增援任务。中队组建以来，全体官兵励精图治，在基础设施差、执勤条件艰苦的环境下，发扬老西藏精神，以习近平新时代中国特色社会主义思想为指导，认真贯彻落实习近平主席改革强军战略思想，按照《军队基层建设纲要》和《基层正规化管理规定》，立足中队建设实际，牢固树立科学发展理念。注重建队育人，强化练兵备战，圆满完成上级组织赋予的各项任务，高准实现了“四个确保”。

【支部建设】 2018 年，大力加强中队思想政治建设，充分发挥党支部战斗堡垒作用和党员先锋模范作用，重点抓手两个群众组织（团支部、军人委员会）和三支部队伍（干部队伍、党员队伍、士官队伍）建设，搞好骨干培训，确保部队建设的正确方向。2018 年，全队官兵紧紧扭住“听党指挥、能打胜仗、作风优良”的强军目标，紧随改革步伐，把党的先进理论知识投身于多样化军事任务实践，确保部队战斗力稳步提升。中队支部严格落实七项组织生活制度，召开民主生活会，形成分析检查报告，制定整改措施，落实目标责任，坚持依法从严治军。坚持按纲建队，确保部队高度集中统一和安全稳定；全队官兵牢记使命、苦练本领、忠于职守、勤奋工作，圆满完成上级赋予的各项任务。

【思想政治】 2018年，中队支部紧跟时代前沿，紧贴形式任务、紧扣思想脉搏开展思想政治教育，牢固树立政治作首位意识，着力培育“四有”革命军人。党的十九大召开后，中队及时成立理论宣讲小组，通过观看直播、热点解读、体会交流等方式，网络广播的等各类载体，迅速掀起学习党的十九大精神热潮。注重用好习近平新时代重要讲话读本，广泛开展“我最喜爱的习主席一句话做‘四有’军人”活动，不断强化官兵的核心意识，扎实开展“维护核心，听从指挥”主题教育，认真组织讨论，教唱革命歌曲，组织观看《将改革进行到底》《强军》和《不忘初心继续前行》等，在新兵下队开展“一帮一”“一对一”活动。在老兵退伍前期开展在老兵退伍前期开展“老兵留队留什么”“留队新兵学什么”活动，积极弘扬正能量，确保官兵思想上进。大力开展“深知兵、真爱兵”“懂得战士、成就战士”等活动，始终做到“三个关头”、每周收集战士的意见建议和困难需求，并及时进行反馈解决。

【军事训练】 2018年，中队按照《军事训练与考核大纲》，坚持支部每月议训。每周分析训练形式和安全工作。结合上级各类培训、集训等措施，加强中队军事人才队伍建设，注重发挥教练员“酵母”作用，大抓干部士官训练，提高干部士官组织指挥和教学能力，以干部士官训练带动中队整体训练水平，同时严格奖惩制度，坚持从难、从严训练，充分利用“五小练兵”“军事竞赛”等活动，强化官兵基础体能和“比学赶帮超”的训练氛围，有效发挥“政治工作八个到现场”，激发官兵训练热情，提升训练质量。

【后勤建设】 2018年，中队始终以官兵是否满意为工作的出发点和落脚点。围绕服务大局、服务中心开展工作，不断提升后勤保障综合效益，狠抓后勤制度，提高后勤经费物资管理。落实账目及财务公开，树牢“小而精”的理念。

【战略工作】 2018年内，中队聚集焦执勤战略工作，紧盯中心任务，狠抓常态执勤，加强施展化训练，提高履职执勤能力，以打赢维稳工作，教育官兵牢固树立“危险就在身边，战斗随时打响”的意识，修订完善战备方案，落实制度，圆满完成全年战备执勤工作。

【党风廉政建设】 2018年，中队支部结合“两学一做”学习教育活动，学习党员廉洁自律准则，严格落实“禁酒量”组织党员展开大讨论，采取对照检查、个人剖析的形式，引导党员查找自身差距，对照要求认真抓好整改落实，增强党员队伍纪律法规意识，保证部队风清气正的良好环境。

【武警中队2018年领导名录】

中队长：余　超

指导员：杨松柏

（撰稿人：余　超）

经济监督与综合管理

发展改革委员会

【**概　况**】2018年，全县主要经济指标走稳向好，稳中有进的基础不断夯实，发展的稳定性更趋增强，主要经济指标基本完成。全县国内生产总值预计完成80740.20万元，同比增长16%；其中，一产预计完成14226.44万元，同比增长2.8%；二产预计完成15989.49万元，同比增长38%；三产预计完成50524.27万元，同比增长14%；全年完成社会固定资产投资165934.32万元，同比增长27.61%；全县城镇居民可支配收入预计完成3.33万元，同比增长6%；农牧民人均可支配收入预计完成11929元，同比增长12.54%；县财政实际收入完成3388万元，增长29.06%；其中：税收收入完成2405万元，比上年同期增加518万元，增长27.43%；非税收收入完成983万元，比上年同期增加246万元，增长33.37%。社会消费品零售总额预计完成22624万元，同比增长12%。

【**民生事业**】实施精准扶贫。2018年全县实现脱贫293户1232人，贫困村整村退出16个，贫困户脱贫人均纯收入达到10767.06元，同比增长40.97%，贫困发生率降至20.02%，返贫率控制在3%以内。2018年精准扶贫工作以脱贫攻坚为统领，统筹推进贫困村补短板工程。抓好产业发展，2018年以来，开工产业项目共计6大项，其中，涉及8个乡（镇）奶牛养殖项目已全部运转，实现贫困户就业137人次，实现收益169.72万元；12个“短平快”项目全部完工，解决固定岗位69人，贫困户收益43.59万元；14个“一乡一社”实现收益及分红422.88万元，带动贫困户就业717人次；77个村（居）中“一村一合”已组建完成77个，拨付75个村（居）启动资金1500万元（荣玛乡两个村未拨付）。抓好异地扶贫搬迁，尼玛县荣玛乡262户1102人已顺利搬迁至拉萨市堆龙德庆区古荣乡集中安置点，另外尼玛县2017年全县规划实施14个乡镇易地搬迁989户3818人，截至2018年年底，已全部开工，入住984户（包含2016年233户全部入住）。抓好生态补偿，兑现2018年生态岗位资金11405人3991.75万元；通过核查，回收2017年不符合要求生态岗位人员487人146.45万元；选定77个村（居）462名村级生态环卫管护员，兑现生态环卫管护员补助资金138.6万元，同时配置生态环卫管护设备462套。抓好医疗、教育扶贫，2018年共救助医疗困难的贫困户250人，兑现救助资金121.58万元；救助临时困难群众25户82人，兑现救助金17.9万元；救助流浪乞讨6人，兑现救助金0.82万元。兑现2017—2018学年建档立卡、城镇低保、孤儿大学生56人39.57万元。2018年资助非建档立卡大学生45人17.7万元。

【**就业创业**】组建尼玛县劳务输出公司，对接长期就业岗位785个，劳务输出总人数5403人

14673人次，劳务输出收入共计2746.2万元。通过县组织招聘会等活动，完成建档立卡劳动力就业3550人。市组织培训和尼玛县自行组织培训共计868人。开展高校毕业生专场招聘2场，召开高校毕业生择业、就业座谈会5次，2018年高校毕业生共计35人，已就业28人。组织开展高校毕业生创业培训13人次。

【教育工作】 投资7769.81万元新建7个村级幼儿园、10个小学附设幼儿园、改造提升9个基础薄弱中小学等工程。继续推进控辍保学工作，初中适龄儿童（13—15岁）总数为1315人，初中学龄少年入学率达97.04%、小学适龄儿童入学率达99.84%，学前适龄儿童（4—6岁）总数为2108人，实际招生入园人数为1403人，入园率为66.56%。

【医疗卫生】 四川大学华西医院和西藏自治区人民医院帮扶县人民医院工作成效显著，开展学术教学52次、教学查房110余次、成功抢救48人次、应急演练1场次、县外应急救援2次，每千人拥有床位数和医技人员分别为6.4张、2.3人，医疗技术水平、应急处突能力、医院管理制度等有效提升与完善。拉萨广升医院为第三方医院，作为全民健康体检和“三病”筛查医疗机构，累计体检28387人；包虫病筛查29549人，结核病筛查5777人，风湿病筛查26357人，肝炎筛查26357人，宫颈癌筛查81人，乳腺癌筛查82人；孕产妇住院408人，新生儿活产数389人。实施医疗技术提升培训，全年累计培训22次、182人次。实施尼玛县7个乡镇卫生院、尼玛县妇幼保健院等基层医疗服务体系建设项目，配备太阳能冷链设备及救护车。

【公共文化】 县、乡各类文化活动场所免费开放。组织开展“3·28”文艺活动。成功举办第九届（中）象雄文化旅游赛马艺术节。新创小品《你知道“四讲四爱”吗？》获得那曲市第一届“四讲四爱”小品大赛一等奖。组织100名群众演员参加市赛马节。积极落实国家农村电影放映工程，共放映电影909场次，观影达2.7万余人次。加大文化遗产保护力度，对文部寺壁画进行封框保护，对文部乡南村7处古石屋进行维修。发放“户户通”“舍舍通”设备共计4829套。建设县级数字电影院，实施广电中心制播能力提升、中央广播电视无线覆盖工程（铁塔）等建设项目。维修改造县民俗展厅、县新华书店，实施县综合文化活动中心亮化工程。

【社会保障】 全民参保登记和社会保障卡数据采集完成数31354人。各类保险参保人数达到2.84万人次。全县享受农村低保对象1107户4330人，共兑现农村低保资金895万余元，城镇低保对象154户319人，共兑现城镇低保资金258万余元。全县享受困难残疾生活补贴1087人，享受重度残疾护理补贴451人。全县五保对象、孤儿210人，共兑现生活补助资金118.08万元。2018年全县兜底对象52户92人，2018年无劳力定向性补贴发放了99.268万元。落实2018年全县283人（其中失能老人163名、经济困难高龄老人120名）享受高龄“两项”补贴。核定全县寿星老人291人，其中80—90岁277人、90岁以上14人，80岁以上寿星老人发放了8.98万元补贴资金。调查摸底尼玛县退役军人基本情况，截至2018年，全县退役军人109名，其中符合政府安排工作条件的38名（包括从其他县调入），临时工和公益性岗位16名。“三大节日”期间慰问70名贫困户退役军人，每人500元，共计3.5万元慰问金。

【县城环境】 全面实施县城植树造林、街景改造、路灯改造、政府楼门口亮化、北小区卫生间改造、市政道路维修等工程。尼玛镇波仓藏布棚户区改造80户工程主体完工。“三项工程”覆盖面积5万平方米，城镇居民生活有效改善。县城秩序管理、商贸流通、保洁服务水平等进一步提升。

【电信通信】 尼玛县共有电信基站数47个，乡

（镇）通信信号覆盖率为100%，行政村通信信号覆盖率78%，乡（镇）网络覆盖率均为100%，行政村网络覆盖率平均为58%。尼玛县共有移动基站数197个，传输光缆长度3680公里，乡（镇）通信信号率为100%，行政村通信信号覆盖率95%，乡（镇）网络覆盖率为100%，行政村网络覆盖率为50%。

【项目工作】 尼玛县2018年开复工项目共计139项，社会固定资产投资完成16.59亿元，同比增长27.61%。交通方面：实施乡（镇）通畅、乡（镇）、建制村通畅、扶贫搬迁点、自然村通达、景区景点公路建设、实施村通畅项目等37项，总投资26.07亿元，建设里程1257.863公里。乡镇通畅率达到90%以上；行政建制村通畅率达到49.3%。能源方面：13个乡镇及学校新建光伏电站项目已投入使用；藏中电网接入工程前期手续有序推进。水利方面：开工建设2018年尼玛县高效节水灌溉工程；县城山洪治理工程、尼玛县达果乡多玛村防洪堤工程均已完工；2018年农村安全饮水建设项目数194个，12月底已完成项目工程量的30%。基础设施建设方面：县污水处理厂建设项目，已完成工程量的45%。波仓藏布桥北侧城镇棚户区改造项目，完成工程量的85%，主体工程已交付使用，群众已搬迁入住；厕所革命建设项目完成建筑主体和装修工程，完成总工程量的45%。基层政权和社会管理能力建设方面：开工建设总投资3861.73万元的26个标准化村委会建设项目，完成工程量的48%。援藏方面：2018年，中海油落实援藏资金3047.5万元实施易地搬迁扶贫集中住宿点建设相关配套工程（一期）、文部乡北村温泉酒店配套项目（二期）、申亚乡扶贫宾馆配套、扶贫综合体（一期）等13个项目。招商引资工作方面：2018年洽谈15个意向项目，落地招商项目11个，落地资金8677万元。商砼站、综合商业楼已投入使用。

【产业发展】 现代农牧业发展步伐加快。农牧业生产总产值预计完成14226.44万元，同比增长2.8%。畜牧业生产稳中有升，全年各类牲畜存栏91.91万头（只、匹），与上一年同期相比减少3.04万头（只、匹）；新生仔畜成活31.49万头（只、匹），成活率达91.91%；牲畜死亡1.55万头（只、匹），死亡率达1.65%；年出栏牲畜37.25万头（只、匹），肉产品产量7467.06吨、奶产量3990.24吨、毛绒产量680.81吨。种植业生产进展顺利，各类农作物播种面积2472亩，其中：粮食1500亩，蔬菜424亩，青饲料548万亩。粮食产量达到256.84吨，蔬菜产量111.49吨，青饲料713.42吨。推广白绒山羊共5277只。其中：县原种场推广1774只，畜牧良种补贴推广550只，群众自发推广2953只。主要经营牲畜育肥的高原畜产品有限公司已投入运营；开工建设尼玛县藏系绵羊养殖基地建设项目、那曲市尼玛县绒山羊养殖基地建设项目、尼玛县农产品质检站、动物防疫专用设施建设项目、天然草原退牧还草工程等项目。

【工　业】 当穹错锂矿开发项目已签订合作开发意向协议书，进入实质性建设开发阶段。民族手工业注册企业（合作组织）2家，销售收入31.28万元，从业人员10人；正式启动电子政务外网延伸工程，共接入点位87个；生产加工藏药126个品种共4250余公斤，销售额达436万元。

【旅游产业】 全年预计接待游客2.9万人次，同比增长116.8%；预计实现旅游收入995.79万元，同比增长152.56%。古象雄文化旅游公共服务设施、当惹雍措景区文化旅游集散中心等项目前期工作进展顺利。

【商贸经济】 社会消费品零售总额预计完成22624万元，与上年同比上涨12%；以畜产品加工为突破口，全年实现多种经营收入26639.84万元。

【财税金融】 财税金融增长较快。全县一般公共财政预算收入完成3388万元，同比增长29.06%。各项存款余额达到11.54亿元，各项贷款余额达到4.30亿元。金融支农力度继续加大，对接小微非公企业 1 个，放款 1000 万元。三农金融服务点 66 个，营业所 5 个。

【清查政府债务】 严格执行上级指示要求，对全县政府债务或政府隐性债务进行全面清查。主要包含棚户区改造项目、县城供暖项目建设存在的债务，积极主动多渠道争取筹措资金，提高政府债务偿还能力。严把项目审批关，从源头上杜绝新增债务的发生。

【粮食安全】 做好粮食储备和轮换，进一步增强尼玛县突发事件的应急能力。

【不断壮大市场主体】 新增市场主体 459 户，注册资金 2.27 亿元，全县各类主体市场发展到 1302 户，注册资金 4.79 亿元。累计有效注册商标 4 件，2 件正在申请当中。已开通网上企业登记系统，55% 以上企业工商登记业务实现了网上办理。

【发展多元化】“放管服”工作有序推进实施，积极推动“简政放权”工作。积极推进农村集体产权制度改革工作，完成清产核资乡（镇）14 个，村（居）77 个，清产出经营性资产 893.76 万元，非经营性资产 12342.93 万元，农村集体土地 237.63 亩。完成农村土地（耕地）承包经营权确权登记颁证工作。本次农村土地（耕地）承包经营权确权完成颁证工作 579 户，确权面积完成 1068.66 亩，已通过自治区级验收。持续推进医改办各项工作任务。财税改革初见成效。

【生态环境】 生态环境持续良好，环保整改扎实有力。各级环保督察反馈问题整改扎实，取得了阶段性成果。来多乡矿区复坑问题的销号工作在稳步推进当中。尼玛县环境质量监测工作持续加强，监测报告显示，尼玛县空气、土壤、水质均达到国家 II 类标准。扎实做好生态保护红线划定前期对接工作。全面启动尼玛县第二次全国污染源普查工作。深入推进环境污染综合整治工作，推进施工领域渣土、扬尘、料土开挖整治工作。

【安全生产】 对全县危险化学品、建筑施工、道路交通、特种设备、人员密集场所、消防等领域持续开展专项检查与整治力度持续加大。截至目前共开展整治活动 400 余次、排查安全隐患 219 处、整改安全隐患 219 处、出动执法人 600 余人次、出动执法车辆 550 余台、下发整改通知书 40 余份。安全生产形势逐步好转，2018 年尼玛县共发生各类安全生产事故 1 起。2018 年尼玛县主要经济指标基本完成。

【发展改革委员会 2018 年领导名录】

政府副县长兼发改委主任：邓李洪

发改委副主任：桑吉卓玛（女、藏）

发改委副主任：张　坤（2018 年 8 月离职）

发改委副主任兼粮食局局长：
　拉巴顿珠（藏）

（撰稿人：阿旺罗布）

国土资源

【概　况】 尼玛县国土资源局（矿管局）成立于 2002 年，尼玛县人民政府主管的政府职能部门，2016 年下设不动产登记局。

【土地利用总体规划调整】 尼玛县土地利用总体规划于 2018 年 6 月由西藏德众工程公司编制完成，已通过县、市级评审，未做调整。

【用地报批】 为保障尼玛县供地（用地）合法，加大对违法占地的管控力度，严格控制用地情况，尼玛县国土局严格落实廉政建设深入工作，每月定期开展对县辖区内的土地违法行为清查工作，凡是私自建设项目、项目前置手续不全的项目，都会以清查工作结果形式，每月定期上报《违法行为处理信息系统》并按要求整改。

【征地安置补偿】 为落实好民生工程项目，高度重视尼玛镇棚户区拆迁工作，国土局依据尼玛县人民政府关于《西藏那曲尼玛县城镇房屋拆迁补偿标准》通知文件的要求，国土局同尼玛镇、住建局对尼玛县尼玛镇棚户区拆迁户（99 户）房屋结构进行多次实地测量，并计算拆迁补偿费，拆

8月13日，县国土局局长次仁扎堆（右三）和副局长多杰次旦（左二）等县国土局工作人员在来多乡多康巴村慰问

迁补偿费总计662.62万元。对于后期拆迁户提出房屋面积、房屋结构存在疑问的，国土局引导相关部门赴实地多次测量和比对，对拆迁户房屋进行了调整，并做到群众满意。

【土地供应】 2018年，尼玛县主要涉及扶贫、交通、民政、教育等项目建设用地。县国土局严格按照用地审批流程办理项目前置手续，下达50块宗用地预审意见，加快项目建设的同时确保了合法用地。

【土地“两违”清查】 为保障尼玛县供地（用地）合法，加大对违法占地的管控力度，严格控制用地情况，国土局严格落实廉政建设工作，每个月会定期开展对县辖区内的土地违法行为清查工作，凡是私自建设项目、项目前置手续不全的项目，都会以清查工作结果形式，每月定期上报《违法行为处理信息系统》并按要求整改。

【土地卫片管理】 为保障尼玛县新增项目合法落地，2018年年初，县国土局工作人员同自治区专业队伍完成了尼玛县2017年卫星遥感监测图斑实地核查任务，实地核查：临时用地共33个图斑（6个图斑已经复原）、设施农用地4个图斑、伪变化5个图斑、院内建设2个图斑，光伏电站2个图斑、新增项目13个图斑。所有程序按照规章制度办理。检查结果录入《卫片执法监督检查信息系统》上报自治区国土资源厅。2018年土地卫片图斑发现新增项目13宗，为确保项目合法化，国土局及时对其中9个新建项目进行组报建，分别为2018年度城市第一批次建设用地组报件254.667亩、村镇第一批次建设项目组报建48.483亩；并对以上项目进行勘测定界和地质灾害危险性评估。新增项目组建按照程序进行，该项目报件被国土厅受理。尼玛县2018年第6次县长办公会议同意解决项目勘测定界和地灾费用。

【基本农田保护】 为积极响应自治区“合理利用土地和切实保护耕地”基本国策和西藏自治区粮食安全战略的基本要求，为切实保护耕地红线，严格执行土地用途管理制度，加强尼玛县（文部乡、达果乡、来多乡、甲谷乡）基本农田保护区的监督管理工作，杜绝取土、建房等破坏基本农田的行为，与乡人民政府签订目标责任书，要严格依法监管，稳定面积，提高质量。

【生态资源保护】 历年来县委、县政府高度重视砂金矿点地质环境治理工作，将矿区地质环境治理工程纳入项目申报计划，积极向上级部门申报矿区复垦相关项目。2018年，第七次县长办公会决定通过再投入36.03万元对来多乡3村哪让（囊让）砂金矿区进行进一步整治，按照当地群众要求修建2条牧道、管涵排水2个，对哪让矿区进行围栏。矿区部分积水严重地段进行复坑，截至

10月13日，县委副书记、县长旦巴（右三）参加农村集体土地市级验收反馈会

2018 年 8 月 27 日，尼玛县共投入 934022 元。

【地质灾害防治】 为加强尼玛县地质灾害防治工作，国土资源局建立了 14 个乡（镇）地质灾害群防群测联络员，制定每日灾情上报制度，并对河流、湖泊等开展地质灾害的勘察与治理，以便提高防灾减灾工作的效率和水平。

【土地矿产执法监督】 为加大卫片执法检查工作，国土局对土地变更调查做到实地核查用地性质，分类图斑，做到图斑一次查清，按时录入《卫片执法监督检查信息系统》，做到详细说明、收集举证资料。加大对辖区内矿山的巡查，防止出现以探代采现象。2019 年开始针对未经批准占用土地的新增违法用地项目，将对项目方下达违法用地处罚决定，并责令整改。同时尼玛县国土局严格按照相关法律法规要求走报批程序，合法用地。

【自身建设】 强化学习党的十九大会议精神，使尼玛县国土局干部进一步坚定理想信念，提高党性觉悟；进一步增强政治意识、大局意识、核心意识、看齐意识，坚定正确政治方向。同时开展党规党纪集中学习活动。通过国土局内部学习机会、开展廉政党课、“党员活动日”活动，组织党员干部深入学习《中国共产党章程》和《习近平关于党风廉政建设和反腐败斗争论述摘编》《习近平关于严明党的纪律和规矩论述摘编》等有关党风廉政建设的学习资料。组织全体干部，集中关于《中国共产党廉洁自律准则》《中国共产党纪律处分条例》，教育党员干部准确把握“两项法规”的基本内涵和精神要义，做知规懂纪的“明白人”。提高业务能力，国土局每周定期召开业务交流会议，进行工作总结，对工作中存在的问题和疑问进行深入探讨。

不动产确权办证工作。为加快尼玛县不动产产权登记，国土局按照不动产登记办证受理要求在权利人自愿申请原则下，受理办证申请。

农村集体土地所有权确权登记工作，按照那曲市《关于尼玛县农村集体土地所有权确权登记发证工作整改的通知》整改意见内容加快整改力度，有效完成整改工作，做到国土厅验收一次性通过。

【城乡建设用地增减挂钩工作】 为加强和规范城乡建设用地增减挂钩工作，统筹城乡发展，保障农牧民合法权益，促进新型城镇化建设，2018 年年底，根据要求，尼玛县进开展了 14 个乡镇增减挂钩摸底调查工作。

【国土资源局 2018 年领导名录】

国土资源局局长：

次仁扎堆（2018 年 8 月离职）

国土资源局局长：扎　多（2018 年 8 月任职）

国土资源局副局长：

多吉次旦（2018 年 8 月离职）

（撰稿人：伍金卓嘎）

食品药品监督管理

【概　况】 2018 年，尼玛县食品药品安全监管工作在县委、县政府的正确领导和市局的大支持下，以“四品一械”安全监管为工作中心，大力践行科学监管理念，不断加强队伍建设，尽快适应新体制，认真履行新职能，熟悉新业务，探索新方法，积累新经验，以切实保障广大群众饮食用药安全有效为目标，紧紧围绕县政府签订的《2018 年度综合目标管理责任书》和市局签订的《2018 年度食品药品安全目标责任书》精神，较好地完成了全年的各项工作任务。

【社会共治】 2018 年以来，食药局注重发挥政府领导、部门协同、县乡（镇）村（社区）联动、社会共治的作用，构建全方位、多层次的社会协同机制，推动食品药品监管社会共治格局的形成。

政府领导共治：报请县政府与各乡镇、县食安委各主要成员单位签订了年度目标责任书，实行局干部包片区、乡镇主要责任人和协管员包乡

5 月 16 日，食药局举办药品不良反应监测培训班

镇、执法人员包店到人的行政执法责任制，严格考核奖惩和责任追究，确保食品药品市场监管无盲区、无死角。充分发挥食安办牵头抓总的职能作用，以考核聚合力。将食品药品安全纳入全县相关部门的年度考核体系中，并将食品药品安全列为各乡（镇）及相关部门的工作重点。

部门协同共治：通过积极协调加强与安监、公安、农牧、工商、教育等相关部门的联合执法力度，截至年底共开展各类联合执法行动 20 余次，开展各类专项督导 7 次（含区、市联合督导），收缴各类违法违规食品、食品添加剂、化妆品及药品共 10 余个品种，价值 5 万余元。

行业培训：进一步完善了乡（镇）食品药品管理机构建设，明确了工作职责；以乡镇为单位加强食品药品安全协管员的重新选聘和业务指导，最大限度的发挥基层协管员的协管作用，并于 2018 年 5 月组织开展了 2 次全县食品药品安全协管员业务培训。

社会共治：邀请媒体记者、人大代表、政协委员和群众代表积极参与食品药品安全社会监督，通过参与监督执法单位的日常执法检查，以消除社会面对监督执法工作的误解，增强理解支持和信任。采取电话举报、网络微信平台等形式，进一步拓宽了食品药品监管的渠道，充分调动社会各方力量参与食品药品安全工作，形成了社会共治格局。

【开展宣传活动】 加强宣传，培养消费者的法律维权意识与“安全至上”的消费意识。将食品药品安全宣传的“四进”活动进一步延伸，面向全社会积极开展宣传教育，努力营造经营者严格自律、社会广泛参与、群众自我防范的良好整治范围。将通过发放宣传单，悬挂横幅，设置展板等各种宣传活动，全方位多层次深化宣传工作。提高消费者的维权意识和“安全至上”的消费意识。更长远的目标是通过不断深入、强化的宣传，最终做到发动群众，让全民参与到“食品药品安全监督”中来，让社会监督发挥重要作用。

【监督管理】 着力加强监督管理，努力确保公众饮食用药安全，认真开展普法和饮食用药安全常识宣传教育。以集中宣传形式在城区和中心场镇举办食品药品安全知识、食品药品投诉举报“12331”、综治宣传月、安全生产月、全国食品安全宣传周等专题宣传活动 5 次，制作并发放食品药品安全宣传纸杯 10 万个、各类宣传海报手册 1 万余份、宣传环保袋 5000 个，食品药品安全宣传棒球帽、围裙、纸巾盒、座椅套、食品安全及文明餐桌宣传桌签、校园食品安全宣传作业本及文具包等各类宣传实用品共计 9500 余个（套）。积极开展“食品安全进校园”活动，通过印制宣传资料、开展专题讲座等形式，讲解学校食堂食品安全知识，同时制作了包含食品安全告知书、食品安全宣传知识、“12331”食品药品举报投诉电话等内容的作业本、文具包等宣传小

9 月 7 日，食药局走访慰问结对帮扶贫困户

礼品发放给全县师生，切实增强学生及家长对食品安全工作的知晓度和关注度，有效提升了群众对食品药品安全知识的知晓率，增强了公众的维权意识。

规范指导帮扶。在日常检查中注重对食品药品生产经营单位的规范指导，督促管理相对人落实食品药品管理各项制度，在食品药品设施、设备、环境、人员、许可、购进、销售等环节，耐心进行指导帮扶，让管理相对人真正知道该怎么做。同时加强许可准入，强化企业主体责任，严格办证条件，注重现场核查，高标准、严要求，截至年底，已与全县城、乡食品生产、流通、餐饮服务企业签订食品安全责任书300余份，签订率达到90%，共受理餐饮服务许可及食品摊贩餐饮服务许可备案、食品流通经营许可申请134份。完成食品经营许可证办发134张，全力推进“两证合一”工作的开展。

切实开展监督抽样。坚持“以问题为导向”，结合全年食品药品抽样计划安排，全年共完成食品抽样快检4批次，合格率100%。

日常监管和专项整治。坚持以日常监管深化专项整治，以专项整治强化日常监管，围绕群众关心的热点、难点问题，突出重点部分，狠抓关键环节，严厉查处违法违规行为。截至年底，共开展节前食品药品、春夏季食品药品、春秋开学季校园食品安全、在用医疗器械等各类食品药品安全专项整治5次，开展日常监督执法检查46次，累计出动执法人员100余人次，车辆10余台次，监督检查食品生产加工单位16家次，食品流通单位320家次，餐饮服务单位240家次，药品、医疗器械经营使用单位20家次，化妆品经营使用单位16家次，共发监督意见书26份，出日常巡查记录50余份，责令改正通知书26份。上报监管工作信息54份。受理、核查群众举报1件（电话举报1件，实名举报1件），处理率100%。

【自身建设】 着力加强能力建设，努力提升执法监管水平。加强政治理论学习：结合中心理论组学习、三会一课、“两学一做”学习教育等，定期开展习总书记系列重要讲话精神及党的路线、方针、政策的学习，达到学有所获、学有所用，用理论知识武装自己的头脑，坚定党员干部政治信心，提高党员干部的政治理论素养。

【业务知识学习】 截至2018年12月底，已安排食药局食品药品相关执法监管人员参加各类业务培训7人次（地区局业务培训6人次、区外业务培训1人次），执法能力得到了进一步提高。

【食药局2018年领导名录】

食药局副局长：刘爱书（主持工作）

（撰稿人：刘爱书）

工商行政管理

【概　况】 作为监管尼玛县市场和行政执法的政府职能部门，尼玛县工商局干部职工内设编制5人，监管市场主体1288户，人均监管市场主体429户。

【注册登记】 全县共登记内资、私营企业64户，注册资金20574.2万元。全县现有个体工商户1092户，从业人员1637人，注册资金12415.7万元。全县现登记注册的农民专业合作社132户，成员人数3483人，注册资金12919.4万元，注销124户。

【企业监督管理】 2018年，尼玛县应参加年报公示企业户数为50户，企业实检户数为47户，年检率为97%。个体户年报公示情况：应参加年报公示个体工商户户数为874户，实际年报户数为874户，年报率为100%。农牧民专业合作社年报公示情况：应参加年报公示专业合作社户数为73户，实际年报户数为72户，年报率为98%。

【整顿规范市场秩序】 尼玛县工商局坚持把市场监管作为第一职责，以无照经营、农资监管、虚假广告为重点，努力构建长效监管机制，维护公平竞争的市场经济秩序。取缔无照经营，实行综合治理“一票否决”，加强亮照经营管理，以黑网吧、非法擅自经营为打击重点，遏制无照经营蔓延。加强农资监管。将工作重心下沉，深入推进红盾护农工作，检查农资经营户 80 户次，有效地维护了尼玛县农资市场秩序，打击广告违法。以医疗、药品、美容产品为重点，持续开展广告市场整治，维护消费者权益。依托“12315”投诉举报和消费者维权联络站，受理消费申诉 4 宗，为消费者挽回直接经济损失 1.5 万元。

【政风行风建设】 尼玛县工商局以作风建设为突破口，大力加强廉政建设、政风建设、行风建设，打造群众满意的“服务型工商”。突出四个重点，狠抓廉政建设。把党风廉政建设业务工作同部署、同检查、同考核，突出“防”字抓教育，突出“严”字抓制度，突出“效”字抓落实，突出“实”字抓监督。开展“两个探索”，狠抓政风建设。探索“一个窗口许可、一支队伍办案”，加强政风建设，推进工商服务转型升级。找准四个抓手，狠抓行风建设。把群众认可作为工作的标准，把群众的鞭策作为前进的动力，以依靠群众、机制建设、思想教育、职责落实作为抓手，狠抓行风建设，努力为人民群众提供优质高效的服务，对接地方经济社会科学发展。

【简政放权】 落实企业注册资本认缴制、“先照后证”登记改革，简化企业住所登记，实施企业简易注销，实行名称自主申报、企业注册登记全程电子化等工商注册便利化，共办理全程电子化市场主体 60 户。全县新增企业户数 23 户，同比增长 36%；注册资本 15531 万元，同比增长 16.5%。个体工商户 370 户，同比增长 16%；注册资金 4978.2 万元，同比增长 50%。农民专业合作社 66 户，同比增长 31.3%；注册资金 2233.1 万元，同比增长 56%。

【自身建设】 尼玛县工商局针对系统内出现的不正确履职现象，组织开展预防职务犯罪工作活动，全面推进工商队伍依法行政和廉政建设。举办一堂警示教育讲座。观看司法机关党风廉政讲课影碟、职务犯罪的警示教育课，并结合工商行政管理工作的实际，分析查找系统内易发违纪违规、职务犯罪的关键环节、犯罪原因及预防措施，开展岗位履职自查。组织干部职工对照各自岗位职责，开展一次岗位履职自查自纠。通过自查自纠，进一步增强各工作人员的依法依规履职意识，规范各岗位操作规程。

【服务地方经济发展】 尼玛县工商局努力拓展服务领域，改善服务质量，提高服务水平。探索商事制度改革，服务市场主体发展。2018 年度新增市场主体 459 户，到 12 月，全县有国有、集体企业 5 户、私营企业 18 户、个体工商户 370 户、农民专业合作社 66 户，注册资金达 22742.3973 万元。

【工商局 2018 年领导名录】

工商局局长：阿旺德烈

（撰稿人：次仁罗姆）

安全生产监督管理

【概　况】 尼玛县安全生产工作在县委、县政府的正确领导下，在市安委办、安监局的帮助指导下，在各乡（镇）、县安委会各成员单位的积极配合、共同努力下，全面贯彻落实党中央、国务院、区、市关于安全生产工作安排部署及会议文件精神，贯彻落实安全生产领域改革发展意见，牢固树立“红线”意识、“底线”思维，以落实安全生产“党政同责、一岗双责”和企业主体责任为抓手，以广大群众生命财产安全为首要，以预防和减少事故为核心，深化改革创新、细化工作重点、强化监管执法、严格工作措施，全面实施、落实好安全生产各项工作。

【各类安全生产事故信息统计】 安全生产至关国家和人民群众生命财产安全，关系到人民群众的切身利益和家庭幸福。截至 2018 年年底，尼玛县共发生各类安全生产事故 3 起（经营性事故 1

5月18日，县安委会副主任达吉次仁组织召开安全生产管理知识与执法能力培训会

5月28日，县安监局组织乡镇散装油料点从业人员参加安全技能培训

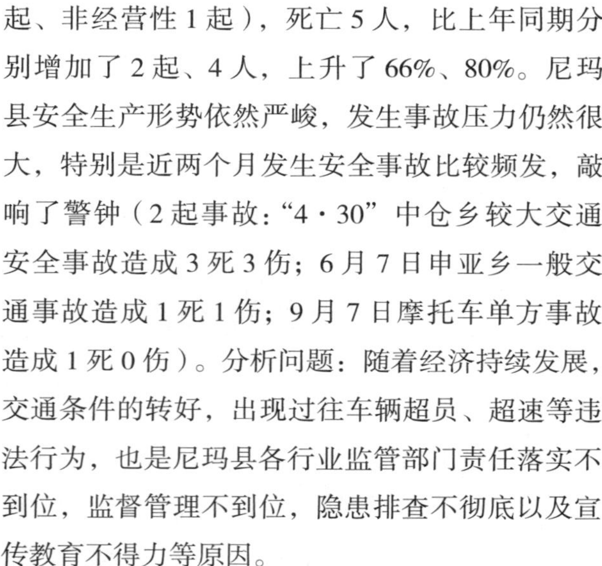

起、非经营性1起），死亡5人，比上年同期分别增加了2起、4人，上升了66%、80%。尼玛县安全生产形势依然严峻，发生事故压力仍然很大，特别是近两个月发生安全事故比较频发，敲响了警钟（2起事故："4·30"中仓乡较大交通安全事故造成3死3伤；6月7日申亚乡一般交通事故造成1死1伤；9月7日摩托车单方事故造成1死0伤）。分析问题：随着经济持续发展，交通条件的转好，出现过往车辆超员、超速等违法行为，也是尼玛县各行业监管部门责任落实不到位，监督管理不到位，隐患排查不彻底以及宣传教育不得力等原因。

【安排工作】 尼玛县安全生产工作严格按照党中央、国务院、区、市关于安全生产工作决策部署，贯彻落实自治区党委、政府主要领导关于安全生产工作重要讲话，县委、县政府主要领导的指示要求，始终按照"党政同责、一岗双责、齐抓共管、失职追责"和"谁主管、谁负责"的原则，深入开展安全生产隐患排查工作、切实减少和遏制安全生产事故。2018年与各乡（镇）人民政府、各安委会成员单位签订《2018年安全生产工作目标责任书》54份；与危险化学品经营企业签订了《2018年危险化学品安全生产目标责任书》4份、《2018年尼玛县散装油料管理责任书》14份。为进一步加强尼玛县安全生产工作持续稳定好转，截至12月底，组织召开安全生产相关部署会议6次，其中业务会议1次、专题会议6次。根据尼玛县安全生产工作形势，专题研究部署节假日、宣传月期间安全生产工作。

【安全隐患排查整治】 持续开展安全生产专项整治工作。县安委会联合各相关职能部门对全县危险化学品、烟花爆竹、建筑施工、道路交通、特种设备、人员密集场所、消防等领域开展专项整治。全年安全检查98余次、排查安全隐患175余处、整改安全隐患111处、整改率63%、出动执法人250余人、出动执法车辆130余台、下发整改通知书35余份。

【安全技术培训】 为防范尼玛县建筑领域各类安全生产事故，切实加强企业人员安全教育知识。5月15日，安监局组织全县施工企业负责人和监理召开建筑领域安全生产知识教育培训会。为进一步充分做好尼玛县各乡（镇）安全监管队伍建设、强化安全生产知识、提高监管执法能力，全面做好安全生产执法标准化、规范化、合法化。6月28—30日，对各乡（镇）及相关成员单位以理论授课结合现场指导方式进行为期三天的安全生产监管和执法培训。全县41个散装油料销售点开展加油员、提油员业务知识、操作技能培训，进一步掌握油料购买、运输、储存等环节的安全工作。

完成2018年半年安全生产目目标考核任务。尼玛县结合《那曲市安全生产考核办法》和尼玛县工作任务实际要求，初步拟定安全生产目标管理考核工作方案和考核细则，经分管领导同意后，在7月18—23日期间对各乡（镇）2018年上半年工作开展情况以通过查阅材料、实地检查相结合考核形式进行考核。对考核情况进行排名和通报给各乡（镇），同时报给县委督查室。各企业按照行业监管部门工作要求，落实每季度1次消防安全演练活动，以提高企业全员安全水平和反应能力，强化安全逃生意识、自救意识。全年3家加油站、1家加气站共开展消防演练12次。

【宣传教育】 按照市、县安委会主要领导指示，严密组织“六月安全生产月、安全生产西藏行”活动。县安委会制定下发了《尼玛县2018年“安全宣传月”和“安全生产西藏行”活动方案》文件，组织、协调、指导全县各乡（镇）、各部门、有关行业和生产经营单位开展“安全生产月、安全生产西藏行”活动；此次活动共30余人参加，共发放宣传资料3000余份，悬挂横幅30条，播放安全生产警示教育片3部。

【油罐地埋标准化建设】 2018年，尼玛县农村道路修建项目较多，为进一步合理管理好各项目办理油罐地埋及监管工作，县长办公室会议通过了《施工点油罐地埋标准建设及安全监管工作方案（暂行）》，对油罐地埋提出了七项标准化建设内容，合理管控好油罐安全工作。

【完成上半年考核任务】 尼玛县结合《那曲市安全生产考核办法》和工作任务实际要求，初步拟定安全生产目标管理考核工作方案和考核细则，经分管领导同意后，在7月18—23日对各乡（镇）2018年上半年工作开展情况以通过查阅材料、实地检查相结合考核形式进行考核。对考核情况进行排名和通报给各乡（镇），同时报给县委督查室。

【完成全年安全生产考核工作】 结合《尼玛县安全生产考核办法》文件要求，经分管领导同意后，在11月上旬开展尼玛县下半年安全生产目标考核工作，下半年工作开展情况以通过查阅材料、实地检查相结合考核形式进行考核。对考核情况进行排名和通报给各乡（镇），同时报给县委督查室。

【安监局2018年领导名录】

安监局局长：

朗　措（女、藏）（2018年8月离职）

安监局局长：姚　鹏（2018年8月任职）

安监局副局长：

久旦次仁（藏）（2018年8月任职）

（撰稿人：久旦次仁）

统　计

【概　况】 2018年，在县委、县政府的正确领导和全局人员的勤奋努力下，完成了各项统计工作。

【接羔育幼情况】 第一季度牧业生产情况接羔育幼情况：全县一季度接羔育幼中应生483815头只、（匹），已生118470只，成活108105只，成活率91.25%，与上年同期相比成活率下降0.75%；其中：牛应生36309头，绵羊应生244508只，已生77603只，成活72347只，成活率93.23%，成活率比上年同期上升0.79%；山羊应生201435只，已生40867只，成活35758只，成活率87.50%，成活率比上年同期下降3.77%，马应生1563匹。成畜死亡情况一季度全县年初牲畜存栏共939328头（只、匹），一季度成畜死亡总数为4825头（只、匹），死亡率0.51%。死亡率比上年同期下降0.22%；其中：牛死亡351头，死亡率0.44%，比上年同期下降0.09%；绵羊死亡2308只，死亡率0.46%；比上年同期下降

10月17日，统计局组织经济普查培训会，县统计局副局长扎西（中）主持会议

11月13日，统计局组织召开2018年农牧业季报暨年报培训会

0.21%；山羊死亡2135只，死亡率0.60%；比上年同期下降0.24%；马死亡30匹，死亡率0.63%。比上年同期下降0.32%。

第二季度牧业生产情况。据各乡（镇）上报的数据反映，2018年，尼玛县牧业生产情况比较乐观，成活率达到91.39%、死亡率为0.98%，现将二季度全县牧业生产详细情况如下：接羔育幼情况，二季度接羔育幼中应生483815头（只、匹），已生302088只，成活276088只，成活率91.39%，与上年同期相比成活率下降0.22%；其中：牛应生36309头，已生15578头，成活14782头，成活率94.89%，同期相比成活率下降0.56%；绵羊应生244508只，已生164901只，成活153393只，成活率93.02%，成活率比上年同期上升1.38%；山羊应生201436只，已生122802只，成活110512只，成活率89.99%，成活率比上年同期下降1.16%，马应生1563匹，已生251匹，成活230匹，成活率91.63%，成活率比上年同期下降2.37%

【二季度成畜死亡情况】 二季度全县年初牲畜存栏共939328头（只、匹），二季度成畜死亡总数为9518头（只、匹），死亡率1.01%。死亡率比去年同期下降0.11%；其中：牛死亡627头，死亡率0.79%，比上年同期下降0.15%；绵羊死亡4371只，死亡率0.81%；比上年同期下降0.23%；山羊死亡4459只，死亡率1.26%；比上年同期下降0.03%；马死亡61匹，死亡率1.28%。比上年同期下降0.11%。

三季度牧业生产情况。根据各乡（镇）上报的数据反映，全年全县牧业生产情况比较乐观，成活率达到91.91%、死亡率为1.65%，现将三季度全县牧业生产详细情况如下：接羔育幼情况，三季度接羔育幼中应生483815头（只、匹），已生342627只，成活314899只，成活率91.91%，与上年同期相比成活率上升0.57%；其中：牛应生36309头，已生21700头，成活20367头，成活率93.86%，同期相比成活率下降1.71%；绵羊应生244508只，已生181917只，成活167417只，成活率92.03%，成活率比上年同期上升0.88%；山羊应生201435只，已生138605只，成活126757只，成活率91.45%，成活率比上年同期上升0.47%，马应生1563匹，已生405匹，成活358匹，成活率88.40%，成活率比上年同期下降3.85%。

【三季度成畜死亡情况】 三季度全县年初牲畜存栏共939328头（只、匹），三季度成畜死亡总数为15535头（只、匹），死亡率1.65%。死亡率比上年同期上升0.42%；其中：牛死亡1014头，死亡率1.28%，比上年同期下降0.08%；绵羊死亡7623只，死亡率1.52%；比上年同期上升0.19%；山羊死亡6796只，死亡率1.92%；比上年同期上升 0.85%；马死亡 102 匹，死亡率 2.14%。比上年同期上升 0.45%。

2018 年，尼玛县年末人口、牲畜和三样储备情况全县总人口统计情况；2018 年年底尼玛县总人口 34178 人、总户数：9023 户，其中：牧业人口 31679 人；牧业户数 7744 户。

2018 年年底，牲畜和三样储备情况：2018 年年末尼玛县牲畜总存栏数 919117 头（只、匹），其中：牛 82392 头、绵羊 495586 只、山羊 336371 只、马 4768 匹，年末出栏数为 372515 头（只、匹）、出栏率为 39.63%。粮食储备 3128.61 吨、饲草料 11530.96 吨、燃料 90615.66 吨，对尼玛县企业的经营收入情况进行调查统计。统计局抽样调查八家企业（尼玛县宏达综合商场、顺康购物中心尼玛分店、康佳诊所、金来超市、味当家、川味一品香、尼玛县宾馆、粮食局招待所），进行了解所有企业每月的整体收入情况调查和统计。

根据上级要求尼玛县较好地完成了全国第四次经济普查清查工作，尼玛县第四次全国经济普查，具体细划分为 80 个普查区域。参加此次普查拟定各乡镇街道和县直各单位普查员共有 54 人，按普查小区工作量划分相应的 15 个组进行前期的普查工作。

【人口抽样调查】 根据市要求尼玛县抽调了尼玛镇障乃村需要统计的人口资料，对 98 户进行了家庭人数、与户主关系、姓名、性别、出生、死亡、迁入、迁出等方面的统计。

【统计局 2018 年领导名录】

统计局局长：

拉巴顿珠（2018 年 8 月任职）

统计局副局长：扎　西（女、藏）

（撰稿人：阿　次）

审　计

【概　况】 尼玛县审计局成立于 2017 年 3 月，由尼玛县人民政府主管，全县审计工作的行政职能部门、副科级建制单位。2018 年度工作计划：全年审计项目计划 3 个，完成 4 个。

11 月 30 日，县审计局在达果乡召开审计进点会

【内部审计工作】 受市委组织部委托，对卓尼乡党委书记次旦罗布（副县）和副书记、乡长曹文博进行了任中经济责任审计。受县委组织部委托，对县教体局原局长旺多进行离任经济责任审计；对县政协副主席、达果乡党委书记李才高和党委副书记、乡长次杰进行了任中经济责任审计。

受市委组织部委托，对班戈县普保镇原党委书记多吉次仁离任审计和党委副书记、镇长阳旭任中经济责任审计。

【自身建设】 加强审计干部队伍作风建设，提高

图为 9 月 17 日，县审计局工作人员在教体局进行审计工作的现场实景

审计干部的责任心和使命感。加强审计队伍业务能力建设，结合审计工作实际，开展审计理论和业务学习，加强经验总结与交流，提升学习能力、鉴别能力和工作能力，提高审计队伍的专业化水平。综合考虑审计人员的业务特长和不足，有计划、有目的、有针对性地安排新进审计人员在审计实践中、关键岗位上、重大项目上经受锻炼，快速提高审计业务能力和水平，不断夯实审计事业发展的根基，结合审计聚焦突出问题，深查细纠真改。坚决贯彻落实中央“八项规定”，严格遵守审计工作“八不准”纪律，依法审计、文明审计，树立审计机关和审计人员的良好形象。

【工作成果】 查出违规资金 8.4 万元；管理不规范资金 332.96 万元；原始凭证不符合规定资金 618.57 万元；会计基础工作不规范资金 421.21 万元；审计收缴财政资金 0.76 万元；新购固定资产未入账涉及资金 62.65 万元；扩大开支涉及资金 14.26 万元。

【其他工作】 根据县人民政府关于成立县扶贫产业项目自查工作领导小组的通知，11 月 1—7 日派出专人对扶贫专户和脱贫攻坚指挥部公司账目、凭证进行了检查。

【审计局 2018 年领导名录】

审计局副局长：

长索琼（女、藏，主持工作）

（撰稿人：朱小丽）

财税与金融

财　政

【概　况】2018年，尼玛县财政总财力为114260万元。其中：一般性转移支付收入55586万元（体制补助收入609万元）；均衡性转移支付收入19857万元；县级基本财力保障机制奖补资金收入3056万元；结算补助986万元；基层公检法司转移支付收入545万元；城乡义务教育等转移支付收入11388万元；城乡居民医疗保险专业收入1425万元；重点生态功能转移支付收入2530万元；固定数额补助收入6747万元；贫困地区转移支付收入5431万元；其他一般性转移支付3012万元。专项转移支付收入53940万元（一般公共服务543万元，教育7798万元，科学技术16万元，文化体育与传媒529万元，社会保障和就业1998万元，医疗卫生与计划生育2646万元，节能环保3357万元，农林水32098万元，交通运输2370万元，住房保障699万元，其他收入1886万元）。公共财政预算收入3388万元。返还性收入1346万元。

【公共财政预算收入完成情况】2018年，随着尼玛县经济的持续快速发展，上级加大对尼玛县的基础设施建设资金的投入力度，税务、财政及农行等有关部门紧密配合，狠抓财源建设，强化收入征管，确保了各项收入应收尽收，使尼玛县2018年公共财政预算收入共完成3388万元，完成地区下达任务数的112%，与上年同期数2625万元相比增加763万元，增长29.06%，其中：税收收入完成2405万元，非税收收入完成983万元。那曲市级下达尼玛县财政公共收入任务数为3025万元，县本级一般公共预算收入超收363万元。其具体执行情况如下：增值税完成1921万元，企业所得税57万元，个人所得税17万元，资源税5万元，城市维护建设税269万元，印花税87万元，环境保护税49万元，专项收入76万元，罚没收入41万元，国有资源（资产）有偿使用收入43万元，其他收入完成823万元。

【一般预算支出执行情况】2018年，县财政保持了改革和发展的良好态势，按照建立公共财政和科学发展观的要求，坚持以人为本，深化财政改革，强化财政管理，优化和调整支出结构，认真落实中央、自治区有关财政政策，在保证全县

11月9日下午，召开尼玛县财税政策宣传及税务发票识别等相关知识的培训会

干部职工工资正常发放和党政机关的正常运转的前提下，涉农支出、教育、文化卫生、社会保障等八大重点支出和维护稳定及事业发展等基本支出得到了有力的保障。2018 年，全县一般预算支出累计执行数为 113897 万元，完成预算数的 100%，与上年同期数相比增加 26849 万元，增长 23.5%。一般公共服务支出执行数为 19029 万元，国防支出执行数为 49 万元，公检法司支出执行数为 3765 万元，教育事业费执行数为 20067 万元，文体广播事业费执行数为 4402 万元，科学技术支出执行数为 104 万元，社会保障补助支出执行数为 4453 万元，医疗卫生支出执行数为 7368 万元，节能环保支出执行数为 2838 万元，城乡社区支出执行数为 652 万元，农林水支出执行数为 43265 万元，交通运输支出执行数为 2554 万元，资源勘探电力信息支出执行数为 141 万元，商业服务等支出执行数为 88 万元，国土资源气象等支出执行数 169 万元，住房保障支出执行数为 3203 万元，其他支出执行数为 1750 万元。

【政府性基金预算执行情况】 2018 年，全县政府性基金总收入 437 万元，同比减少 277 万元，下降 38.79%，均为上级补助收入；政府性基金预算支出 473 万元，收支平衡。

【“三公经费”支出执行情况】 2018 年，“三公经费”年初预算 1025.09 万元，“三公经费”实际支出 947.7 万元，其中：公务接待费 93.5 万元，与上年同期数 97.8 万元相比减少 4.3 万元，同比下降 4.4%；公务用车运行费 808 万元，与上年同期数 822.6 万元相比减少 14.6 万元，同比下降 1.8%；会议费 46.2 万元，与上年同期数 44 万元相比增加 2.2 万元，上升 5%。三公经费无超预算现象。

【全年主要工作开展情况】 依法理财、严格控制各项支出。2018 年以“保工资、保运转”的原则，首先保证工资的按时、足额的发放，其次安排其他各项支出，保证了尼玛县的稳定大局。尼玛县全面实行了部门预算，继续坚持“个人部分按实际，公用部分按标准”的原则，对各项公用经费做出了较为详细的标准。加强“三公经费”预算管理，坚决压缩一般性财政支出，在预算执行中，为了管好用好财政的每一笔资金，始终坚持专项资金单笔支出金额达到 3 万元以上由县长“一支笔”签字同意的审批制度，严把资金审批关。

【国库集中支付制度改革推行情况】 按照区、市两级要求，尼玛县为每家县直预算单位配备了出纳、会计两名财务人员；软、硬件设施配备。为了满足尼玛县国库集中支付制度改革所需的软件、硬件条件，尼玛县为各单位配备了财务专用电脑、针式打印机等硬件设备，为各单位安装了用友财务专用软件。与此同时，县财政积极沟通县电信局完成了对 44 家预算单位财务网络的横向联网，同时在规定时间内开设预算单位零余额账户 44 个；自尼玛县国库集中支付制度运行以来，在县委、县政府的大力支持以及县直各单位的紧密配合下，成立了国库集中支付制度改革领导小组，县财政联合 44 家预算单位、农业银行召开专题会议共 2 次，与农业银行、预算单位密切交流，听取多方意见和建议，及时发现并改正工作中存在的不足之处；2018 年，顺利推出教育局等

12 月 28 日，召开尼玛县乡镇财政所规范化建设动员部署会议。政府副县长达吉次仁（中）出席会议、财政局局长央吉主持会议

6家业务成熟的单位独立核算，剩余38家不能独立核算的预算单位与县财政局签订代理记账协议书，由县财政代理核算；通过多媒体演示、实地教学、个别辅导等方式，组织44家预算单位开展相关业务培训4次，让各预算单位财务人员了解、熟悉和掌握系统操作流程及业务知识，确保了国库集中支付工作的顺利开展，为下一步相关工作打下坚实基础。顺利开展2018年预决算工作。在县委、县政府的正确领导下，在各级各部门的积极配合下，县财政于年初和年末完成了2018年度财政预算、决算工作。为确保尼玛县财政工作公开透明，秉承“公开、公正、透明”的原则，于3月24日完成了2018年预算、2017年决算公开审核确认工作，并在网信尼玛网站进行了公开，公开部门包括44家县直预算单位、14个乡（镇）。

【财政督导检查及培训工作】 为了提升尼玛县财务人员的业务能力，适应新形势下的财政工作需求，提高财政人员的工作效率，县财政对县直预算单位财务人员40余人开展各项财政业务培训5次，召集14个乡（镇）财政所人员30余人开展财政业务培训3次，为更好地了解全县财务人员财政业务的能力以及财务人员本职工作成效，6月25日，财政局成立专项检查小组，通过交叉检查的方式，分别对14个乡（镇）财务所开展上半年财务检查，并及时召开反馈会，要求各乡（镇）限时整改。同年9月，财政局采取统一和交叉相结合的方式，对14个乡（镇）和44家县直预算单位进行下半年财务工作及上半年问题整改情况的全面检查，及时召开反馈会，将存在的问题摆在“台面上”来说，并限时相关单位进行整改，2018年财务监督检查面乡（镇）达到100%，村级达到50%，县直预算单位达到40%。此外，尼玛县还专门聘请天泰会计事务所专业会计人员对尼玛县电力公司、人民医院、藏医院等单位分别进行了财务收支审计，进一步规范了全县行政事业单位及国有企业的财务管理。

【“三农”资金】 2018年，县财政继续加大对“三农”资金的投入力度，共投入22468.97万元，其中：兑现无能力建房项目资金31.5万元，兑现农作种粮补贴资金1.98万元，兑现草原生态奖励补助资金14069.1万元，兑现农村居民最低生活保障补助资金895.3万元，兑现人数4330人，兑现城镇居民最低生活保障补助资金258.7万元，兑现人数323人，“三大节日”慰问金100.27万元，兑现农村五保户补助资金88.92万元，兑现人数180人，残疾人两项补贴资金291.6万元，兑现人数1538人，兑现新型农村合作医疗资金1556.58万元，兑现村级组织工作经费109.4万元，兑现教育“三包”经费2052.8万元，兑现三老人员生活补助资金152.7万元，兑现人数256人，兑现寿星老人补助资金8.98万元，兑现人数290人，兑现强基惠民工作经费1540万元（办实事经费），兑现双联户户长补助191万元、兑现科技特派员生活补助92.4万元、兑现农牧民孕产妇住院分娩奖补政策资金54.36万元、兑现药品零差价销售补贴资金39.48万元、兑现城乡居民在编僧尼体检资金309.9万元，兑现社区工作经费30万元、兑现村文化室工作经费8.08万元，兑现村干部基本报酬资金424.86万元，兑现村监督委员生活补助资金137.18万元，兑现村干部体检资金23.88万元等各项惠民资金，切实减轻了农牧民的负担，改善了广大群众的生产、生活条件、生活质量，促进经济社会事业健康快速发展，为实现尼玛县2019年脱贫摘帽奠定基础。

【重点领域的财政资金投入】 促进社会各项事业蓬勃发展。支持社会保障工作。2018年，县财政社会保障和就业支出3162.9万元；主要用于缴纳职工的五大保险基金（养老保险1442.56万元、失业保险46.28万元、工伤保险31.56万元、基本医疗保险1540.74万元、生育保险101.76万元）；大力支持教育事业的发展。2018年，教育事业支出10177.71万元，历年来，县委、县政府高度重视教育事业的发展，保证和完成尼玛县“两基”攻坚任务，提高办学水平和教学质量，促进尼玛县中小学教育事业健康、快速、持续发展；加大对脱贫攻坚投入力度，2018年，脱贫攻坚各项支出资金17472.84万元，其中：生态岗位补助及定向岗位补助资金3452.51万元；产业项目资金11566.71万元；技能培训资金115.04万元；本级对脱贫攻坚投入资金2338.58万元（此资金主要用于易地搬迁附属设施及脱贫攻坚工作经费）；加大了其他基础设施建设资金投入力度，投入资金5378.38万元，其中：棚户区改造建设本级投入资金2500万元；县城二期给排水项目本级投入资金2171.15万元，完小二期工程项目本级投入资金707.23万元。

加大惠农政策宣传力度，强化惠农政策宣传。尼玛县发放2018年版“西藏自治区农牧民享受财政补助政策明白卡”（藏汉双语），7000余册，做到了每户一本；以县强基办组织的驻村工作队培训会议、第九届旅游赛马节、畜产品展销会为契机，开展了惠民资金补助标准及补助政策宣传工作，让广大农牧民群众知晓“惠有多少、惠从何来、惠在何处”。

合理规划安排、落实财政法定配套资金。2018年，尼玛县财政共安排法定配套资金10407.58万元，其中：农村及城镇低保生活补助配套资金115.4万元；五保户生活补助配套资金41.55万元；五保户供养人员护理人员工资配套资金4.8万元；药物制度补贴配套资金25.48万元；精神障碍以奖代补配套资金5万元；先进双联户表彰配套资金8万元；统战部表彰配套资金10万元；村干部基本报酬、村监督员补助配套资金297.76万元；高龄两项补贴配套资金3.69万元；残疾人两项补贴配套资金33.72万元；城乡居民在编僧尼体检费配套资金61.98万元；双联户户长补助配套资金38万元；文化活动免费开放配套资金46万元；艺术表演团体补助配套资金8万元；城镇低收入租赁住房补贴配套资金2.33万元；村级动物防疫员奖励补助配套资金11.2万元；民管会成员补助配套资金10.23万元；广播电视人员辛苦津贴配套资金26万元；消防业务经费配套资金37.4万元；县人武部经费配套资金49万元；财政对“五大保险”基金配套资金3206.85万元；干部职工（不含教育）住房公积金配套资金2023.44万元；村级活动场所标准化建设配套资金800万元；农牧高寒棚圈建设项目配套资金210.8万元；村级生态环卫管护员补贴配套资金138.6万元；乡（镇）农机综合服务站车辆购置配套资金25.26万元；对教育投入上年财政收入20%部分525万元、教育职工住房公积金配套资金186.56万元；本级对脱贫攻坚投入资金2338.58万元；做到及时、准确、足额、规范落实，未存在克扣、滞留资金现象。

【存量资金的管理工作】 2018年，财政对超过两年及两年以上的结余结转资金、长期挂账不动用资金等，在确保单位正常运转的前提下，实行逐项甄别、逐笔核实、分户核定，对长期沉淀资金收回财政统筹使用，着力转变“资金部门化”的观念，2018年，财政共盘活存量资金8464.19万元，其中：县机关财务室盘活存量资金4217.2万元；乡机关财务室盘活存量资金3918.32万元；各乡（镇）财政所盘活存量资金328.67万元，从盘活存量资金支出8173.38万元，主要用于棚户区改造、县城给排水工程、政府“十件实事”、脱贫攻坚附属设施项目、荣玛异地搬迁各项支出等民生领域，做到合理利用存量资金，发挥资金应有的效益。

乡（镇）财政所规范化建设情况　县财政于2018年12月召集各乡（镇）财政所负责人及县农行负责人顺利召开乡（镇）财政所规范化建设动员部署会议，根据实施方案，配齐岗位，配全设施，完善制度，进一步加强乡（镇）财政基础建设。一是由县委组织部下发任命文件，任命乡

（镇）财政所所长 14 名，各乡（镇）党委、政府响应上级决策部署，配齐乡（镇）财政所所长、会计、出纳，3 个基本岗位，共计 42 名财务人员。二是根据市财政局关于对乡（镇）财政所规范化建设要求，县财政投入 3.7 万元，统一编辑、制作完成了 12 套各项财务制度及“五心、五不让”准则，对尼玛县两个试点乡（镇）（卓尼乡、尼玛镇）本级财政投入 4 万元，配备档案柜、扫描仪、碎纸机、复印机等设备，为 2019 年全面实现乡（镇）财政所规范化建设打下坚实的基础。

【财政局 2018 年领导名录】

财政局局长：央　吉（女、藏）

财政局副局长：索朗次仁（藏）

财政局副局长：尼玛卓嘎（女、藏）

（撰稿人：欧阳洲）

国　税

【概　况】 2018 年，在县委、县政府的正确领导和上级局领导的正确引导下，尼玛县税务局全体人员认真学习党和国家的路线、方针、政策，着力落实上级提出的各项税收工作指导思想和要求，坚持习近平的执政理念“贵在落实，崇尚实干”统领税收工作，按照“干好税务、带好队伍”的总体要求，坚持党建引领，突出创新集成，夯实基层基础，全年税收完成 4639 万元，再创历史新高。加强业务培训和学习，重点抓了干部的业务知识、相关法律法规知识及《中华人民共和国行政许可法》《中华人民共和国税收征收管理法》及实施细则等，增强了干部职工的业务素质。

【推进基层党建工作情况】 国家税务总局尼玛县税务局将深入学习贯彻党中央、国务院有关要求，从压实主体责任、加强基层党组织建设、抓好思想政治工作等方面，进一步加强机构改革期间的领导、做好党的建设工作作出部署。

7 月 15 日，县国税局党支部召开支部会议

税务局要严格履行主体责任、领导责任，充分发挥总揽全局、协调各方的核心作用，把党的领导体现在国税地税征管体制改革的各方面和全过程，把党的建设放在心上、抓在手上、扛在肩上，要牢牢把握政治方向，自觉强化“四个意识”，把是否坚决执行党的政治路线，作为检验改革成效的重要标尺，引导党员干部自觉对标、统一思想认识。

【廉政建设】 坚持教育为先，预防为主的思路，坚持预防为主，施教于先，强化教育，筑牢思想防线。从全面提高广大干部职工的政治素质，坚持每周搞一次的政治理论学习和税收业务知识的学习，不断提高干部职工思想政治素质，定期开展每月一次主题党日活动，组织干部职工学习各项廉政制度和税务部门的廉政纪律，以正反两方面典型为教材，认真进行警示教育，组织干部职工开展廉政活动。在工作中履行好岗位职责，切实提高工作质量和效率，树立了信守承诺、务实高效的税务部门良好形象。继续加大领导干部作风建设的督促检查力度，对于工作中严重违反效能建设规定以及不作为、慢作为和乱作为的工作人员严厉责任追究，充分运用组织措施和党纪政纪手段，加大对失职失责干部的问责力度，严格干部管理。

【个人所得税改革】 根据《个人所得税实施条例》和《专项附加扣除暂行办法》出台时间、ITS 系统升级及功能升级的时间节点适时开展培训，确保第一时间税务干部掌握最新政策内容及系统

9月13日，尼玛县税务局工作人员慰问养老院

操作。现场组织参加培训的税务干部填写专项附加扣除信息采集表。

【优化纳税服务工作情况】 始终坚持“始于纳税人需求，基于纳税人满意，终于纳税人遵从”的服务理念，设立预审岗，审核纳税人资料和解疑释惑，避免纳税人多头找、来回跑，用优质的服务，便民办税，让纳税人舒心；用一张笑脸，春风化雨，让纳税人顺心。多招并用，致力于用最短的时间、最快的速度和最优质的服务为纳税人办理各项涉税事项。

【税务局2018年领导名录】

税务局局长：其　美（正科）

纪检组长：益西旺姆（副科）

税务局副局长：李　永（副科）

（撰稿人：白玛扎西）

中国农业银行股份有限公司尼玛县支行

【基本情况】 农行尼玛县支行自1995年人农分设以来，20余年来未出现任何案件，曾多次被上级党委及政府评为案件防控先进单位。农行尼玛县支行现有1个县支行营业室，5个乡镇营业所。现有在职员工40人，其中：县支行员工20人，营业所员工20人，退休11人，党员17人，本科学历人员有18人，大专学历人员有7人，平均年龄29.8岁，是一只年轻有活力的金融队伍。

【主要工作业绩】 农行尼玛县支行贯彻落实总行、区分行和那曲分行党委工作部署，扎实推进金融扶贫和服务“三农”工作，取得较好成果。截至12月末，各项存款余额129116.46万元，较年初增加13716.36万元，增幅11.9%，各项贷款余额48026.66万元，较年初增加5154.26万元，增幅12%。不良贷款余额475万元，较年初减少20万元，不良率0.989%。

【主要工作措施】 深入扎实推进党建工作，加强党风廉政建设，有效提升员工队伍整体素质。抓好党建工作，加强基层党员队伍建设及强化党员活动阵地，广泛开展党员示范岗、示范窗口“三亮四比三评”活动，增强了党总支的凝聚力和向心力，最终实现“抓党建、促经营”。推进思想建设，深入开展“两学一做”学习教育常态化活动，认真贯彻落实党的十九大报告精神，坚持学用结合、知行合一，将党总支集中学习和党员个人学习相结合，讲好党课，用党章党规和习近平新时代思想武装头脑、指导实践。丰富党建形式，利用总行集中晨会的“微党课”学习党建知识，组织年轻党员参加支行举办的“见微知著微党课”“我是党员我带头演讲比赛”、党的十九大知识竞赛活动，激发党员的学习动力。学习党的各项方针政策，开展经常性的党性教育，通过多措并举的学习形式，更新观念，丰富知识积累，促进各项工作的推进。

【内控管理】 内控管理是业务发展的前提，加强内控管理落实员工行为排查，经常找员工谈

3月15日，尼玛县农行开展消费者权益日宣传活动

心谈话，了解员工的生活、工作、学习及思想动态，正确引导做好青年员工职业生涯规划，关爱老员工，实施人文关怀、人性化管理。注重发挥领导班子的作用，班子成员间紧密团结、分工合作、形成合力。在工作决策和组织生活中定后上，坚持民主集中制原则，始终保持班子成员之间、同事之间的相互尊重、沟通交流、团结一致。凡遇到重大问题和工作，都坚持班子集体讨论决定，并广泛征求部分员工的意见建议，有力地促进了班子凝聚力、战斗力的提高。坚持发展与合规经营并重的原则，定期组织员工进行业务知识和规章制度的学习和防火、防暴、防诈骗预案演练，提高全员的防范意识和综合素质，有效控制各种责任事故案件的发生，确保了安全经营。

【“三农”服务】 为全面贯彻落实总分行指示精神，那曲分行以建设服务三农主力军银行为目标，践行“面向三农、服务城乡”的企业使命，努力拓展金融支农的广度、力度和深度，着力构建基础金融服。

【助力建档立卡贫困户】 截至12月末，支行精准扶贫贷款余额5570万元，较年初增加696万元，增幅14.3%。突出抓好产业和项目扶贫工作。着力建立贫困户与产业发展主体间的利益联结机制，突出带动作用，合理选择产业项目，满足扶贫企业差异化的金融需求。重点支持信用良好、有生产经营能力和意愿的贫困人口。2018年12月末，建档立卡户贷款余额5700万元，支持建档立卡贫困户6290人，带动贫困户户均年增收3000元以上。以“钻金银铜”四卡贷款产品对接已脱贫及边缘贫困户在发展生产、改善生活等方面的差异化金融服务需求。截至12月末，“四卡”贷款余额22008万元。

【信贷投放】 尼玛县支行紧紧围绕“三农”这一改革发展重点领域和关键环节，不断加大信贷投入力度。截至12月末，涉农贷款余额36688万元，较年初增加4147万元，增幅12.74%，增幅均高于支行贷款增幅0.74个百分点。重点支持了当地农牧民发展生产、农牧区基础设施建设、建筑、汽车维修以及农牧民合作组织等领域。

【推广服务】 在原有“四卡”贷款模式基础上，大力推广惠农e贷产品，有效提升尼玛县支行服务品质，截至12月末，投放惠农e贷91万元。加大业务推销力度，为客户办理信用卡、借记卡、手机银行、基金理财等业务，使其享受到现代金融服务。逐步营销“四卡”贷款客户购买借款人意外险，从而大大提升了风险防控能力。针对部分乡镇地理位置较为偏远、经济相对落后的情况。大力推广“人工网点+自助银行+三农金融服务点+互联网金融+流动金融服务”为一体的服务网络，不断扩大贫困地区金融服务覆盖面。截至12月末，建立三农金融服务点64个，在5个行政村建立掌上银行村，累计对8个空白乡镇进行金融流动服务13次，总行程达1500多公里，为偏远地区的农牧民提供便捷的金融服务。

【“三线一网格”工作开展情况】 为确保“三线一网格”管理模式有效推进落实，结合尼玛县支行实际，共开展了2次培训，上报了13篇简报和按要求上报了每周动态，组织县支行全体员工和营业所员工开展了集体廉政谈话工作，新学员填写员工信息申报表及签订责任书，组织员工进行每月“三线一网格”集中学习，并落实常态化。尼玛县支行按要求开展了每两个月辖内网点巡检一次。截至2018年年末，共开展了反腐倡廉建设教育、案防分析会，在节假日期间发放廉洁提示函等工作，每月集中开展“三线一网格”学习，建立规范了员工一人一档的工作机制，协助党总支书记的工作，开展了相关的业务竞赛，利用晨会互动环节和员工提问的方式考察“三线一网格”管理模式掌握情况，另外以独特创意的手绘漫画去解读“三线一网格”管理模式，这样使全行员工对“三线一网格”管理模式的认识大大提高，做到了及时发现问题、及时上报问题的履职要求，为防范各类员工违纪行为造成的风险隐患做好准备，早发现早治理，及早采取措施消除隐患。

【农业银行尼玛县支行 2018 年领导名录】

尼玛县支行党总支书记、行长：

增 拉（藏）

尼玛县支行纪检委员、副行长：

彭措扎西（藏）

尼玛县支行副行长：多吉次旺（藏）

（撰稿人：增 拉）

农牧与林业

农 牧

【概　况】 2018年，农牧局在县委、县政府的正确领导下，始终坚持贯彻落实科学发展观，认真学习党的十九大精神，深入开展“四讲四爱”等专题教育活动，坚决贯彻落实区、市、县三级2018年农村工作会议精神，紧密结合那曲实际、尼玛现状，坚持一手抓稳定，一手抓发展，团结带领全局干部职工锐意进取，奋力拼搏，圆满地完成2018年度农牧业各项工作任务。尼玛县位于那曲市西北部，辖区1镇13乡，77个（居）委，2018年年底，全县8515户（其中7744纯牧业户），32683人（其中牧业人口31640人），16432人劳动力。拥有天然草原1.8亿亩，可利用草原1.01亿亩。年末牲畜存栏91.91万头（只、匹），其中牦牛8.24万头、马0.48万匹、山羊33.64万只、绵羊49.56万只。

【农牧业工作】 畜牧业发展势头良好。年底存栏各类牲畜91.91万头（只、匹），与上一年同期相比减少3.04万头（只、匹）；新生仔畜成活31.48万头（只、匹），成活率达91.91；牲畜死亡1.55万头（只、匹），死亡率达1.65%；年出栏牲畜37.25万头（只、匹），肉产品产量7467.06吨、奶产量3990.24吨、毛绒产量680.81吨。

【推广绒山羊】 尼玛县原种场工作人员5人，临时工或饲养员15人，科研用羊810只，其中：种公羊213只、核心母羊211只、基础母羊386只，草场27万多亩草场，饲草料基地一处50亩。主要开展种畜资源选种选育、产业现代化养殖、成果推广等科技研究工作。2018年推广白绒山羊共5277只。其中：县原种场推广1774只、畜牧良种补贴推广550只、群众自发推广2953只。

尼玛白绒山羊是尼玛县的特色产业，尼玛县白线山羊原种场是西藏自治区成立30周年60个大庆项目中的牧业项目之一，是农业部藏西北百万只白绒山羊基地建设项目的一部分，1994年开始建设，1997年完成建设并通过了农业部终验，大力开展白绒山羊选育改良工作，经过近20年的本品种选育工作，个体产绒量有了明显的提高，绒品质量得到了进一步的优化，曾获“藏西北线山羊品种选育研究”的2008年“西藏自治区科学技术奖一等奖”等多种奖项。尼玛白绒

4月5日，尼玛县召开县委农村工作会议

山羊是西藏绒山羊中的藏北白绒山羊，是以生产山羊绒为主，绒肉兼用的地方性品种，属山羊中的珍品，耐寒抗旱能力强，习性高山草地，适合在海拔4500米以上的高原生存。在藏区生长的尼玛白绒山羊体躯呈长方形，四肢结实，肉质绵密，纹理细腻有弹性，膻味小，屠宰率高，净肉率约25.2%。2018年山羊总数达35万多只，其中纯白绒山羊占山羊总存栏数的70%，14个乡镇均有分布，尼玛镇、申亚乡、阿索乡、俄久乡成立了白线山羊优良品种示范户170户，全县示范户达1000多户。尼玛白绒山羊绒最高个体产绒量达584.8克，平均产绒量达340.08克，分别比建厂初期提高了147.8克、158.08克。基础母羊最高个体570克，平均产绒量达273克，分别比建场初期提高了295克、134.02克。绒自然长度≥4厘米，绒细度为13—15微米，净绒率≥52.78%。

【动物疫病防治工作】 全年从那曲调运口蹄疫疫苗365箱，小反刍兽疫疫苗36万份，其他常规疫苗1020箱，各种驱虫药390箱，并根据牲畜头数及时发放了各乡镇。全县春秋季口蹄疫疫苗接种分别为95.35万头（只、匹）和93.93万头（只、匹），治疗牲畜头数为6.23万头（只、匹）。包虫病防治知识率或技能培训率达到85%以上，开展培训15次，参与人次达300余人次。犬类驱虫数为4.3万只次，犬粪处理5.81万份，接种幼畜包虫病疫苗羔羊2次数量分别为23.33万只、26.64万只。尼玛县流浪犬收养所消毒23次，采样羊血清1900份，牛血清400份、犬粪400份，牛剖检5头，羊剖检10只，并送检至市畜牧兽医推广总站。

【畜产品质量安全检查】 农牧局与县食药局等相关单位协同，对畜产品进行市场检查32次，参与180人次，检查经营单位50余家。对430个牛羊酮体、6吨牛羊皮进行产地检查，对190头牛、670只羊和4头牛进行了动物检疫。

【劳务输出】 2018年，农牧业工作坚持市场为导向，以促进农牧民就业，增加农牧民收入，畜产品加工和劳务输出为突破口，全年实现多种经营收入26639.84万元，农牧民劳务输出人数达12293人次，实现收入4863.77万元。

【项目建设】 2017年，尼玛县项目建设有农产品质检站建设项目（主要建设投资达315万元，基建部分已经完工，设备采购正在进行中，已完成80%）；那曲地区牧区动物防疫专用设施建设项目（投资达72万元，已完成80%）；尼玛县2017年天然草原退牧还草工程项目（投资达1860万元，其中中央预算内投资1620万元，自治区财政投资120万元，群众自筹120万元，已完成60%）；尼玛县县级农牧业防抗灾物资储备库建设项目和尼玛县乡级农牧业防抗灾物资储备库建设项目（投资1170万元，现已竣工）；那曲地区尼玛县藏系绵羊养殖基地建设项目（投资达2499.71万元，其中国家投资1000万元，其他投资1499.71万元，已开工，完成20%）；那曲地区尼玛县绒山羊养殖基地建设项目（投资达1249.92万元，其中国家投资500万元，其他投资749.92万元，已开工，完成20%）。

【草原生态保护补助】 在县委、县政府大力支持和各乡（镇）人民政府、村“两委”、驻村工作队及草原监督员等共同努力下，2018年，草原生态保护补助奖励机制工作顺利通过区、市两级验收。2018年到位资金14346.86万元，需兑现14344.5万元（其中限高保底资金14069.08万元及监督员补助兑现275.4万元），结余2.36万元，截至年底完成兑现落实工作。

【禁牧及监测工作】 共落实禁牧草场1570万亩，聘用510名村级草原监督员及3890名精准扶贫生态脱贫岗位监督员。根据全县草原分布情况，在各乡镇内设置的16个样地、48个测产样方完成监测及信息录入工作。

【春播秋收工作】 尼玛县总播种面积2472亩，其中：粮食1500亩，蔬菜424亩，青饲料548万亩。粮食产量达到256.84吨，蔬菜产量111.49吨（多数为元根），青饲料713.42吨，为全县的防抗灾储备工作贡献了一定的粮食及饲草料。继续引导和鼓励牧户在房前屋后混播种植牧草，乡（镇）及村（居）集中连片种植牧草，全年种植面积达3.86万亩，每亩干草产量达到77公斤，主要种植青稞及燕麦、绿麦等饲草。

【防灾减灾工作】 安排部署防灾减灾工作，于2018年10月12日上午召开了尼玛县今冬明春防灾减灾工作动员部署会议，会议以电视电话会议形式召开，由县人民政府副县长格桑曲珍主持，县直有关部门及14个乡（镇）干部职工、驻村工作队等共计250余人参加会议，县人民政府副县长、农牧主管阿旺罗布从三方面对今冬明春防抗灾工作进行了具体的部署，分析当前尼玛县牧业所处的严峻形势，调整充实各项机制。尼玛县防抗灾各级编制15份应急预案，各应急领导小组112个，成员1680人，各级突击领导小组92个，队员2300人，与各乡镇签订《防抗灾物资储备目标责任书》，进一步明确了各乡镇及各成员单位“五储备”工作任务目标，把责任从县到乡、乡到村、村到户的形式层层落实到位，并要求入冬之前将相关的抗灾物资储备到位，确保人畜安全过冬。积极储备抗灾物资。全县饲草料（代饲品）储备4241吨，燃料储备302万袋，储备价值为62万元兽药。

【农村集体产权】 为按时完成农村集体资产清产核资工作，7月4日，召开清产核资工作动员部署会议，下发清产核资工作领导小组及实施方案等相关文件并安排乡（镇）专干赴班戈县实地学习业务知识。2018年年底，完成清产核资的乡（镇）14个，村（居）77个，清产出经营性资产893.76万元，非经营性资产12342.93万元，农村集体土地237.63亩。

【农村土地承包】 尼玛县严格按照自治区、市、县《农村土地（耕地）承包经营权确权登记颁证工作实施方案》的要求，分3个阶段（准备、清查、总结验收阶段），11个步骤基本完成了农村土地（耕地）承包经营权确权登记颁证工作。尼玛县农村土地（耕地）承包经营权确权颁证工作涉及4个乡（镇）、7个行政村，579户2482人。本次农村土地（耕地）承包经营权确权颁证工作579户，已完成579户，完成率达100%，应确权面积1068.66亩，已完成1068.66亩，完成率达100%，确权颁证工作通过自治区级验收，完成证书颁发和合同签订工作。

【农牧局2018年领导名录】

农牧局局长：尼玛扎西（藏）

农牧局副局长：白玛罗布

农牧局主任科员：苏　磊

（撰稿人：白玛罗布）

水　利

【概　况】 2018年，水利在县委、县政府的坚强领导下，在县人大、县政协的监督指导下，在区、市水利部门的关心和帮助下，紧紧围绕年度工作目标，加强项目跑办争取工作，着力推进项目建设，深入贯彻落实党的十九大精神，以构建社会主义和谐社会为统领，全局上下协力，齐抓共管，强化领导责任，创新工作机制，在水利系统营造了全面创安的良好气氛，圆满完成了2018年各项目标任务。

【水利政务】 水利局积极参加县委组织的各项理论学习，认真落实党和国家、自治区党委、政府、水利部、自治区水利厅和市水利局相关文件精神，加强理论学习，以学习贯彻习近平总书记系列讲话和党的十九大精神，全面提升党组织的凝聚力和战斗力，为深化水利改革、实现水利跨越发展提供坚强的思想、政治和组织保障。根据年初做出的工作安排，要求各干部职工认真学习党和国家的各项新的方针政策。时代在进步、技术再更新，水利局要求各干部职工要开拓进取、努力创新，利用业余时间学习各项业务知识，不断提高自身业务素质。把专业知识学的更扎实，在工作中能更好地得以应用。

【项目资金管理】 2018 年，水利工程项目建设主要涉及农村饮水安全工程、水电站维修、小农维修、草场灌溉等项目，有力地支持了尼玛县水利建设，对改善水利基础设施，促进地方社会经济发展起到了很大的推动作用。中央水利资金下达后，由县财政局按年度预算、工程进度和合同约定情况，通过规定程序将补助资金及时拨付到项目建设专户，不存在滞留、侵占挪用和套取中央水利资金问题。尼玛县严格按照项目基建程序，严格拨款程序，及时按项目进度拨付项目款，无拖欠等情况。水利资金下达后，由县财政局按工程进度和合同约定情况，通过规定程序将补助资金及时拨付到项目建设专户，不存在滞留、侵占挪用和违规占用水利资金问题。水利局在项目验收后，及时整理相关资料，报送市财政局，进行项目竣工审计，做到了项目完工及时报送、及时审计。资金使用均按合同规定执行，工程款支付及时，资金使用符合相关资金管理办法规定，为管理好水利资金，尼玛县不断完善项目建设和资金管理机制，各水利项目资金项目严格实行了项目法人制、项目监理制、工程招投标制及合同制管理，各项目法人建立了比较健全的财务管理制度，依法设立会计账簿，配备财务人员，进行独立核算。项目资金使用管理实行了“三专”，即实行专户管理、专账管理、专人管理。同时被列入基本建设预算的项目，项目建设单位在工程开工后，申请资金拨付前，需将工程立项和预算批复、招投标文件、施工合同等相关资料报送财政局、水利局备案。工程建设进度款按项目的施工合同约定、工程进度等情况拨付资金。完工结算按县审计局出具的审计结果及合同约定进行支付，经县水利局及相关部门验收签署意见后，送财政局办理拨付。经县财政局审核后，直接拨付至施工单位基本账户。

【项目建设】 2018 年，水利续建项目：那曲地区尼玛县城区山洪治理工程（贷款项目），该项目总投资 443.28 万元，截至 2018 年 12 月，已完成总工程量的 100%；那曲地区尼玛县达果乡多玛村防洪工程（贷款项目），该项目总投资 632.46 万元，截至年底该工程已经竣工；那曲地区尼玛县文部乡当惹雍错饲草料基地灌溉工程（贷款项目），该项目总投资 771.55 万元，截至同年 10 月，已完成总工程量的 90%。2018 年水利新建项目：项目总投资 2246.16 万元的尼玛县高效节水灌溉工程截至年底已完成总工程量的 100%；2017 年农村小水电维修养护工程 44.53 万元、2016 年农村小水电维修养护工程 44.53 万元、2016 年农村水利维修与养护工程 53 万元，截至年底已完成总工程量的 100%；2018 年水利维修与养护工程 330 万元，截至年底，已完成总工程量的 100%。2018 年农村饮水安全巩固提升工程，该工程总投资 975 万元。2018 年年底已完成总工程量的 30%。

【水价综合改革】 农业水价综合改革是关系农牧业、农村长远发展的重大改革事项之一，为健全尼玛县农业水价形成机制，建立农业灌溉用水总量控制和定额管理制度，促进水资源合理配置和高效利用，保障农田（牧区）水利工程良性运行。根据《西藏自治区人民政府办公厅印发关于推进农业水价综合改革实施方案的通知》和《西藏自治区水利厅、西藏自治区发展和改革委员会关于印发〈西藏自治区农业水价综合改革 2018 年度实施计划〉的通知》文件精神，根据《西藏自治区“十三五”高效节水灌溉工程总体实施方案》以及《那曲市推进农业水价综合改革实施方案》等文件精神在“十三五”期间那曲市选择尼玛县作为试点开展农业水价综合改革工作，优先保障试点地区各项改革措施，为全市农业水价综合改革积累经验，提供借鉴，发挥示范引领作用，并逐步在农田（牧区）水利工程、农业用水基础条件相对较好的灌区推广。

【组织保障】 水利局对改革工作相当重视，成立以政府副县长阿旺罗布为组长，水利局局长任副组长，相关成员单位为成员的尼玛县2018年农业水价综合改革领导小组，协调解决推进工作中存在的各项问题，为改革工作的推进提供了强有力的组织保障。加快2018年高效节水5220亩的工程配套设施建设，建立健全工程完好、配套设施齐全的高效节水工程项目，2018年高效节水灌溉工程已完工，同时鼓励和引导村民积极参与高效节水工程建设。确定农业灌溉用水总量指标，将牧区农业灌溉用水主体落实到具体水源，明晰农业灌溉初始水权，全县范围内的重要水利设施均取得用水许可。做好农业水价综合改革政策解读，加强宣传和舆论引导，布置宣传标语14余条，现场宣传14次，发放宣传资料近300册，多次到达项目点推广农业节水措施，引导用水单位树立节水观念、增强节水意识，保障农业水价综合改革平稳顺利实施。

【防汛抗旱工作】 尼玛县坚决贯彻落实防汛抗旱工作行政首长负责制，政府副县长阿旺罗布对县防汛抗旱指挥部负责，指挥部在县水利局下设办公室，水利局局长罗金林任办公室主任，并指定防汛抗旱专干卓嘎拉姆为信息联络员。尼玛县防汛抗旱指挥部与各乡镇及县水电站签订了《防汛抗旱目标责任书》15份，各乡镇由乡镇长或书记担任具体责任人，并指定了专门联络人员。

【防汛抗旱经费】 县财政安排专项经费10万元用于购置防汛抗旱物资和防汛抗旱演练（防汛演练方案正在编制）等费用，由县财政局统一管理，县防汛抗旱指挥部财务人员负责对接。

【防汛抗旱物资储备】 尼玛县防汛抗旱办公室对防汛抗旱仓库储备物资进行了清点核查，并进行了登记造册。经检查，全县共有防汛抗旱仓库2个，仓库位置合理，消防和防盗设施齐全。年底，储备物资包括铅丝笼120捆902平方米，彩条布（防水布）60捆5700平方米，编织袋38000条，十字镐26把，柴油发电机10千瓦2台；铁锹200把；十字镐100把；雨鞋100双；雨衣30件；救生衣50件；救生圈50个；强光电筒防水多功能50个；抽水泵2台；应急灯20只。基本能满足防汛度汛需要。

【重点部位排查情况】 尼玛县当前尚无山洪水雨情监测点及预警设施设备。全县对县城水电站和堤防进行了安全度汛隐患排查，经排查，尼玛县水电站运行情况良好，各项防汛制度、措施、人员落实完善，但也存在水库大坝坝体渗水的问题，县水利局已经积极协调上级有关部门进行水库坝体勘测并积极争取维修资金，切实保障水库坝体安全和安全度汛工作。

【非工程措施】 尼玛县防汛抗旱指挥部坚持24小时值班和领导带班制度，要求值班人员必须在岗在位，在汛期天气出现异常情况时，及时与各乡（镇）取得联系，询问各乡（镇）雨、水情况，第一时间掌握各乡（镇）天气变化情况，并做好上传下达工作。各乡（镇）和县城水电站安排好值班，并指定各乡（镇）一名副乡长专职和一名防汛抗旱信息专干（联络员），由该人员每日下午4:30前向防办报告天气与防汛情况，并要求该人员必须保持24小时通信畅通，轮休、休假、出差等不在岗时指定其他人员负责并及时通知防办，以便防办有紧急情况时能与各乡（镇）及时取得联系。

【宣传培训情况】 尼玛县防汛抗旱指挥部积极组织开展了防灾减灾宣传活动，向各乡镇发放宣传册1500余份，对山洪灾害的预防进行了宣传，起到了积极的作用。

【水土保持目标】 水利局坚持“预防为主，防治结合”的工作方针，依法保护、管理、合理使用水土资源，防止水土流失，切实抓好水土流失综合治理实施工作，认真、落实了自治区、市下达的各项目标任务。水利局高度重视，迅速部署，对县水土保持工作进行检查、指导。依据水土保持工作“三同时”原则，水利局将贯彻落实“同时设计、同时施工、同时验收”的原则进行水土保持层层分解，进一步明确了工作责任。加强对施工单位的宣传教育，结合以预防为主、监督管理为辅，对涉及水土保持项目治理的施工单位，利用现场集中面授等多种方式，宣传加强水土保持重要性，不断增强他们的水土保持意识。

【党风廉政建设】 突出重点，全面提高干部职工廉政意识。廉政建设关键在人，局领导班子和局党组坚持把干部职工党风廉政教育作为廉政工作的首要任务，常抓不懈。认真贯彻落实会议精神。县委召开全县党风廉政建设暨反腐败工作会议后，水利局立即召开全局干部职工，学习传达中央、县委及全县党风廉政建设和反腐败工作会议精神，学习了县委领导的讲话和全县党风廉政建设暨反腐败工作的安排意见，并召开专题会议分析研究安排各阶段的党风廉政建设工作。结合实际研究制定了县水利局2018年党风廉政建设暨反腐败工作的安排意见，层层签订党风廉政建设目标责任书和任务分工表，并按各阶段的安排结合业务工作加强监督考核和评议。进一步加强党风党纪教育。按照市、县党风廉政建设和反腐败工作会议部署，把开展党风廉政教育与保持共产党员先进性教育活动结合起来，与全面落实县委、县政府工作部署结合起来，进一步深化认识，强化廉洁自律意识。通过学习，提高了党员领导干部廉洁从政的意识和严守纪律的自觉性，从思想高度和政治意识上增强了拒腐防变能力。加强法纪宣传教育。经常利用近年来一些典型的大案要案，以案说法，以案说纪，认真剖析腐败案件的内在根源、深刻教训，采用集中讨论、会议座谈、写心得体会等形式，增强干部职工勤政廉政意识，认真转变服务态度，扎扎实实工作。

【自身建设】 水利局对各项制度进行了全面清理，修订完善了《党风廉政建设责任制》《政务公开制度》《财务管理制度》等相关制度，使干部做到心中有准绳，行为有规范。严格落实党风廉政建设责任制。加强组织领导。为切实抓好党风廉政建设做到有人抓、有人管。成立了由局成员组成的党风廉政建设领导小组，并把党风廉政建设纳入行政工作目标管理考核中，做到一起部署、一起落实、一起检查、一起考核。责任任务分解到人。为了明确各位领导干部党风廉政建设职责要求，将党风廉政建设工作项目、工作职责、工作要求、主管领导一一落实到人，进一步明确了责任主体，责任内容。认真履行一岗双责。按照党风廉政建设责任制“五三三二”的要求，局长重视抓好党风廉政建设，做到“五亲自”。即：亲自听取工作进展情况汇报，亲自布置任务，亲自讲党课，亲自提要求，亲自主持召开廉政工作会和民主生活会。严格落实信访工作责任制。在群众来信来访工作上，局领导十分重视信访工作，坚持以人为本，认真贯彻《信访工作条例》，每月的第一个工作日为信访接待日，由副职以上领导轮班接待，加大督办力度，基本做到了件件有回音，事事有交代。局领导班子成员对分管负责的信访案件坚持做到“四个亲自”，即亲自接待来访群众，亲自批阅群众来信，亲自调查信访案件，亲自解决棘手信访问题。在接待群众信访时，不回避矛盾，不制造矛盾，对土地纠纷不推、不拖、不靠，坚决依法处理，收到了较好的效果。

【“河长制”和“湖长制”工作】 落实经费。为全面推进尼玛县“河长制”工作，经县长办公会研究同意，由县财政计划落实90万资金用于解决全县推行“河长制”工作经费，主要用于“河长制”公示牌的制作、宣传资料的制定、局日常工作经费。河长设立。尼玛县共计设立28名县级河长，124 名乡镇级河长，77 名村级河长。

【河长巡河】 为了全面了解尼玛县河湖的基本情况，结合加强水资源保护、加强水岸线管理保护、加强水污染防治、加强水环境治理、加强水生态修复、加强执法监管六大工作任务，2018 年，全县县级河长共计巡河 6 次，乡镇级河长巡河 123 次。一河（河）一策。尼玛县于已完成对 8 条河流、14 个湖泊的一河（湖）一策编制工作。宣传培训。通过发放宣传资料等方式广泛宣传开展“河长制”工作的重要性和必要性，切实增强群众环保意识，激发广大群众参与水环境保护的积极性和责任感，使河道采砂专项治理、河湖沿岸垃圾清理等工作深入人心，家喻户晓；为了全面有效的推进“河长制”工作，积极参与市组织召开的“河长制”工作培训专题会议，并召集各乡镇“河长制”工作人员深入学习培训精神，并对“河长制”工作手册进行了宣读，为推进“河长制”工作奠定了扎实的基础。

【河湖沿岸垃圾清理】 截至 2018 年 12 月底，尼玛县针对湖泊、河流沿岸垃圾清理工作 51 次，发动干部职工、群众 1000 余人次。

【水利局 2018 年领导名录】

水利局局长：罗金林

水利局副局长：落桑尼玛（藏）

（撰稿人：罗金林）

林业（森林公安局）

【概　况】 尼玛县是国家级羌塘自然保护区的重要组成部分，有辽阔的羌塘草原和神秘的藏北无人区，尤其是一望无际的无人区拥有着丰富而珍贵的野生动物资源，分布在尼玛县北部乡镇，其中俄久、荣玛、中仓、阿索等乡镇的国家一级保护动物，青藏高原特有的野牦牛现大约有 4 万头；分布在各乡的藏羚羊 18 万多只；分布在各个乡镇的野驴约 8 万头；分布在北部、南部的盘羊大约有 5000 只，以上资源在藏北的羌塘无人区被保护的最好，种群数量也最多。还有分布在各乡镇属于国家二级保护动物的棕熊现大约有 1000 头；分布广、数量较少的雪豹现有 160 左右；1000 多只黑颈鹤少量分布在县境内，还有藏雪鸡、藏原羚、藏狐、猞猁等国家一、二级保护动物 20 多种，给这片神奇的土地增添了更加迷人的色彩。尼玛县有著名的达果雪山、荣玛温泉，三个国家级自然保护区分别为色林错自然保护区、羌塘自然保护区、当惹雍错国家级湿地公园；三个自治区级自然保护区分别为昂拉错—马尔下错自然保护区、洞措自然保护区、扎日南木措自然保护区。羌塘国家级自然保护区总面积为 3.0791 万平方公里。

【林业管护】 2018 年，林业局按照市委行署要求开展了打击违法占用湿地专项行动，进行两次湿地保护管理专项行动。在敏感期间对藏羚羊交配和活动比较集中的区域重点进行严厉巡护，深入羌塘国家级自然保护区、核心区、缓冲区内开展了大规模、全方位的大型巡逻两次，对藏羚羊交配和活动比较集中的区域进行蹲点守护，以及在藏羚羊交配和产仔的季节多次组织工作人员在羌塘保护区周边以及南部藏羚羊分布比较集中的区域进行了小型巡逻数次。尼玛县羌塘国家级自然保护区体制机制专业管护站 135 名专业管护员

2 月 28 日，尼玛镇木嘎雪山点和荣玛一村觉木山点跟踪拍摄 20 余只雪豹

9月3日，县兽防站专业医护人员及林业局工作人员赴实地检查藏羚羊疫情

和135名湿地监测野保员为守候羌塘而不懈努力。2018年，在阿索乡和中仓乡中间的317国道界限开通了重点藏羚羊迁徙通道，此次动员了全体干部职工，并在路面少量铺撒了沙子，约有4000只藏羚羊通向了迁徙路口。6月15日，林业局逐渐开展了对羌塘国家级自然保护区、核心区内全范围的围栏拆除工作，此项拆除工作动员了周边管护站野保员共30余人，将全面拆除荣玛乡境内羌塘国家级自然保护区范围内将近2万亩禁牧草场的围栏。重点藏羚羊产仔地，林业局管理分局提前组织进行动员专业管护员捕抓流浪狗行动，将20多条狗抓捕并送往尼玛县流浪狗救护站，在上级部门的高度重视下，重点管控非法穿越羌塘自然保护区和湿地保护范围，手续未齐全的勘察队8组被换回并补办手续，登记了手续齐全的9组勘察队（共114人）。进一步加强了自然保护区管护巡护工作。逐步建立了巡护监测制度，健全巡护队伍，提升自然保护区有效管理能力。林业局动员专业管护员在县管辖范围境内重点车辆过往处建立了3个设卡点，对外来车辆、人员进行登记，设卡解决安全隐患问题。

2018年11月5日，在尼玛县政府三楼会议室进行为期两天的工作总结会议暨表彰大会。会议由林业局管理分局负责人格桑扎巴主持，林业主管县长阿旺罗布，林业局局长怒琼，森林公安局副局长德青伦珠，管理分局负责人格桑扎巴、管理分局干部职工以及各管护站135名人员参加此次会议。对考核合格的135名专业管护员进行奖励（每人400元），对2018年度管护工作中表现突出的先进集体管护站6个（每站1000元），先进个人管护员11名（每人500元），优秀管护站负责人11名（500元）等优秀学员颁奖，奖金对现资金共71000元，此次奖金从2018年羌塘国家级自然保护区专业管护站运行经费及专业管护员基本报酬等资金中支出。

【野生动物保护】 2018年，为了打击偷猎、盗猎、非法运输野生动物制品等案件，林业局借助法治宣传日、畜产品展销会、综治宣传活动以及各乡镇的赛马节等大型活动时期对个体工商户和农牧民群众通过发放野生动物保护宣传手册、海报等（全年共发放1000余册），加强群众敢于同偷猎、盗猎等违法犯罪活动作斗争的意识。全力做好野生动物疫源疫病各项工作。疫情发生后及时启动应急预案，并组织工作组深入实地检查指导，开展各项防控措施。把握最佳防控时机，将疫情危害控制到最低限度。9

11月8日，申亚乡4村北瓦村内首次发现一只鹿

月3日，尼玛县羌塘国家级自然保护区吉鲁专业管护站管护员在阿索乡4村境内巡护过程中发现有藏羚羊不明死亡的现象，并第一时间上报给林业局，接报后林业局立即组织人员前往阿索乡4村了解该区域藏羚羊死亡原因及情况，并第一时间组织尼玛县兽防站专业医护人员及局工作人员赴实地检查疫情。林业局初步检查以及兽防站医护人员详细检查了解：可能是口疮传染病的原因，也有可能是家畜传染导致的原因，其具体病因尚未明确。9月3—25日，累计发现该区域先后有47只藏羚羊不明死亡，及时将发现的藏羚羊死亡尸体进行无害化处理，尽最大努力减少死亡的数量，自9月26起，在疫情区域内的藏羚羊未出现死亡现象。在上级部门、县委、县政府以及局领导的高度重视下，且通过专业管护员和野保员、林业生态岗位人员以及林业局干部职工的共同努力下，疫情防控工作有显著成效。2018年11月，申亚乡4村北瓦村内首次出现一只鹿，在色林错东南部有座较陡峭原起名为鹿山的山脉，上古世纪有极少数鹿出现在此地，林业部门高度重视这一情况，深入实地并组织该管辖区域内的湿地监测员重视该鹿的行踪以及该区域内的管护工作，并为湿地监测员配备了专用摩托车，要求每周以电话形式上报监测情况，做到全方位保护工作。

【植树造林】 2018年度植树造林任务全面完成。2018年5月初，组织在家干部职工利用7天左右时间在林业局办公楼后面种植了450多棵，现存活率达80%。

【其他工作】 2018年5月13日，自治区党委副书记、区政府主席齐扎拉以及那曲市地委副书记敖刘全等上级领导到尼玛县专用管护站视察工作开展情况。2018年年初，科考队以尼玛镇木嘎雪山点和荣玛一村觉木山点为重点考察点进行跟踪拍摄，发现这两个考察点有近20只雪豹，且科考队研究蹲点得出该地为尼玛县雪豹主要栖息地。

自然保护区环境保护督查工作。2018年，林业局根据中央环境保护督查工作组以及自治区、市相关部门的有关要求，林业局认真排查尼玛县辖区羌塘国家级自然保护区、湿地自然保护区内开矿、采石、挖坑等违规项目以及在自然保护区内违规建筑等。林业局根据实际情况认真排查，在排查过程中尼玛县羌塘国家级自然保护区内未有房屋等违规建设。开展森林防火、草原防火专项宣传教育工作。为有效预防和扑救森林、草原火灾，切实保障保护区人民生命财产安全，以“森林防火、草原防火为第一、预防为主、综合治理”的方针为指导，由森林公安民警牵头给11个专业管护站的专业管护员讲述森林防火、草原防火的防范措施以及应急措施，抓好本辖区森林防火方面的工作，做好应急准备。深入保护区内的群众中去，普及《中华人民共和国野生动物保护法》《自然保护区保护条例》《森林防火条例》的宣传。做到从群众中来、到群众中去的原则。先后组织了十次集中宣传活动，在宣传中共出动车辆2台次、出动警力4人次、发放野生动物保护张贴纸800余张，防火标语600余张、各类宣传资料600余份。

【林业局2018年领导名录】

林业局局长：努　琼（藏）

羌塘国家级自然保护区宣教中心主任：

王　立（2018年7月任职、正科）

森林公安副局长：德青伦珠（藏）

羌塘国家级自然保护区宣教中心副主任：

格桑扎巴（藏）

（撰稿人：格桑扎巴）

气　象

【概　况】 尼玛县气象工作在县委、县政府的正确领导下，做好常规气象服务工作的同时，不断拓展尼玛县气象服务领域。联合县农牧局为文布乡制作提供青稞、元根种植气象服务。扶贫工作领域，联合县交运局、拉萨市气象局为尼玛县异地搬迁的荣玛乡提供气象服务。做好尼玛县赛马节、物交会等重大节日气象服务。

【三农工作】 根据三农项目方案认真落实三农工作。进一步完善防灾减灾体系建设：更新县级防灾减灾指挥部成员，增加为农服务职能；14 个乡镇皆建成以乡镇为第一责任人的指挥部。进一步完善乡镇气象信息站的建设：14 个乡镇皆任命站长及协理员，77 个行政村皆任命 2—3 名信息员，实现了气象信息员 100% 的覆盖。组织开展气象信息员培训一次，信息站站长培训一次，参加培训人数达 80 人次。组织召开指挥部联席会议 2 次。联合宣传部、司法局、农牧局、水利局在县城安装 6 块科普宣传栏；在乡镇主干道 5 处易灾点安装警示牌。完成 13 个乡镇的气象调研工作和科普宣讲工作；组织 5 个乡镇开展气象灾害应急演练，参与人数达 200 多人。

【其他工作】 综治维稳工作中气象局被尼玛县政府评为“尼玛县平安单位”。进一步改善干部职工工作生活环境：完成县局绿化、亮化工程；建成职工活动室；完成单位党建室、会议室装修工程；开通单位市政供水；建成单位防护网。

【气象局 2018 年领导名录】

气象局副局长：乐天吉（藏、主持工作）

（撰稿人：乐天吉）

交通与通信

交通运输

【概　况】2018年，交通运输局在县委、县政府的领导下，在区、市交通部门的关心和帮助下，紧紧围绕“交通建设提升年”发展目标，统筹推进“四好农村路”建设，加强项目跑办争取力度，着力推进交通基础设施建设、提升道路运输服务能力，努力消除交通瓶颈制约、补齐发展短板，为尼玛如期打赢脱贫攻坚战、全面建成小康社会提供坚强交通运输保障。

【交通项目前期工作】遵照习近平总书记“交通建设项目向进村入户倾斜”讲话精神要求，按照吴英杰书记重要批示和自治区决策部署，扎实推进“四好农村路”建设，全力打好交通扶贫脱贫攻坚战，保障农牧民共享交通运输发展成果，交通运输局扎实推进交通项目的争取、衔接、跑办工作，通过不懈努力取得了巨大成效。2018年，尼玛县待建农村公路项目共28项，其中处于施工图纸审查阶段的项目共12项（前置手续已办理完成），由于以上项目西藏设计院未审查通过，处于图纸修改阶段，待西藏设计院审查项目共16项（未办理前置手续）。

【公路工程项目建设】2017—2018年，尼玛县境内交通项目共计37项，总投资260674.31万元，建设里程1257.86公里，现已完成投资92355.8万元，占总投资的35.43%。其中：自治区交通投资公司法人项目2项，项目总投资5亿元，总里程178.5公里，年底已完成投资19655万元；那曲市法人项目共计17项，项目总投资191309.57万元，总里程984.771公里，已完成投资63909.34万元；县法人项目18项，项目总投资19364.74万元，总里程96.937公里，已完成投资8791.46万元，完工10条农村公路建设。以上开（复）工项目全部完工交付使用后，尼玛县农村公路乡镇通畅率将达到100%（荣玛乡除外），行政村通畅率达到49.3%（荣玛乡2个行政村除外）。全县扶贫搬迁点公路项目总计14项，项目总投资18018.29万元，总里程84.05公里，完成投资6418.74万元，其中完工9项。分别为：文部乡北村、南村、阿索乡曲参村、达果乡多玛村、鲁玛俄布和中仓乡集中搬迁点公路工程；申亚乡石康存、尼玛镇县城和俄久乡吴噶尔村委会附近安置点公路工程。同时，为强化项目管理，尼玛县成立了尼玛县农村公路项目建设管理指挥部，配齐配全技术人员和工作设备，提升了交通项目规范化、科学化管理水平，工程质量水平也大为提升。

【道路监管】为进一步加强全县道路交通安全监管工作，全力预防和减少道路交通事故发生，切实保障牧民群众财产和生命安全，实现全县道路交通“全面安全、持久安全、本质安全”的目标，形成良好的道路交通安全氛围，为全县经济社会发展提供良好的道路安全保障。加强路政巡

8 月 13 日，交运局养护队在文部南村至吉松村路段进行抢修保通

查，确保道路安全畅通。保证了每季度 2 次路政巡查，对发现的问题及时统计、上报、处理，确保消除了道路安全隐患。2018 年度，交通运输局深入农村公路、客运站场和汽修厂开展安全生产隐患排查共计 34 次，针对排查中发现的问题现已全部落实整改。冬季期间，明确了尼玛县重点管控路段五条，分别为 S209 线桑玛查拉 K6+000 至 K16+000 路段、S209 线拉美拉山 K79+500 至 K80+450 路段、甲谷乡至吉松村公路色布拉山 K14+800 至 K30+000 路段、尼来线公路杂拉山 K63+000 至 K70+000 路段、申亚乡公路岔口至嘎青村公路 K6+635 至 K7+440 路段。加强道路安全整治，严厉打击非法运营等违法行为。尼玛县交通运输局与那曲市交通运输局、县公安交警大队、县安监局等相关部门开展联合执法活动 120 余次，自行执法 260 余次，共检查车辆 5200 辆次。其中，查处非法营运车辆 45 辆；查扣超限超载货车 230 辆；查扣证照不齐车辆 270 辆。

【公路养护】 尼玛县交通运输局牢固树立“建设是发展、养护也是发展”的理念，推动农村公路向“建养并重、均衡发展”转变，确保“有路必管、管必到位，有路必养、养必规范”。2018 年，尼玛县交通运输局养护农村公路共计 26 条，里程达 872 公里，重点养护路段 2 条（扎珠藏布桥至军仓乡公路、俄久乡至荣玛乡公路）。交运局养护队养护 15 条，其余 11 条交由 4 个不同的农牧民专业合作经济组织完成，签订养护协议（2000—2500 元 / 公里），确保了农村公路养护管理工作的扎实、顺利推进。冬季期间，交通运输局布置养护人员 50 人，储备 2 台装载机、1 台挖掘机、2 台自卸车、1 顶帐篷、600 个编织袋、85 把铁锹、35 把十字镐。3 月，尼玛县普降大雪境内多处路段积雪严重，特别是甲谷乡至吉松村色布拉山路段；尼玛县拉美拉山段、尼玛县桑玛扎山路等路段车辆无法通行，交通局多次出动装载机等各类除雪设备 10 余台次开展道路抢修保通工作，保证了群众及学生的出行安全。汛期期间，交通运输局共计抢修保通农村公路 13 条，出动机械 108 台次、出动人员 546 人次，新安装波纹管涵 12 个，共花费养护资金 68.2 万元。

【道路运营】 坚持“城乡统筹、以城带乡、城乡一体、客货并举”总体思路，加快完善农村公路运输服务网络。截至 2018 年年底，尼玛县已开通客运班线 2 条，客运车辆 3 辆，分别前往拉萨市、那曲市。经统计 2018 年尼玛县客运站客运流量人员达 12365 人次。2018 年注入援藏资金 55 万元购置两辆公交车，开通客运班线 2 条（分别为文

11 月 7 日，交通局局长张坤主持习近平治国理政学习活动

11月22日，交通运输局对来多乡土那村开展结对帮扶

部乡、中仓乡），沿线带动行政村15个，将解决1500余人的出行难问题，已取得西藏自治区交通运输管理局同意，此项工作交通局正在与市运管局协调，待尼玛县购买车辆办理手续后方可营运。

【项目建设】 2018年，交通运输局以交通项目建设为契机，切实发挥好交通项目建设在脱贫攻坚工作中的带动作用，加大全县牧民群众劳务输出，特别是加大建档立卡贫困群众的劳务输出力度，努力增加贫困群众现金收入。通过与县人社局、各乡镇、施工企业沟通协调，全县境内在建交通项目共吸纳本地劳动力70余人，实现经济收入110万元以上。

【学习与宣传】 党员廉政教育。交通运输局以“两学一做”学习教育常态化制度化为契机，积极开展学习活动，进一步加强了党员干部廉洁自律意识，不断增强拒腐防变意识，教育引导全体党员坚定共产主义理想和中国特色社会主义信念，坚持全心全意为人民服务的根本宗旨，自觉培养高尚道德情操，进一步弘扬“老西藏精神”和“那曲精神”，廉洁自律，接受监督，永葆党的先进性和纯洁性。

【道路交通安全宣传】 为进一步落实“安全第一、预防为主”的方针，坚持以人为本，构建和谐尼玛、平安尼玛、幸福尼玛，交通运输局认真落实道路交通安全监管责任，加强道路交通安全宣传教育，在县城主要路口、客运站、广场等重要场所设立宣传点，以横幅、宣传单等多种形式大力宣传农用车载人、无证驾驶、“双超”行为、“三无”车辆、无证经营、非法营运等行为的危害性，教育广大牧民群众自觉抵制道路交通违法行为，并积极向公安交警部门、交通部门举报，从源头上消除道路交通安全隐患，有效预防和减少道路交通事故的发生。2018年，交通运输局共计发放“拒乘黑车，关爱自己”“交通执法宣传标语”以及《中华人民共和国公路法》等宣传单（藏汉双语）1100余份。通过开展宣传活动，使广大群众道路安全防范意识和道路交通安全问题上有了深思，对保护生命财产安全上有了思想上的保障。

【交通运输局2018年领导名录】

交通运输局局长：姚　鹏（9月离职）

交通运输局局长：张　坤（9月任职）

交通运输局副局长：米玛顿珠

（撰稿人：杨应钦）

中石油尼玛县加油站

【概　况】 中石油尼玛加油站位于尼玛县城西北侧、建设东路，全部建筑面积为6120平方米，员工6人。

【安全方面】 尼玛加油站2018年开展工作以来，对员工加强培训，学习使用消防器材的方法，判断是否为过期灭火器，制定加油站现场管理办法、禁止按喇叭、禁止通话、禁止吸烟、熄火加油等。按照中国石油天然气股份有限公司西藏那曲销售分公司赵汉宝总经理、索朗多吉书记指示精神，每一位员工必须达到100%具备安全常识。

【服务工作】 按照上级公司要求，尼玛县加油站加强公司管理服务理念、强化员工服务意识、优化服务水平、提升公司对外形象，以使用礼貌用语、微笑服务为切入点，引导全体一线员工从现在做起、从自身做起、从小事做起，建立以客户为中心，提高服务的主动性和热情度，不断增强服务意识、效率意识、大局意识和文明礼貌程度，提高员工的服务技能，强化员工的服务意识，使微笑礼貌服务的要求渗透到实际工作中，转化为自觉行动，营造主动服务、微笑服务、优质服务的良好环境，形成优良的工作作风，努力营造一个顾客满意的环境。

【内部管理】 上级公司要求加油站引以为戒，切实做好加油站现场的管理和服务提升工作，做到车到人到、微笑服务，做好实名制登记和散装油核查、登记、管理、存档工作，杜绝脱枪加油，摩托车加油必须由员工提桶加油，严格执行值班带班制度，严禁上行政班、无故不加油、脱岗、睡岗和酒后上岗等违规违纪行为；强化油品库存管理，杜绝脱销断档事件发生，异常或大单销售、油品未及时配送，第一时间联系公司业务部门处理。严禁加油卡套现、套利、套积分、套积分商品等微腐败违规违纪行为，利用公司促销活动，强化销售与加油卡四进活动，实行公司升级管理，督导、整改，并成立专项巡查小组，强化巡查检查。严肃工作纪律。加油站经理和综合管理员要切实负责，站经理为加油站管理第一责任人，要以身作则，带领油站员工强化工作纪律执行。强化现场管理和服务提升。要严格落实执行公司下发的《关于加油站现场管理和服务升级管控的紧急通知》，要做好加油站现场管控和服务提升，强化开口营销、全力提量增效，追赶纯枪、非油欠量，努力完成全年各项业务指标。强化销售纪律执行。各站严格执行117号主席令，严格执行实名制和散装核查、登记有关工作，杜绝加油站加油卡套利、套现、套积分等微腐败行为，做到无投诉、无事故发生，确保加油站平稳运行。

【经营情况】 尼玛县加油站2018年全年经营情况为：1—9月正常营业、6月一体化改造期，全年销售92#汽油2299.14吨、-20#柴油1454.30吨、共销售3753.44吨、售卡562张卡，计划完成率为136%。销售品种分析、各品种销售变化的因素分析提示：分有利因素和不利因素。分析要点有：市场供求（资源宽松、短缺等）、政策因素（如交通管制、油改气等）、天气、节假日、特殊社会活动、竞争情况（竞争及控销）、道路维修改道、促销情况、提高加油站运营效率、开展竞赛及服务活动、实际营运情况（加油站停业改造）等。加油站周边大多工程还在停产阶段、用油需求不大，尤其是柴油销量较小，仅为旺季的40%—65%、日均销量在10吨左右、汽油比较上月减少50吨左右，与上年同期相比较，油品销售较同期增长45%，其中柴油涨幅较大、较同期增长40.1%，汽油增长了4.76%，完成当月任务的104%，实现开门红。

【宣传教育】 本站严格按照上级公司以及县有关部门的指示，宣传好加油站基本安全常识。“管业务必须管安全、管生产经营必须管安全”的原则，落实安全生产“党政同责、一岗双责、齐抓共管、失职追责”的要求，形成闭环落实机制。并在敏感期间对库区、加油站张贴宣传横幅，向员工宣传安全生产知识，形成全单位关心支持安全生产工作的浓厚氛围。尼玛县加油站员工将日常检查和专项检查相结合，重点对加油机，地埋罐、油罐等设施设备及防静电作业环节进行隐患排查，做到有患必改。加油站从安全生产形势、法律法规、消防基础知识及事故隐患排查、安全生产标准化等方面对加油员进行消防安全教育培训，并结合安全生产条例深入分析，用事故条例教育人、警示人、提升人。同时每个季度组织安全监管员及员工开展各项应急预案演练，促使加油员在思想上高度重视安全生产工作，在岗位上严格遵守安全操作流程，从根本上防范安全生产事故发生。

【干部学习及培训】 对加油站员工进行服务提升、加油站安全培训、加油员工技能培训等工作。灭火器设置原则，每两台加油机应设置不少于一只4千克手提干粉式灭火器和一只6升泡沫灭火器，加油机不足2台的按两台算，地下储罐应设35千克推车式干粉灭火器，当两种介质，储罐之间距离超过15米时应分别设置，一二级加油站应配灭火毯5块，沙子2立方米。

【中石油尼玛县加油站2018年领导名录】

中石油加油站站长：吉次仁

（撰稿人：西加古加）

邮 政

【概 述】 2018年，在邮政局及地区邮政公司的正确领导下，坚持科学发展观，认真贯彻落实全区邮政工作会议精神，紧紧围绕地方经济建设中心，结合自身实际，以扎实的工作和有效的措施，迎难而上，较好地完成了全年各项目标任务。截至2018年年底，全局在职职工总人数8人（包括2名乡邮驾驶员和一名乡邮员），正式员工有5名，都是本科学历。

【党建工作】 始终把围绕发展抓党建，抓好党建促进发展作为党委中心工作，按照地委的要求，在党员干部职工中认真开展了“深入学习实践科学发展观回头看”“学习贯彻中央第五次西藏工作座谈会精神”“效能建设年”“创先争优”和“讲党性、重品行、作表率”等一系列活动，通过开展以上活动，在党员干部中形成了“你争我赶”的浓厚氛围，为全年各项目标任务的完成奠定了坚实基础。

【业务经营】 2018年，尼玛县邮政完成业务总收入64万元，完成全年预算的116%，同比增长18.82%。其中：完成主营业务收入285267元，占总收入的98.3%，其他业务收入累计完成22.4万元；完成年预算的100%，完成年预算的100%。全年，安全生产无事故。

【经营管理】 推进专业化经营。根据区公司对快包业务划归速递物流专业的文件精神，尼玛县邮政分局将地区大厅快包划归速递物流业务部经营，并及时调整业务板块和部门间的经营预算指标，及时理顺了业务归属关系。积极组织开展各类劳动竞赛活动。2018年，按照局党委统一安排，进一步建立完善业务发展激励机制和管理办法，继续组织员工开展了“爱我邮政、刷我绿卡”“职工协储”“爱心包裹”捐赠、航空机票代销、报刊大收订等竞赛活动，有力地带动和促进了各项业务的发展。

【合作互利共赢】 充分利用邮政自身规模与平台，推动邮政电子商务业务的发展。2018年同移动公司签订了合作补充协议，实现移动代缴话费业务各电子化支局网点上线工作，移动商务汇款业务向地区移动自办网点拓展；8月经过积极努力，与地区电信公司正式签订了邮政商务汇款合作协议，成为新的增长点。

【邮政通信建设】 2018年，基层生产生活条件又有新提高。邮政信息化水平不断加快。先后完成了速递揽收系统、邮政代理保险大集中系统、储蓄系统2.0版本新增功能、邮政信息网运维服务管理系统。

【农牧区邮政通信】 乡邮管理工作有新提升。继续提升了普遍服务实现县到乡，乡到村，班期加密工作从而实现了人民邮政为人民的宗旨，并给尼玛县22户建档立卡的贫困户提供了就业岗位，为尼玛县减轻了扶贫压力，从而实现真正意义上的脱贫；重点加强了对乡镇邮件封发和交接环节的检查力度，制定了《关于调整填报乡邮邮件投递清单的通知》《关于做好二级干线乡（镇）邮件交接签收工作的通知》等规定，先后对那曲县、嘉黎县、县部分直投乡镇的邮件投递情况进行了实地检查、指导；按照区公司规划要求完成了“十一五”末建中心乡镇网点和“十二五”待建网点统计及普遍服务调查统计工作。

【企业管理】 业务管理进一步加强。2018年安排综合检查工作组对各乡镇网点的14名营业员进行初步培训，邮政局大厅等营业网点进行多次业务检查，共下发业务视察报告书13份，对检查出的问题进行业内通报，并提出考核意见和具体的整改要求；对邮政局岗位共进行现场检查19次，涉及储汇业务、会计、出纳、代收付业务及安全保卫等方面的工作，共下发整改通知书11份；每月定期召开资金安全管理领导小组联席会议，总结部署全局的金融管理工作；认真组织开展金融从业人员反洗钱和反假币工作培训、“邮政金融内控和案件防控制度执行年”学习活动、银行卡市场专项检查、金融案件风险排查、“强化邮政代理金融网点管理”等专项活动；按照区邮储分行审计部相关要求，进一步规范各储汇网点的原始登统制度；进一步加强手工汇兑网点业务操作和资金管理，降低资金风险。

财务管理规范达标。圆满完成预算编制、审核质询工作和目标下达工作；根据邮政速递物流全网结算的体制改革要求，协助完成邮政局速递物流业务营业环节和处理环节结算工作，并进行全额收入和结算后收入对比分析，指导各经营部门适应新的结算办法；对报废车辆进行盘活出售，降本增效；开展税收自查工作，增强遵守税法的自觉性；对集邮票品库进行清理分类，并提出加强管理和减少存量的意见；加强会计培训和业务检查工作；完成了2018年固定资产投资计划上报工作；逐步完善会计基础达标工作。

【综治管理】 进一步加强职工安全生产意识和普法教育工作，开展“安康杯”安全生产竞赛、安全评估测试答卷、“12·4”普法宣传活动。层层签订安全生产（消防）、综合治理责任书，突出重点经常检查，进一步完善邮政消防安全管理规章制度和应急处置预案，细化责任落实，及时充罐和补充消防器材，加强押运钞、邮运、乡邮车辆管理，使安全生产工作扎实推进。同时，顺利通过了“五五”普法验收和年度综治验收工作。

【职工培训】 大力加强在职职工学历教育，认真开展各类远程培训、函授培训，努力提升干部职工学历水平。有序开展业务培训，抓好职业技能鉴定工作，在多次组织集中培训的基础上，对邮政营业、储汇业务、邮政投递、速递业务、开展了2期新进员工入局教育；同时，组织开展了业务技能比赛。通过对参赛人员的比赛成绩进行逐年登记，进行赛后分析，本着“缺什么、补什么、差什么、练什么”的原则，加强岗位练兵，为业务发展提供了人才保证。

【企业文化】 工会工作围绕企业经营工作重点，积极开展群众性劳动竞赛、形势任务教育，“创建学习型组织、争做知识型职工”等活动。经多方争取，在区公司大力支持下，添置了部分室内外健身器材，投入资金为局职工之家添置电器、桌椅等设备，联合工会还组织开展了“送温暖、献爱心”等活动。

【邮政局2018年领导名录】

邮政局局长：普布卓嘎（女、藏）

（撰稿人：欧珠坚才）

移动尼玛县分公司

【概　况】 尼玛县移动公司在那曲市公司和县委、县政府的大力支持和帮助下，始终秉承“正德厚生，臻于至善”的核心价值观，致力于业务发展，对内坚持求真务实，埋头苦干的工作作风，强化生产经营管理；对外发扬艰苦奋斗的创业精神，努力开拓市场空间。公司员工15人，平均年龄30岁，其中经理1人、家客负责人1人、渠道经理2人、客户经理1人、网络负责人2人、营业员3人、司机1人、直销员4人，乡镇渠道14家。

【网络运营】 加强网络建设。尼玛县分公司一直坚持“网络质量是通信企业的生命线”的理念，大力加大各乡镇移动通信网的建设，全面支撑客

1月23日，县移动分公司召开第一季度指标分解大会

户需求和市场发展，确保客户的网络满意度持续上升。2018年尼玛县电普项目点位共有59个，电普一、二批21个点位，第三批38个点位，农信网点位共有9个点位、村通宽带11个点位，电子政务外网点位共有90家（单位）：分别为县直单位38家、乡镇14家、村级38家，完成48个基站设备替换工作（替换成4G基站）。提升移动网络质量。贯彻市公司无线网基站开通及调整管理办法，根据本县实际情况制定管理实施细则，落实市公司制定的无线网基站基础数据考核指标和考核办法，建立定期分析制度和监督体系，定期组织本地无线网网络质量测试，定期分析、优化、检查本地无线网的运行质量，做好基站基础数据的及时更新，在市公司的指导下，负责做好本地无线网的设备、软件、局数据、资源管理工作，当有资源或数据变动时，及时上报网络运营中心优化支援中心进行备案，工程基站开通以及搬迁、扩容等，网络维护部门应报备网络运营中心优化支援中心，并得到片区负责人的肯定，方可开站、搬迁及扩容，负责开站、搬迁及扩容后的拨打测试、领区核查、城区的对比测试，及开站后的性能评估（包括话务量、各类指标），并及时提交相关报表给网络运营中心优化支援中心。得到网络运营中心各片区负责人的确认后，方可结束工程，避免引起客户投诉及对全网KPI的重大影响。

【服　务】 尼玛县移动分公司把网络建设作为发展核心来抓，全年对全县基站进行维护，并新建29个基站，实现了网络无缝隙覆盖，使业务发展得到有力的支撑。

【基础管理】 夯实工作责任，加大检查、考核、奖罚力度、细化经营工作，完善各项激励措施，有效提高了经营收入；完善《财务管理制度》《车辆管理制度》《绩效管理制度》以及生产经营管理制度，以创新管理作为提高企业经营效益的重要保障，在市公司进行的岗位、绩效、薪酬三项制度改革下，按照现代企业的管理要求，实行民主管理，加大员工交流轮岗力度，形成人员动态管理机制，通过宣传、培训及制度建设，强化项目管理，注重企业文化建设及党风廉政建设，鼓舞员工士气，营造良好的企业氛围。

【队伍建设】 重视员工队伍建设，统一进行了岗位认证考试，合理地进行岗位分配。对自有渠道建设突出知识化、专业化、能打硬仗的特点，通过进一步完善经营联产，奖勤罚懒和末位淘汰，稳定和优化员工队伍。对社会营销渠道建设加强县城及乡镇代理，积极扶持其代理商开设移动

9月25日，移动公司发放扶贫手机现场

卖场，在公平一致和风险可控的前提下，通过优惠政策和人情投入调动其销售的积极性。在乡镇代理建设的基础上积极建设并优化村级信息服务站，利用配备信息机强化销售和服务职能。公司的整体队伍建设得到了进一步的延伸。

【班组建设】 创建学习型班组是班组文化建设的重要内容，尼玛县分公司积极建立健全学习制度，使勤学苦练蔚然成风。尼玛县分公司通过“每天一问，每周一课，每月一检查”，不断强化员工的业务和服务技能，班组定期开展技能评比活动，采取表扬批评机制鼓励员工进行业务学习，通过“一帮一”，促进整体服务水平的提升，在员工中形成比学赶超的风气，营造“学习工作化工作学习化”的良好氛围。

【2018年大事记】 2018年9月25日开始，为期一个月的时间对尼玛县77个行政村发放2421部扶贫手机。

【移动尼玛县分公司2018年领导名录】

移动公司经理：吉　巴（女、藏）

（撰稿人：吉　巴）

电信尼玛县分公司

【概　况】 全面落实从严治党要求，进一步加强党的基层组织建设，夯实企业党建各项工作，激发基层党组织活力。根据2018年度基层党员学习制度，同年3月，电信分公司成立了企业党支部，正式党员1名、预备党员2名。通过学习交流群并在每周积极参加支部党员理论知识学习讨论。现电信C网54个基站，1个中继站。尼玛县电信分公司宽带总用户数968户。天翼总用户数：9854户，天翼高清净增完成率17.65%，宽带市场份额55%，天翼市场份额45.03%，2018年，尼玛县分公司的收入指标为1020万元，电信公司专营厅2家，开放渠道1家，乡镇营业智慧家庭12家。

【服务管理】 中国电信始终坚持用户至上用心服务的理念，做到急用户之所急。运营收入：1120万元。各营业厅工作：开展扶贫针对工作（送手机套餐优惠政策），对乡镇推出低档值套餐，在节日开展营销活动。

新增、家宽业务工作。对新增宽带的用户免费赠送电信手机卡。对现有50兆带宽的宽带用户推出免费提速100M。

专线和客户工作。专线有专人负责维护，对客户有专业的维系经理帮助用户分析消费并介绍用户适合的套餐，避免用户花冤枉钱。

关心关爱员工。对生活有困难员工进行针对性帮扶。

相关业务推广情况。扶贫终端已经发放电信分公司，将继续对新老用户推出相关优惠。将对老用户以电话形式告知用户的消费点及对用户的消费分析。

【基层代理店建设】 5月，将在尼玛县尼色路新开一个大型销售点，继续通过下乡方式建立乡镇营业网点。

【自身建设】 严格按照区电信公司党建思想政治工作思路，深入学习贯彻党的十九届会议精神，紧紧围绕企业生产经营工作这一中心，继续抓好党建、思想政治工作、精神文明建设和企业文化建设工作，为构建和谐企业、促进企业的可持续发展提供坚强的思想保证。主要在四个方面着力：支撑和助力生产经营，营造和维护和谐环境，宣传和教育党员群众，宣贯和丰富企业文化。

【其他工作】 2018年，初步完成了普遍服务宽带专项基本工作，将在2019年继续项目建设确保扶贫专项工作。在县、乡镇、村庄信号盲区建设电信移动基站及光网宽带建设，确保乡镇、村庄有网络覆盖（俄久乡玛迁村共同放牧点片区、文部南村段至俄久乡俄索村共同放牧点片区、尼玛镇玉加村2村），2018年年底，为确保2019年扶贫专项工作顺利开展，按照区、地两级的指定相关文件为扶贫户赠送手机及套餐优惠政策，截至3月底，已赠送终端660部。驻尼玛县卓尼乡自治区政府办公厅驻村点申请2—3个移动基站需求建设，电信局2019年将继续为扶贫普遍服务宽带做需求申请，确保精准扶贫，助力脱贫，真帮实行，早日脱贫。

【电信尼玛县分公司2018年领导名录】

电信分公司经理（局长）：次仁旺堆

电信分公司财务经理：丹增次仁

电信分公司业务经理：索朗顿珠

（撰稿人：索朗顿珠）

文化与旅游

文化广电

【概　况】2018年，尼玛县文化广电工作紧紧围绕县委、县政府中心工作，认真学习贯彻落实党的十九大，十九届一中、二中、三中全会，区党委九届三次全会和地委（扩大）会议精神，以区、市宣传部长会议和文化（文物）工作会议精神作为全局工作指南，紧紧围绕脱贫攻坚工作，大力构建公共文化服务体系，全力实施文化乐民、广电惠民工程，继续解放思想，切实转变作风，较好地完成了各项工作任务。

【党建工作】结合全县开展的“两学一做”学习教育活动，以完成本职重点工作为目标，促进局干部职工及广电中心党员干部各方面素质的整体提高，形成了团结协作、运行良好、廉洁高效的党员干部队伍；制定支部本年度理论学习工作计划，积极参加每周一次的县委中心理论组学习和宣传文化系统每周一次的学习会，撰写党员学习笔记和宣传文化系统学习笔记及心得体会等；加强基层组织建设，强化目标责任管理，联合宣传部向各乡镇下发了2018年度宣传文化工作目标考核内容，切实做到了落实责任，明确要求以“搞活动、促和谐”为根本，活跃文化生活，教育和引导党员干部职工树立健康向上的文化意识，增强了党组织的凝聚力和向心力。

【公共文化设施】自5月1日开始，正式向干部群众开放了各类免费活动场所，将文化广场、健身房、新华书店、展览室作为主要的开放场所，营造了浓厚的公共文化活动氛围。同时加强日常对公共文化设施的管理和配置，注重文化活动的使用率。2018年，县文化活动中心各类免费开放达1200余小时，县民间艺术团编排了近1个小时的广场锅庄舞蹈，每晚8:30至9:45在县文化广场由民间艺术团带领干部群众进行教学，日参加人数达100余人；新华书店（图书馆）、健身娱乐室切实做到了每天向干部群众开放不少于8小时，避免了“三天打鱼，两天晒网”，消除了“只见大楼不见群众，冷冷清清”的现象，为广大干部群众营造了舒适暖心的业余生活场所，每天前来新华书店、健身娱乐场的人员达60余人次；利用“3·28”、非遗宣传日等活动免费向干部群众、学生开放民俗展厅达10余次，受众人数达670余人次。

【文化活动丰富多彩】围绕县委、县政府的中心工作，牢牢把握先进文化的前进方向，开展主题鲜明、形式多样、内容丰富的群众文化活动。开展了庆祝“3·28”唱红歌、跳广场舞、赛乒乓球等系列文艺活动；4月底，积极响应市委宣传部、市文化局的要求，组织县民间艺术团赴安多县开展了“五下乡”活动，在县委宣传部的牵头下深入到中仓、来多、军仓、阿索，开展了尼玛县的“五下乡”活动。8月，深入驻军部队开展

5月份，尼玛县民间艺术团前往安多县开展五下乡演出活动

了军民联欢活动；组织100名群众演员参加了市赛马节；成功举办了尼玛县第九届象雄文化旅游赛马艺术节；由县民间艺术团参加的小品《你知道“四讲四爱”吗？》荣获那曲市“四讲四爱”小品大赛编剧一等奖和小品一等奖。

【文物保护】 文广局与相关乡镇负责人及寺庙管理人员签订了《文物保护安全责任书》；与自治区野外文物看护人员签订了《野外看护人员职责合同》，制定了《尼玛县寺庙每日用火用电情况登记表》《尼玛县文物野外看管人员巡查日记》《尼玛县寺庙文物管理制度》等；投入资金6万元对文部寺文物壁画进行了封框保护，投入6万元组织文部南村石屋营造技艺人员对7处坍塌的古石屋进行了维修；积极向上级业务部门申报了色西寺、玉彭寺消防安全及电器线路改造提升等项目；文广局多次联合县消防大队、供电公司等对11座文物寺庙进行了消防安全、电气检测评估等检查活动，共排查出消防安全隐患47条，均属于共性问题，针对存在的安全隐患，制定了整改措施和整改时限，要求各寺管会限期整改；9月，市文物局协同辽宁省考古研究院的专家赴尼玛县文部、达果、甲谷等开展了象雄文化考察调研；6月6日，正式向社会发行出售具有尼玛特色的民间歌舞光盘《大美尼玛》；积极开展“文化和自然遗产日”宣传活动，参加人数达400余人；整理申报《那仓服饰》自治区非遗传承人项目；兑现非遗传承人补助资金1万元。

【文化市场】 抓牢基础，搞好市场监管的规范化建设，设专人负责全国文化市场技术监管与服务平台建设和应用工作；突出重点，坚持不懈开展“扫黄打非”和专项治理，加大对出版物市场和文化娱乐场所的清查监管力度；开展了2018年平安文化市场创建评选活动，创造评选了2家平安文化市场；全年文广局联合县文化市场执法大队等相关部门共开展联合检查27次，突击检查9次，专项检查4次，共收缴非法光盘12张。

【新闻宣传】 坚持“团结、稳定、鼓劲和正面宣传”的方针，强化新闻宣传及舆论引导作用。2018年，县广电中心调整报道策略，在新闻选题上抓重点，抓亮点，大量压缩会议型新闻；在画面编辑上，注重画面质量，深化报道主题，《尼玛新闻》质量和水平得到了较大的提高，新闻报送量、采用量明显增加。全年共上报新闻252条，市电视台共采用195条，西藏电视台采用6条。

尼玛县广播电视台新闻节目正常播出，共播出了102期，播出新闻达51余条，微信公众号共发布新闻265条。广播电视实现零事故。尼玛县广电中心时刻紧绷安全播出这根弦，切实把安全播出工作放在心上，牢牢抓在手上。明确职责，层层落实责任；实行内外两套值班制度，做好应急处突工作。外有门卫24小时值班，加强单位内保工作；内有技术人员轮流值班，监听、监看

8月15日，参加那曲市赛马节开幕式的人员展示尼玛风采

8月22日，赛马节赛马长跑现场

播出节目，定期对有线电视前端设施设备（播出系统、总控系统、传输系统）进行检查与维护，保障机房设备正常运行。同时，安排专人维护线路，对于群众的反映，第一时间到达现场进行检修，保障电视节目正常收看。

【电影放映】 积极落实“国家农村电影放映工程”，全年尼玛县流动电影队和各乡镇电影队共放映电影909场次，完成全年放映任务的100%。

【项目建设】 2018年，文广局发放牧家书屋、寺庙书屋书籍17600余册；发放户户通设备4800套，新通电寺庙舍舍通设备29套，结合“十二五”期间发放的户户通设备，全县的广播电视覆盖率达到100%；新建1个县级数字电影院，总投资240万元，其中自治区投资120万元，县财政投入120万元，年底主体已全部完工，等待加入院线和附属设施装修，数字影院有望投入使用；投资35万元维修改造了县民俗展厅，投资15万元维修改造了县新华书店，投资41.5万元实施了县综合文化活动中心亮化工程；新建县广电中心业务用房，总投资420万元；投入200万元实施了广电中心制播能力提升建设项目，该项目正在试运行中，投资70万元的中央广播电视无线覆盖工程（铁塔）项目已完工并通过上级业务部门验收；落实了乡镇文化站免费开放资金70万元；村级文化建设经费77万元，贫困村文化建设经费4万元，民间艺术团演出场次补助资金32万元，落实三区人才经费9.4万元。

【文化新闻出版广电局2018年领导名录】

文化新闻出版广电局局长：玉　珍（女、藏）

文化新闻出版广电局副局长：刘泽东

（撰稿人：刘泽东）

广播·电影·电视

【概　况】 尼玛县广播电影电视中心为尼玛县文广局下属事业单位。2017年12月22日，尼玛县广播电影电视中心挂牌成立尼玛县广播电视台，尼玛县广播电视综合频道正式开播。

【项目建设】 广电业务楼建设情况，该项目投资420万元，2017年7月15日开工；2018年7月竣工，同年10月15日，县住建局、发改委、环保局等部门进行了验收，已经交付并使用。广播电视制作能力提升项目情况，该项目投资200万元，2018年9月，在新广电局业务楼安装实施，同年年底已经验收交付。

信息工程无线数字电视铁塔项目投资91万元，2018年10月建设完工。是年年底已经安装并投入使用。

【安全播出】 2018年度广播电视实现安全播出零事故。实行内外两套值班制度，做好应急处突工作。外有门卫24小时值班，加强单位内保工作；内有技术人员的轮流值班，监听、监看播出节目，定期对有线电视前端设施设备（播出系统、总控系统、传输系统）进行检查与维护，保障机房设备正常运行。同时安排专任维护线路，对于群众的反映，第一时间到达现场进行检修，保障电视节目正常收看。广播中心实现全年广播电视安全播出零事故。

【新闻宣传】 上报那曲电视台《那曲新闻联播》的播出情况，2018年全年尼玛县广播电视台上报新闻共286条，被那曲电视台采用206条，其中扶贫新闻采用59条，西藏电视台采用5条。

尼玛县广播电视台播出方面，尼玛县电视台按照“团结、稳定、鼓劲和正面宣传为主”的方针，加强新闻从业人员的培训，不断地提升《尼玛新闻》质量，共播出节目 332 气期，播出时长达 3984 小时，尼玛新闻节目共有 102 期。

尼玛县广播电影电视中心公众微信平台运行情况，尼玛县广播电影电视中心微信公众用户 5066 人，2018 年度累计发稿量 266 条，创新节目类型和内容。新增《夜读》《夜听》栏目。

电影放映工作完成指标情况，尼玛县流动电影放映车和各乡镇电影队 8 个放映队，积极落实"国家农村电影放映工程"，那曲市放映任务为每队 111 场次，共计 888 场次，尼玛县流动电影队和各乡镇电影队共放映电影 920 场次，观众人数达 26730 人次，圆满完成了放映任务，实现了年初预定的放映目标。

2018 年 11 月，尼玛县电视台制作完成改革开放 40 年的专题系列片，分为三集《加强生态文明　建设美丽尼玛》《改革开放 40 周年　尼玛旧貌换新颜》《幸福生活阔步走来》，反映了改革开放 40 年尼玛县在基础设施、经济、文化、社会、民生改善等方面得到改善。

【自身建设】 成立了尼玛县广播电影电视中心党小组；完善节目三审制度、重播重审制度；为加强对扶贫新闻的宣传力度、尼玛县电视台以绩效形式奖励扶贫新闻，对每位新闻记者进行分工（每周每人 2 条），鼓励更多的扶贫民生新闻，取得良好的成效。

【广播电影电视中心 2018 年领导名录】

广播电影电视中心主任：达瓦多吉

广播电影电视中心副主任：李　群

广播电影电视中心副主任：玉　罗

（撰稿人：达瓦多吉）

旅　游

【概　况】 2018 年，旅发委在上级主管部门及县委、县政府的坚强领导下，认真贯彻落实中央、自治区、市关于加快旅游产业开发的一系列决策部署，按照全县经济工作会议、县委工作会议的总体部署，牢固树立发展精品旅游这一新理念，充分发挥生态文明、丰厚人文两大优势，融合激发"旅游规划、安全生产、宣传推介"三大活力，紧紧围绕文部乡南村大特色资源，着力开发精品旅游线路，尼玛县旅游资源十分丰富，有当惹雍措、达尔果雪山、木嘎冰川、穹宗遗址等，却都是锁在深闺人未识。以打造文化旅游示范核心区和国内知名旅游目的地为目标，按照立足优势、突出特色的原则，充分发挥文化旅游产业的综合效应，把文化旅游产业培育成为县域经济的主导产业和人民群众更加满意的现代服务业，使尼玛县成为集生态休闲、文化体验、乡村旅游于一体的文化旅游胜地，努力实现尼玛县由文化旅游资源大县向文化旅游强县的跨越。

尼玛县地处西藏自治区北部，那曲地区西北部，是那曲地区的西大门，东邻班戈县、申扎县，南靠昂仁、谢通门县，西连改则、措勤县，北接新疆维吾尔自治区。县城所在地距那曲地区 660 公里，距首府拉萨 720 公里，国道 317 线贯穿尼玛县全境。尼玛县属于（中）象雄文化核心区域，有（中）象雄文化典型地域标志的神山达果雪山，有国家级湿地保护公园当惹雍措，有古象雄王国琼宗遗址，有象雄时期古石屋 31 间，还

5 月 20 日，县旅发委组织单位内部学习习近平治国理政知识

有象雄古城遗址、众多的本教文化和寺庙，以及象雄先民生产生活的加林岩画、墓葬等。尼玛县文部南村在2014年被列为《中国传统村落》名录，文部寺被列为自治区级文物保护单位。既有雪山和湖水相连的自然风光，又有古象雄人后裔的民情风俗，既有古象雄遗址为代表的古城遗址，又有远古本教文化为主的宗教文化。

【旅游规划】 尼玛县高度重视旅游业发展，投入大量资金，在《西藏那曲尼玛中象雄文物保护和文化旅游发展规划》及《那曲尼玛县文部南村象雄古村落改造和尼玛镇中象雄小镇建设工程概念性规划方案》的基础上，编制《当惹雍措环湖旅游规划》（待评审），以便发挥尼玛县旅游资源丰富和品位高的优势，采取多形式打造环当惹雍措湖旅游线路，利用多样式加大旅游开发力度，扩大对外宣传，全力推进尼玛县旅游业向前发展。

【旅游宣传】 宣传促销是旅游工作的重中之重，是树立一个地方对内对外形象，扩大影响，培育旅游市场，取得旅游最终效益的有效手段。在宣传促销中，旅发委做到整体策划，有计划、有步骤、有重点地进行，精心策划推出精品旅游线路。有意识地制作旅游宣传视频、旅游宣传册等，新拍摄的《藏北明珠　大美尼玛》宣传视频已完成初稿，将全面展示尼玛县的风景、人文、发展等风貌。筹备并参加那区地区2018年羌塘恰青格萨尔赛马艺术节，通过搭建游牧民民俗文化旅游帐篷，以体验和领略游牧民俗文化为主题，“吃、住、游、娱、行、购”相配套，充分展示尼玛县地域文化、民俗特色、人文风俗、自然风光等，以增加游客看点和农牧民收入为目的，提升旅游品位，真正达到文化与旅游相结合。在搭建游牧民俗文化旅游帐篷喜获全地区第二名的好成绩。

【行业管理】 2018年，旅发委精心组织，稳步推进各项旅游安全工作，确保了全年旅游安全无事故的目标，及时落实相关安全生产责任，加大节

9月22日，县旅发委组织看望慰问结对帮扶贫困户

假日等非常时期旅游安全检查力度，“五一”、中秋、“十一”等节假日及市、县赛马节期间，联合县安监、食药、交通、工商等相关职能部门开展旅游市场安全检查工作。积极参加安委会各类安全生产活动。根据安委会统一安排，积极落实旅游行业打非治违，督导旅游企业单位进行隐患排查治理，及时报送安全生产信息动态并取得较好效果。为加强旅游行业防汛工作，进一步做好汛期安全生产和应急管理，切实保障旅游行业汛期安全。在汛期，加强对全县的汛期易涝点、易泥石流片区进行隐患排查，并及时下发做好汛期安全生产工作的紧急通知到各乡镇，及时掌握地质灾害隐患点情况，采取有效措施防治地质灾害，确保顺利度汛。利用县城主要出入口的公安检查站发放旅游安全宣传资料和旅游安全提示。结合“5·19”旅游日活动、西藏3月综治宣传月、6月平安宣传周、9月宣传日等宣传节点，在县广场悬挂竖幅、发放旅游安全宣传资料、旅游宣传册，共计2500余份。制定了藏汉双语《旅馆业安全生产管理制度》《旅馆业管理办法》《家庭旅馆旅客住宿须知》、旅游安全温馨提示等，发放至全县的酒店、旅馆、家庭旅馆张贴。要求各乡镇按照年初下发的《2018年尼玛县旅发委旅游业指标实施细则》进行旅游安全检查，并与各乡镇签订《2018年旅游安全生产目标责任书》，实

行安全生产“一票否决制”。2018年，旅游安全工作效果显著，全县旅游安全形势良好，全年开展旅游安会生产专检查5次，联合检查16次，各乡镇自行检查90余次，下发整改通知1次，圆满地完成了全年安全生产目标，全年未发生旅游安全生产事故。

【产业扶贫】 2018年来，在县委、县政府的大力支持下，尼玛县旅游业蓬勃兴起，为精准扶贫工作提供了难得的历史机遇，增报那曲市尼玛县（中）象雄文化旅游公共服务设施项目、那曲市尼玛县当惹雍错景区文化旅游集散中心建设项目，已完成前置手续并已上报自治区社发处，由自治区社发处与国家发改委衔接，争取纳入2019年实施计划中（注：自治区社发处将项目名称更改为《那曲市尼玛县中象雄文化旅游景区》《那曲市尼玛县当惹雍错景区》）；分批次申报尼玛县文部乡南村项目，尼玛县文部南村旅游建设项目——游步道、尼玛县文部南村旅游建设项目——大门、尼玛县文部南村旅游建设项目——旅游厕所及停车场附属工程建设项目、尼玛县吉松游客服务中心建设项目、尼玛县达果乡二村游客服务中心建设项目、文部乡南村精品民宿改造项目均已办理完成所有前置手续（其中3个可研已通过评审，其余2个将在下一步中可研与初设同步评审），同时上报自治区旅发委等待批复。培养景区群众参与旅游活动为重点，抓好景区群众培训工作。在地区旅发委的帮助下，选派文部乡南村4名致富能手到拉萨学习，主要对乡村旅游发展趋势、乡村旅游特色主题展现、乡村旅游服务礼仪等方面进行理论培训和现场教学，使群众更加直观了解旅游行业，促使致富能手带动贫困群众一起脱贫致富。通过培训有效地提升了乡村旅游业的整体服务水平，有效地提升了家庭旅馆的卫生水平及标准化建设。打造特色土特产品为重点，抓好和贫困群众合作，通过生产编织品样品，使4名贫困户直接收益3000元现金。

【特色文化】 打造旅游品牌。立足于“大旅游、大建设、大发展”，以打造特色旅游为重点，大力实施文部乡南村景区提升工作，着眼于增强景区集聚辐射功能。以旅游资源为重点，持续推进文部乡AAA级景区、AAAA级景区、精品景区等一系列申报工作。旅游活动为重点，做好文部乡南村（当惹雍措古象雄景区）旅游项目打造。5月1日，文部乡南村举行传统“开耕节”。当地群众在举行供田仪式后，相继开展牛耕、挖田等传统农活的农事活动，向区内外游客展示当地的农耕文化，促进旅游资源有效开发为重点，打造富有民族特色的牧家乐。年底，文部乡共有牧家乐20余家，经过参加酒店客房培训，旅游标准化有明显提高。

【其他工作】 加大旅游宣传促销力度，拓展旅游客源市场，利用微信公众平台，开通尼玛县旅游网站，将旅游资源、旅游产品、景区景点搬上互联网，通过网络宣传，提升知名度。继续开展旅游市场深入调研，掌握旅游者消费需求，积极外面的旅行社和旅游业同行联系，参与一系列旅游行业活动进行直接推介。

大力发展乡村旅游。把发展乡村旅游作为城乡统筹新载体和惠民富民的新路径，围绕“乡村风貌、乡村风情、乡村风物、乡村风味”发展乡村民俗创意体验、乡村大地景观、乡村咖啡吧、民俗表演等一批乡村旅游休闲度假产品。

【旅发委2018年领导名录】

旅发委主任：米玉玲

旅发委副主任：阿　多

（撰稿人：阿　多）

档　案

【概　况】 2018年度尼玛县档案工作在县委、县政府的正确领导和在各级各部门的积极协助及全体干部职工的共同努力下，全面加强档案法制

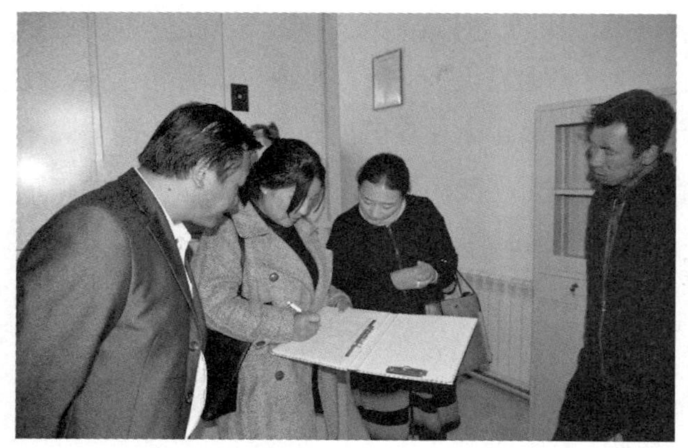

4月2日，县档案馆副馆（局）长扎西边宗（右二）、副局长洛桑卓玛（左二）到中仓乡档案室检查指导归档情况

建设、信息化建设、基础业务建设，全面履行档案事业行政管理和档案保管利用两种职能，认真发挥局（馆）职能，提升业务、管理规范、落实责任，推动档案事业有了崭新的一面。实现了档案资源多样化、档案利用便捷化、档案管理信息化、档案安全高效化、档案队伍专业化。尼玛县档案馆现有干部职工7人。档案馆总建筑面积699.6平方米，办公区域面积80平方米，档案库房、资料室等480平方米左右。截至2018年12月，馆藏文书档案从1979—2018年共计2354卷、32809件，照片档案612张，实物档案各单位旧印章63枚，项目建设图纸394卷，勘界材料22卷、换届资料530本。

【理论学习】 以习近平新时代中国特色社会主义思想为指导，坚持学习贯彻党的十九大、习近平总书记系列重要讲话精神、《习近平谈治国理政》，深入学习宣传贯彻全国档案馆（局）长会议精神，2018年全区档案工作电视电话会议精神，积极参加支部的各类学习，结合档案馆的实际工作、带着问题学，做到学以致用，坚定不移严明党的政治纪律，坚定不移整治“四风”。健全和落实党员学习制度，坚持理论联系实际，努力提高思想政治素质与理论政策水平。

【干部队伍建设】 档案干部队伍建设。2018年7月，通过自治区统一考录，档案馆新进三名工作人员，充分体现了各级各部门对档案工作的高度重视和大力支持。

【档案业务】 扩大档案工作的覆盖面，着眼新的档案形成者，及时把他们纳入指导服务范围和监管范围，在健全档案资源体系方面，做到应建尽建、应归尽归、应收尽收。本年度单位业务人员以各种形式给乡（镇）、县直单位、寺管会等档案业务指导共计23个单位，共整理文件108卷1150件。

【档案检查】 1月，在全县范围内对各单位往年文书档案归档、六种登记本建立情况进行检查，针对发现的问题和不足提出整改意见建议，跟踪整改落实情况。同年6月，市档案局书记次央和科长扎西洛珠在尼玛县检查指导档案工作开展情况，检查文部乡、纪检委、玉彭寺等共5个部门，2个寺管会档案室建立使用情况以及文件整理归档情况。确保乡（镇）、寺管会、村级档案室按时按规建立。同年7月，指导检查纪检、巡查文件整理归档，对来多乡档案室建立使用文件归档情况以及对来多乡门康扎西曲林寺管会往年文件存档情况进行检查指导。

【档案宣传】 围绕6月9日“国际档案日”举办了以“档案见证改革开放”为主题的宣传活动，利用老照片宣传尼玛县的发展历史，充分展示档案见证城乡建设、档案见证水利与交通历史变迁等以档案见证改革开放的历程，向干部群众发放

6月9日，县档案馆组织开展“国际档案宣传日”活动

西藏自治区实施《中华人民共和国档案法》办法等宣传资料和宣传小礼品共计350余份，讲解档案法律法规、普及档案知识，着重介绍档案的作用、档案与社会和公民的关系等知识，提升全社会重视档案、保护档案、管理档案意识，扩大档案工作的社会影响力。

【档案收集】 2018年度档案馆（局）按照国家档案局第8号令和9号令，积极深入乡（镇）、县直单位，加强与各单位的沟通协调，加大档案收集征集力度，加强重点建设项目档案的接收进馆工作，督促各单位往年文书档案移交进馆工作，促进档案馆资源建设，丰富馆藏内容。本年度接收文书档案178卷1050件、照片档案124、实物档案17枚印章、科技档案项目投标文件及竣工材料259卷，其他本年度乡村换届资料192本。

【档案借阅】 本年度档案借阅利用单位及个人达到300余人次，有效利用查阅档案共计343卷760件，复印文书档案210件共605页，其中包括文书档案、勘界图纸材料等，给全县提供档案资料起到了一定的效果。

【基础设施】 根据上级档案部门对县级综合档案馆的要求，全年单位设立档案馆爱国主义教育基地，展览有尼玛县成立以前文部办事处各单位的旧印章以及手抄文件、本县英雄人物事迹、尼玛县新旧对比照、毛泽东生活照、尼玛县成立时的照片等。

【档案电子化】 档案馆高度重视档案检索工具电子化工作，往年馆藏文书档案以手工目录为主，查找文件费时费力，上年以来着重抓好此项工作，直到年底已完成2001年以来所有档案目录电子化，以便今后查找文件省时省力。

【档案馆（局）2018年领导目录】

档案馆（局）副局长：

扎西边宗（女、藏，主持工作）

档案馆（局）副局长：洛桑卓玛（女、藏）

（撰稿人：扎西边宗）

藏语委办（编译局）

【概　况】 2018年，尼玛县藏语委办（编译局）在县委、县政府的正确领导和大力支持下，在地区藏语委办（编译局）的指导下，认真学习落实党的十九大和习近平治国理政系列讲话、习近平新时代中国特色社会主义思想，十八届三中、四中、五中、六中全会精神，深入贯彻落实中央第六次西藏工作座谈会精神，深入学习习近平总书记系列讲话精神，积极开展“四讲四爱”和“两学一做”学习教育活动，始终围绕服从、服务县委、县政府中心工作，努力提升尼玛县藏语言文字工作和编译工作，为推进尼玛县经济社会长足发展和长治久安做出积极贡献。

【翻译工作】 编译局工作人员始终发扬不怕吃苦不怕累，连续作战的工作作风，扎实做好本职工作。努力完成本职翻译任务。编译局及时准确地完成了县四大班子交办的各类文件、会议材料的翻译及“四讲四爱”、脱贫攻坚、赛马节等翻译任务，累计翻译字数达8余万；积极为广大藏语文受众服务。编译工作人员耐心接待每一位藏语文受众，积极为他们翻译各类公章、广告、门牌等社会用字的翻译任务。

【规范用字】 为了贯彻落实《西藏自治区学习、使用和发展藏语文的规定》和《中华人民共和国国家通用语言文字法》，把规范藏语文社会用字

7月6日，那曲市藏语委办（编译局）党委委员、副局长多旺保（右一）一行工作组在尼玛县开展指导检查工作，政府副县长格桑曲珍（左二）陪同

工作作为加强民族团结、促进文字和谐，塑造城市形象、提升城市品位、增强城市文明程度的一项重要工作，在全县范围内严格按照谁主管谁负责、谁收益谁负责的属地管理原则，制定尼玛县社会用字规范整治工作方案，成立尼玛县社会用字规范整治工作组，采取日常检查、突击检查、集中检查、联合督查等方式开展了2次全县性的社会用字大检查。全年共检查40多家单位和250多家商户门牌，其中错字漏字、比例严重失调、无藏文等存在问题的商户共有7家，对因大风吹毁而无挂牌的有5家商户及时下达挂牌通知及要求，年底大部分已整改，整改率达到98%以上。检查中整治工作组对存在问题商户做到了及时沟通协调，为商户们提供免费的翻译服务，得到全县商户的一致好评。

【宣传法律法规】 为发挥尼玛县经济建设、社会建设、文化建设中的作用和加强民族团结、维护社会稳定的作用，营造全县重视藏语言文字的学习、使用和发展气氛，利用宣传活动时机，把《西藏自治区学习、使用和发展藏语文的规定》和《中华人民共和国国家通用语言文字法》（藏汉双语）共100册，发放到农牧民群众、干部职工、打字复印店等手中，使尼玛县藏语文工作再上新台阶。为促进藏语文使用标准化、规范化，西藏的语言文字跟上时代发展的脚步，丰富藏文化的内涵、促进藏族文化发展，在编译局人员少，工作量大的情况下，整理搜集2018年已审定完的新词术语共250个，并发放到14个乡（镇）和有关单位，避免出现错译、乱译现象。

【藏语委办（编译局）领导名录】

编译局局长：索朗卓嘎（女、藏）

编译局主任科员：

次仁扎堆（藏）（2018年8月任职）

（撰稿人：索朗卓嘎）

教育与卫生

教育事业

【概　况】 在县委、县政府的正确领导和市教育局的正确指导下，在各有关部门的大力支持下，教育局积极以办人民满意教育为目标，按照“强管理、抓模范、创特色、树品牌”的工作思路，求真务实，开拓创新，圆满地完成了各项工作任务，确保教育的安全稳定，提高了教育质量，促进了教育健康发展。

【项目资金】 2018年，教育新建项目复工工作已全面就绪，其中2017年薄改第二批及2018年那曲市提前告知“全面薄改”拟计划项目总投资：3884万元。

【招生工作】 兑现2017—2018学年建档立卡、城镇低保、孤儿大学生56人39.5747万元。全年初中适龄儿童（13—15岁）总数为1315人，实际在校生1321人（包括随班跟读残疾儿童28人），初中适龄儿童毛入学率100.15%，超额完成0.43个百分点，巩固率保持在87.33%。尼玛县学前适龄儿童（4—6岁）总数为2108人，实际招生入园人数为1403人，入园率为66.56%，已超额完成该项指标1.01个百分点。

【师资队伍】 2018年，尼玛县新分教师52人，已调出教师16人；全县小学正（副）校长31人，中学正（副）校长4人；专任教师379人，其中研究生及双本学历3人，本科学历124人，专科学历246人，高中学历6人；高级教师10人，中级职称教师78人，初级职称教师233人，未评68人。

【完善培训制度】 选派教师参加上级部门组织的各级各类培训，教育局充分发挥县培训中心作用，注重教师县本和校本培训工作；全年六次深入各学校检查督导学校办学规范和教学常规落实，达到了各乡学校全覆盖。同时，根据全区统一要求安排，尼玛县积极组织中小学幼儿园教师教学技能大练兵活动，组织中学、小学教师赛课活动；在全县中小学内开展薄弱学科攻坚活动，近半数的学校已确定学科，制定了计划并开展了课题研究，得到了那曲市教育部门领导的肯定；3月底，召开了集团办学专题会议，对下一步尼玛县集团办学指明了方向，明确了要求；县教研室制定了2018年度县本培训相关任务时间表，组织全县小学教师教学选拔赛，在地区教学竞赛中取得了较好成绩；组织县中学第三届教学技能大赛，于6月参加地区相关比赛；建立了藏语文、汉语朗读交流群，以全面提升全县学生基本朗读能力；组织2018年度尼玛县教师网上国培；在“尼玛教育”微信公众号及时发布教育信息，已发布信息达150余期；制定了《2018年尼玛县教师教学技能大练兵活动实施方案》，要求基于岗位、基于课堂、基于教师发展需求的学习，全面深化校本研修，着力提高教师教书育人

9月5日，第三十四个教师节来临之际，县教育局副局长胡腾龙走访慰问乡镇学校教师

的能力；根据学校学科实际局教研室继续深化小学低年级（1—3）的考试和教学质量评价改革，继续在全县小学范围内推广听、说、算基本能力训练活动。

【开展送教下乡】 全年组织送教下乡12人次，示范课80余堂，示范视频课18节；组织中小学教师参加县、地、区各级教学大赛，参与教师达120人次，赛课130多节，县级获奖12人，地级获奖7人，自治区级获奖2人；在两所集团分别进行了教学白板运用和PPT课件制作培训3次、6课时、参与教师89人；在县第二小学进行小学语文、数学和综合课标专题培训，共8课时，参加教师48人，并在文部南村小学进行现场研讨交流一天，开示范课3节；参加区市级教学大赛教师进行教学技能培训12课时，参加教师70余人次；集团教学管理现场观摩会两次，全县小学校长及教务副校长参加，参加人数110余人次；全县统考3次，两次期中考试和一次期终考试，印发试卷36000余份；征订小升初复习资料1200余份，教学质量分析报告20余份；组织教师、学生现场作文大赛一次，参与教师62名，学生450名，收到汉语作文218篇，藏语作文294篇；组建小学朗读微信交流平台，每周下发朗读资料1份，共已下发30份，低年级口算练习册1500余份。

【集团化办学】 在集团办学模式下，县教育局进一步下放权力，不再过多干涉学校行为，在确定教育发展目标的基础上，把重点工作放在为学校、师生服务上，为集团提供后勤保障，把教师的分配、调动、职称评审以及教学设备需求等均下放到集团总校，做好集团行为的总体协调与监管。

控辍保学：“控辍保学”是“普九”工作中的根本工作任务，“不让一个孩子失学”是尼玛县“控辍保学”工作的奋斗目标。在实施“控辍保学”工作中，强化学校办学行为，在县委、县政府的正确领导下，采取有力措施，切实做好“控辍保学”工作。2018年，根据《尼玛县控辍保学专项整治工作实施方案》，在县委、县政府的正确领导下形成了齐抓共管的“控辍保学”模式，基础教育和学前招生工作顺利进行，全县小学适龄儿童人数为3116人，其中在校生1349人（未到学生35人及46人残疾生），中学适龄少年1422人，在校生120人（未到学生73人），学前适龄儿童在园1227人，入学率小学、初中和幼儿园分别达到97.60%、93.33%和65.05%，超额完成了市县下达的目标任务。

【教育均衡】 2018年12月25日前各学校成立相关工作领导小组制定方案，12月30日前提交县委、

9月17日，全国教育专家委员会副主任委员他扎西一行12人到尼玛县开展调研工作

县政府召开专题会议与各成员单位及乡（镇）人民政府签订责任书。第二阶段预测摸底，2019 年 1 月 15 日前完成合成档案建设前期工作，摸清校际均衡差异系数、八项指标缺口、0—20 周岁人口并规范反映数据。第三阶段整合资源，逐步实施，于 2019 年 3 月对尼玛县达标学校进行自评并开展查漏补缺，4 月迎接市验收组对尼玛县义务教育均衡情况检查督导并进一步补缺改进，7 月之前全面完成自治区评估验收组验收工作并做好相关迎检工作，巩固加强验收成果，10 月迎接国家级评估验收工作。

【后勤服务管理】 保障各学校物资调配。物资配送牵扯全县各学校正常教学生活，后勤服务中心积极协调物资配备到各学校，保障各学校生活教学所需，全年正常教学期间每月发放学生生活消耗品及学生营养物资配备。

确保全县教育系统教职工及学生车辆安排。尼玛县教育系统处于全面深化改革重要阶段，全年公车使用有序、及时调配成为提高教育系统整体工作效率的重要方面，全年接送学生车辆出动 620 辆，未出现任何安全事故。2018 年共有公车 10 辆，后勤科根据各方出差需求，有针对性的调配车辆出差，同时为保障各位司机后勤生活，服务中心制定出差、出车方案，从而确保出差、出车公平调度。

保障各类培训、赛课等食宿安排。为确保教育系统内高效完成各项工作，全面保障各项工作正常有序开展，解决教育系统各类培训、赛课等相关工作人员的后顾之忧，后勤服务中心及时安排处理各项工作人员的食宿等相关需求保障。

保证单位后勤服务。后勤科按照日常上下班时间安排，及时安排教体局单位内外卫生清扫保持工作，对正常上班期间室内卫生要求单位临时工人员采取日常不间断、不固定维护，日常室内外卫生每日全面打扫，对单位全院内卫生每月彻底清扫一次，为教体局工作人员日常生活工作营造出干净舒适的环境条件。

【校园安全管理】 落实八项制度，创建“平安校园”落实学习制度。各学校及时学习上级有关的指示精神，把握好内涵，领会好实质，增强工作的主动性和自觉性。落实领导责任制，各学校成立创建“平安校园”工作领导小组。坚持“一岗双责”，校级领导既做好分管的业务工作，又切实做好职责范围内的安全工作。落实工作责任制，各学校与教师个人签订了《创建“平安校园”目标治理责任书》，建立和完善了学校制度，各项工作能够职责到人、责任上墙、责任到位。落实监督检查制度，成立由各学校校长书记为组长的监督检查小组。定期召开创建“平安校园”例会，汇总情况，研究解决办法，提出具体要求。检查工作中坚持“三结合”：综合检查和专项检查相结合，突击检查和日常检查相结合，抽查和自查相结合，确保学校安全工作无疏漏、无死角。落实信息反馈制度，各学校严格执行安全工作信息反馈制度和信息通报制度，发现问题及时向上级汇报和向全校师生通报情况。落实宣传制度，各学校利用主题班（队）会、校会、升旗仪式、校报、宣传栏、校园广播电视等途径，做好对学校安全工作的宣传。落实家长联络制度，进一步加强与学生家长的沟通与联系，对学生实行在校时间的监控和应上学时间的监控，发现问题及时处理并与家长取得联系。各学校利用公开信或电话等形式，将采取的措施和要求及时向家长通报，争取家长的配合与支持。落实责任追究制度，对各学校疏于职守，思想不重视，工作不落实，措施不到位的；对缺乏大局观念、不服从统一指挥和调度，推诿扯皮的；对缓报、瞒报和漏报工作实情的；对造谣传谣，迷惑人心，影响学校安全稳定的都要进行严肃查处。

【宣传教育】 聘请相关人员进行了法治教育和卫生健康教育，法治副校长将在每学期进行一场法制教育课；法治辅导员每月至少进行一次法治宣传教育，大力宣传有关法律知识。加强对学生的法治教育，上半年邀请各法治副校长入校进行法制巡回教育报告，主要开展《中华人民共和国未成年人保护法》《中华人民共和国预防未成年人犯罪法》以及其他教育法律法规，抓好预防青少年违法犯罪工作，切实维护未成年人的合法权益。法制副校长协助各学校做好品德偏差学生的教育转化工作，落实帮教转化的各项措施，降低在校学生的违法犯罪率，开展多种形式的有益于青少年身心健康的社会实践和活动，提高青少年学法的积极性，增强学法效果；通过家长在学校教育中开展法制宣传教育，与家长取得沟通与配合，不断提高学生家长的法律意识，争取家庭和社会的支持与配合，提高青少年学生和教育工作者的法制素质；加强卫生监控治理，县教体局及疾控中心工作人员，定期不定期对全县各学校进行卫生检查，要求各学校教职工提高认识，不得掉以轻心，利用消毒药品，对学生进行消毒及卫生知识的宣传教育，使学生养成良好卫生习惯。

【校园周边综合治理】 各学校认真组织安全检查，查事故隐患，抓隐患治理，保人身安全，促教学发展，全面顺利地完成教育教学工作。卓尼乡完小、俄久乡小学各方面情况较好，无一起火灾，无一起交通事故，中毒事件，无一例溺水及其他重大事故，无一人越级上访，师生中无违法犯罪现象，无邪教参与者，学校教学秩序良好，学生中好人好事层出不穷，教师勤奋敬业，务实争先，学校整体面貌稳步提升。

【项目建设】 2018 年，教育新建项目复工工作已全面就绪，其中“2017 年薄改第二批及 2018 年那曲地区提前告知‘全面薄改’项目拟计划”项目总投资 3884 万元，包括军仓乡小学、文北小学、文南小学、荣玛乡小学、俄久乡小学 5 所学校的供暖项目；尼玛县多功能运动场和民族特色运动公共体育建设项目；达果乡小学、县二小、申亚乡小学、中仓乡小学和县中学建设项目。尼玛县公共体育场田径跑道和足球场以及县完小、中仓乡小学、申亚乡小学 3 所学校的小笼式足球场总投资 978.5 万元。截至年底工程进度完成 60%，预计年底能完成 95%。2018 年县教育新建项目总投资达 4764.5 万元。分别包括尼玛县中学建设项目、文北小学供暖项目、尼玛县多功能运动场、尼玛县公共体育场田径跑道和足球场、尼玛县二小建设项目、尼玛县中仓乡完小建设项目、尼玛县达果乡小学建设项目等 13 个工程项目。

【其他工作】 开展党建工作，促进先进思想按照“两学一做”学习教育常态化制度化要求，结合“四讲四爱”群众教育实践活动，坚持学习《习近平谈治国理政》一、二卷及党的政治纪律和政治规矩，特别是把学习贯彻习近平新时代中国特色社会主义思想和党的十九大精神作为首要政治任务，为推动教育“公平而有质量”发展、合力写好新时代尼玛教育的“奋进之笔”提供理论支撑和思想保证。8 月，经县组织部同意，教育党委正式成立，教育各支部工作有序开展；10 月，各学校支部完成挂牌仪式。

【教体局 2018 年领导名录】

教体局局长：旺多（藏）（2018 年 5 月离职）

教体局党委书记、教体局局长：

高　东（2018 年 8 月任职）

教体局党委副书记、教体局副局长：胡腾龙

教体局副局长：贡觉吉美

（撰稿人：尼玛扎西）

县中学

【概　况】 学校自成立以来，根据尼玛县牧区教育实际，结合学校发展特点，确立有学校中长期发展规划，现正处于尼玛县中学的第三个五年中长期发展规划。县中学校 2018 年在校生 1321 人，专任教师 100 人（2018 年新分教师 15 人），副高级教师4人，中级教师87人，学历达标率100%。其中藏族教师84人，汉族教师18人，撒拉族教师1人；男教师58人，女教师42人。

【学校特色】 办学宗旨：一切为了学生、为了学生一切、为了一切学生；为孩子的成功人生奠基，为孩子的辉煌明天喝彩。

办学理念：教书育人、管理育人、服务育人、环境育人。

办学特色：以人为本、明理起智、科学管理、质量至上、文明校园、民主和谐、全员参与、全面发展。

治校方针：民主治校、科学治校、和谐治校。

学校目标：把学校建设成一所环境优、师资强、质量高，人民满意的藏北“示范学校”。

管理机制：事事有人干、人人有事干、时时人在干。

校训：崇德、博学、自强、奋进。

校风：文明、和谐、求实、进取。

教风：博爱、严谨、敬业、创新。

学风：乐学、善思、明理、诚信。

领导作风：勤政、奋进、民主、和谐。

【队伍建设】 全面贯彻国家、自治区、地区和县教体局相关教育方针、教育规划纲要和教育文件精神，配备结构合理、团结向上、综合素质和专业能力强的领导班子。班子成员思想端正、作风正派、责任感事业心强、具有很强的开拓精神、敢抓敢管、身先士卒，团结一致，富有凝聚力和战斗力。学校形成了勤政、奋进、民主、和谐的领导作风。重视教师素质提升工程，制定实施教师素质提升方案、教师读书方案和新老教师培训计划并贯彻实施；建立青年教师、骨干教师、新教师成长档案，以老带新，结对互助；认真组织校本培训和校本教研，号召全体教师大练基本功，提升教师理论水平、专业素质和道德水平。组织1名省级骨干教师参加“自治区中小学骨干教师培训班”学习，14名市级骨干教师参加“那曲地区中小学骨干教师第一期培训班”学习，14名县级骨干教师参加尼玛县中小学骨干教师培训。学校定期举办以年级组为单位的教学赛课和听评课活动，努力提升县中学教师教育教学素质。学校从2014年起就制定《尼玛县中学新教师培养方案》及《尼玛县中学新教师短期培训研修手册》。2016年开始先由教务处、教研室积极研究、设计培训课题，形成培训内容，学校集中对新教师进行理论学习；再由经验丰富的优秀教师带新老师进行跟班、跟堂、跟教培训，实施“老带新、新老互助”责任制；然后由新老师上汇报课，教研组教师集体议课；最后进行培训总结汇报，撰写培训心得。新教师培训内容包含：师德师风、教师业务技能、教师专业发展等多个方面内容。

1月12日，尼玛县中学拉开“家校”沟通下乡家访活动

【党　建】 学校党支部成立于2004年，现下设有4个党小组，现有党员59人，女党员17名，占29%；少数民族党员42名，占71%；45岁以下（含45岁）党员59名，占100%。大专以上学历的（含大专）59名，占100%。预备党员6人，积极分子7人。学校党支部在上级党委的正确领导下，紧密结合学校实际，以创建学习型党支部、优秀基层党组织、争当优秀共产党员为中心内容，围绕学校的中心工作，创新工作思路，扎实开展党建工作，为学校教育教学质量的提升，为队伍的团结稳定提供了有力的保障。

5 月 18 日，县中学开展“四讲四爱”活动

【团队建设】 学校设有团支部和少先队，并配有专职辅导员。现有团员 172 人。学校团支部自成立以来，每年五四时期都举行新团员入团仪式和优秀团员、团干部、学生干部、三好学生表彰大会，同时开展全校学生素质汇报演出（五四文艺演出），每年团支部都结合重大节日和纪念日，积极开展主题教育活动和主题团日活动。学校少先队设两个大队，8 个小队，每个小队均配有专职辅导员。

【学校管理】 学校管理制度化、民主化、科学化。贯彻落实《中国教育与改革发展纲要》《中华人民共和国义务教育法》《中华人民共和国教师法》《中华人民共和国未成年人保护法》等有关教育法律、法规。认真学习和贯彻《那曲地区中小学管理工作基本规定》，严格执行课程标准，落实三级课程，开展丰富多彩的课内外活动；严格执行作息时间，严肃工作纪律，规范教师行为，重视师德师风建设。坚持“德育为先，各育并举”，开展内容丰富的德育教育活动，重视未成年人思想道德建设。

【班级管理】 学校从 2011 年开始便制定了《班主任工作手册》并开始使用，对班级工作进行了明确、细致、规范的进行了分类，经过这几年的逐渐完善，使班级工作逐渐向规范化、日常化发展，逐渐形成特色，各项班级成为常规工作、日常工作。2018 年，县中学全面实施班级德育量化考核方案，在规范班级管理、健全班委制度等方面取得长足进步。

【教育质量】 学校地处那曲地区西部，受历史、社会等多方面因素影响，教育质量较之其他兄弟县校有所落后，但通过领导关注重视、家长观念转变和师生共同努力，近几年来，纵向比较教育教学质量有所提高，学生学习主动性有所增强。县中学毕业率、升学率逐年提高，考入区内重点高中学生逐年增多，每年均有一定数量的学生考入内地重点高中。

【教研教改】 学校教研组织比较健全，教研教改工作能够顺利开展，县中学开展有契合尼玛牧区教育实际的校本教研活动，并撰写相关论文 10 篇以上，其校本教研工作能有计划、有针对性的展开。校内举行有校级新课程校本培训活动，并选派大量人员参加县级以上的培训活动，教研教改方向正确，能密切针对尼玛牧区教育实际，提出很多建设性意见和建议。每学期均开展全校性听课、评课、巡课、查课及赛课活动，每月第一个周六均召开教学例会，每周都有教研组活动。2009 年 5 月，县中学成功出版第一期校刊——《育犊之声》，该刊物展示了县中学的教研教改水平，并为师生的文学写作、学术探讨提供了良好的发展平台。

【安全维稳】 学校一直重视学校安全维稳工作，学校制定有《学校及周边安全工作实施方案》

7 月 1 日，县中学举行“中小学红歌”比赛活动

《学校安全维稳工作实施方案》《学校突发性事件应急处置预案》《学校安全门卫制度》等工作制度，每年都跟全校教职员工签订相关责任书，确保学校安全维稳工作顺利开展。学校一直坚持主要领导带班实行24小时值班和教学值周，学校每天都有“红袖标”护校队在校园内外巡逻，确保学校正常的教学秩序和安全。

【双联户】 学校非常重视开展“双联户”服务管理工作，为努力实现“五个进一步”（进一步凝聚人心、进一步促进增收、进一步强化治理、进一步畅通渠道、进一步深化体制）的目标，学校根据上级指示和学校实际成立了双联户领导小组，是按照“住户相连、邻里守望”的原则，以5户作为一个联保单元，共设有5个联户小组，每个联户小组都推选产生了1名“事务明白人”或“热心人”作为联保户长，协助和配合学校领导组织联保户开展看家护校、群防群治、纠纷调解、流动人口管理等工作。年初通过签订联保责任书，确保联保单元内形成一个共同责任主体，对联保单位内的维稳和治安情况共同负责。

【驻村工作】 尼玛县教育系统驻村地址为尼玛镇九村。每届驻村学校配合教育系统都会选配责任心强的优秀教师到尼玛镇九村宣传党的方针政策，宣传党的教育方针进行劝学、促学工作；经常深入到牧民家中，与牧民面对面的谈心了解情况，积极帮助牧民群众解决困难，让群众真切感受到党和政府的关怀。

【对口联系包户帮扶】 县中学教师对口联系包户帮扶尼玛镇129户贫困家庭，2018年县中学分别对贫困家庭进行帮扶和实地走访，兑现和发放帮扶物资供给64500元。了解各家庭的实际情况，讲解各项惠民政策，帮贫困家庭理清思路，转变观念。

【基础设施】 学校现建有教学楼、学生宿舍楼、学生食堂、学生浴室、学生洗衣房、教职工宿舍楼、综合大楼等，同时拥有理、化、生实验室、电脑室、语音室、德育室、远程教育室、多媒体教室、图书室（共有图书40150册，生均图书25.2册）、班班都有电子白板多媒体教室的功能，现代化教学手段逐步提高，学校实现了宽带上网并创建了自己的网站。建校以来，学校在上级领导部门、县委、县政府、县教体局的关心和援助下，办学条件得到极大改善，现学校设备配置基本达到国家要求。新规划的项目有风雨式操场项目、教学附属楼项目等。

【县中学2018年领导名录】

党支部书记：席高强

校长：益西顿珠（藏）

副校长：桑珠次仁（藏）

副校长：吉次仁（藏）

副校长：斯秋次仁（藏）

团支部书记：白　玛（藏）

（撰撰稿人：桑珠次仁）

完全小学

【概　况】 尼玛县完小在上级领导的指导和帮助下，圆满地完成了各项教学工作。本学年县完小按照学年初制定的“加强学校管理工作、教学常规管理、搞好教研活动、提高教学质量、抓好德育工作、努力创建平安和谐校园”的思路，规范教学常规管理，搞好校本教研活动，抓教学质量的提高，推动了牧区学生素质的全面提高，从而带动了学校教学工作的整体进步。

【学校管理】 每学期开学前，县完小便严抓各类计划的制订，要求各处、科任教师在一周内制订好本学年的各项工作计划，要保证教学工作具有科学性、计划性、可行性，做到每项工作开展时有目标、有方案、有规划、有管理。在制定各类教学计划时，注意和加强可操作性，保证目标明确，计划合理，管理到位。本学年抓教学常规管理，强化学校规范管理。研究和完善了学校各项规章制度，各处相互配合与支持，做到了有计划、有落实、有总结、有反馈。通过各处反复研究协调，各类计划清楚地反映了各项工作。搞好了教研活动，教研活动目的明确，效果明显。特别是针对新课程改革和新教材的使用，教务处进行多次的跟踪分析与反思总结。合理利用职代会，及时掌握广大教师的工作态度，校领导给予适当的关心、帮助与引导，从而确保了本学年教学工作有条不紊地进行。

【教学常规管理】 根据教研室的指导精神，结合学校具体实际，以“讲实用、讲效益”为原则，努力使全体教师的各项教学常规工作做到制度化、规范化、科学化。强化质量意识，引导教师在日常教学工作中务实求真，创新教学方法，提高课堂实效，加强课后辅导。在教务处和各组组长的配合下加大了平时的督查力度，扎实推动县完校教学常规工作有效开展。督促、指导教学常规工作，使巡课制度常态化，规范化；加强教师教研活动，做到目的明确，效果明显。

研究并制定出有效课堂整改；合理安排课程课时，开齐、开足课程，调配好音、体、美和科学学科教师，根据学生和学校实际情况开设一定的兴趣课，培养学生的学习兴趣，使学生得到全面发展；严格执行教学常规管理，根据学校实际情况，执行教师请假制度，统计好了教师量化考核。做好了第一批新教材使用情况的跟踪分析，针对存在问题及时给出整改措施。加大青年教师培养力度，吸收新鲜血液，注意经验交流。完善集团办学办法，创新帮扶方式，落实“送教下乡”，努力缩小了县乡学校差距。加强了毕业班管理，保质保量完成教学任务。在抓紧抓好毕业班教学质量的前提下，注重毕业班班风学风建设。创新和完善师生奖励机制。特别是在学生奖励方面，针对“校园银行卡”这一办法进行进一步的完善。

【德育工作】 德教处利用班级文化建设，校园文化建设以及班会课，做好了德育工作，丰富德育活动，使学生学知识的同时，身心健康也能得到全面发展。依法建章立制，完善依法治校的规范体系。加强法制教育，打好依法治校的基础，营造良好的育人氛围。加强法制宣传教育，不断提高广大师生的法制意识和水平。县完小组织全体教工认真学习党的十九大精神、习近平谈治国理政、政治纪律、邓小平理论和“三个代表”重要思想，认真学习《中华人民共和国教育法》《中华人民共和国义务教育法》《中华人民共和国教师法》《中华人民共和国职业教育法》《中华人民共和国未成年人保护法》等等。把法律知识的学习列入教师师德培训内容。进一步完善班级量化考评方式，推动班集体建设；做好学生德育量化考核，加强学生一日常规管理和文明礼仪教育，规范学生日常行为习惯，加强养成教育；利用班会，国旗下讲话，班级文化建设等途径使“四讲四爱”主题教育实践活动和党的十九大精神宣传学习形成常态化。利用周总结和课余时间使法制教育、安全教育等活动得到有效开展。有计划、有目的的利用好少先队和护校队，使其发挥最大作用，体现工作实效性。针对班主任工作，特别是新任班主任，进行指导和交流，补充和完善班主任量化校核办法。合理利用家长委员会，重视和家长的沟通，争取家长对学校工作的积极配合与理解。做好学校各类活动开展，利用“六一”儿童节开展丰富的文艺、体育活动，使孩子在轻松的环境中接受体验，增长才智。定期进行安全隐患大排查，对学生宿舍、食堂、教学楼、活动区域等重点部位和校园周边进行排查，对消防设备、安全设施等进行整改。做好值班带班制度，特别是出入人员车辆必须进行登记，做好对学生“三操”的监督以及值班、值周教师的考核。

【后勤工作】 强化管理，夯实职责。后勤部门为了做好安全宣传工作，向学生发放了家长通知书，签订了安全目标职责书，组织学生学习了《中华人民共和国食品卫生法》《中华人民共和国传染病防治法》。对学生进行安全教育和卫生知识的宣传。本学年学校和后勤管理人员签订了严格的安全职责书，明确职责、夯实职责。建立了严格的交接学生制度。对公寓坚持夜查制度，确保学生住宿安全，抓好常规，加强食堂的管理，确保师生饮食安全和身体健康。饮食安全是大事，坚持对食堂进行消毒工作，进行卫生检查工作，主管人员坚持每天至少检查一次。对食堂食品的采购、消毒、卫生进行严格检查，发现卫生不达标要责令其认真打扫，并根据情节对其进行批评教育。本学年，组织后勤从业人员学习《中华人民共和国食品卫生法》《小学生食堂管理办法》，建立安全职责追究制，为了保证学生饮食安全，后勤部门坚持严格的食品留样制度并做好严格记录，确保学生食品安全，校领导经常深入学生食堂，检查餐具消毒，操作间卫生，采购索证是否规范，是否有缺斤少两现象等。

【其他有关工作】 认真抓好了学校的党建工作，充分发挥学校教师党员的示范带头作用，组织党员教师开展形式多样的党组活动，积极、稳妥、高标准，有计划地做好组织发展工作。做好了对卓瓦乡四个村的扶贫工作，加快教师队伍建设，提高教师素质，提升教学技能，加强教师队伍师德师风建设，特别是做好了青年教师的培养，进行了一帮一的帮扶工作。

【完全小学2018年领导名录】

县完全小学书记：贡布多杰

县完全小学校长：日　加

县完全小学副书记：边巴次仁

教务副校长：扎西巴姆（女、藏）

教务主任：琼　达

德教副校长：旺　多

德教主任：洛桑次仁

后勤副校长：格桑米玛

后勤主任：李　伟

电教主任：尼玛多吉

（撰稿人：日　加）

第二完全小学

【学校概况】 现共设20个班级，在校生共845人，教职工53人。设有电教室、舞蹈室、美术室、藏文书法室、坚持以“让牧区学生同城里孩子一样享受优质的教育资源”为办学目标，狠抓教学常规管理，努力提高教学质量，全心全意为牧区教育服务。

【学校管理】 学校管理制度化、民主化、科学化。贯彻落实《中华人民共和国义务教育法》《中华人民共和国教师法》《中华人民共和国未成年人保护法》等有关教育法律、法规。严格执行课程标准，开展丰富多彩的课内外活动；严格执行作息时间，严肃工作纪律，规范教师行为，重视师德师风建设。坚持“德育为先，各育并举”，开展丰富的德育教育活动，重视未成年人思想道德建设。

【教学工作】 加强常规听课。鼓励教师多出精品课，认真备好、上好每一节课，规定每位教师每学期听课不少于20节，中层领导每学期听课不少于15节，听课后注意评课，同时实实在在地针对课堂中出现的难点、重点问题进行评析，且做好了记录。倡导推门听课。为提高教师的基本素质和基本机能，提高教师心理调控能力。积极倡导推门听课，教研组长及中层领导不定时推门听课，并做好指导，各教研组长推门听课节数每学期不少于10节。指导课后评课。对于每一节课，每一个教师来说，只听不评达不到提高的效果，所以，指导教师确实有效地、实事求是地进行评课，并提出建设性意见，导向性建议。并做好记录，以达到共同进步，共同提高的目的。电子教学是学校提高教学质量的重要环节，这一年每一个班级都已安装了电子白板，通过更多的培训，提高教师现代化教学能力，普遍能够使用电子教学，以达到更好的教学效果。

【德育工作】 加强理论学习和德育实践研究。组织教师学习新课改，注重教学中的德育渗透，加强对学生心理健康的关注和教育。开展多种形式的主题教育活动、爱国主义教育活动。本学期继续抓好每周一的升旗仪式和国旗下讲话，激发学生爱国热情，树立正确的国家意识，培养爱国主义意识。安全法制教育。加强安全知识的宣讲教育，开展了系列宣传教育活动，如黑板报，专题广播等，学生受到良好的教育。切实加强家校联系。为真正提高家校联系质量，本学期制定了家长学校各种规定并开展活动，还对班主任和其他任课老师提出一定的要求，使学校、家庭、社会联系更为紧密，构建立体的教育网络。加强德育队伍建设。利用教师政治学习等机会让教师明确人人都是教育工作者、个个有责任参与德育工作，树立“大德育观”，增强德育力量。继续加强班主任队伍建设。组织班主任座谈会，通过交流取长补短，提高了班级管理水平。

【后勤管理】 后勤管理由后勤副校长、后勤主任、后勤副主任、仓库保管员、出纳、会计专门负责，另有炊事员3名、宿舍管理员2名、现住校生417名，每学期开学前提前做好教学和生活上的准备工作，为学校顺利开展日常工作提供基本的保障。食堂管理科学、规范，饭菜烹饪卫生、可口、营养，炊事员实行定期严格体检，有健康证者方可上岗，就餐前由当日“一日三餐”值班教师亲自品尝，确认饭菜煮熟、味鲜、卫生，然后经值班教师同意后学生才可就餐。

学校“三包”经费由教育局拨发，由专职人员负责物资采购，学校成立有“三包”经费管理领导小组，兼职会计、出纳、物资保管人员等有专人负责管理，“三包”经费有总账、分类明细账、现金明细账、银行存款明细账、物资出入日记账，坚持做到日清月结，保证账务一致。

学生宿舍实行教师承包责任制，每间宿舍安排一位“一帮一”教师给予学生学习生活上的帮助，学生宿舍管理规范，卫生清洁。

【安全管理】 每学期学校利用德育课、法制课，现场演习等对全校师生进行防火、防盗、食品卫生、交通安全教育。严格遵照各项工作制度管理日常工作，制定了预防措施和紧急处理预案，若出现重大流行传染疾病，将及时上报并联系卫生部门采取有效措施预防和紧急处理。

【二小2018年领导名录】

校长：巴　桑（藏）

党支部书记：阿　琼（藏）

副校长：加　曲（藏）

副校长：巴桑罗杰（藏）

副校长：晋美旺堆（藏）

（撰稿人：巴　桑）

“双语”幼儿园

【概　况】 尼玛县“双语”幼儿园，系尼玛县城唯一一所半日制幼儿园，属公办园。2018年，尼玛县“双语”幼儿园在办园宗旨“玩学、探、体、谈、传”的办园理念指引下，一步一个脚印的践行着：齐心协力谋发展，齐抓共管建师德，敢于担当勇于创新，规范管理，完善制度，创设（创造）条件，加强园本培训力度，促进教研成果落地，研究打造“三特色”即：“双语”特色、中华基本传统文化基本知识进园所和发扬传承藏民族优秀传统文化进班级。着力把现代化与传统元素相结合，提升园所文化的设计布置，努力创设（创造）条件，改善条件，转变“老化教学模式”去掉“小学化”倾向教育教学，提升牧区学

4月5日，藏民族特色实践操作课程——“糌粑团的制作”

前教育教学和办园水平。现“双语”幼儿园作为尼玛县唯一一所县级公办园，得到了上级各有关部门的高度重视、大力关心和支持帮助，规模不断扩大，设施设备不断配备完善，园所文化氛围浓厚，办园特色不断显现。

【党支部工作】 2018年3月，根据县教体局的安排部署，幼儿园原党支部书记进行了调任，新任党支部书记对支部工作建设进行了重新统筹部署，对制度建设及职责进行了进一步强调明细，强调了责任，规范了材料归档入档工作，规划了党支部调研工作布局，组织开展了学习党的十九大精神和再学“两学一做”学习教育活动，积极开展了相关庆祝活动和宣传活动。工作日每天晚上组织全体教职员工进行了《习近平谈治国理政》（第一卷、第二卷）的夜读半小时学习活动；每月由书记、副书记对全体党员教师及职工进行1次抽取谈心谈话，了解教职员工的思想状况。党支部下设成立了教代会和“四讲四爱”负责办；教代会：听取教职员工的心声，了解教职员工的实际困难，帮助教职员工度过暂时的困难；“四讲四爱”主题教育，根据县教体局统一安排部署，制定了幼儿园切实可行的“四讲四爱”主题教育实施方案，不光只限于教职工和幼儿，“四讲四爱”主题教育活动在家长中开展，专人负责讲稿收集、活动安排部署和成效反馈，形成活动有安排、有方案、有主题、有过程、有记录、有简报、有反思、有反馈，活动开展资料完善装订入档，方便查阅和整改；2018年度幼儿园教师精准扶贫工作在支部的有效组织带领下进行了2次入村入户的详细了解登记，给他们宣传政策法规，为扶贫对象送去了日常生活必备物资。

【德育工作】 围绕园训：“礼、孝、德、立、勤”思想理念，坚持“呵护祖国花朵，培养祖国合格接班人”的德育目标，以培育和践行社会主义核心价值观为抓手，以孩子的“礼貌、孝道、品德、自立、勤劳”开展影响孩子一生的德育教育，抓长效、抓日常、抓经常，在三年规划中下一步还将园所文化和“国学馆”“藏学馆”有效融合设计布置，让孩子通过实践操作、亲身体验感受和园所文化环境潜移默化的传授达到效果，促进德育工作从学前教育教学中逐步拓展推开。

【安全工作】 由于幼儿园的特殊性，幼儿园安全工作是一切工作的重点中心，安全工作一直以来日常工作常抓不懈的重要任务之一。2018年度幼儿园未出现一例安全事故。幼儿园成立了安全领导小组，成立了安全办，把安全工作作为园的重要工作来抓，做到分工明确，责任明确，责任到人，落实到岗。幼儿园与教职员工签订了安全责任状，建立健全了责任追究制度；幼儿园与家长签订了安全协议书，明确了家、园监管责任；宣传教育方面，利用德育班会、安全教育课、行为

4月13日，县四套班子带领人大、政协委员在县幼儿园指导工作

教育课和安全教育动画片等对幼儿进行安全常识和知识的教育；利用大型法制宣传活动、家长会议、接送引导向家长进行法制宣传教育；制定完善相关预案和方案；建立健全了预警和联防机制，视屏追踪和巡逻制度；严格值班、带班制度和接送值班制度；严格落实了园区、班级日安全隐患排查机制；严格执行外来车辆门禁制度和外来人员访亲、探友身份验证登记制度；相关制度的落实完善，保障了幼儿园财产安全。2018年度幼儿园开展了法制宣传进校园3次；法制副园长和法制宣传员讲座2次，消防演练2次，地震逃生演练1次，交通安全知识讲座2次，食物中毒应急演练1次。

【教育教学】 幼儿园实抓常规教学的落实，重点工作是保育与教育的有效结合，把安全工作抓常、抓细，把教育教学工作狠抓落实。特别是2018年教育部、教育厅、市县教育局层层下发的“小学化”专项治理工作实施方案。幼儿园“小学化”专项治理工作的成果是幼儿园行为办园的标准，幼儿园积极贯彻落实，出台了“去小学化”工作实施方案，召开了动员部署会议，以教师技能大练兵活动为契机转变“小学化”教学模式。结合转变落实，查找问题，转变“小学化”教育教学模式有了明显的提高。12月，期末全方位的进行了“去小学化”自查自评工作，形成了反思总结。全年度在园办和保教的组织带领下完成了2次“家长开放日活动”；教师听评课活动23节次；备课检查2次；视屏示范案例课3节次；教师技能大练兵活动8个阶段性考核考评；幼儿“双语”口语表达抽查测评38人次，教育教学质量逐年提升。

【教研教改】 2018年，根据上级层层下发幼儿园“小学化”专项治理工作实施方案，幼儿园组织了1次“去小学化”专项治理工作动员部署会，结合小学化教育教学模式存在的实际问题，教师自身先查找问题的所在，针对教师自身小学化问题展开研讨，列出整改清单，以教师技能大练兵活动和帮传带（一带三）模式，限时、限期整改转变，12月形成了自查自评反思总结汇报。2018年，组织全体教师2次研讨了西藏自治区农牧区“双语”教材剖析研讨会；根据年级幼儿年龄段特点研讨了3次特色“双语”教法；1次“双语”经验交流探讨；研讨了三个年级区域性游戏活动的实施与开展，研讨了3次课外游戏活动的创编工作；2次安全游戏活动视屏案例观摩课，2次文部非遗锅庄编排试教活动。

【园本课程研发】 幼儿园教育以园本课程为依托，园本课程以特色特点为准绳，经过多年的思路构想，园本课程初见成效。2018年，落实了藏民族特色实践操作课程的进一步研讨，并在大班试教了藏民族特色实践操作课程——藏民族特有的饮食文化之“糌粑团的制作”和“有趣的酥油变成茶”，在区域性游戏活动中拓展实践操作，玩中学、学中玩，让孩子了解传统文化、理解传统文化、发扬和传承传统文化，体验操作，学会分享，懂得珍惜；研讨了非遗文部锅庄进幼儿园基本动作的试教、创编工作，“六一”非遗文部亲子锅庄入场活动，场面震撼，赢得了家长的赞誉。下一步还将研讨“国学”“藏学”基本知识进园所、进班级，同时建立“国学馆”和“藏学馆”，让孩子通过亲身体验，实践操作获得优秀传统文化知识，加强园本课题及子课题的探讨撰写工作，尽早申报，落实教学惠及牧区孩子。

【园本培训工作】 为切实落实尼玛学前“双语”教育培训机制，履行幼儿园作为培训尼玛县各乡镇村居学前教育教师职责，起到模范带头作用，不断增强本园教师的业务水平能力，幼儿园结合县级学前“双语”培训的出发点。利用外出培训教师回园结合本地和本园的实际情况进行有计划、有目的的授课培训，借鉴吸纳他人较好的教学经验、模式；以老教师、骨干教师和专业教师担当园本培训的主讲者，把在牧区学前教育教学领域的经验成果进行交流，传教于新教师，形成园本培训内容，逐步形成园本培训机制、制度，取得了较好的园本培训效果。2018 年度幼儿园组织食堂工作人员、保育员、教师、班主任等开展相关培训工作共计 12 节次。

【幼儿园 2018 年领导名录】

幼儿园书记：土登次旺（藏）

幼儿园副书记、园长：邹海军

幼儿园副园长：钟金虎

园办公室主任：普布卓玛（女、藏）

园保教主任：达瓦曲珍（女、藏）

园后勤主任：罗桑卓玛（女、藏）

园保教副主任：次仁旺姆（女、藏）

（撰稿人：钟金虎）

中等职业技术中心

【概　况】 2018 年，尼玛县中等职业技术中心认真贯彻自治区职业教育工作会议精神，努力把握职业教育发展的大好机遇，坚持服务为宗旨，就业为导向，为农牧民创收利润进行了多次技能培训，为服务新牧区建设而改变办学方向，以服务地方经济建设目的，办人民满意的职业教育，努力扩大职业教育规模，全面提升办学水平和教育质量，推动学校持续、健康、快速发展。2018 年职校坚持以科学发展观为指导，积极争取上级党委政府和有关部门的大力支持，克服“招生难、办学难、就业难”等方面的难题。大胆探索，努力创新，拓展门路，形成“校企合作，短期培训、职业中专班”的办学格局。

【教育与培训】 尼玛县职业教育以创新，质量兴校为办学理念，力争让每一位进入职校的学生都能找到适合自己发展的道路，努力给学生营造发展空间，提出“两个满足”的办学思路，即：“满足一部分学生的就业需求，满足一部分学生的升学需求”，坚持一年级重基础，二年级强技能，三年级分流（升学班，就业班）培养的育人方法，采用分层次教学，使每名学生都能找到一条适合他们发展的道路。在教学上，对中职升学班按“加强基础、培养能力，全面提高素质，适应高考选拔人才的需要”施教；对（初）中职就业班按“拓宽专业，注重实践，培养技能，适应就业和人才市场的需要”施教。使各层次的学生都得到了充分的发展。

【就业等其他培训】 职校中心在县劳动就业局和县扶贫办指导下，对建档立卡的贫困农牧民进行适合尼玛县牧区产业发展的职业技能培训，使尼玛县处于弱势地位的牧民掌握生存技能，创收财富。职校中心 2018 年共培训 156 人次，就业率达到 90%。

【其他工作】 在县教育局的大力支持下，职校中心缝纫技术班顺利完成了各中小学的冬夏季的校服缝制任务。大胆探索，拓展学校发展门路，职校中心木匠班完成了“校企合作”的道路，并就业两名学生。顺利完成扶贫洗车场的开班仪式，并转移就业两名后进生。

《中共那曲市委员会、那曲市行政公署关于坚决打赢“十三五”脱贫攻坚战的实施意见》的要求，结合尼玛实际，在尼玛县职教中心完成了尼玛县劳动就业介绍中心第一次招聘会，共解决了 21 名建档立卡贫困人员的就业问题。

在县委、县政府的大力争取下，西藏自治区餐饮饭店协会职业技能培训那曲尼玛县教学点正式启动，协会利用自身优势与尼玛县人社局沟通后，投入近 20 万元建立尼玛县职教中心技能培训教学点，为确保培训质量，定期与尼玛县职教中心有针对性合作开发相关培训课程。经过初级培训的学员，拟继续深造，由尼玛县职教中心派往西藏现代职业技能培训学校进行提升培训。饭店协会尼玛县技能培训教学点的设立，将为尼玛县转移就业的农牧民及城镇失业人员提供就业及创业专项技能培训，实现“我培训，你就业。你创业，我帮扶”的承诺，达到助力精准扶贫的目的。尼玛县职教中心，助力脱贫攻坚，心系贫困百姓，尽管学校资金特别紧张，无专项经费来源，军仓乡异地搬迁户，家具大都已经破烂，无法正常使用，严重影响生活质量，故向局领导及主管教育县长汇报后，从学校仅有的运转经费里挤出部分资金，向军仓乡29户困难户，发放了购买家具款，共计116000元。

【中等职业技术中心2018年领导名录】

党支部书记：南岗旺堆（藏）

主任：巴桑扎西（藏）

（撰稿人：旦增次仁）

卫生与健康

【概　况】 尼玛县卫生局是尼玛县人民政府主管的职能部门，担负着全县医疗卫生、预防保健、卫生行政执法、健康教育等行政部门管理工作，内设计生办、办公室、医保科、卫生监督科，县人民医院、藏医院、妇幼保健、疾控中心4个下属事业单位及14个乡镇卫生院。

【健康扶贫工作】 健康扶贫工作就要继续做好和落实各项卫生惠民工作，着力解决群众“因病致贫、因病返贫”问题，突出解决重点人群、重点病种，提高农牧民群众贫困人口健康水平。2018年年初，各乡镇卫生院对尼玛县建档立卡群众进行“因病致贫，因病返贫”排查，排查出“三个一批”人员81人，县卫计委根据“分级诊疗、逐级转院”的原则实施救治；2018年1月至2018年12月24日，共对建档立卡贫困群众开具“绿卡”21张，开具“先住院、后结算”116张；经排查，建档立卡人员患包虫病需救治137人，其中建议手术治疗37人、建议药物治疗72人、钙化无须救治28人，已救治90人，其中手术治疗18人、药物治疗72人。在县委、县政府统一安排部署下，制定了《尼玛县全民健康体检方案》，结合尼玛县实际，由县政府通过公开招投标方式，确定拉萨广升医院作为第三方医院负责尼玛县全民的健康体检工作，体检工作已于2018年8月27日开始，截至2018年年底，拉萨广升医院、尼玛县人民医院、尼玛县藏医院共同体检28361人，其中建档立卡人员已全覆盖；完成荣玛等乡镇搬迁至羊八井的44户201人的医保对接及资金拨付工作；协助开展荣玛整体搬迁至古荣262户1102人的医保对接及资金拨付工作；开展建档立卡贫困户签约服务和提供基本公共卫生服务，2018年通过乡、村医生完成贫困户签约9346人，提供基本公共卫生服务，其中0—6岁儿童2748人、65岁以上老人1220人、孕产妇371人、高血压905人、糖尿病14人、结核病25人、精神病31人、残疾849人，建档立卡贫困户签约率100%；系统结对帮扶通过下乡实地走访、免费义诊送医送药和物资资金帮扶等方式，累计帮扶4次67户296人，累计帮扶金额达29420元。

【包虫病综合防治】 根据那曲市包虫病综合防治方案，组织相关人员赴各乡（镇）开展包虫病查漏补筛工作，全年累计开展2次包虫病筛查确诊工作，截至2018年12月尼玛县应筛查人数29161人，实筛29549人，筛查率达101.33%；阳性患者446人，建档446人，建档率100%（其中建档立卡患者137人），患病率为1.5%；建议手术治疗126人、170人建议药物治疗、150人因病灶钙化原因不做治疗，只做建档管理；已通过药物治疗170人，建议手术治疗病患中已有35人接受手术治疗。

【医改工作】 为切实做好尼玛县卫生计生各项工作，在上级业务部门的指导下，全面深化尼玛县医疗卫生改革各项工作。积极与上级业务部门沟通联系，加快卫生基础设施、设备建设。2018年，尼玛县改扩建了文部乡、来多乡、军仓乡等7个乡镇卫生院；新建县级妇幼保健院；为9个乡镇卫生院配备了太阳能冷链设备；积极争取为县藏医院、5个乡（镇）卫生院配备思源救护车共计6台。继续推行公立医院药品零差率销售工作，确保农牧民群众受益。

多措并举，多渠道加大医疗人员技术培训。结合尼玛县医技人员少、工作任务重的实际情况，依托四川大学华西医院和西藏自治区第一人民医院帮扶尼玛县人民医院的实际，卫生技术人员培训采用“请进来”“送出去”、通过“以会代训”、跟班培训以及岗前培训等加强对尼玛县医疗技术人员技术的培训，截至12月底，尼玛县共计培训22批次，共计182人次。

主动对接，构建医疗联合体。县委、县政府高度重视，由卫生主管副县长亲自带队，与自治区人民医院、自治区藏医院沟通对接，构建区县医疗联合体，自治区藏医院与尼玛县藏医院、自治区人民医院与县人民医院已签订医联体协议，医联体相关工作正在开展中。县级医院科室主任首届实行“竞聘制”，经县委、县政府同意，在县人民医院进行试点，科室主任由以前的“任命制”进行改革“竞聘制”，打破以前的科室主任用人体制机制，改善优化用人环境，实行人员能上能下，切实将能干、肯干的人员放到与之相适应的岗位上，培养、打造学科带头人，努力提升医疗服务水平，加快推进公立医院改革进度。

【疾病预防控制管理】 按照“基础抓常规免疫，应急抓强化免疫，重点抓查漏补种”的总体要求，做好全县计划免疫接种工作，计划免疫接种率均超过95%以上；县疾控中心和各乡（镇）卫生院开始使用“宝贝计划”全区免疫规划信息管理系统，规范疫苗按需使用和管理；加大宣传教育力度，宣传进寺庙、入牧区、进校园，2018年发放宣传册16000余份，宣传画2000余份，悬挂横幅10条，受益群众达3万余人；开展入学入托接种证查验补种，对全县29所托幼、小学的新入托入学接种证查验补种工作，全县新入托入学1297人，需补种人数443人，截至2018年12月底，完成补种人数365人，剩余未完成的接种剂次接种工作仍在进行中；三病筛查及地方病方面，对建档立卡、学生等特殊人群5777人进行结核病筛查，初筛阳性为261人，在进行了X片诊断后确诊尼玛县结核病患者11人，对26357人进行肝炎、风湿病筛查并进行建档，完成275份水样的采集和送检、300份盐样监测、100份孕妇尿碘监测采样、1611人（7—12岁）儿童大骨节病临床和X线诊断工作以及慢性病管理工作。

【妇幼计生】 协同县妇联组织动员辖区35—64岁农牧民城镇贫困妇女到县人民医院接受免费检查；年初组织各乡镇专干对“两扶”人员进行核查，对不符合条件或已死亡以及满足“两扶”条件需新增人员进行及时退出和新增，并完成网络系统录入工作，兑现落实资金580人计110.4万元（其中独残死亡落实69.768万元171人、独残伤残落实1.944万元6人、一孩双女38.688万元403人）；免费开展孕前检查208对夫妻，出生缺陷检查125对夫妻，新生儿48种遗传检测65人次，办理新生儿出生医学证860人次，母婴三病筛查402人次，宫颈癌筛查81人次，乳腺癌筛查82人次。

【支援帮扶医院】 帮扶尼玛县人民医院的是四川大学华西医院（全国三级医院对口帮扶）和西藏自治区人民医院（万名医师下基层），帮扶协议均已签订，尼玛县人民医院还与自治区人民医院签订了医疗联合体协议，截至12月，四川大学华西医院共计派驻2批次5人、西藏自治区人民医院共计派驻4批次18人帮扶尼玛县人民医院，对尼玛县人民医院的外科、妇产科、内科、儿科及辅助科室进行帮扶带教，培训人员23人，开展学术教学活动38次，指导尼玛县医务人员开展教学14次，开展教学查房110余次，应急知识培训3场次，开展应急演练1场次，县外应急救援2次，急诊成功抢救48人次，完善各项监测、气道管理、液体管理、温度管理、危重患者抢救等设备物资约40项，指出需完善的全麻药、血管活性药物、抗心律失常药、维持水电解质平衡药等约40项，完善医院各项管理制度，指导、协助县人民医院开展首届科室主任竞聘上岗工作，指导尼玛县人民医院发展前期规划工作，特别是医院“二已”创建前期准备工作。

【藏医工作】 县藏医院开展藏药制剂的研发和制作工作，生产加工二十味沉香丸、石榴健胃散等藏药126品种共4250多公斤，价值约420万元（通过各乡镇卫生院、赛马节、展销会已销售170万元）；县藏医院成功将“护肝解酒散”纳入县级非物质文化遗产；通过实地代教的方式开展藏药识别培训，加强藏医药专业人员的药材辨认、识别能力。强化工作措施，全面开展卫生监督工作，卫计委监管对象涉及全县医疗机构、传染病防治单位、公共场所、学校、供水等单位，共计99户。及时调整和充实《打击非法行医工作领导小组》，制定了工作方案；采取定期不定期、联合检查与专项检查等相结合的方式对99家单位进行了105次监督检查，停业整顿8家单位，下发卫生监督书43份。全年受理卫生许可申请15家，新发许可证15个，审核、发放“放射诊疗许可证”1个；制定了公共场所量化考评细则，并对公共场所管理负责人进行培训，量化分级覆盖率达80%。积极开展食品安全风险监测；加强了许可文书、监督文书档案整理归档，做到一户一档，建档率达100%；开展了打击“两非”专项行动。组织对全县城乡医疗保健服务机构、个体诊所、药品批发及零售企业的机构数进行了摸底和打击“两非”专项行动综合治理大检查，截至2018年12月，未发现“两非”问题线索；全面贯彻落实好《自治区第八环境保护督查组督查那曲市情况的通报》以及问题清单，切实抓好问题整改，起草《尼玛县人民政府关于对尼玛县医疗卫生系统环境突出问题的整改工作实施方案》，建立整改工作调度制度，全面掌握整改进度，及时协调解决整改工作中的困难和问题，基本形成源头预防、过程制、责任追究的生态文明制度体系，确保卫生计生系统环保各项工作全面步入法制化、制度化轨道。

【惠民工作】 卫计与县民政局对接，联合县人民医院、藏医院开展对尼玛县14个乡镇521名残疾人人员筛查鉴定工作；对辖区先天性唇腭裂患者进行筛查，将确定10名唇腭裂患者组织到自治区藏医院实施免费修复手术，已救治修复4名患者，剩余6名患者因不符合手术条件未开展手术。同年7月在县人民医院开展了白内障筛查、确诊工作，筛查278人，确诊44名白内障患者。组织辖区31名先天性心脏病患儿到那曲市人民医院进行筛查确诊，确诊需手术救治患儿12名，手术救治3名（其中1名患儿在手术救治前死亡），其余患者为自愿放弃手术救治；开展下乡义诊活动，2018年通过五下乡、健康体检、赛马节等活动方式，开展免费义诊、送医送药活动，共免费义诊3万余人次，免费发放药品价值约58万元。

【卫生和计划委员会2018年领导名录】

卫生和计划生育委员会主任：林文志

卫生和计划生育委员会副主任：

措加琼错（女、藏）

卫生和计划生育委员副主任科员：

白玛央金（女、藏）

（撰稿人：白玛央金）

人民医院

【概　况】 2010年9月升格为正科级单位，更名为尼玛县卫生服务中心，2015年又更名为西藏那曲尼玛县人民医院、现位于尼玛县建设路22号，历经4次搬迁经过艰苦创业、稳步和快速发展时期等几个阶段的发展。

【业务指标完成情况】 综合住院部：尼玛院门急

11 月 6 日，县人民医院组织医院首届科室主任竞聘会

诊 3568 人次、急诊成功抢救 48 人次、收住院 379 人次、治愈 327 人，好转人数 52 人、转院人数 67 人、死亡人数 2 人。骨折固定 79 人、清疮缝合术 216 人，肛周脓肿切除引流术，痔疮术 5 人次、门诊输液 1906 人次、雾化 709 人次，肌注 134 人次。

妇幼保健站（妇产科）：妇科住院病人 49 人，门诊病人 1172 人，皮埋及宫内节育器 355 人，结扎术 15 人，口服与外用 1175 人，收治住院病人 457 人，其中孕产妇 408 人，新生儿活产数 389 人，刨宫产 5 人次。免费孕前检查 207 对（夫妻），出生缺陷检查 125 对（夫妻），新生儿 48 种遗传检测 65 人次，办理新生儿出生医学证 860 人，母婴三病筛查 402 人次，宫颈癌筛查 81 人次，乳腺癌筛查 82 人次。

检验科：三大常规 3765 人次、生化检查 2022 人次、HIV 初筛 971 人次、梅毒解脲沙眼共 1170 人次、血型检查 1002 人次，B 超共 3922 人次。

放射科：CT 共 760 人次、DR 共 2371 人次。

【免费体检服务】 2018 年，尼玛人民医院公共应急（主要为交通事故现场）出动医护人员 12 次，救护车 3 次，其中成功抢救危重病人 9 人次，“五下乡”“免费孕前检查”“肝包虫筛查”等共出动医护人员 5 人次，车辆出动 2 次，免费为农牧发放药品约 5896.82 元，全年共出动保健医生 15 人次，成功完成尼玛县 2018 年（中）象雄文化旅游赛马节、第四届藏博会期间的各项医疗保障任务和双湖县公共卫生事件应急任务 2 次。其中 11 月 10 日自治区专家及副院长旺加赴双湖县第二次应急任务，携带便携式生化机供双湖县人民医院应急调用。健康体检：3 月尼玛县维稳一线民警体检 35 人次、驻村体检 30 人次、县公安局辅警体检 59 人次、新任村委会负责人 15 人次，流动人口体检等，协助县卫计委完成“两癌”筛查工作共 160 人。

【医疗援助】 四川大学华西医院副院长曾勇带队的义诊专家组 12 人和驻派工作人员 3 人共 15 人于 7 月 21 日在尼玛县成功签订三级医院对口帮扶协议，并于下午对尼玛县人民医院捐赠了价值 7 万余元的医疗物资，医疗专家组对 300 余名干部群众提供了免费义诊服务，免费发放了价值 21600 余元的药品，受到了广大干部职工和群众的一致好评。自治区人民医院援助尼玛“万名医师支援农村卫生工程”在 5 月中旬完成医疗队第二批与第三批换接工作、12 月中旬完成自治区人民医院援助尼玛县人民医院“万名医师”医疗队第二批与第三批换接工作，4 月成功签订医联体协议。医疗技术提升方面：通过“请进来”，加大对尼玛县医务人员的培训力度，截至年底，华西医院两批医疗队已对尼玛县的外科、妇产科、内科、儿科及辅助科室人员进行培训，已培训 45 人次；开展学术教学活动 26 次，指导尼玛

12 月 8 日，县卫生院举行西藏自治区第三批“万名医师支援农村卫生工程”工作总结仪式

县医务人员开展教学 11 次；开展教学查房次 36 次，受益病患 187 人。完善医院管理方面：完善各项监测、气道管理、液体管理、温度管理、危重患者抢救等设备物资约 40 项；指出需完善的全麻药、血管活性药物、抗心律失常药、维持水电解质平衡药等约 40 项；指导尼玛县人民医院发展前期规划工作。

提升应急处突方面：开展应急知识培训 3 场次，培训人员 16 人，开展应急演练 1 场次，培训人员 23 人，完善应急处突各项制度（制度正在制作中），规范应急处突程序，已成功开展应急抢救 5 人次（主要为交通意外和心脑血管方面病患），积极筹建应急抢救设施设备及措施，通过"请进来""送出去"加强人员梯队建设，提升应急医疗队伍建设。自治区人民医院万名医师专家队帮扶下县人民医院开展业务学术讲座 16 次，其中本院医师讲座 3 次、专家讲座 12 次、专家免费义诊 3 次、"5·12"国际护士节当天协同专家组到养老院免费义诊。

考核评估：11 月，县委第一考核组对人民医院年目标责任考核情况、领导班子和领导干部建设情况、贯彻党风廉政建设情况进行了检查。通过采取听汇报、查阅资料、召集工作人员座谈会、走访医院角角落落多种考核形式对人民医院各项工作进行了全面检查。班子团结务实，工作思路清晰，措施得力，作风扎实，

7 月 22 日，四川大学华西医院医疗队与县级领导合影留念

能够认真贯彻落实全区卫生工作会议精神，医疗服务、队伍建设、党风廉政建设等工作表现优异，取得事业单位第一名，并在年度经济会中获得社会发展贡献奖。

规范化管理：尼玛县人民医院要继续深化改革，狠抓内部管理，强化服务、质量、品牌建设，做好二乙医院评审前期准备工作。

【自身建设】 2018 年 11 月 6 日，人民医院在二楼会议室举行"尼玛县人民医院首届科室主任聘任会"，邀请县人大、县人社局、县卫计委领导，自治区人民医院第三批万名医师医疗队队长及成员参会与评选。竞聘会选出综合住院部、医技科、护理部、医务科、总务科、财务科、院办公室、后勤部、妇产科 9 个部门 15 个部门领导人，负责医院各部门的主要工作。

【健康扶贫工作】 为深入做好精准扶贫和"一对一"结对帮扶工作，确保帮扶对象能如期脱贫，9 月 8 日，尼玛县人民医院三名代表前往荣玛乡开展结对帮扶贫困户走访慰问。人民医院对口帮扶当中一部分家庭因生态搬迁至拉萨堆龙古荣镇，在慰问过程中，先了解在荣玛乡的 17 户贫困的身体和生活等情况，详细询问他们在生活当中的实际困难，并为他们送去了大米、食用油及现金共计 4420 元，由于 18 户搬迁至拉萨堆龙古荣镇，卫生院代表把 18 户的慰问金 9000 元交给乡扶贫专干转交给贫困户，并嘱咐他们如果有困难及时与结对帮扶单位及个人联系。通过走访慰问，并结合本单位工作职能，尽最大力量帮助贫困户早日实现脱贫，此次慰问共计发放大米 17 袋、食用油 17 桶、现金 13420 元，涉及 35 户 157 人。2018 年，全体职工尽心尽力、埋头苦干，基本完成年度工作任务目标，取得可喜的成绩，为构建"平安尼玛""小康尼玛"和"和谐尼玛"作出了应有的贡献，但也应清醒地认识到，卫生院的医疗水平与兄弟地区和兄弟县还有一定的差距，医疗工作任务还面临严峻形

势，还需要全体医务工作者的继续努力，影响人群健康和公共卫生安全因素增多。重大传染病流行形势依然严峻，突发公共卫生事件多发、频发的风险可能性很大。

【人民医院 2018 年领导名录】

人民医院副院长：旺 加（藏）（主持工作）

副主任科员：拉布夏嘎（藏）

（撰稿人：次仁欧珠）

7 月 23 日，尼玛县藏医院开展首届野外认药活动

藏医院

【基本概况】 藏医院科室设置齐全，设有藏医外科、内科、外治科、藏药制剂室等科室。住院设有 20 张病床，拥有 B 超、心电图、电子胃镜、全自动生化分析仪、X 光机、眼科手术台等现代化医疗设备。现有专业技术人员 20 人，学历均为大专以上学历，人员素质高。

【规范化管理】 加强公立医院管理和信息化建设，转变管理模式，加强人才队伍建设，提高医疗卫生服务质量；推行医院成本核算，严格控制医疗费用不合理增长。积极组建医联体，建立分级诊疗制度，引导患者到基层医疗机构就诊，逐步形成合理的就医流向。

【服务质量】 藏医药是尼玛县医疗卫生事业建设的重要组成部分，大力发展藏医药有利于县医疗卫生服务能力的提升，有助于医疗卫生改革的稳步推进。截至 2018 年年底，尼玛县藏医院能力建设还未标准化、制度化，藏医药服务能力还有待进一步提高。根据牧民群众的反映及现代医疗卫生需求，为提高医疗卫生工作的标准化建设，进一步推进尼玛县藏医药事业快速发展，改善藏医院藏医药诊疗环境，更好的保障尼玛县牧区群众的身心健康，营造浓郁的藏医药文化氛围，打造藏医药特色诊疗区域。

【医院建设】 卫生服务能力建设，2018 年县政府重视藏医院工作，大力支持生产和发展特色藏药，安排 10 万元资金支持藏医院制剂室药品生产，藏药加工购买原材料藏医院出资 40 万元。生产特色藏药和开展工作情况，2018 年共生产

5 月 28 日，藏医院在尼玛镇开展健康体检活动

8 月 23 日，藏医院开展结对帮扶慰问活动

了126种藏药，如：二十味沉香丸、六味能消散、石榴健胃散等共4250多公斤，也有不少医务人员学会了生产藏药前的预备工作和注意事项等。同年8月初，根据西藏自治区藏医药管理局要求及藏医院2018年工作计划，7月30日至8月13日，同步开展2018年藏药材普查及采药认药教学活动、慰问帮扶、看望驻村等工作。基层制剂室建设，藏医院于2018年8月建设藏药制剂室，国土部门划拨的面积为884.44平方米，县财政投资200万元，藏医院公立医院改革经费中支出125.38万元，共计为325万元的基层藏药制剂厂建设基本完成。

培养藏医药人才。同年参加市以上藏医培训有2人，其中在那曲市藏医院学习藏医全科医生1人；学习时间为1个月，学习藏医护士1人，时间为1个月，在拉萨自治区藏医院学习藏医特色疗法1人，时间为3个月。学习胃镜和B超各1人。

【跨越成绩】 在2018年度藏医院住院部总住院人次为665人，门诊部接诊人次为5758人，外治科诊疗人次为830人，总诊疗人数为7253人，已超过往年总诊疗人次。

【藏医院2018年领导名录】

藏医院副院长：多杰切毛

藏医院副主任科员：旦增桑珠

（撰稿人：扎　桑）

社会民生

人力资源与社会保障

【概　况】 2018年，人力资源与社会保障局工作以党的十九大精神为指导，在县委、县政府的坚强领导和上级主管部门的大力支持下，攻坚克难、狠抓落实，圆满完成了年初制定的各项目标任务。

【转移就业】 自脱贫攻坚工作开展以来，尼玛县脱贫攻坚指挥部转移就业组紧紧围绕地区转移就业组、县委、县政府关于脱贫攻坚的总体部署，聚焦追赶超越目标，面对“任务重、工作难”的双重压力，坚持“就业围着脱贫转、助力脱贫促就业”的工作思路，不断完善扶持政策，细化工作措施，推动就业创业助力脱贫攻坚工作取得了显著成效。

【劳务输出力度】 尼玛县劳务输出公司组建于2018年4月底，主要经营业务为统计就业需求、登记劳力种类、对接劳力输出等。截至年底，已经搜集对接长期就业岗位785个，已上岗人员154人，其中市牧发公司188个岗位，已上岗63人；县消防10个岗位，已上岗11人；高原生态有限公司75个（保安、保洁员、收银员），已上岗43人；县人社局招聘11个公益性岗位，已上岗9人；村级协管员77个岗位，暂时未有上岗人员；县民政局集中供养5个岗位，未有上岗人员；基层服务平台招聘28个岗位，已上岗28人。

【劳力就业力度】 2018年，尼玛县转移就业任务共4929人，其中可流动性劳动力就业1878人（地区扶贫2人），不可流动性劳动力就业3051人；截至12月底尼玛县已经完成建档立卡劳动力就业3550人，其中流动性劳动力就业1858人，任务完成99.04%，因有部分可流动性人员存在特殊情况无法完成转移就业，已将情况说明汇报至市转移就业组；不可流动性劳动力就业1692人，任务完成55.46%；其中建档立卡劳动力持续在岗人数1953人，2018年建档立卡劳务输出收入共计2746.1996万元。尼玛县从事的主要工种有：建筑施工所占比例为28.2%、依托产业就地就近就业“一乡一社”“一村一合”所占比例为20.76%、人居环境整治类所占比例10.9%，放牧、服务员、本地企业对接等其他工种占40%。截至12月底人社局组织招聘会共10次，共计安排建档立卡贫困劳动力就业159人。这一大幅度提升是尼玛县转移就业督查组实行“村不落户、户不落村”的方针实地督查的结果。经过逐乡选户的排查后，每个乡镇的人社专干、扶贫专干在工作方式方法上都有了提升，并对本乡的漏报人员进行上门询问，强调转移就业人员必须走出去，实地考察每一个农牧民的劳务输出情况，并引导广大牧民提高就业观念，全力以赴让每个农牧民能够通过自己的双手创造属于自己的幸福生活，转变“固守乡土”的思想观念。另外尼玛县劳务公司积极对接就业岗，广泛宣传企业招聘需求，带动了大批人员咨询就业政策，外出务工观念都有所提高。大力鼓励高校毕业生转变就业观念，选择就近市场创业就业。2018年，尼玛县召开高校毕业生择业、就业座谈会5次，发放《高校毕业生就业创业政策》宣传手册800余册，并专门成立高校毕业生办公室和专职工作人员，负责尼玛县高校毕业生就业创业日常工作。

【技能培训】 2018年，尼玛县共涉及培训工种15个，完成技能培训868人，其中建档立卡728人，任务完成率91%，培训后就业461人，就业率63.4%，全年共拨付资金105.325万元。

【劳动监察】 截至12月底，人社局共出动劳动监察车辆15台次，32人次，检查各类用人单位127家，2489人，补签劳动合同145份，未下达《责令整改通知书》要求限期整改的违法违规企业，督促建筑施工企业设立工地维权告示牌86处，缴存农民工工资保证金1007.53万元，征缴工伤保险费310.79万元。截至2018年年底，尼玛县接到投诉及地区转办4起，涉及农民工9人，通过调解方式已处理，无劳动保障监察立案处理事件，举报投诉案件结案率100%，为农民工追回拖欠工资70万元。受理劳动人事争议各类案件36起，526人，涉案资金704.025万元。

城乡居民养老方面。人社局发放2017年第四季度、2018年第一季度60岁以上城乡居民养老保险人数共计2306人，养老金发放金额为103.39万元，2018年16—59岁养老保险参保人数为16779人，征缴金额140.47万元。城乡居民养老保险作为一项惠民工程，在宣传上下大工夫，利用微信公众账号、线下传单、设立政策解读专栏为居民提供相关参保知识。

专技工作开展情况。截至12月底，人社局已完成西藏自治区人事人才管理信息系统更新工作，并本人已经签字确认。2018年上半年，19本文化岗位及1名医学岗位上的职称已聘任并完成下发聘任书及资格证书。专技年报录入数据已上报市人社局，专技年度考核工作已经全面完成。

【五大保险】 人社局从5—6月开展全县五大保险核定工作及社会保险核缴申报表。从7—8月开始核对各单位五险人数及缴费基数。持续征收尼玛县事业单位的失业保险及公益性岗位的养老保险和失业保险。

企业职工基本养老保险：实现参保指标人数（不含退休人员）220人，已完成156人，征缴基金指标320万元，已完成203.43万元，基金征缴率71%。

机关事业单位基本养老保险：实现参保指标人数（不含退休人员）1400人，已完成1766人，征缴基金指标5600万元，已完成5593万元，基金征缴率100%。

城乡居民社会养老保险：实现参保缴费指标人数（不含领取人员）12705人，已完成17138人，征缴基金指标任务175万元（含政府代缴），已完成216万元，基金征缴率100%。城镇职工基本医疗保险：实现参保指标人数（包括在职和退休职工）1732人，已完成1933人，征缴基金指标1600万元，已完成2273.33万元，基金征缴率100%。城镇居民基本医疗保险：实现参保人数（包括在职和退休职工）950人，已完成930人，征缴基金指标49.4万元（含政府配套），已完成4.12万元，基金征缴率98%。失业保险：实现参保指标人数906人，已完成963人，征缴基金指标104万元，已完成108万元，基金征缴率100%。

工伤保险：实现参保指标人数2000人，已完成3870人，征缴基金85万元，本年度已完成373.36万元，基金征缴率100%。生育保险：实现参保人数指标1520人，已完成1644人，征缴基金指标任务120万元，已完成138.5024万元，基金征缴率100%。

【工资福利】 按照那曲市人社局工资福利科下发的相关工资套改及调整文件精神，截至12月，通过查档案和与本人核实，整理及核对全县干部职工的个人基本信息，及时调整干部职工的两年正常晋升、五年晋升、学历固定和15（30）年固定工资等各项工资变动。根据县委和县委组织部下发干部任免相关文件精神及时调整职务变动人员的工资和县政府会议纪要精神调整专业技术人员职称晋升的工资调整工作。完成全县80%干部职工参工以来的工资变动登记卡。在县政府、局领导的高度重视下成立了工资档案办公室，配齐配全工资档案柜及工资档案盒，购买工资专用电脑并已安装新版工资系统。

【全民参保】 自全市全民参保登记和社会保障卡数据采集工作开展以来，为加快实现尼玛县社会保障“一卡通”为目标，充分认识做好此项利民惠民工作的重要性，尼玛县采集户籍人数31944人,2018年12月10日，完成采集人数为20117人，采集人数达到11200余人，完成率为55.67%。

【人社局2018年领导名录】

组织部副部长兼人社局局长：中普琼（藏）

人社局副局长：格桑曲珍（女、藏）

人社局副局长：殷　强

人社局副主任科员：索朗拉姆（女、藏）

（撰稿人：中普琼）

民　政

【概　况】 2018年，县民政局以习近平新时代中国特色社会主义思想为指导，以习近平总书记系列重要讲话精神为动力，紧紧围绕县委、县政府年初经济会议和“两会”确定的主要经济指标，常抓党风廉政建设，坚持“民政为民、民政爱民”工作理念，持续深化改革，推进依法行政，强化基层基础，规范管理服务，有力推动民政事业科学发展。

【社会保障】 城乡低保在动态管理下做到应保尽保、应退尽退。根据《西藏自治区人民政府办公厅关于印发〈西藏自治区城乡最低生活保障实施办法（试行）的通知〉》要求，结合尼玛县实际2018年开始农村低保分类救助方式调整为补差额方式，农村低保补助标准提高到每人每年3840元差额补助；城镇低保标准提高到710元。2018年4月和5月，利用两个多月的时间，对全县农村低保进行一次全面的整治，集中治理“人情保”“关系保”“错保”“漏保”等违规低保，共清退132户247人。2018年7月以扶贫系统开放为契机，全面整治农村低保对象，建档立卡农村低保对象全部（除僧尼）纳入农村低保范围，农村低保对象纳入建档立卡率达到100%。并进一步核实、完善低保系统，确保民政与扶贫数据一致。截至12月底，全县共有农村低保对象1107户4330人，纳入建档立卡贫困户1092户4243人（除僧尼15户87人），共兑现农村低保资金882.9479万余元。全县共有城镇低保对象154户319人，共兑现城镇低保资金258.7248万余元。

【完善医疗救助体系】 全面增强医疗救助在脱贫攻坚中的作用。为进一步健全医疗救助体系，保障困难群众基本医疗权益，简化救助程序、扩大救助范围，最大限度地减轻困难群众医疗支出负担。截至2018年年底，共救助医疗困难家庭249人，兑现救助资金130.85万元；救助临时困难家庭39户145人，兑现救助金28.85万元，全年共救助流浪乞讨人员7人、兑现救助金0.99万元。

1月19日，民政局发放抗灾物资

【规范残疾人办证程序】 为使尼玛县残联工作更加规范化、法制化，2018 年 5 月，联合县卫计委、藏医院等相关单位全面重审尼玛县疑似残疾 406 人，经鉴定不符合办证条件的 285 名残疾人，没收残疾证并从二代残疾系统中注销。根据西藏自治区《关于转发〈中国残联、国务院扶贫办关于开展贫困残疾人脱贫攻坚情况督查工作的通知〉的通知》文件要求，认真调查、核实残疾人纳入建档立卡情况，2018 年纳入建档立卡持证残疾 521 人，其中已脱贫 139 人、未脱贫 382 人。截至 2018 年年底，全县享受残疾人“两项”补贴人数 1538 人，其中享受重度残疾护理补贴 451 人、享受困难残疾生活补贴 1087 人，共兑现残疾两项补贴资金 292.8 万元，2018 年无劳力对象 3818 人，每人 260 元共兑现 99.26 万元。

【排查工作】 为切实体现县委、县政府对孤儿的关爱和重视，2018 年“三大节日”期间，尼玛县政府副县长阿旺罗布，县民政局局长赴拉萨、山南、那曲等地，看望慰问尼玛县 30 名（拉萨 3 名、山南 12 名、那曲 15 名）异地收养孤儿，发放慰问金每人 500 元，共慰问金 1.5 万元。根据《那曲地区转发民政厅关于对孤弃儿童养育情况大排查的通知》要求，民政局在全县范围内进行全面的摸底排查、认真筛选，将符合条件的 12 名儿童纳入孤儿保障范围，截至 2018 年年底，全县共有 30 名散居孤儿，兑现孤儿资金 29.16 万余元。

【老龄保障工作】 进一步审核尼玛县老年人“两项”补贴对象，保障老年人基本权益。截至 2018 年年底，全县享受高龄“两项”补贴对象 290 人（其中失能老人 163 名、经济困难高龄老人 120 名）。截至 2018 年年底，全县共有寿星老人 291 人、其中 80 岁以上 277 人、90 岁以上 13 人，80 岁以上寿星老人，共发放健康补贴 8.9 万余元。

【五保集中供养中心】 加强集中供养管理、优化养老服务质量。配齐配强集中供养护理员和工作人员，截至 2018 年年底，新旧五保户集中供养服务中心共有 2 名集中供养工作人员、6 名集中供养护理人员、6 名工勤人员。2018 年 3 月，尼玛县五保集中供养服务中心护理人员、工勤人员与县民政局签订《尼玛县五保户集中供养服务中心护人员及工勤人员绩效考核目标责任书》，民政局局长要求各工作人员，按责任书各司其职、各负其责，并建立健全和完善护理人员岗位制度、门卫制度、卫生检查制度、集中供养老年人外出请销假制度等各项管理制度。加大排查五保户集中供养服务中心安全隐患问题，每周定期不定期检查集中供养服务中心消防安全通道、老人宿舍、餐厅、灭火器、安全出口、疏散通道、宿舍电线等火灾隐患，确保尼玛县五保集中供养对象健康快乐地度过晚年。2018 年全年共检查 43 次，消防演练 9 次。2018 年 12 月底，全县共有五保对象 180 名，其中集中供养 60 名、分散供养 120 名，共兑现生活补助资金 88.92 万元。

【项目建设】 加快民生项目建设，助推尼玛经济发展。民生项目系民心，民心凝聚促发展。为完善公共服务体系，解决民生难题。那曲市民政局领导高度重视尼玛县防灾减灾工作，2018 年年初，将尼玛县 11 个村级救灾仓库列入《那曲地区 2018 年新建 100 个易灾村防抗灾物资储备库项目计划》中，共投资 770 万元，该项目 2018 年年底以竣工并投入使用。

3 月 7 日，民政局局长洛永在尼玛县五保集中供养服务中心召开集中供养服务中心工作人员（护理员、工勤人员）实行绩效考核的专题会议

【救灾体系建设】 加大防灾减灾体系建设，努力提高防灾减灾意识。从思想上提高灾情的认识，2018年年初，召开全县防抗灾专题会议，进一步传达学习市委、市政府、市民政局、县委和县政府有关防抗灾系列文件精神。加大救灾物资储备力度和救灾物资储备清查和管理工作。积极与县农牧局、交通局、水利局沟通协调，深入乡（镇）清查、摸底、反复核查救灾物资储备情况，进一步检查各乡（镇）救灾物资储备库管理制度、救灾物资出入清单等。截至2018年年底，全县民政救灾物资储备物资总价值达407.9万元；10个乡级救灾仓库储备物资总价值达195万元；5个村级救灾仓库储备物资总价值达25万元，确保及时有效应对自然灾害。进一步建立健全防抗灾应急预案、领导小组、信息联络制度，制定和完善《尼玛县救灾仓库管理制度》和《尼玛县救灾仓库防火制度》《尼玛县救灾物资销毁制度》等，不断完善防抗灾体系建设、实行24小时值班和零报告制度。确保一旦发生灾情时有人抓、有人管、有对应措施。根据《关于下达2017—2018年冬春受灾群众自然灾害生活补助资金的通知》文件要求，结合各乡（镇）上报灾情，制定45万元物资采购实施方案并按方案要求已购买粮食、衣物等（其中粮食35万元、衣物8万元、燃料2万元），截至2018年年底，全县退役军人109名，其中符合政府安排工作条件的38名（包括从其他县调入），临时工和公益性16名。“三大节日”期间慰问优抚对象70名，其中69名贫困户退伍军人、1名烈士家属，慰问金每人500元，共计3.5万元；“八一”建军节慰问武装部、消防大队、武警中队，发放慰问金7000元；向7名2017年退伍军人，发放一次性退伍费，每人7.4万元，共计51.8万元。

【民政局2018年领导名录】

民政局局长：洛　永（女、藏）

民政局副局长：尼　玛（女、藏）

民政局副主任科员：

尼玛普成（女、藏）（2018年9月任职）

县五保集中供养中心负责人：

索朗坚村（藏、副科）

（撰稿人：卓玛桑吉）

城乡建设与环保

环 保

【概　况】 尼玛县环境保护局是全县环境保护工作的行政职能部门，正科级建制。

2018 年，尼玛县县城空气质量达到国家 I 级标准，波仓藏布河流水质、饮用水水质都达到国家 III 类以上标准，农村试点及生态乡（镇）的空气、水质、土壤质量达到国家 II 类标准，环境质量持续良好。

【环保督察反馈问题整改】 自环保督察以来，已经通过上级环境保护督察组和尼玛县本级督察组的全面清查、自查。2017 年，那曲市 118 项整改任务清单，涉及尼玛县个性问题共 18 项，已完成整改 17 项，1 项问题正在整改（环境监测执法业务用房建设），其余各项共性问题，尼玛县整改办按销号时间节点向那曲市整改办逐一销号。中央环保督查期间共接收上级转办件 8 起，其中不属实问题 7 起，属实问题 1 起，办结 7 起，正在整改 1 起（来多乡 3 村多卡巴、哪让砂金矿区复垦问题）。2018 年对照那曲地区整改任务 40 大项、167 小项，尼玛县涉及的整改任务 24 大项、88 小项，其中有 6 项需要 4 月完成或立即启动，有 18 项需要 6 月底前完成，有 19 项需要 12 月底前完成，其中有 47 项需长期坚持，截至年底，已完成 43 项，其他各项问题整改任务都在稳步推进，当中按照时间节点，确保整改完毕。2018 年，自治区本级督查反馈那曲市问题 19 项，涉及尼玛县的问题 9 项，其中共性问题 8 项，已将相关销号材料报送市整改办销号，1 起涉及尼玛县的来多乡 3 村多卡巴、哪让砂金矿区复垦问题，已将整改工作方案报送至市国土局及市整改办。那曲市落实西藏自治区第八环保督察整改总任务 19 大项，60 小项，涉及尼玛县 8 大项，16 小项，其中需 2018 年 12 月 31 日前完成的有 4 小项（3 项已完成销号，1 项已完成上报，待回复），6 项需长期坚持，6 项需在 2019 年及 2022 年完成整改。

【县城饮用水源地环境保护】 根据西藏自治区《关于印发〈全区集中式饮用水源地环境保护专项行动实施方案〉的通知》和那区市《关于加快推进〈集中式饮用水水源地保护区环境问题整治和规范化建设〉的函》文件要求，制定了《尼玛县集中式饮用水源地环境保护问题整治和规范化建设工作方案》，建立集中式饮用水水源地规范要求的“一源一档”管理档案，邀请第三方制定了《尼玛县县城集中式饮用水源地环境保护应急预案》，并进行专家评审，同时环保局对波仓藏布饮用水源地和备用饮用水水源地网围栏倒塌进行修补，设立保护区边界标志。全面完成了县级集中式饮用水水源保护区“划、立、治”三项重点任务，实现“保”的目标，共投入资金 20.07 万元。

【污染普查】 强化组织机构，为确保高质量地完成此次全国第二次污染普查任务，环保局高度重

7 月 17 日，环保局工作人员在排污口进行数据采集工作

视，将第二次全国污染源普查工作，纳入环保局日常工作的重要议程。成立尼玛县全国第二次污染普查工作办公室，制定了《尼玛县第二次全国污染普查工作实施方案》等相关文件，同时确定了 24 名普查员和 1 名普查指导员。10 月 15—17 日，利用 3 天时间，对各乡（镇）普查员和县普查办工作人员进行培训，详细讲解了信息录入、入户调查等内容。2018 年 10 月 15 日，尼玛县环保局开展全国第二次污染普查入户调查技术培训班。

【落实普查资金】 为了全国第二次污染普查工作有序地开展，按照市普查办的要求，县政府投入资金 67.85 万元，购买普查办公设备、各种培训、制作宣传材料等，已落实资金 13.7 万元。突出重点，搞好普查工作，根据市环保局污染普查办关于全国第二次污染普查清查工作视频会议精神和相关部署会议的要求，2018 年 11 月通过县长办公会，第三方协助尼玛县第二次污染普查工作。尼玛县普查人员及第三方普查工作人员共计 26 人多次深入县城及各乡（镇）全面清查工业企业和产业、规模化畜禽养殖场、集中式污染治理单位、生活锅炉源、入河（海）排污口等，经初步清查尼玛县共有 98 家清查对象，其中：工业企业和产业 27 家、规模化畜禽养殖场 59 家户（个体散养户 56 家、合作组织 3 家）、集中式污染治理单位 1 家、生活锅炉源 10 家及入河（海）排污口 1 个。

【落实农村环境综合整治项目资金】 根据自治区财政厅《关于下达农村环境综合整治资金的通知》（藏财经指〔2018〕21 号）要求，2018 年环保局对达果乡多玛村、洁热村、鲁玛俄布村、申亚乡甲隆村、康琼村 5 个村进行修建简易垃圾堆放点、购买垃圾桶，清运垃圾推车、购买扫把等环卫工具，总投资 49.65 万元，11 月组织尼玛县项目领导小组进行验收，初验合格，现已投入使用。

【来多乡矿区复坑工作】 2018 年，尼玛县投入 36.03 万元资金，对来多乡砂金矿区进行围栏，修建牧道、管涵，部分基坑进行回填，截至 2018 年 8 月 27 日，所有项目已全部完工，同时县政府组织相关部门对矿区恢复情况进行验收，同时相关整改材料上报市环保局整改办，申请销号。

【项目建设环境管理工作】 依据环保法律法规，严格落实环境影响评价和环保“三同时”制度，严格建设项目环境准入，从严控制高能耗、高排放、高污染等三高项目的审批，预防污染源产生。坚持抓好建设项目的审批、备案及验收工作，对每一个新建项目都进行详细的资料审查和现场勘察，根据环评意见对建设项目进行合理选址。2018 年，环保局共审批的建设项目 121 项，

10 月 20 日，环保局组织召开全国第二次污染普查暨环境工作交流座谈会，县环保局局长次仁吉姆（中）主持并讲话

其中环境影响登记表备案项目 121 个，执行率达到 100%。

【生态文明建设工作】 按照自治区生态村、生态乡（镇）创建工作要求，2018 年 6 月对尼玛县生态村、生态乡（镇）创建工作进行了全面安排部署，要求各乡（镇）加强沟通衔接及时上报相关资料，上报资料进行一一核实，汇总成生态乡（镇）和生态村创建申报材料，2018 年共申报 1 个生态乡（镇）和 43 个生态村，2018 年卓瓦乡为获得自治区级生态乡（镇）称号。

【环境监测各项工作】 尼玛县开展环境空气质量监测工作，空气监测点位于县广场，监测周期为五日制，监测项目为 6 个，即二氧化硫（SO_2）、二氧化氮（NO_2）、TSP、可吸入颗粒物（$PM_{2.5}$）、臭氧、一氧化碳。2018 年共监测 4 次，都符合国家一级标准。开展地表水环境质量监测工作，地表水共设监测断面 2 个（即波仓藏布上游 500 米、波仓藏布下游 1000 米），采样分析的 25 个项目，每月水质都符合国家《地表水环境质量标准》（GB3838—2002）中的 III 类标准，水质达标率 100%。

开展饮用水源环境质量监测工作。每季度对波仓藏布饮用水源地进行了一次常规监测，分析的项目 39 项，经监测报告数据结果来看，所分析的 39 项项目均在国标 GB3838—2002 的 II 类标准之内，未见超标现象，水质达标率 100%。

12 月 8 日，县环保局以尼玛县畜产品展销会为契机宣传环保知识

开展农村试点环境质量监测工作。2018 年，对尼玛县嘎青村、多木热村、文部北村、南村 4 个行政村空气、地表水质、土壤、饮用水水质等进行环境监测，2018 年共监测 4 次，经监测报告显示，四个季度尼玛县农村试点空气、地表水、饮用水水质、土壤质量达到国家 II 类标准。

【环保宣传教育】 根据市环保局关于开展环境保护宣传活动相关通知要求，2018 年环保局充分利用“4 · 22”地球日、“6 · 5”世界环境日等各种宣传活动为契机，大力开展《中华人民共和国环境保护法》《中华人民共和国大气污染防治法》等新法的宣传活动。围绕“6 · 5”世界环境日“美丽中国，我是行动者”这一主题，将《中华人民共和国环境保护法》和第二次全国污染源普查相关内容进行宣传，宣传方式丰富，内容鼓舞人心，活动中环保局设立环境保护咨询台，组织开展生态文明宣传“七进”活动，分人员组成宣传队，奔赴县中学、各完小、各工地进行宣传活动，共悬挂宣传横幅 8 条，发放环保宣传手册 5000 余份、环保袋 10000 余份。同时，环保局将宣传活动进行到乡（镇）一级，共计给各乡（镇）发放宣传资料 4000 余份、环保宣传袋 25000 余份。

【生态保护红线划定工作】 尼玛县生态保护红线划定主要涉及羌塘、当惹雍错、昂拉错、玛夏措、洞措、色林错等自然保护区以及各乡（镇）生态功能极重要和极敏感区。生态保护红线面积为 35767.28 平方公里，占县域辖区面积（72499 平方公里）的 49.33%，斑块数量为 151 个，包括禁止开发区等各类保护地以及生态环境功能重要区 / 生态环境敏感区两类。2018 年 1 月尼玛县着手启动全县生态保护红线划定工作，县委、县政府高度重视，及时成立了县长任组长、常务副县长和主管副县长任副组长，县政府有关部门、各乡（镇）政府主要负责人为成员的领导小组，领导小组办公室设在县环保局，建立了强有力的组织机构。2018年，尼玛县2次召开生态保护红线划定对接工作会议，会上深入研究了《尼玛县生态保护红线方案（征求意见稿）》，同时争取了各部门的意见建议，按照各部门提出的意见建议进行汇总后上报上级部门，顺利完成前期对接工作。

【环境监察执法】 环保局大力推进环境执法大练兵工作。通过各类环境保护专项执法检查，对全县排污企业、餐饮业、公路工程、砂金矿区、自然保护区等进行全面检查，检查企业30余家，现场检查污染治理运行设施20多台（套），对存在违法违规行为的10家单位进行下发限期整改通知书6份、督办函2份、罚款5万元。加强对污染源的监督管理，做好排污许可证发放工作。2018年，新办排污许可证44个，更换排污许可证1个。

【脱贫攻坚和党风廉政工作开展情况】 结对帮扶工作。为了推动尼玛县结对帮扶工作，进一步落实“部门帮村、个人帮户”对口帮扶工作，按照县委、县政府对结对帮扶工作的要求，将党的温暖送到广大群众中心。2018年，县环保局干部职工先后两次带着日常生活用品和慰问金对申亚乡白尔瓦村5户贫困户和军仓乡三村9户帮扶户进行亲切看望慰问，表达环保局的关怀和问候，使他们感受到了党的温暖。2018年“结对帮扶”慰问共发放大米5袋、衣服30件、被褥10套、慰问金共5500元，同时，上半年环保局对军仓乡3村驻村点进行走访慰问，对群众生产生活、经济收入、劳动能力等进行详细了解，全面掌握存在的突出问题，共走访30余户，慰问金5000元。按照《那曲市生态保护转移就业管理办法（暂行）》的通知要求，2018年环保局对14个乡（镇）签订了《尼玛县2018年城镇保洁员和村级环境监督员生态岗位目标责任书》，把城镇保洁员和村级环境监督员生态岗的各项政策措施落实到乡到村到户到人，切实做到真扶贫、扶真贫、真扶贫。

【2018年工作亮点】 党的十九大以来，环保局认真贯彻落实习近平总书记关于第二次青藏高原综合科考和那曲依靠科技种树的重要指示精神，县委、县政府高度重视那曲科学植树工作，县政府多次研究部署对尼玛县科学种树，打造绿色尼玛。2018年5月，在西藏露珠源园林工程有限公司的技术指导下，环保局大力实施植树造林项目，2018年在县城范围内种植沙棘100株、红叶子100株、云杉4751株、青皮柳1000株，臧红柳901株，苹果树30株、桃树30株、披肩草250公斤、波斯菊12.5公斤、油菜花100公斤，种草面积达3.2公顷，投入资金537149.6元。此外，还有4个乡（镇）试种点，甲谷乡种植8000棵、达果乡种植5000棵、文部乡种植5000棵、来多乡种植2000棵。为保证种植树木能够顺利过冬，县政府在县城范围内投入689048.77元专项经费，给各乡（镇）补助以及冬季养护经费共计20万元。

【环保局2018年领导名录】

环保局局长：次仁吉姆（女、藏）

环保局副局长：索朗平措（藏）

（撰稿人：索朗平措）

住　建

【基本概况】 尼玛县住房和城乡建设局系县人民政府职能部门之一，主要负责全县城市规划、村镇规划、村镇建设、工程建设、工程监管、质量监督、勘察设计等相关工作。2018年以来，在县委、县政府的正确领导和市住建局的精心指导下，住建局坚持规划引领、努力塑造特色，提升服务意识、加强效能建设，注重过程监督、推进项目实施，内抓管理、外树形象，扎实推进城乡规划建设各项工作，全力服务尼玛经济社会发展，开创了部门工作新局面。

【建设项目】 房建项目。2018年村级活动场所建

9月22日，市住建局副局长次仁桑旦在尼玛县检查乡镇供暖验收工作

设项目，全县全年共涉及10个乡镇，26个村级活动场所建设项目，已完工12个村级活动场所建设项目，其余14个村级活动场所建设项目工程进度均达到70%。以上项目总投资为13584.73万元，截至2018年年底完成投资11453.91万元。

【市政项目】 县城污水处理厂项目总投资2226万元，建设规模日处理能力达1000吨规模污水处理及收集系统，配套管网5.6公里。于2018年7月开工建设，截至2018年完成总工程量的30%。完成投资667.8万元，该项目计划2019年7月竣工并投入使用，随着污水处理厂的建立，使尼玛县摆脱了生活水污染的直排问题。

【县城规划】 尼玛县城市总体规划，即《西藏那曲地区尼玛县城市总体规划（2014—2030）》，是由中铁工程设计院有限公司于2013年编制，此总体规划现已达到饱和，已经不能满足现有的房屋建设需求和公共建设需求，尼玛县于2017年通过县长办公会议决定，着手修编新规划，委托成都美厦建筑设计有限公司修编《西藏那曲尼玛县城市总体规划（2018—2035）》。现已规划修编完成，向上级申报审核。

【城镇化建设】 易地扶贫搬迁。易地扶贫搬迁是国家为解决贫困地区群众的温饱和实现脱贫奔小康而采取的新举措，其内涵是把生活在自然环境恶劣地区的群众搬迁到一个适宜生产和生活条件的地方，促进扶贫开发和生态环境建设有效结合。尼玛县通过易地扶贫搬迁，按照整乡或者整村推进工作原则，计划“脱贫攻坚”任务完成后，从各乡（镇）搬迁至县城共1224户,4471人。通过劳务投入、生态岗位、技能培训等在县城居住生活。

【人居环境】 尼玛县2012年以来对各村进行人居环境建设，建设内容为硬化、亮化等设施，各村基础设施严重滞后，积极以人居环境项目申报各村垃圾填埋场、村庄厕所等项目。尼玛县实行建设易地搬迁项目，村庄从分散变成集中，乡政府所在地、行政村群众居住户增多，有效提高乡（镇）政府所在地的城镇化率。

【重点工程建设】 尼玛县污水处理厂项目为2018年重点建设项目之一，该项目总投资2226万元，建设规模日处理能力达1000吨规模污水处理及收集系统，配套管网5.6公里。于2018年7月开工建设，现已完成总工程量的35%。

【自身建设】 为进一步提高住建局干部职工的整齐形象和内部建设管理，住建局领导高度重视，精心部署，按照内强素质，外树形象，强化内部各项管理，加强自身建设。加强内部管理，制定了内部管理制度，对各项规章进行全面的完善，进一步明确单位责任和责任人，签订单位及个人目标责任书，强化纪律意识，加强对领导干部优良的作风，打扫单位内部卫生，严格落实工作岗位职责，严格按制度办事。严格按照单位制度，单位领导督促工作人员做到上班不迟到、下班不早退等相关单位制度。单位内部环境有很大的改善，局办公桌、椅的及办公电子设备摆放整齐，提高干部职工工作积极性及工作效率。

【其他工作】 保障性住房。截至2018年12月尼玛县保障性住房共有296套，其中，廉租房122套、公租房174套，现入住率达到100%。尼玛县三房统一并用，公租房和廉租房也有干部职工入住。加强公租房、廉租房管理力度，改善外来务工人员及低收入家庭的居住条件。随着尼玛县经济的不断发展，城市建设步伐的不断加快，外来务工人员随之增加，为改善其住房条件。截至年底，尼玛县共有公租房 174 套，廉租房 122 套均已分配完，入住率达 100%。已缴纳房租金额为 90720 元，已全部交至国库。

【租赁补贴】 城镇低手入家庭租赁补贴兑现情况：2018 年尼玛县城镇低收入家庭租赁补贴对象共有 16 户、25 人，兑现资金共 76500 元。

【住建局 2018 年领导名录】

局　长：次仁央吉（女、藏）

副局长：

邓雄飞（2018 年 5 月脱产至脱贫攻坚指挥部易地搬迁组）

副局长：尚莉莉（2018 年 5 月离职）

副局长：侯　陆（2018 年 8 月任职）

（撰稿人：次仁央吉）

市政规划管理

【概　况】 2018 年，市政局在县委、县政府的坚强领导下，统一思想认识，明确目标任务，紧紧围绕县委、县政府的中心工作，结合市政局实际，认真分析制定了年度工作目标任务，做到了工作有思路、举措、发展、跨越，并树好典型，不断打造市政工作的新亮点，以求真务实、真抓实干的精神完成了各项工作。

【理论学习】 全年来，市政局始终坚持每周周二学习制度，组织广大干部职工认真学习中央、自治区、那曲市、县委、县政府有关文件精神，统一思想，提高认识，明确责任；深入开展党的基本路线、基本纲领、基本理论教育，并把国情、区情、市情教育和党风廉政教育贯穿起来学习；深入开展学习党的十九大精神和习近平治国理论课题教育。通过参加各种学习教育，使全局党员干部职工在思想政治觉悟、业务水平得到进一步提高。

【履行职能】 2018 年是城市精细化管理年，根据县委、县政府的安排和工作要求，市政局认真抓好城市精细化管理工作。市政局制定适用了《散装水泥管理办法》《城市市容和环境卫生管理条例》《城市建筑垃圾管理规定》《城市道路管理条例》《城市扬尘污染管理办法》《城市建设工地扬尘管理办法》《城区渣土车运输管理办法》等。根据人员及工作情况，强化内部管理，经常开展集中整治，进一步规范城市市容市貌。

【城市管理监督】 全年来，按照市容市貌精细化管理要求，强化内部管理和责任划分，加强占道经营、以路为市，县城主要街道上的流动摊贩等有碍交通畅通行为的整治。加强对县城主要干道的巡察，定期不定期进行巡查，有效控制占道经营、齐门经商等行为。加强集中整治制，在搞好巡查的基础上，进一步加大对县城集中整治力度，确保城市市容市貌整洁有序。加强落实“门前三包”责任制，在巡察过程中，严格督促沿街经营门店认真落实“门前三包”责任制。联合工商、公安、交警一同治理市容市貌，使各类占道经营、流动摊点、乱停乱放等违规行为得到有效控制。

【城乡扬尘整治】 积极开展扬尘专项整治，根据市政局人员实际情况，联合环保、公安、工商等部门，出动执法人员 40 余人次，执法车辆近 10 台次，清理整治干道摆摊占道、乱停乱放、乱贴乱画、违章搭建以及建筑施工车辆的管理 20 余处，对 2 个扬尘污染较严重工地下发整改通知，并责令限期整改，从源头上遏制扬尘产生。

【环卫清洁管理】 市政局共有环卫工人 25 人，人均清扫保洁面积 800 平方米。小垃圾箱 300 个，垃圾清运车辆 4 辆。挖掘机 1 台、装载机 1 台、推土机 1 台、压路机 1 台，全县垃圾由垃圾压缩车集中收集运至垃圾填埋场，随着城镇化和城乡一体化进程的不断加快和人民生活水平的日益提高，城市生活垃圾问题越显凸出，垃圾围城现象已成为制约经济发展、降低生活质量的突出问题，尼玛县城区生活垃圾的处理包括垃圾的清扫、收集、运输和处置等四个环节，通常采用垃圾混合、容器分散的投放方式收集。小区居民的生活垃圾袋装后就近投放到住宅区内的垃圾容器内；公共场所、街道垃圾、沿街单位、门店和住户的生活垃圾在袋装后摆放到指定地点定时收集。各收集点垃圾由清运工人统一运至垃圾处理场，经过机械推平、压实，最后简单覆土，基本上做到了卫生填埋处理。截至12月底共处理生活垃圾3000余吨。

【城市路灯建设管理】 根据工作实际和人员配备情况，合理安排城市道路、社区路灯的维修管理工作，及时更换“失明路灯”，及时更换被损坏或者存在安全隐患的路灯，努力提高城市路灯亮光率。由于地理位置特殊，尼玛县全部采用太阳能节能路灯，造价及成本较高，被损坏现象严重，下一步工作计划将对路灯进行适当保护措施。

【市政设施建设管理】 全年来，不断加强市政基础设施的管理和维护，对城市道路和广场的雨水盖、给排水盖、道路栏杆、人行道等基础设施进行定期检查，发现问题及时加以维修与养护。

【村容村貌的管理】 市政局制定《尼玛县2018年市容村貌整治工作实施方案》，下发至各乡（镇），根据《尼玛县村级生态环卫管护员管理办法（试行）》，各乡（镇）人民政府要高度重视村级生态环卫管护工作，按照“盘活存量、用好增量、重点突破、雪中送炭”原则，统筹考虑各乡镇贫困人口中有劳动能力人数和行政村、自然村环卫管护面积，那曲市下达尼玛县村级生态环卫管护员岗位共计462个。根据《尼玛县村级生态环卫管护员管理办法（试行）》，对上岗人员进行考评管理，为更好地让生态管护员履职尽责，市政局不定期到各个乡镇检查环境卫生治理工作开展情况。

【农贸市场管理】 尼玛县共有三处农贸市场，安保人员共6名，公益性清洁工8名，共计商户75户，全年市政局对市场进行了10余次彻底检查排除安全隐患，更换监控设备以及清通消防通道，制定管理条例，严格要求各个商铺必须配备4公斤灭火器一个，新帖安全通道标示，更换破旧的阳光棚，市场安全环境得到进一步治理。

【自来水厂经营管理】 尼玛县全县居民及干部职工生活用水来源于自来水厂，截至2018年年底，全年水厂共开户529户，共收水费62306余元，市政局聘有四名工人24小时不定时对水厂设备监看，出现问题及时维修，并设有服务电话，县城居民家里如若出现漏水、停水现象，市政局工作人员及时到达现场处理，水厂一切运行正常。

【热源厂暖气费收费】 热源厂从2017年10月供暖至2018年5月，供暖期间无重大安全事故的发生，热源厂工人共计25人，其中技术工人3名，管理人员1名，门卫1名，工人20人，全县供暖面积近18万平方米，供暖费用由市政局制作收费表下发各个单位，各单位直接交到财政局。

【市政规划管理局2018年领导名录】

市政规划管理局局长：拉巴顿珠（藏）

市政规划管理局副局长：

刘双杰（2018年10月离职）

（撰稿人：拉巴顿珠）

乡 镇

尼玛镇

【概　况】 尼玛镇辖区面积1.41万平方公里，东北接双湖县措折罗玛镇，西连俄久乡，南邻卓尼乡。距双湖县措折罗玛镇70公里，距俄久乡77公里，距卓尼乡140公里。全镇分为北部村（1村、2村、3村、4村、5村）和南部村（6村、7村、8村、9村、10村、11村）。尼玛镇政府驻地木嘎热色居委会，尼玛镇下辖1个居委会，10个行政村、225个自然村，1座拉康，20个农牧民经济合作组织，2018年年末全镇1180户，其中牧业户数1094户，5170人，其中牧业5050人，全镇共有11个村（居）党支部和1个机关党支部，党小组62个，党员410名，其中正式党员385名、预备党员25名；积极分子25名、妇女党员85名、35岁以下党员152名，团员95名。全镇在"双联户"服务管理工作中划分联户单位213个（其中：城镇101个、牧区112个）。

【经济发展】 2018年年底，全镇牲畜存栏149372头（只、匹），其中，牦牛10897头，绵羊82476只，山羊55228只，马771匹；肉类总产量1211吨，奶类总产量645吨，毛绒产量126.85吨。全镇实现国民生产总值7663.29万元，全镇务工收入949.7万元，农牧民人均可支配收入13361.79元，人均现金收入8818.78元。

【牧业产业】 尼玛镇牧业基础设施进一步完善，重点建设了天然草原退牧还草工程（休牧网围栏）4万亩、高寒棚圈9座等项目；畜牧业发展势头良好。2018年年底，各类牲畜存栏148601头（只、匹），新生仔畜成活57550头（只、匹），成活率90.29%，年出栏牲畜71515头（只），出栏率48%。积极参与第六届畜产品展销会，累计销售额达1850余万元，有效提高了牧民群众对牲畜出栏的积极性。草原生态补奖工作深入推进。落实禁牧草场133.488万亩，实现草畜平衡面积1045.78万亩，兑现草补资金2000多万元。专业经合组织蓬勃发展。按照"扶大、扶优、扶强，大中小并举"的原则，全镇经济合作组织累计达20家，实现收入860万元，其中牧业合作组织12家，2018年新增合作社10家。草场流转有序推进。依托市、县牧发公司在尼玛镇2、3、4村开展的万亩千畜项目，积极探索草场流转，2018年流转草场1.1811万亩，草场承包户直接受益约35.433万元。

【社会各项事业】 教育事业稳步发展。入学率、小学升学率、控辍保学率在全镇上下共同努力下，全镇初中入学率达95%，小学升学率达96%。宣传文化工作扎实开展。认真组建镇级、村级业余文化宣传队，在藏历年、"3·28"百万农奴解放纪念日、"七一"建党节、赛马艺术节等期间开展丰富的文艺活动，通过以上举措活跃了群众文化生活、满足了牧民群众文化需求起到了积极作用。尼玛镇已建成11个“牧家书屋”和一个寺庙书屋，共收藏图书8100多册、各种光盘298多张、报刊等出版物20余种。卫生事业大力推进。尼玛镇卫生院2018年度门诊12060余人次，住院63人次，11个村（居）村医共治疗7023人次，建立建档立卡贫困户371户，健康档案1631人次；卫生人员按时保质保量完成了免疫工作，免疫规划工作取得了新的进展，脊灰疫苗369人，完成96%，乙肝疫苗应种612人，完成97%，白百破疫苗应种456人，完成98%，麻疹疫苗应种648人，完成98%，甲肝接种儿童68人，完成95%，A群流脑接种儿童130人，完成95%，A+C接种儿童290人，完成96%。包虫病应筛查5000人，其中阳性84人，需手术17人，已手术4人，药物治疗37人，建议药物钙化型27人，已建档患者84人。民生保障改善有力。始终将保障和改善民生作为一切工作的出发点和落脚点，全镇低保户115户、510人，共落实低保资金84.04万元；五保户23人，集中供养6人，分散供养17人落实五保户生活补助资金11.4万余元。社会保障体系日趋完善。2018年镇新农保参加人员2642人，参保率100%。收缴保险金21.8万余元，落实60岁以上老人新农保资金81.06万元；全年实现劳务输出3498人次，实现增收949.7余万元。

【生态环境】 尼玛镇始终把生态环境保护放在首位，严守生态保护红线。全面推进河长、湖长制，完成“河长制”组织体系建设，设立12名乡镇级河长、12名村（居）级河长，累计巡河53次。强化生态环境治理；结合村容村貌整治活动，在镇政府周边及各村（居）积极开展生态环境治理，整治了“脏乱差”、留住了“洁净美”，村（居）环境不同程度得到了改善。

【脱贫攻坚】 坚持“六个精准”“五个一批”“4+6”工作思路，深入开展“精准扶贫、精准脱贫”工作。全镇建档立卡贫困户共371户1631人，2018年度脱贫23户86人，贫困发生率从26.5%降低至24.8%，产业扶贫。重点实施了奶牛养殖、“一乡一社”“一村一合”、商混站等产业项目，产业项目初见成效并进行分红，“一乡一社”分红326200元、商混站分红10.9万元。易地搬迁。全镇易地搬迁173户819人，168户797人搬迁安置在县城集中搬迁点，其中5户22人搬迁至羊八井。生态扶贫。全镇安排生态岗位1632人，发放生态岗位资金571.2万元。转移就业。共对全镇贫困劳动力培训117人次，转移就业277人，累计收入355万元。结对帮扶。在市、县、镇开展的结对帮扶活动中，干部群众及致富带头人共390人，帮扶贫困群众780次，捐款、捐物折合人民币38万元。社会保障。资助贫困大学生14名、城镇低保大学生4名、农村低保对象114户506人、五保户5户。

【社会稳定】 始终把维护社会稳定作为首要任务，坚持稳字当头、稳中求进，实现了“三无”“三不出”的维稳工作目标。结合尼玛镇工作实际，进行了进一步的细化和完善。按照年初既定的维稳工作部署，不断深化双联户和网格化服务管理，加大矛盾纠纷排查调处力度，切实发挥“双联户”联户平安的积极作用，夯实群众基础、筑牢维稳防线，认真开展先进双联户创建评选。共评选村级“先进双联户”联户单位42个395户、1669人，镇级“先进双联户”联户单位9个82户、388人，县级“先进双联户”联户单位2个16户，43人，镇级“先进集体”2个村、1个警务站，县级“先进集体”1个村，市级“先进集体”1个村。

【召开经济工作会议和人大会议】 4月20日，召开了为期三天的经济工作会议，会议认真总结了尼玛镇2017年经济社会发展情况并对2018年尼玛镇经济社会各项工作作了详细的安排部署。期间召开了2018年基层党建工作会议和综治维稳工作会议，脱贫攻坚工作会议，主题教育推进会议等，认真安排了2018年的各项工作任务。

【主题教育工作开展情况】 在县委、县“四讲四爱”活动办的正确领导下，2018年，尼玛镇积极开展“讲党恩爱核心、讲团结爱祖国、讲贡献爱家园、讲文明爱生活”群众教育实践活动，尼玛镇11个村（居）每村发展一名专职宣讲员。尼玛镇宣讲工作主要采取集中宣讲、走村入户宣讲进行宣讲，并开展“习近平新时代中国特色社会主义思想”和党的十九大精神大学习巡回宣讲11场次，宣讲受教育群众人数达2620人次，党的十九大精神宣讲42场，宣讲受教育群众人数达3580人次，“四讲四爱”宣讲87次，受教人数7351人次，发放“四讲四爱”宣讲手册360本，600份宣讲单，党的十九大资料200余份，尼玛镇LED屏滚动播放宣传标语达95条次。按照“四讲四爱”群众教育实践活动，加强了实践活动的开展力度，截至年底，开展“恩从何来，恩向谁报”受教育群众321人次；开展“美丽尼玛我是行动者”——植树种草1次，受教育群众31人次；开展“习近平新时代中国特色社会主义思想”和党的十九大精神大学习巡回宣讲11场，受教育群众835人次；开展“国旗飘起来　国歌唱起来”13场，受教育群众1023人次；开展“四面”整治活动18次，受教群众960人次。

【村居妇代会改建和镇妇联“区域化改革”工作】 按照县妇联的要求，在镇党委、镇政府的精心指导下，稳步推进村居妇代会改建工作和镇妇联“区域化改革”工作，各村（居）及时召开了村居会改建工作动员部署会议，制定了切实可行的方案、成立了领导小组对已审核的18岁以上1693名妇女选民进行公示，于8月14日全镇11个村（居）顺利完成了妇联改革前期筹备工作。8月15日开始正式选举，由尼玛镇妇联负责人一行深入各村（居），检查指导各村妇联改革工作开展情况，截至8月19日，尼玛镇11个村（居）的妇联改革工作圆满完成，全镇共选举产生了村级妇联主席11名、副主席22名、兼职妇联副主席33名、妇联执行委员43名，11月2日召开全镇第一次妇女代表大会，选举产生新一届妇联班子共19人，其中主席1人、专职副主席1人、兼职副主席7人、执委委员10人。

【尼玛镇2018年领导名录】

县委常委、尼玛镇党委书记：达瓦欧珠

镇党委副书记、镇长：陈二峰

（撰稿人：达瓦曲珍）

达果乡

【概　况】 达果乡位于尼玛县南部，距县城165公里，现辖三个行政村，37个自然村，现有人口1906人，其中牧业人口1843人415户，主要以牧业为主，年人均收入8719.75元。全乡低保户45户200人，45岁以上参加农村新型农保211人，60岁以上享受新型农保99人，80岁以上寿星老人9人。全乡草场总面积587.57万亩，可利用面积287.54万亩，禁牧面积89.9万亩，牲畜存栏总数52947只绵羊单位。兑现2018年草补资金7509245.97元。劳务输出342人次。

【党组织及党员队伍建设】 党建：成立党建工作领导小组，由乡党委书记李才高任组长，召开党建工作部署会议1次，签订2018年党建目标责任书3份，乡党委书记李才高带头讲党课2次，组织全乡干部职工学习党的十九大精神25余次，落实“三重一大”制度，组织乡班子成员召开班子会议5次，重点研究乡规划建设情况，深入各村督导检查党建工作3次，加强党员管理和党费收缴的制度。

【“四讲四爱”】 达果乡根据市委、县委的要求，开展“四讲四爱”群众实践活动——“恩从何来、恩向谁报，红旗飘起来、国歌唱起来”活动，全乡一共有20场次，受教育干部群众共1589名。已完成宣讲学习第一阶段的工作任务。学习习近平中国特色社会主义思想和党的十九大精神轮训宣讲15场次，受教育干部群众共有1300名。

【妇联工作】 2018年，在县委的安排要求下，达果乡妇联改革工作在9月开展以来，各村建立妇代联合会，共成立4个妇代会、25名成员。结合“四讲四爱”的群众主体教育集中学习和宣传了4场次，妇代工作已完成。对非婚生子进行整顿和教育并召开专题会议，除4名子女还未解决外，其余已整顿完。

【精准扶贫】 全乡479户、1906人，牧业人口415户，1906人，牲畜存栏数为46565头（只、匹），平均海拔4700米，总面积为587.57万亩，草场面积287.54万亩，农田总面积332亩，农牧民人均收入7525.29元。建档立卡贫困户157户625人，其中2016年脱贫户34户、127人；2018年计划脱贫5户24人。达果乡建档立卡共有157户625人，其中一般贫困户110户439人、低保贫困户43户181人、五保户贫困户3户4人。缺技术致贫98户412人、缺劳力致贫27户93人、因病致贫1户3人、因残致贫2户2人、因自身发展动力不足致贫33户118人。

“一乡一社”开展情况：达果乡“一乡一社”总投资300万元，现组建使用总资金290余万元，2017年购置机械设备及车辆和基地建设支出935480余万元。2018年支出购置装载机一台和砖板一套。购水泥300吨，专业人员安装机械设备及场地建设和汽车维修油料费等共支出200余万元。“一乡一社”于5月15日正式投入运营。建设运营后解决了45人建档立卡贫困户的就业问题，2018年总收入达120余万元，工资467089.9元，劳务分红297014元，折估量化分红6250元。

【纪检工作及党风廉政建设】 38期周报；统计一次办公用房并写报告；每个月要报扶贫领域方面的问题线索；上报一次党风廉政风险点和调研报告以及风险防控建设方案、措施等，写5个通报、5个处理决定、5个公示等文件；每月要报干部职工查岗登记表等；每周集中学习党的政治纪律和政治规矩；下村10多次，检查出40余个问题。

【生态环境保护】 生态环境保护方面：召开环境保护部署会议（包括村容村貌部署会议、宣传会议、环境保护宣传会议）8次，环境整治（包括植树、环境卫生检查、村容村貌整治）9次。

【农　牧】 草原补奖工作落实进展情况本乡有1个居委会2个村委，牧业户数349户（以草原补奖户数），人数1815人，草场承包面积287.54万亩，其中人工种草989亩。2018年牧畜存栏数为52947（绵羊单位），其中绵羊：4247只、山羊：23946只、马：178匹、能繁殖的牲畜22248头（只、匹）。2018年牧业人均收入为3000元以上。达果乡在落实草原生态补助奖励补贴项目的同时召开专门会议，制定了牲畜清点及人口统计等实施方案，同时对各村居签订有关目标责任书，在全乡内进行调查、摸排，对享受此项目的养殖户及村为单位进行为期15天的公示，达果乡组织专门人员完成基本信息录入，专人督查，对工作开展中存在的问题及时进行纠正，在正确无误的情况下，由县农牧及县财政部门对牧户进行打卡补助。达果乡享受补奖的户数为349户，补助标准为禁牧6元、草畜平衡1.5元，补贴总额为7509245.97元，截至2018年年底，达果乡草畜平衡补助资金已在三个村进行核实，完成率97%。全乡共划定禁牧草原899150.03亩，绘制乡级禁牧草原分布定位图175份。乡与村、村与户层层签订草原禁牧责任书，并设立“禁牧草原标示牌”175个。为切实加强草原管护力度，乡政府召开专题研究会议，从达果乡2个牧业村聘请了共18名村级草原监督员，确保草原管护工作扎实到位。加强培训，提高业务技术水平达果乡对辖区内村党支部书记、养殖户、草监员等进行了为期4天的培训，培训人员63人次。还及时组织乡农牧业务人员到开展进度工作较快的其他村进行考察、学习。

【教育管理】为加强教育管理工作，提高教学质量，乡党委、乡政府高度重视，乡领导多次组织成员深入乡完小检查指导工作，并把学生管理工作纳入乡规民约，同时，指派一名副乡长任完小副校长，进行法制宣传工作和校内周边的治安管理，进一步提高了学生管理能力和学生入学率。

【文化教育宣传】根据县宣传部和文化局的安排部署，截至12月，达果乡深入牧民群众中开展各类宣传工作;“四讲四爱”群众实践活动“恩从何来、恩向谁报，红旗飘起来、国歌唱起来”活动，全乡一共有20场次，受教育干部群众共1589名。学习习近平中国特色社会主义思想和党的十九大精神轮训宣讲15场次，受教育干部群众共有1300名，综治方面召开扫黑除恶打非治乱专项斗争工作部署会议1次，开展宣传活动4次，受教育人次260人，张贴标语5个，安全生产方面宣传安全生产法、安全生产知识（包括消防知识、安全生产知识学习会）9次，3月28日，采取升国旗仪式、郭庄舞会等各种活动庆祝了“3·28”百万农奴解放纪念日。

【卫　生】达果乡全乡有育龄妇女457人（未婚182人、已婚275人、实施节育措施109人、未婚生子60人）。65岁以上老年68人。2000年以内出生729人，2018年出生42人（住院分娩38人）。精神病患者5人，残疾人38人，现有劳力1191人。计划免除接种1855人次。2018年合作医疗家庭账户剩余160804.02元。住院死亡2人。2017年10月至2018年10月从县卫计委中心仓库提取共计583739.15元药品（藏药193601元、西药390138.15元），现库存药品37万余元（西药179种、藏药36种），配发各村卫生室127368.36元。建档立卡户减免650人次，共计减免3360.9元（输液费免547元、床位费用减免1677元、其他减免486.9元、挂号费免650元）。3月，通过严格的防御和排查，共查出疑似手足口病病例7例，按照要求得到了及时转诊和治疗，全年没有发生医疗差错与纠纷。全年共召开全乡医生例会1次，并通过以会代培方式对4名村医进行了卫生法规、规章制度、计划知识的学习和培训，同时积极组织村医参加卫计委举办的继续教育卫生法规、专业知识培训和学习教育。实施了每季度一次的入村督导检查工作。计免工作常抓不懈，认真做好儿童卡、簿、证、册的管理工作，对每日新生儿童查行及时上卡，按程序接种。截至10月11日，接种各类群体1924人次。其中：全乡0—7岁儿童315人，全年出生49人（死亡2例），实建27人，建卡率82%(乙肝292人次、卡介苗26人次、脊灰25人次、甲肝93人次、马腮风140人次、麻疹291人次、白破7人次、百白破65人次、A群脑膜炎310人次），全年未发生一例接种事故。加强妇幼保健工作，积极开展妇女病普查诊治工作。全乡育龄妇女457人。其中已婚275人、未婚182人、非婚生子妇女60人、实施节育措施109人，对全乡范围内育龄妇女全年完成普查257人，普查率51%，其中查出阴道炎36人，宫颈糜烂17人，其他疾病96人，未发现宫颈癌和乳腺癌患者。并及时完成了各种妇幼保健报表，无虚报漏报现象，圆满完成全年妇幼保健任务。经全院干部职工共同努力，共接诊门诊患者4254人次，其中乡卫生院门诊接诊2881人次、各村卫生院接诊1373人次，平均日门诊11.65余人。开放病床11张，床位使用率为100%，住院97人（住院死亡3例），其中住院分娩38人，全年新生儿42人，住院分娩率59.1%，新生儿死亡2例（新生儿缺陷1例），5岁以下儿童死亡6人（住院死亡2例），开展外伤手术8余例（其中截肢1例），B超74人次、其中免费产检66人，心电检查36人次。处方、病例书写规范率达89%。急危重病人抢救成功率达到72%，实现医疗总收入3127余元。2017年10月至2018年10月，集中时间、集中人力物力和财力，对全乡65岁以上老人68人进行了健康体检（实际体检67人），体检率达99%（2018年2月11日及2018年4月27日过世2人），对全乡开展了“我和家庭医生有个约定”主题活动签约工作。通过逐人逐户调查，共筛选出风湿性关节炎患者208人，高血压患者156人，氟中毒患者174人，疑似肝包虫患者38人，已确诊23例（外来流动人1名，系来多乡一村），需要手术患者3例。2018年合作医疗家庭账户剩余126551.4元。2018年，达果乡卫生院新农合工作健康有序运行，经统计，全乡应参合人数1864人，已参合人员1853人，参保率达100%。开展了一系列如预防接种宣传活动、家庭医生签约宣传活动、健康知识普及宣传活动、安全分娩宣传活动、预防包虫病宣传活动等，悬挂了主题横幅共16副，展出宣传板3块，发放宣传资料500多份，接受了320多名儿童家长现场咨询。开展义诊活动，对高血压、氟中毒、心界扩大、白内障、关节炎等多发病进行了免费诊疗，并详细讲解健康知识保健知识，共诊疗118人、免患者费用4050.95元。

【维稳综治】 2018年，达果乡综治办严格按照年初与各村（居）党支部签订的《2018—2020社会治安综合治理工作目标责任书》，认真履职尽责，成立由县政协副主席、乡党委书记李才高为组长的综治工作领导小组，制定年初综治工作安排，在乡经济工作会议期间召开2017年度综治工作表彰会议，召开综治工作安排部署会议2次，乡党委、乡政府听取综治工作汇报2次，召开综治干部培训会议1次，深入各村督导检查综治工作4次，落实54项综治工作台账，狠抓“三大节日”“自治区两会”“十九届二中、三中”“全国两会”等节点维稳各项工作措施，制定维稳方案、预案，组织“红袖标”巡逻90余次，确保全乡“三不出”工作目标。按时完成上级安排的各项工作，召开扫黑除恶打非治乱专项斗争工作部署会议1次，开展宣传活动4次，受教育人次260人，张贴标语5个，落实达果乡风险评估报告制度，落实网格化服务管理工作，按照1+5+X的要求划分网格化，制定工作方案、流程图、花名册，制定《达果乡2018年综治成员单位考核办法》，认真开展流动人口管理工作，并做好排查登记工作，切实做到底数清、情况明，加强矛盾纠纷排查调处工作，制定矛盾纠纷排查调处工作方案、调解委员会花名册，调解成功2起矛盾纠纷，调解率100%，按时上报矛盾纠纷纪要、报告和月报表，落实“十星级”双联户户长考核，落实在双联户中开展党的十九大精神学习情况，及时上报学习工作开展情况。

【安全生产监管】 安全生产方面：制定了2018年安全生产方案、工作计划、领导小组，并与乡直各部门、各村居、各施工单位签署了安全生产目标责任书，在安全生产工作专项检查中，召开安全生产部署会议（包括专题会议、安全生产培训会议）17次，宣传安全生产法、安全生产知识（包括消防知识、安全生产知识学习会）9次，学习“意见”7次，重点对学校、卫生院、饮食服务业、个体工商户（茶馆、商店）、散装油销售点、道路及建筑施工单位等进行检查，安全生产领域专项检查22次、食品药品领域专项检查12次、道路交通领域专项检查3次、建筑施工领域专项检查13次、散装油领域专项检查6次。校园应急演练2次、2018年达果乡全乡无一起安全事故发生。

【项目监管方面】 2018年，达果乡新修建项目如：学校、宾馆、商铺、卫生院、村委会、道路等施工项目较多，但无一起安全事故发生，也无一起农民工上访事件，依照现在的施工进度，2018年工程完成率达到95%。

【社会保障工作】 达果乡4月中旬发放了2017年10月至2018年养老保险金，共88329.36元，并将2017年的养老金发放表翻译成藏语在乡、各村宣传栏进行了公示。4月初收取2018年16—59岁养老金92500元，其中一村3900元、二村

27800元、三村25700元并全部已上交。对达果乡16—59岁的养老保险缴费做了个人明细账户表，共1195人，其中一村488人、二村358人、三村349人。在5月对达果乡60岁以上老人做了乡村居民养老保险享受待遇人员生存认证表，对98名老人做了三份生存认证（一村41人、二村31人、三村26人），一份交给县人社局、一份留到乡、一份给待遇领取人员。8月初对乡干部职工填写公务员及事业单位的录用审批表。9月24日开始到县人社录入16—59岁养老保险系统及拨付60岁以上老人的养老金。2018年16—59岁养老金缴费表翻译成藏语并在乡、各村宣传栏进行公示。

【强基惠民工作】 强基工作：24期周报和40期驻村在岗情况；12次上报驻村天数、60多次上报各种统计表；统计一次三个村的0到50岁受教育情况；统计一次村两委班子及村监督委员银行卡号和身份证号；4次上报驻村工作队工作情况；20次上报各种整改方案、整改措施等文件；强基础惠民生宣传简报195期；“四讲四爱”宣讲简报60期。

【达果乡2018年领导名录】

县政协副主席、乡党委书记：李才高

乡党委副书记、乡长：次杰（女、藏）

（撰稿人：嘎玛扎西热杰）

文部乡

【概　况】 文部乡位于尼玛县西南部，距县城84公里，地理北纬31°43′，东经86°48′，平均海拔在4600米，行政区域面积2954.43公顷。全乡辖一个行政村和一个居委会（其中北村辖强林、古庆亚康、贡林、古庆努、拿赤、拉努6个自然村；南居委会辖彭庆、龙尼、岗龙、文部新村、文部寺5个自然村），共618户，2141人，其中南居委会295户1083人，北村285户1014人。其中男1043人，占总人口的48.72%，女1098人，占总人口的51.28%；农业人口4123人，占总人口的99.64%，非农业人口44人，占总人口数的2%。乡政府位于文部北村南4公里处，全乡干部职工共50人，全乡2所初小，共有学生90名，教师14名。本乡辖内有当琼寺、文部寺2座寺庙。

【经济发展】 2018年，全乡经济总收入达到了5004.07万元，比上年增长1070.98万元，年递增27%，其中第一产业达2181.75万元，第二产业达463.87万元，第三产业达2358.45万元。全乡人均纯收入达9689.07元，比上年增长1346.4元，年递增16%。

【党建工作】 全乡设有4个党支部，党员总数为218人（含预备党员2人），其中农牧民党员177人。2018年预备党员转正式党员13人，吸收预备党员2人，新发展对象5人，确定积极分子2人。完成了177名农牧民党员档案整理和补漏工作。党政主要领导带头讲党课5次，全年开展“四讲四爱”群众教育实践活动宣讲93场次，受教人数达8730余人次。全乡干部职工撰写学习《党的十九大精神》《中国共产党章程》心得体会各30余篇，《习近平谈治国理政》心得体会30余篇，《政治纪律、政治规矩集中教育》学习心得体会20余篇，党的十九大精神学习笔记1200多页。树立先进模范典型，在年初经济工作会议上表彰优秀党员古曲扎巴、致富带头人桑觉等先进典型人物，在“七一”建党节表彰了一批优秀共产党员、优秀党务工作者，慰问了困难党员和老党员，在文部乡营造出争先创秀、争做标兵的浓厚氛围。

【纪检工作】 纪委部门认真履行“集中力量管好党纪、协助党委管好党风、管好纪律”的职责，充分发挥“教育、保护、监督、惩处”的职能作用。全年召开4次专题会议，2次反腐工作领导小组会议研究部署党风廉政建设工作。认真落实“一岗双责”制，对领导干部在党风廉政建设中的职责和任务进行了明确分工，并按照责任分工层层落实，强化责任落实到位。全年纪委书记走访32户建档立卡贫困户，调研了解扶贫政策落实情况及村居领导班子是否存在扶贫领域腐败和不作为、乱作为、慢作为现象及扶贫任务完成情况等。与乡财务、民政、扶贫等特殊岗位工作人员进行谈话交流2次共8人。联合乡综治办、乡派出所深入各村（居）进行督导检查工作5次，主要对驻村工作队、驻寺成员、村委轮班人员在岗情况以及人员密集地违法违纪等情况进行了监督检查，查处赌博事件1起，抓赌4人，查扣赌资173元。

【农牧生产】 文部乡共有草原面积295440公顷，禁牧面积67566.67公顷。2018年共发放农牧民禁牧补助资金与草畜平衡资金7174478.07元。2018年年底牲畜存栏总数为35999只（折合绵羊单位）。其中，牦牛2109头、绵羊17985只、山羊15777只，马128匹。全年肉产量325.23吨，其中牛肉142.80吨，羊肉182.43吨；奶类产量137.35吨，其中牛奶12.79吨；羊奶124.56吨；羊毛产量25.28吨，山羊绒产量2.77吨，牛毛产量1.44吨，牛绒产量6.73吨。推广藏青2000号青稞、饲草料、土豆、油菜、元根、小白菜等经济作物种植，种植各类农作物99.22公顷，粮食作物种植33.35公顷，其他作物16.64公顷，2018年粮食总产量为182.36吨，蔬菜总产量为78.72吨，其中萝卜21.36吨；元根53.20吨；白菜4.16吨，其他作物691.03吨。

【精准扶贫】 文部乡精准建档立卡贫困户共161户600人，2018年脱贫共5户25人。生态岗位790人，全年共发放生态岗位资金276.5万元。贫困户劳务输出人数达到1715人次，其中长期就业人数为35余人，收入共达118.3321万元。严格落实干部“3+2+1”结对帮扶认亲戚，2018年捐款、捐物折合人民币共计帮扶资金12.108万元。“文部乡兴隆农牧民经济专业合作社”全年主要实施的绵羊短期育肥、羊圈建设施工、家庭旅馆投资建设经营、机械出租、打砖出售等项目共收益55.5154万元，其中已拿出10万元为全乡贫困户群众进行分红。

【综治维稳】 全年全乡召开4次综治工作专题大会，开展综治干部培训4次，摸排调研矛盾纠纷25次，共排查矛盾纠纷2起，成功调解2起，调解成功率达100%。召开3次学校周边社会治安综合治理为主题的会议，并总结工作情况，在学校师生中召开了27次有关爱国主义教育会议和法制宣传教育会议。召开3次以流动人口安置帮教工作为主题的会议，并及时针对建筑施工地等流动人口聚集的地点进行学习宣传《西藏自治区流动人口服务管理条例》2次，发放宣传单150余份。开展平安工作宣传4次，发放宣传单350份。与全乡各部门、各村（居）、各寺庙、各学校签订维稳各项工作目标责任书6份，形成一级抓一级，齐抓共管的工作格局；全乡2018年在共排查矛盾纠纷11次，隐患排查18次，安全生产大检查18次，巡逻1236人次，巡逻场次248次，处突演练2次。

【联户工作】 进一步统一思想，提高认识明确职责分工，细化工作任务。全年乡政府开展了5次“双联户”户长培训学习，对各村（居）“双联户”工作进行了切实有效的指导。“双联户”服务管理工作比往年更完善，各联户长更有责任感、更有担当力。以“联户平安、联户增收”为核心，以“精准扶贫、联扶联脱”为目标，乡政府积极探索增收渠道，以综治办牵头在乡政府附近空闲土地上实验种植优质土豆1.3亩，带动两个联户单位共20户81人（其中5户为建档立卡贫困户、1户“五保户”）实现致富增收，人均增收502.5元。

【安全生产】 坚持“安全第一、预防为主、综合治理”的工作方针，严格落实“党政同责、一岗双责”的原则。深入开展“三项行动”，切实加强“三项建设”，全面贯彻落实《中华人民共和国安全生产法》。与相关部门（单位）、村（居）签订安全生产目标责任书和消防安全目标管理责任书等10余份。全年乡安委办、派出所等对全乡区域内道路交通、重点工程、人员密集场所、学校、散装油销售点等累积安全检查50余次，采用悬挂横幅、印发宣传资料、干部进村入户，广泛开展安全知识宣传活动10余次。全年印发安全生产标语120份，制作宣传标语12条。

【交通安全】 发放交通安全宣传资料300余份，与村委会等单位签订《道路交通安全责任书》；开展上路检查活动，检查车辆500余辆，现场受教育人17次；加强对接送学生家长驾驶车辆进行安全检查；加强辖区内重要路段安全管理，确保乡域交通安全。

【环境保护】 坚持把生态环境保护放在首位，严守生态保护红线，加大生态保护力度，2018年文部乡组织建档立卡生态岗位人员对村居周边、当琼措周边、当惹雍措周边等进行环境卫生打扫20次。完成“河长制”“湖长制”组织体系建设，全乡9名副科级以上干部全部列入河、湖长，累计巡河、巡湖23次。对于中央环保督查组提出的恢复当琼措周边草场问题，文部乡与锂矿开发公司积极协商，投资80000元，对80亩草场进行恢复，现已整改完毕。开展植树绿化造林工作，全乡2018年累计植树300余株，绿化政府院子500余平方米。

【教育事业】 教育设施逐步完善，北村初小附属幼儿园教学楼建设工程已全部建成并投入使用，南居委会初小附属幼儿园项目建设总体完成85%。教师队伍综合素质普遍提升。文部乡南北两村共有教师14名，在校学生90人，入学率达100%。现全乡共有大学生63名，2018年全乡有11名学生考上大学，全乡教育事业稳步上升。

【卫生事业】 投资190.49万元，重点实施了文部乡卫生院改扩建项目。配备了救护车和出诊交通工具。全年卫生院医疗门诊、急诊接诊达到4000人次，住院患者18人次（其中住院分娩13人次），转院150人次，参合牧民2053人，参合率100%。接种疫苗625针次，其中乙肝疫苗接种317针次，卡介苗接种8针次，甲肝50针次，百白破200针次，脊灰疫苗接种50针次。全乡完成包虫病筛查人数1998人，筛查率达96%，其中阳性患者45人，已手术治疗5人，药物治疗35人。与拉萨广生医院联合为全乡干部职工、群众、僧尼等共1636人次免费检查血常规、乙肝、结核、包虫病一次，并建立健康档案。

【文化事业】 2018年，全乡文化经费共投入53850元，开展了丰富多彩的节日文体活动15场次，促进文化创建工作和文体事业向纵深和更高层次发展。“3·28”“五四”“六一”“望果节”“赛马节”等节日期间举办了拔河、抱沙袋、舞蹈、短跑等各类比赛，丰富和活跃了牧民群众精神文化生活，陶冶了牧民群众情操，尤其在尼玛县赛马节上文部乡独特的锅庄舞受到牧民群众的一致好评。

【社会保障】 为民办实事、解难事，始终将保障和改善民生作为一项基础性工作常抓不懈。截至2018年，文部乡劳务输出3527人次（其中建档立卡群众1715人次；非建档立卡群众1812人次），总收入297.8106万元（其中建档立卡群众增收118.3321万元；非建档立卡群众增收179.4785万元）。新型农村社会养老保险制度实现了全乡全覆盖。截至年底，全乡享受农村最低生活保障共93户315人，已发放资金608794.16元；农村社会养老保险（60岁以上）182人，参保人员（16—59岁）共887人，低保315人，残疾64人。开设服务群众保险办理窗口1个，确实做到逐步完善乡级服务群众体系，让群众感受到方便、快捷、惠民。

【基础设施】 全乡本年新建及续建基础设施有：县乡公路修建；卫生院改扩建；文部片区寺管会业务用房项目建设；各村（居）幼儿园修建；温

泉生态园建设；民政救灾仓库维修；高寒棚圈建设；南居委会草场灌溉水渠维修项目；文部乡法庭项目；南居委会林业检测站建设；乡职工周转房维修项目。

【文部乡 2018 年领导名录】

县人大常委会副主任兼乡党委书记：

洛　桑（藏）

乡党委副书记、乡长：高　洋

（撰稿人：屈少垟）

甲谷乡

【概　况】 2018 年，甲谷乡根据区、市、县党风廉政建设和反腐败工作会议的要求，以习近平新时代中国特色社会主义思想为指导，贯彻落实党的十九大战略部署，不忘初心、牢记使命，增强“四个意识”，坚定“四个自信”，忠诚履行党章和宪法赋予的职责，坚持党要管党、从严治党，以党的政治建设为统领，全面推进党的各项建设，弛而不息正风肃纪，深入推进反腐败斗争，以永远在路上的执着推动全面从严治党向纵深发展，为全乡社会长治久安、长足发展和决胜全面建成小康社会提供坚强保障。

【组织建设】 研究制定《甲谷乡落实党风廉政和反腐败工作要点》《甲谷乡落实党风廉政建设和反腐败主体责任定期汇报制度》。细化党风廉政建设和反腐败主体责任、“第一责任人”责任、班子成员“一岗双责”责任、监督责任等四个清单，层层签订责任书。

【纪律建设】 传达学习《甲谷乡严禁国家公职人员及其党员参与赌博承诺书》等承诺书的签订工作，先后开展监督检查 13 次，检查发现涉嫌落实工作纪律不到位问题，进行提醒谈话 1 人。

【宣传教育】 紧密结合“两学一做”学习教育制度化常态化，坚持预防在前，扎实开展了理想信念和宗旨教育、党风党纪和廉洁自律教育。专门利用每周六下午学习时间，组织全乡干部学习党的十九大精神、习近平新时代中国特色社会主义思想以及《中国共产党章程》《中国共产党纪律处分条例》《中国共产党廉洁自律准则》等党纪党规 48 次，撰写心得体会 156 份；通过组织观看警示教育片和学习典型案例，大力加强警示教育。一年来，共组织观看警示教育片 2 次，学习县纪委转发的典型案例通报材料 12 次。制定了乡党委书记每季度讲 1 次廉政党课、其他党组织书记每一年讲 1 次廉政党课的制度，进一步提高了基层党员干部的思想觉悟及行动自觉。全年乡党政“一把手”各担任教师完成 1 次廉政党课授课。狠抓“四风”建设，作风建设常态化不断推进各节点前夕，及时下发严明纪律的相关通知，召开节前提醒会，并组织人员开展监督检查。全年对公车私用、村干部轮流坐班、干部职工上下班、值班带班、驻村、驻寺在岗、文山会海等情况开展监督检查 25 次，并对检查发现不足的 2 名同志进行了提醒谈话。

【反腐败斗争】 强化重点领域的监督检查。对群众反映强烈、“三公”经费支出等方面每季度监督检查不少于 1 次；扎实开展扶贫领域腐败和作风专项治理活动。对区、市、县委关于打赢脱贫攻坚战的重大决策部署态度不坚决、工作不扎实、扶贫对象识别不精准、精准扶贫措施落实不力、进展缓慢、扶贫政策、项目、资金等信息不公开、不透明等问题进行监督检查 12 次；对存在的问题督促整改；严肃查处发生在群众身边的不正之风和腐败问题。结合“扫黑除恶、打非治乱”专项斗争，对民生资金、教育医疗、村集体经济落实情况，包庇黑恶势力甚至充当保护伞的党员干部等方面监督检查 7 次，发现 1 起不符合条件纳入五保户，发现后及时上报并采取清退五保户。

【监督执纪】 做到早教育早提醒。研究制定《甲谷乡关于进一步贯彻落实全面从严治党要求开展廉政谈话大提醒工作方案》，按照分级负责的原则，对全乡干部职工、村党支部第一书记、乡直单位工作人员开展“一对一”廉政大提醒谈话16人次。认真践行“四种形态”，使红脸出汗成为常态，全年共约谈3人次。

【制度建设】 立足狠抓反腐倡廉法规制度建设，强化对权力运行的制约和监督，紧密结合甲谷乡实际，进一步完善了《甲谷乡重大事项、决策议事规则》《甲谷乡大额资金使用管理办法》等6个工作制度，一年来，乡党委共召开重大事项会议7次，并对“三公”经费实行了月公开，为甲谷乡党风廉政建设和反腐败工作的有序开展奠定了扎实的基础。党组织及党员队伍建设甲谷乡共设置党委1个，党支部10个，党小组29个，共有正式党员358人，预备党员16人，发展对象11人，入党积极分子33人。为深入贯彻落实区、市、县各级党委关于扎实开展基层党建工作通知要求的同时，甲谷乡按照规定动作不走样、自选动作有创新的工作要求，立足党组织、党员作用发挥及经济发展需求等实际。注重学习培训教育。积极组织各党支部书记、副书记进行了“领头雁”延伸培训，重点对习近平总书记系列讲话精神以及中央、区、地、县会议精神进行了认真的学习贯彻，为开展党建工作奠定了坚实的理论基础；以学习讨论落实活动为契机，以乡党委微型党校为载体，组织全乡党员干部广泛开展了集中教育学习活动24次，涉及党员干部1618人次，并对年老体弱的11名党员实行送学活动；由乡党建工作人员为全乡16名预备党员、11名发展对象、33名入党积极分子进行了习近平讲话精神、《中国共产党章程》学习培训，从根基上强化了党员素质。抓好远程教育。加强对全乡8个远教站点的督促、管理、维护，上半年全乡远教站点开机率较去年有大幅提升，达92%以上。各站点利用远教站点，使广大党员群众对党的政策和实用技术进行系统全面学习，为富民增收提供了学习平台。

【村“两委”换届后人员培训工作】 自治区、地、县三级党委村“两委”换届工作结束以来，甲谷乡党委高度重视村干部培训工作，并于4月29日及5月17日开展了两期调研，期间，开展了8期宣传学习，1期村党支部第一书记、驻村工作队专题培训，发放学习材料629份至每户，领导班子召开主题研讨会2次，切实抓实了村“两委”换届后干部培训工作。

【主题教育】 那曲地区开展“爱劳动、讲文明、树新风”主题教育活动、“讲党恩爱核心、讲团结爱祖国、讲贡献爱家园、讲文明爱生活”喜迎党的十九大主题教育实践活动，甲谷乡分别组织宣讲17次、79次，打造专题文化广场1个，张贴宣传栏10张，制作横幅10条，发放宣传书刊130册、宣传单2860张，主题教育学习笔记本400本，开展专题演讲9次，开展大讨论活动18次，撰写心得体会1100余篇，编写专题信息500余条，宣讲学习达到了全覆盖，切实做到了主题教育扎根基层的目的。

【督导工作】 为切实发挥党小组作用，2018年，甲谷乡开展了2期由乡党政正职牵头涉及全乡29个党小组的调研及督导指导工作，为联系服务党员群众“最后一公里”提供了保障。

【整治工作】 为使晋位升级常态化，整顿软弱涣散基层党组织是党建工作的重要内容和紧迫任务，也是加强服务型基层党组织建设的重要基础。针对一些村支部不同程度存在的问题，下大力整治软弱涣散党组织。经过调查、摸底、倒排，全乡共排查出曲米村1个个软弱涣散支部。主要表现有班子不团结、内耗严重、工作不能正常开展以及党组织服务意识差、服务能力弱、群众意见大等问题。通过班子集体谈话、成立乡党政主要领导督导指导解决突出问题等多种方法，提高班子在群众中的威信和凝聚力，使涣散班子逐步的转化升级。村党员活动开展正常，集体经济收入增加，社会管理水平有了很大提高，取得了良好效果。

【精准扶贫】 组织党员干部54人“下村访户、结对认亲”活动，共帮扶贫困群众28户87人、五保户5人，通过开展共计3次的慰问物资、现金等，帮助帮扶对象解决实际困难，为党建带精准扶贫工作奠定了坚实的基础。2018年8月，甲谷乡达热村、东隆村党员干部群众，立足基层党建、党建促脱贫攻坚工作要求，针对村居贫困户牲畜少、养殖意愿强等实际，自发组织以捐款捐物的方式对贫困户进行了帮扶，其中：捐款3420元，捐牲畜40余只，折合人民币30000余元，为贫困户在走得出、稳得住、能致富方面奠定了坚实的基础，也使贫困群众在感党恩知党情的同时激发了内生动力。精准扶贫2018年以来，甲谷乡认真贯彻落实自治区和市委、县委、县政府以及乡党委、乡政府对脱贫攻坚工作的重大决策部署，始终将脱贫攻坚工作作为重中之重，各项工作扎实有序推进。2018年年初，建档立卡贫困户181户672人，其中清退户4户20人，分户3户8人，自然增加25人，自然增加13人。现建档立卡贫困户180户，648人，其中有劳力332人，无劳力316人。低保户97户，355人，2016脱贫27户130人，2017年脱贫1户5人，计划全年脱贫23户95人。折乡村、载那村为整村脱贫。“十三五”易地搬迁户85户349人，其中两个集中点分为：乡政府所在地48户175人、吉松村委会所在地16户61人，22户117人为分散点，2018年以来，参加技能培训人员32人，培训后就业人员32人。非婚生子女116户162人。在校生103人，其中大学生2人，适龄儿童辍学生共39人。2018年总体计划脱贫23户95人。

【关心职工】 为切实使干部安下心、扎下根，乡党委、乡政府从干部职工吃饭等问题出发，花费8万余元扩建食堂、花费11万元新建洗衣房。以“党支部+党员+产业”模式，激发群众内生动力。2018年4月，甲谷乡党委为推动“四讲四爱”群众教育实践活动、那曲市“爱讲树”主题教育等向纵深发展以及教育引导贫困群众增强内生动力，经深思熟虑，立足党员群众就近务工、降低务工成本等原则，以“党支部+党员+产业”模式在乡政府驻地开设了打砖厂项目，打砖厂项目涉及各村党员群众，由于党员人数高达13人，为便于党员管理、教育工作的有序开展，乡党委同意批复在甲谷乡甘露源经合组织中成立临时党支部，各党支部及党员群众按照“比组织、比参与、比技能、比收入、比成效、比贡献”的原则投身产业，以此形式充分发挥党组织、党员作用的同时，切实调动起党员干部群众干事创业的激情，使树新风得到了更进一步实践。此项目2018年促进农牧民务工增收就高达30余万元，促进贫困户分红资金增加12万余元，以此形式切实把党的政治优势和组织优势转化为精准扶贫的强大动力，精准发力、精准施策，实现救济“输血”向创业“造血”转变。

【村集体经济】 2018年7月，甲谷乡党委针对县域无餐具清洗行业，立足项目投资少、见效快及折乡村发展意识强烈等实际，组织折乡村村党支部班子、驻村工作队等进行了集中研讨决定后，在乡党委、乡政府无偿提供产业场所，并多次从发展的角度提供了产业规划及技术指导的基础上，动员群众自筹资金购买设备并实施，该项目运营良好，每月均能产生7500元以上的纯收入，进而促进了村居集体收入呈成倍增长态势，预计2019年，折乡村集体经济收入将突破10万元。

【建设家园】 2018年，党员干部群众为深入贯彻落实习近平总书记“绿水青山就是金山银山”的重要论述，乡党委、乡政府立足多年来的考察探索及实验成效，经过精心筹备，2018年2月，于拉萨采购红柳树苗18000株进行培育，并由乡党政一把手带头，带领党员干部群众在乡政府大院及吉松村新种植树苗17000余株，以此方式行之有效地推进了建设美丽西藏和共建人类命运“共同体”的规划进程。

【产业项目】 2018年，产业项目涉及小城镇建设、“一乡一社”蔬菜大棚项目、奶牛养殖项目共3个产业项目，总投资1460万元。

小城镇建设：项目主要涉及5个村受益人数达到35户125人，已完成总工程量的60%。

“一乡一社”项目：项目涉及7个村受益人数180户648人，计划每户入股1000元。入股率72%。（1）蔬菜大棚项目总投资达300万元。截至年底到位资金100%，项目正在运营当中。参与种菜的有短期工32人，长期就业有3人。人均收入3500元。（2）成立“一乡一社”打砖厂。2018年打砖增收24万元，贫困户参与数达到贫困人口的11%，实现分红增加600元以上。

牦牛（奶牛）养殖项目：项目总投资160万元，涉及四村。主要购置291头奶牛和采购简易制奶设备，产下了43头幼畜。为农牧民实质性增收，近期开展短期育肥工作，育牛17头牛，该项目长期就业有11人，截至2018年年底收入59064元。

“一村一合”项目：该项目7个村组建已完成，组建方式为一村多合，7个村项目资金已拨完。其中四村、五村组建的项目收益较好。共实际收入17000元左右。

非婚生子女：2018年全乡共有非婚生子女116户（建档立卡贫困户45户），按乡规民约、村规民约已调解的有118人，其中结婚5人。已征收抚养费共计1238855元。未调解44人，待鉴定12人。

易地搬迁方面：甲谷乡“十三五”期间原易地搬迁户86户353人，其中1户5人自愿放弃那曲搬迁，3户8人，因绝户、清退等原因替换为二村欧曲、七村其珠措姆、次旺伦珠等9人。易地搬迁户85户349人。

生态脱贫方面：2018年，甲谷乡安排生态就业岗位884人，后面增加12名岗位，现共896人（其中建档立卡贫困户332人）。另外按照县下发的文件要求甲谷乡各村招聘各42名村级生态环卫管护员，2017年不符合生态岗位人员33人，截至年底资金收回来的有3人9000元，剩余的还在回收过程中。

转移就业：截至2018年年底，甲谷乡共有38人参加自治区、市、县组织的各类技能培训。乡党委、乡政府研究决定，为甲谷乡参加技能培训的贫困人口一一就业。截至2018年10月，共解决长期就业17人（援藏保洁员5人）。

教育脱贫：“十三五”期间，建档立卡贫困学生103人（大学生2人，两后生2人）。建档立卡适龄儿童辍学生共39人（其中残疾8人），另外一村8人、二村6人、三村4人、四村3人、五村3人、六村5人、七村2人。

社会兜底：全乡兜底对象3户8人，乡卫生院指派专门医疗组，专项检查了建档立卡进行体检2次，针对3户制定专门的救治计划。

结对帮扶：按照“321”帮扶原则，实施建档立卡贫困户帮扶全覆盖。计划15日前全干部职工对贫困群众现金62000元，截至年底，已上交结对帮扶资金16人20000元。

劳务输出：甲谷乡专项成立甲谷乡劳务输出公司并全乡务工人员统一调配到建筑施工地务工。全乡就业556人，其中建档立卡贫困户154人。就业率98.7%，建档立卡贫困户收入770481元。

督导检查方面：2018年，乡脱贫攻坚指挥部督导组对7个村精准扶贫各项工作开展情况进行2次督导检查。督导中，发现问题25条，整改完成85%。市脱贫攻坚第十督导组发现的问题进行整改一次整改完成100%。

“一户一档”扶贫手册：7月甲谷乡统一开展“一户一档”扶贫手册整改工作，比起以前档案已经规范到85%，但是仍然存在一些不该存在的问题，比如，享受生态岗位人员未体现在档案当中；草场面积不一致等基础性问题。

人大工作：甲谷乡人大“加强监督工作、抓好两项活动、突出三个加强、开好系列会议、严格依法选举，注重自身建设”，圆满完成了全年的各项工作任务，为全面推进全乡经济社会又好又快发展做出了积极贡献。对群众关注和全乡发展稳定的重大问题开展调研是人大工作的重要任务，一年来，乡人大主席团成员开展视察、调研等各类活动8次，代表的履职水平和工作能力得到了明显提高。开展视察活动；2018下半年，乡人大主席团成员协同政府工作人员共计5人，利用7天时间分赴甲谷乡7个村及各单位开展了视察工作，视察内容涵盖了甲谷乡的民生、医疗、教育、基础设施建设等方方面面，广大代表就影响和制约甲谷乡经济社会发展方面提出了多项意见建议。

生态环境保护：由乡人民政府牵头在辖区规范设置了垃圾存放点及禁止采砂等标志牌20余个，组织人员立足“河长制”工作的开展，每季度对辖区河道、湖泊周边垃圾等开展1次以上的清理，每月检查督导贯彻落实情况1次以上，并立足调研，形成了村村有树林、户户有树木行动规划和实施细则，以此类方式行之有效地推进了建设美丽西藏和共建人类命运“共同体”的规划进程。

【农牧工作】 甲谷乡及时组织召开甲谷乡2018年农牧工作动员部署大会，调整充实草原生态保护补助奖励机制等相关工作领导小组，制定相关工作方案，认真贯彻落实县农牧局关于农牧工作的一系列要求，切实增强了开展农牧工作的责任感和紧迫感，2018年年初开展牲畜清点统计工作。经统计，全乡牲畜总计为39772头（只、匹），其中牦牛为5838头，绵羊为19245只，山羊为14583头，马为151匹。2018年全乡草原补助奖励机制兑现资金为764.4353万元，其中禁牧补助为483.58万元，草畜平衡补助为332.38万元。开展全乡草监员业务培训2次及草监员选聘、解聘工作。

【防抗灾工作】 为客服麻痹大意和松懈的思想，正确认识防抗灾工作，牢固树立减灾就是增产、减损就是增收的思想，健全完善防抗灾应急预案、机制，做好防御工作，做到有备无患。2018年全乡防抗灾物资储备粮食5.44万公斤、大米10.48万公斤、面粉8.3万公斤，燃料（牛粪、羊粪）114793袋。开展防抗灾工作会议3次，入村检查防抗灾物资储备7次。组织全乡干部职工下村抗洪，为民办实事。开展农村集体资产清产工作。2018年7月召开农村集体资产清产工作动员部署会，产权办下村对各村集体资金、固定资产等进行清算。

大力开展人工种草工作。为落实好上级对人工种草工作一系列安排部署，做好甲谷乡2018年冬明春防抗灾干草料储备，各村组织牧民群众在房前屋后人工种草共1796亩。加强宣传引导。为营造浓厚的宣传氛围，乡草补办以走村入户的形式发放宣传单共700余份，悬挂横幅7条，在醒目地设置永久性宣传牌，宣传动员共10余次，并召开草原监督员培训会议。

【教育工作】 教育坚持以党的十九大精神为指导，坚持“政府主导、统筹规划、突出重点、分步实施”的原则，以办好每一所学校、关注每一个学生为着眼点，以改善薄弱学校办学条件为重点，科学规划、协调行动，建设义务教育标准化学校，逐步实现全乡义务教育均衡协调发展，促进教育公平，办人民满意的教育。进一步完善义务教育经费保障机制，认真落实国家义务教育政策，落实“三包”政策，落实教育扶贫政策等的同时，由乡党委牵头组织各界募捐形式建立了18740元的乡“助学基金”，利用资金对表现优秀的学生及家长在重要节点进行表彰及资助，进而促进了学生求学的积极性。进一步强化“控辍保学”力度，以县、乡、村相互沟通协调配合的方式，了解掌握适龄学生就学情况，对因学生家庭及个人原因以及其他原因未按时入学的学生，乡村两级采取劝返等多重方式教育引导学生按规定入学，进而保障学生入学率。

【文化工作】 甲谷乡文化站根据全县文化工作会议精神和工作要点，紧紧围绕乡党委、乡政府的中心工作，以服务发展为宗旨，以满足居民群众的精神文化需求为立足点，在丰富群众文化活动、弘扬甲谷特色文化、加强文化市场管理等方面做了一些工作，较好地完成了上级布置的各项工作，主要开展工作如下：一是健全队伍。文艺团队是文化站的手足，是丰富群众文化的生活的主力军，组建了新的舞蹈团队，团队成员有30人。团队由各村热爱舞蹈的青年组成。在团队的管理上进一步加强，做到年初有计划，活动有记录、管理有制度，团员之间要保持密切联系，经常开展活动与交流，艺术水平年年有新的提高，发挥了群众文艺团队的职能和作用。团队活动上有所丰富，在财政经费十分有限的情况下，利用自身的优势，各团队加紧创作节目、排练，精心为三大节日、“3・28”、一年一度的赛马艺术节等的节日做好准备。2018年3月开始甲谷乡组织团队演出，共20余次，为广大群众送上了丰富多彩的精神食粮。

【文化市场】 为了进一步净化文化市场，加强日常娱乐场所管理，发挥群众中监督员的管理体系。充分利用他们的优势，深入茶馆、饭馆、超市、音频（磁盘）销售点、朗玛厅等娱乐场所开展检查监督工作。

【文物管理】 甲谷乡加大力对现有自治区级文物保护单位及文物的保护力度，对原有的文物保护进行了照相、拍摄和登记。在文物资料的完善调整工作上下了一定的功夫，做好了文物保护和控制保护建筑记录档案备案工作，做好了文物宣传方面的工作，充分展示了甲谷文物普查结果和甲谷文物遗产地位。

【卫生工作】 2018年，甲谷乡卫生院的所有工作人员的共同努力下，门诊患者共3459人次，学生接诊患者共296人次，住院患者10人，其中痊愈人数6人，好转人数4人，转院28人，住院分娩数47人，在工作期间不分昼夜，只要有病人都全力以赴查探病情。能到卫生院的在卫生院治疗，不能到医院的由医生到病人家里进行治疗，同时进一步宣传计生知识及各种慢性病的健康教育的宣传等工作。

疾病控制开展工作情况。在县疾病控制中心的指导下，积极开展甲谷乡疾病预防控制工作，截至年底甲谷乡卫生院没有重大疫情和突发公共卫生事件的发生。为了增强儿童免疫力、降低传染病的发生，全力以赴加强疾病预防控制工作，甲谷乡乡新生儿已全部纳入计划免疫管理，实行建卡建证，共接种儿童有46名。计划免疫：乙肝疫苗接种87人次，卡介苗接种44人次，百白破接种37人次，脊髓灰质炎疫苗35人次，A群流脑疫苗接种3人次，麻疹接种0人次，强化乙肝疫苗接种儿童18人次，强化麻疹疫苗接种0人次，同时进行不同年龄组的疫苗加强接种。疫苗接种做到了一人一针一管，达到安全接种要求。

妇幼保健工作及保障妇女儿童健康开展工作情况。2018年甲谷乡院住院分娩46人，其中顺产43人、难产3人，男婴17人、女婴29人，认真做好降消工作的同时积极宣传贯彻落实新型农牧区孕产妇住院分娩相关政策及做到“生孩子、到医院，保安全、保健康”的意识来教育引导孕产妇到医院分娩。

包虫病工作开展情况。为贯彻落实好区、地、县《包虫病综合防治工作方案》，坚持依法防治、源头治理、综合施策的工作原则，推进包虫病法制化建设，坚持预防为主，甲谷乡组织工作人员对七个行政村和学校、寺庙开展包虫病的危害和防治知识宣讲活动共计8次，涉及群众2470余人次，发放自制宣传单700余份、宣传册620余张，同时由乡派出所牵头开展对全乡家养犬282只、流浪狗114只进行了调查摸底及家畜进行实名登记和疫苗接种。通过开展包虫病防治宣传工作，农牧群众对包虫病的防治措施及知晓率达到90%以上，针对2岁以上群众居民及其全乡干部职工、学校全体师生及流动人口进行了包虫病筛查，通过B超和血清检查，共筛查1823人，其中采血35人。筛查过程中对牧民群众认真讲解有关包虫病的传播途径，对身体健康的危害及防治知识。

健康扶贫工作开展情况。切实做好因病致贫，因病返贫的扶贫攻坚工作，与161户、528人建档立卡户签订了“尼玛县家庭医生式健康管理签约服务协议书”，方便农牧民群众及时得到治疗，同时，要求每户相对应的医生要掌握好个人的基本情况、既往病史、健康状况。在医疗服务活动中，建档立卡户要服从医生的要求和指导，听从医生提供的健康咨询建议和生活方式、药物治疗方案。同时更好地管理基本公共卫生服务项目。公共卫生服务开展情况。为了确保人民群众的身心健康，也为疾病做到早发现、早诊断及早治疗。坚持以预防为主，对农牧民和学校师生进行传染病及公共卫生服务健康教育宣传5次，发放宣传册480余张，对135个老年人和17个高血压病人、8个精神病患者进行随访480人次，同时对孕产妇及儿童进行了随访及访视共92人次。甲谷乡院藏药品种有93种左右，藏医门诊1849人次，外治技术185人次，进一步发挥藏医药在基本公共卫生服务中的作用。

【维稳综治】 2018年，甲谷乡在县委、县政府的领导下，以维护社会稳定为己任，以创建平安甲谷为目标，紧紧围绕发展经济的主题和维护社会稳定的大局，紧密结合本乡实际，大力开展以普法教育为基础，以民间矛盾纠纷调解、整治社会秩序、打击各种违法犯罪活动为龙头的社会治安综合治理工作，提高了广大牧民群众的法律意识，创造了良好的社会治安环境。

强化领导。为确保甲谷乡社会治安综合治理工作的有效开展，乡党委、乡政府将此项工作纳入重要议事日程，乡社会治安综合治理委员会负责领导和具体指导全乡的综治工作，明确了“一把手负总责，分管领导具体抓”“谁主管、谁负责”的领导工作责任制，乡中直各单位及各村相应组建了领导机构，各村委会均设有综治办、调解委员会、治安巡逻队、人员固定，责任明确，强化了综治工作中的组织协调力度，形成了一级带一级、一级促一级、层层抓落实的工作格局。

落实责任。按“横向到边，纵向到底”的要求，将社会治安综合治理工作的责任目标层层分解落实到每一个单位和具体责任人，使人人肩上有任务，个个身上有责任，在全乡范围内形成了综治工作齐抓共管的工作格局。

齐抓共管。加大协调力度，充分发挥乡综治办、派出所、驻村工作队及村委会作用，突出派出所干警、信访综治人员在综治工作中的主力军作用。加大培训力度，对全乡治安联防人员进行了业务培训，提高业务人员的统防、技防水平。围绕乡党委、乡政府创建平安甲谷的思路，7个行政村广泛动员，认真宣传，制定工作方案，保证平安甲谷的创建活动延伸到各村，扩大了创建活动的实效性和社会覆盖面。

规范调处，化解矛盾。由乡综治办、派出所负责，坚持每月一次矛盾纠纷调处协调会议制度，每月排查一次热点难点问题，对发生的重大矛盾纠纷和热点难点问题，按照一个调处班子、一个调处方案、一个调处责任制、一个处置预案、一套奖惩办法的“五个一”措施，实行限期负责办理制，一月一交办，办完销账，将问题解决在基层，化解在萌芽状态，做到问题不上交，责任不推诿，矛盾不激化。各村委会都建立了规范化的调解庭。

加大宣传，送法下村。围绕甲谷乡普法依法治乡规划，认真组织开展好送法下村、法律宣讲进校园活动，提供满意的法律服务、法律咨询和法制宣传，提高广大牧民群众和学生知法、守法、懂法、用法的法律意识。结合开展法制宣传月等活动，围绕《社会治安综合治理管理条例》《中华人民共和国未成年人保护法》《中华人民共和国妇女权益保障法》《中华人民共和国婚姻法》《中华人民共和国土地承包法》《中华人民共和国环境保护法》等相关内容，共开展法制宣传教育4次，在牧民群众和完小师生中进行广泛的法律宣传教育，为创建和谐社会营造良好的法制环境。打击犯罪，强化整治。由派出所负责，充分发挥各村双联户户长的作用。根据乡政府驻地的治安实际，划定“打防控责任区”，积极构建严密的防控网络，实现了各类案件发案率的持续下降，牧民群众安全感增强。同时为减少乡未成年人犯罪的诱因，加大了对学校及周边场所治安问题的专项治理及督查力度，查找存在问题的根源，建立长效管理机制，巩固“严打”整治斗争的成果。

预防青少年违法犯罪工作深入开展。完小配备了法制副校长，并充分发挥作用，开设法制、德育课程，积极开展健康向上的文体活动，陶冶学生情操，增强青少年的法律观念，努力构建学校、家庭、社会“三位一体”的防范网络。

【食品药品方面】 对乡周边商铺、各村商店检查有无过期食品和三无产品、是否干净可饮食，各个商店出售的饮食用品是否安全可靠，食品药品质量是否合格，每家销售店铺是否具有营业资格证等，到学校食堂检查了各项安全制度、许可证、健康证，食品采购索证索票台账是否健全，食品设备设施及餐具是否消毒，同时检查了乡卫生院、村医务室的药品是否存在过期药品仍在使用情况。

【散装油料销售点】 散装油料销售点的安全设置，储油间、加油间、实名制登记情况、灭火器的摆放和使用期限，特别是警戒线和值班制度等。

【消防安全】 重点检查散装油料销售点、商店、茶馆、学校、寺庙等人员密集场所防火领域的消防安全检查和整治，及时消除火灾事故隐患。

【民生工作】 2018年，全乡人均收入达到了9150元，比2017年8320元相比同期增长了10%；项目增设了扶贫商品房、奶牛养殖基地、蔬菜种植基地、扶贫打砖厂等，群众通过“一乡一社”经合组织劳务输出公司等多种渠道，实现了劳务输出增收达到203万元，与2017年109万元同期相比增长了86.2%；年底分红增加了42万元。

【社会保障】 为营造浓厚的城乡居民养老保险工作氛围，甲谷乡大力宣传工作力度，采取多种方式宣传。开展立体式、全方位宣传形式。充分利用手机短信宣传，发放宣传单，甲谷乡共印发2千余份，要求做到入户宣传率达到100%，资料入户送达率达到100%，城乡居民知晓率达到100%，创造“政策天天讲、标语处处挂、资料户户有，干部村村走，政策人人懂”的宣传氛围，让广大人民群众清楚知晓政策，踊跃参保。

养老金发放工作。开展了城乡居民社会养老保险摸底调查、参保登记，保费收缴、待遇申请等基础性工作，2018年共有待领取人员121人，发放基础养老金20.023225万元。参保人员丧葬补助发放金额2.380747万元。参保缴费人员共1187人，收缴参保资金9.55万元。其中政府代缴重度残疾人员35人，农村低保政府代缴人员202人。甲谷乡加大宣传力度，做好保费收缴工作的同时，做好参保人员基本信息、待遇信息、缴费信息、补缴信息的系统录入工作。

【强基惠民工作】 以加强调查研究为前提，围绕把村情民意摸上来把实事办下去，积极拓宽联系群众的路径，不断丰富联系群众的手段，广泛听取干部群众的意见和建议，准确了解最鲜活的群众动态和村情民意，具体分析影响和制约发展的因素及存在的主要问题，在了解民意中提炼民意，在把握社情中明晰思路，在深入调研中思考大局，将调查研究的触角延伸至牧户家中，将强基惠民的链条连接到千家万户。以建立基层组织为核心，围绕全面加强基层党组织建设、加强基层党员队伍，以加强村党支部建设为重点，以实施党员先锋工程、支部堡垒工程，大力整顿“瘫、软、散”村级领导班子，切实选优配强村党支部一班人，特别是“当家人”，确立了村党支部着力研究和破解突出问题、搭建和提供一个党员发挥作用的平台、创新和形成一个工作亮点、创新和完善党建工作制度、培养和树立一个先进典型的“五个一”工程亮点。进一步推动了党员、村干部成为宣传党的路线方针政策、带领群众抓发展保稳定的先锋，推动了村级组织成为服务群众的主心骨和提高党的执政能力、巩固党的执政基础的坚强战斗堡垒。以做好维稳工作为基础，按照“严格落实工作责任、不断强化安全措施、彻底消除各类隐患、着力健全维稳机制、切实维护和谐稳定”的工作要求全面落实区党委、区政府的系列维稳举措和治本之策。坚持“点线面结合，党政军警民联防”机制，认真落实全地区维稳工作总体方案的既定部署，把握总体要求严格组织领导。重大节日期间的社会面管控，认真排查化解各类矛盾和安全隐患，积极开展群防群治，全面防控确保“大事不出、中事不出、小事也不出”，切实在全乡形成上下联动、多层次、全方位、点线面结合的维稳工作责任体系，进一步筑牢反对分裂、维护稳定的社会根基。以寻找致富门路为抓手，立足帮助农牧民群众破解增收门路窄、持续增收难等难题，加强村集体资金、资产和资源管理，努力发展供销合作社等农牧区经济合作组织，充分挖掘风干牛羊肉等传统畜牧产业，积极开发民族手工艺品编织特色产业的同时，进一步帮助群众寻找脱贫项目和致富门路，积极申报和争取25个“短、平、快”创收致富项目，以加快农牧区基础设施建设步伐。以进行感恩教育为重点，围绕在农牧区广泛深入开展“算富账、感党恩、要稳定、求发展”主题教育活动。

【旅游资源】 甲谷乡吉松村地处当惹雍措湖边，辖区有尼玛县正科级寺庙——玉彭寺，有着天然独特的小气候，属半农半牧村，村内民风淳朴，善良好客，更具备游客体验民俗风情条件；甲谷乡俗称达果雪山大门，与日喀则贡久布乡、达果乡、卓尼乡、吉瓦乡、文布乡等多地相连，辖区内有当惹雍措、昂孜措—马尔下措等湖泊，有玉彭寺、卡工日追两座寺庙，驻地内有可容纳50人以上的宾馆1座，有可供游客进餐的餐馆6家。

【甲谷乡2018年领导名录】

县人大常委会副主任、乡党委书记：陈豆豆

乡党委副书记、乡长：洛桑多吉

（撰稿人：拉姆卓嘎）

来多乡

【概　况】 2018年是贯彻党的十九大精神的开局之年，是改革开放40周年，是决胜全面建成小康社会、实施“十三五”规划承上启下的关键一年。统筹推进“五位一体”总体布局和协调推进“四个全面”战略布局，中国特色社会主义进入了新时代。按照党的十九大的要求重点打好防范化解重大风险、精准脱贫、污染防治三大攻坚战，为2020年全面建成小康社会打下更坚实的物质基础。

来多乡党委和乡政府一班人锐意进取、埋头苦干，扎扎实实做好各项工作，切实把思想和行动统一到党的十九大精神上来，统一到党中央对经济工作向高质量发展阶段迈进的部署上来，全面落实精准方略、采取超常举措，坚持草畜一体化发展，加强政策协同，抓好任务落实、打下坚实基础，打好三大攻坚战。来多乡地处尼玛县西南部边缘，距尼玛县城190余公里，平均海拔

4750米以上，区域面积420106.67公顷，东面接文布乡和当惹雍措，西南角与措勤县和昂仁县分别有交界。乡辖杭达、土那、多康巴、来无据、东赛、谢那等6个行政村，55个自然村。2018年年底，农民人均纯收入达到11171.92元（含草补等各类惠民资金收入），比2017年增长2005.5元。一年来，通过打卡发放各类民生资金1473.33万元（人均6504.77元）。共有天然草原总面积6301600亩（其中可利用面积4411100亩，禁牧面积522802亩，草畜平衡面积3888298亩）。

【党建工作】 凝聚人心、夯实基础，时刻以党的理论知识武装全乡干部职工头脑。认真学习宣传贯彻落实党的十九大精神的决策部署，在结合来多乡年度党委中心组学习安排的基础上，根据干部教育管理实际，乡党委将2018年确定为“主题学习年”，年初及时制定《来多乡开展主题学习年活动方案》。全年严格按照方案计划狠抓落实，共计开展党的十九大理论知识学习讲座50余次，受教人员达800余人次；同时，各村积极响应，在全乡牧民群众中深入开展党的十九大精神学习共计80余次，受教群众达3200余人次，基本做到全乡牧民群众学习全覆盖。全年所辖支部共计开展“基层党员重温入党誓词宣誓活动”6次，开展“爱国歌曲大家唱”活动1次，开展“美丽乡村人人有责”清洁环保行动45次，开展“手拉手”结对帮扶活动28次，开展“遵法学法守法用法”活动15次，开展“过好今生最幸福县域参观”学习活动2次，开展“脱贫致富靠双手、技能培训进万家”活动4次，开展民族团结榜样推选活动4次，切实实现了辖区全覆盖。积极鼓励干部职工走上讲台，大家取长补短，互相传授，学懂弄通悟透两卷《习近平谈治国理政》。严格按照上级通知要求，积极组织全乡干部职工购买全套书籍，确实保证人手一套。同时抓好学习配套活动，在完成上级相关安排部署的同时，发挥才干，以不同的学习方式，将党的先进性理论成果进行巩固学习。持续推进“两学一做”学习教育常态化、制度化。在全乡党员中狠抓“两学一做”常态化、制度化是全面从严治党的战略性、基础性工程，乡党委严格按照区、市、县三级党委的指示要求，坚持思想建党、组织建党、制度治党，做好紧密结合的文章。“四讲四爱”群众教育实践活动成效明显。针对本乡群众思想现状及群众教育工作实际，制定《来多乡开展“四讲四爱”活动实施方案》。坚持每一个节点宣讲及实践活动覆盖到各自然村一遍的最低标准不动摇，组建乡示范宣讲组、各村宣讲组深入各自然村进行宣讲。通过开展“党委书记带头宣讲”“党的恩情人人报民族团结靠大家”乡村两级演讲比赛、“新旧西藏对比故事会”“升国旗、唱国歌”仪式、“向道德模范人物学习我该怎么做”等各类活动，真正做到宣讲工作及实践活动不流于形式，以成效为活动开展的目的。同时，全乡共花费6万余元，树立起文化墙6面、制作宣传栏9个、悬挂横幅21条、绘制黑板报5个、制作宣传画、手册、宣传单2600余份，乡LED显示屏滚动播放主题活动重要内涵，同时为各村配备小喇叭，确保辖区内“广播响起来”，保证正常运行。全乡549户做到了“红旗飘起来”“领袖像挂起来”，各村做到了“新风树起来”。党员标示身份明，先锋岗位争佳绩。以上率下，从严开展党风廉政建设工作。全年以来，坚决落实治党从严，党风廉政建设工作永远在路上的根本准则，以思想引导为基础，以廉政谈话为抓手，在全乡范围内开展党风廉政“大谈话”活动。加强干群对执纪工作的监督，积极听取全乡干部职工的建议，全年采纳有效建议5条，为保证全乡上下风清气正打下了坚实基础。扎实开展“三会一课”、村夜校教学、微型党校工作。为建强基层组织，乡党委以落实“三会一课”制度为抓手，坚持好“党委书记带头讲党课”要求，并在全乡范围内广泛开展“村干部文化素质提升工程”，夜校教学工作及机关微型党校工作。建立健全村干部学习培训档案，登记学员的基本信息、考勤、学习成绩等情况进行存档保管。严格考勤制度，对学员每次参学情况认真登记，对未按照规定参加学习的人员，及时提醒和批评教育，并安排专人补课。为创新工作思路，开拓基层党建工作新局面，经乡党委研究，为全乡230名党员制作了“共产党员户”门牌，并在办公区域为每名党员干部制作了“党员先锋岗”铭牌，意在亮明党员身份，履好党员义务，尽好党员责任，让每名党员干部将工作责任心进一步增强。

扎实开展“党建促脱贫”工作、“党建促环卫”工作，并建立“党建示范点”，摸索建立基层工作督导机制。2018年年初，明确将党建工作放在各项业务工作的首位，同安排同部署同落实，同检查同考核同问责，切实做到双促进，开展定期与不定期的“党建促脱贫”工作交流会，并积极与各驻村工作队、村两委班子成员商讨脱贫致富新路子，探寻脱贫致富新方法。为做好生态立乡、创建美丽来多，以提高群众环保意识为切入点，在全乡范围内开展“党建促环卫”工作，积极制定《来多乡党建促环卫工作实施方案》，并制作卫生流动红旗在全乡范围内开展评优工作，力争将美丽来多的“新面貌”展现出来。为整体推动全乡基层党建工作，进一步优化党务工作者岗位设置，来多乡党委在对6个行政村党建工作进行实地考察调研后，决定设立来多乡杭达村、东赛村“党建示范点”，并召开动员部署会强力推动，会议进一步明确党建示范点工作任务要点，并发放党建示范点标志牌2块，下拨专项工作经费共计6000元。全面保障“党建示范点”党建工作深入推进，并以此为契机，在全乡营造“比、学、赶、超、帮”氛围，切实推动全乡基层党建工作向纵深发展。

【经济发展】 2018年，坚持“解放一产，扩大三产”经济发展战略和全县“123”发展思路，把来多乡资源优势、区域特点和保障改善民生结合起来，以城乡建设为突破口，把发展经济作为首要任务，狠抓各项经济工作措施的落实。来多乡公路通达率得到提高，交通状况得到改善。70户易地扶贫搬迁工程主体完工，其中杭达村集中搬迁点11户贫困户年内胜利入住。同时结合国家环保督察检查工作，在全乡范围内进行人居环境大整治，乡容村貌得到根本性改变，为打造“美丽来多”夯实了基础。

【农牧业结构】 2018年，牲畜养殖业水平不断提高，草畜一体化发展有了新突破。多数群众对来多乡区位优势已经能够很好地把握，小部分群众已经从一产投入到三产的行业当中。同时，在乡党委、乡政府对集体牧业经营模式的大力宣传和推动下，为下一步牧业结构调整、人员分流奠定了思想基础。惠农资金落实有效，凡涉及政策类惠农资金一律实行“一卡制管理”，全乡范围内针对牧民群众杜绝现金发放。2018年通过打卡发放各类民生资金1473.33万元。继续抓好草原生态保护补助奖励机制工作，对383户群众的禁牧草场、实现草畜平衡草场落实了草补资金共8065575.70元。

【民生工程】 为做好来多乡突发公共卫生事件的应急处理工作，把牧民群众的生命财产因灾损失降到最低程度，根据国家相关法律法规，结合来多乡实际制定了来多乡突发公共卫生事件应急预案和相关管理制度。新农合参合率达100%，认真开展全民健康体检和包虫病筛查工作。乡党委、乡政府还十分关注弱势群体，对五保户、低保户进行了全面清理和规范，及时进行动态调整，实现有意愿五保对象集中供养率达100%。

【劳务输出】 来多乡通过安排专人组织牧民群众外出务工，解决全乡闲散劳动力的就业问题，2018年来多乡劳务输出人数达367人次，收入195.42万元。

【基础设施】 2018年，在上级项目部门的支持下，从县到乡的油路路基已经完成。在全乡范围内，对原有的水源地进行保护，同时对人畜饮水困难的几个转场地新建了4口保暖井，维修不能使用人畜饮水井（管道）3处，基本解决了来多乡人畜吃水困难。危房改造49户，易地搬迁集中安置点基础设施配套工程正在建设中。

【和谐稳定】 来多乡牢固树立稳定压倒一切、长期作战思想，全面落实各项维稳措施。在学懂弄通做实上下功夫，真正把全民思想统一到谋发展、奔小康上来，持续发扬“双联户”户长的作用，深入开展矛盾纷纷排查调处，不断完善应急体系，进一步加强民族团结教育，促进各族群众、干部职工之间和睦相处。防灾救灾工作扎实有效。乡里积极探索适应来多乡实际工作的防抗灾工作预案，及时调整乡防抗灾领导小组，由于来多乡群众居住地海拔普遍较高，离县又较远，冬季气候比较恶劣，易发生雪灾等原因，对防灾减灾处突预备工作查漏补缺不能有丝毫懈怠。来多乡投入大量人力、物力，积极支持、鼓励群众自主自筹冬季防抗灾物资，以藏富于民的思路有效预防并减轻群众财产因灾受损。

【卫计工作】 2018年，来多乡共有2193人自愿参加了新型农村合作医疗，上交个人筹资共计资金43860元（其中个人上交37420元，民政代交6440元）。下拨2017年下半年合作医疗经费202021.29元。并将个人筹资部分和国家合作医疗经费进行了公示。组织安排6名村医到乡卫生院进行技能培训，制定《来多乡卫生院村医培训计划及培训方案》，培训内容主要包括无菌操作、计生、疾控、急诊、藏医技术等常见医疗服务，同时给各村医务室发放药品共计折合资金19869.80元。2018年，在县卫生局、拉萨广升医院及各驻村工作队的大力支持下，牧民群众健康体检人数达到2219人。把所有健康档案进行分类归档，并制定成电子版。并针对病情较严重者进行了诊断结果和日常注意事项的讲解。当年出生人口41人（其中在乡卫生院分娩35人）。对包虫病筛查全乡共计开展两次，广大牧民群众较为配合，经过几次筛查工作之后，来多乡包虫病筛查率达到100%。经筛查，全乡境内包虫病患者共有27人。按照《尼玛县鼠疫防治及监测目标管理责任书》的要求，制定来多乡2018年鼠疫防治工作方案，开展鼠疫防治宣传活动，并开展小型鼠疫密度调查活动，有效预防和控制来多乡境内鼠疫疫情的发生。来多乡发放住院分娩补助共39550元（其中住院分娩一次性奖金31000元、待产补助3900元、护送者补助4650元）。对孕产妇建立并发放了“妇幼保健手册”。乡卫生院年初开展妇幼保健及住院分娩相关知识宣传活动一次。发放“两项扶助”奖金79560元，并将补助发放表，使用藏汉双语予以公示，同时对11名新增享受人员（“一孩双女”10人和“独残”1人）录入国家计划生育信息网。加强学校卫生监督力度。为了积极防控换季易发病，确保师生身体健康，进一步加强对学校食堂的日常管理、检查和指导，提高服务质量，确保校园安全稳定，共开展4次校园卫生消毒工作，同时对学校食堂进行卫生监督和安全隐患排查工作全年共计2次，并制定来多乡小学卫生监督管理制度。全年组织开展18次学校及周边食品安全卫生大检查活动，组织开展一次“开学前安全大排查”工作。

【精准脱贫】 经乡党委、乡政府召开会议，充分讨论研究制定了《2018年脱贫攻坚实施方案》，提出了来多乡的指导思想、基本原则、目标任务、主要内容、方法步骤及保障措施。明确了各成员单位，领导小组、乡脱贫攻坚指挥部及其办公室工作职责及具体任务，建立健全了乡党委、乡政府领导，相关部门配合，乡脱贫攻坚指挥部具体负责实施，村两委、驻村队、第一书记具体落实到户到人的牧区扶贫工作机制。2018年召开全乡2018年脱贫攻坚工作部署会暨培训会4次，全面安排部署全乡脱贫攻坚工作，结合自身状况制定了来多乡农牧民脱贫计划和措施，宣传了党和国家的脱贫方针政策及措施办法。

异地搬迁脱贫。来多乡共有70户331人异地搬迁（其中12户63人搬迁至县城、35户148人搬迁至乡政府所在地集中点、11户69人搬迁至杭达村集中点、12户51人分散搬迁），要求监理加强对所属项目的监管，做到每天查质量、查进度、查人员；要求各施工队认真制定切实可行的施工计划表，倒排工期，加快施工进度，严格按照图纸要求施工；组织乡级检查组3次对易地搬迁项目推进情况、措施落实情况进行督查，确保承包方在不改变设计的前提下，确保质量抓进度。

劳务输出。2018年1—8月，来多乡贫困户共劳务输出110人次，其中奶牛养殖场全年就业10人，“一乡一社”全年就业40人，客运出租全年就业1人。要求贫困户青年劳动力积极参加由县扶贫办和人社局组织的各项劳动技能培训（2018年共培训青年劳动力74人次），使更多群众掌握一技之长，拓宽致富渠道。

产业扶贫。来所乡加大扶贫产业项目开发力度，要求包村包户帮扶干部了解贫困户生产生活，帮助贫困户解决生产、生活中的困难。各村以牧业为主的经合组织已初具规模，为打赢脱贫攻坚战提供了坚实的物质基础。加大对贫困户的日常监督和管理，严格贫困户“十不准”。

“一乡一社”养殖。解决养殖项目分配问题，牧区贫困户普遍习惯游牧生活方式，存在“一人放牧，其余劳动力无所事事”慵懒散现象，为保障项目落地、正常运转，杜绝推诿扯皮、项目瘫痪这一现象发生，对有劳力人员采取聘用模式、竞争上岗，组织开展牲畜养殖项目育肥工作。解决项目建设用地及草场问题。项目建设地点关乎着项目产生效益，是产生效益的关键之处，经过一系列实地调研及专题会议决议征求各方面意见建议，拟定“一乡一社”项目建设地为来多乡杭达村48580.79公顷草场。认真做好养殖项目建设规划：购买牦牛总共花费557500元；购买绵羊总共花费543900元（大绵羊668×700+小绵羊218×350）；购买山羊总共花费714500元（大山羊1166×500+小山羊526×250）；工程造价总共102.6万元（其中羊圈95000元、牛圈300000元、活动板房252000元、仓库86400元、阳光棚84000元、路面硬化75600元、水井60000元、大门14000元、围墙59000元）；购买干草48000元；高寒暖棚建设38000元；其他费用72100元。厂房建设拟定在该村村委会公用用地进行选址，并在此基础上，针对性设立财务室、员工宿舍、综合办公室。基础设施建设。在厂房建立完成基础上，采购放牧所需帐篷、床、办公桌、发电机、雨鞋、对讲机、太阳能路灯、铁锹等物资，投入资金8万元。运行模式管理。经专题会议讨论决定任命聘用干部嘎玛石努为管理人，采取工薪奖励制，每月工资为1500元，年底奖金为2000元，放牧人员工资为每人每月600元，并将建立奖惩机制，年底进行评比，力争做到有奖有罚，从而进一步激励其努力工作，实现转移就业增加其收入。优先安排贫困户有劳动能力人员参与养殖项目投劳运行，并根据每户表现制定股份分配制度，确保贫困户人人参与劳动，人人都有股份。专设饲草料储备资金。为保障牲畜育肥工作顺利进行，快速产生效益，经专题会议研讨，决定从各项建设剩余资金中抽出30万元，用于购买饲草料，并按照牲畜育肥比例，在每天晚上8—10点为牲畜进行喂养育肥。项目实施中，由乡党委、乡政府主要领导牵头，优先在全乡建档立卡贫困户中购买牦牛、山羊、绵羊，现已形成养殖场规模，并按照“政府管理、群众参与、合作社理事会实施”的模式进行运作。牲畜养殖草场采取租赁方式，由一村提供草场，并按照每亩1元价格每年一次性付清。在员工培养方面，由各村每季度进行轮流放牧，放牧人员每人每月

800元工资标准，并健全各项规章制度。项目收入及就业情况。就业40人、收入48万元、新生幼畜532头（只、匹），出售山羊绒104940元。

2018年年底，来多乡“一乡一社”牲畜养殖产业于2018年11月24日在杭达村进行分红，共为贫困户物资分红发放268只山羊、6头牛、157只绵羊、酥油341公斤、奶渣327.5公斤，现金分红126680元，共计折合人民币463225元。

奶牛养殖。该项目总投资180万元，由乡政府进行日常管理及运作，具体由乡脱贫攻坚指挥部承担。分两批采购种牛19头，母牛124头，小母牛25头，牛犊79头，购买牲畜金额达到93万多元；牛圈及操作间基层设施建设花费共计12.8万元；草场使用权流转2.4万元；分两次购买饲养料5.7万元。力争实现每年参与奶牛养殖场效益分红群众人均不少于每月500元的增收目标。该项目全年就业10人、收入125380元、新生幼畜33头。

【健康扶贫】 2018年，来多乡牧民群众2193人，其中建档立卡贫困户119户560人。开展建档立卡贫困户家庭医生签约服务，签约率达到100%；对建档立卡贫困户开展健康体检活动并建立了农牧民健康档案，体检率达到99%，建档率达到99%；对49名贫困户患病人员档案进行了分类归档，同时完善了健康扶贫系统数据。

【非婚生子女工作】 工作开展以来，由姑桑乡乡长带队，乡脱贫攻坚指挥部、政府综合办公室人员组成联合核实小组深入牧户家中对各行政村上报数据进行再次核实、最终确认，通过走村入户、召开大会等多种方式，共协调解决抚养费用人数达到123人，征收非婚生子女抚养费1834100元（牛羊折算），协商解决16人。未联系上的29人。在日常牧区工作中发现，来多乡2018年4月之后，仍有非婚生子女情况发生，对再次有非婚生子女情况的家庭认真落实县试行办法规定对8户进行了罚款，让各村引以为戒，杜绝此类问题。宣传非婚生子女政策及试行办法群众知晓率达到90%。

【脱贫、贫困村退出工作】 2018年10月2日，来多乡收到了杭达村、多康巴村贫困户脱贫请示，并迅速召开脱贫部署会，利用10月4—5日两天时间对杭达村的10户脱贫户和多康巴村的3户脱贫户进行了入户核查，并填写了《贫困户脱贫指标测算表》，入户率达到75%以上，无学生辍学，住房、饮水都达到安全标准，人均纯收入超过脱贫标准4100元。

2018年10月6日，召开贫困户17户贫困人口97人乡级脱贫审核会议，并全票审核通过。在乡政府公示7天，无异议后由乡党委、乡政府向县扶贫领导开发小组提出审定17户98人贫困户脱贫请示。截至2018年，来多乡已完成17户97人贫困户脱贫、杭达村整村退出各项工作，并已在全国扶贫系统内进行了脱贫处理。动态调整工作情况；签订目标责任书，完成“一户一档”整改工作，对全乡建档立卡贫困户和农村低保户进行了再一次的识别和动态管理全年动态调整增加人员12人，动态调整减少人员10人，动态调整减少户1户1人。2018年脱贫17户97人，杭达村出列，脱贫不享受政策（自愿退出）人员6户37人。现有建档立卡贫困户119户560人。

【教育脱贫】 抓好全乡控辍保学工作，来多乡2018年秋季新增大学生11人（其中建档立卡贫困户6人）。

【来多乡2018年领导名录】

乡党委书记：裴大勇

乡党委副书记、政府乡长：姑　桑（女、藏）

（撰稿人：徐健全）

吉瓦乡

【概　况】 2018年，在乡党委和县纪委的正确领导和大力支持下，认真贯彻落实党中央及自治区、市、县纪委各项会议精神，切实开展党风廉政建设教育，确保党的路线方针政策在吉瓦乡贯彻落实，以乡党委理论中心组织、各党支部为单位，开展学习党的十九大精神、习近平系列重要讲话精神、《关于新形势下党内政治生活若干准则》《中国共产党廉洁自律准则》《中国共产党纪律处分条例》《中共共产党党内问责条例》《中华人民共和国监察法》等系列党规党纪理论，对理论学习人员进行考勤监督；通过传达有关会议和通报精神、观看廉政教育片、开展民主生活会和组织生活会等形式，多方面增强干部职工和村干部的廉洁自律意识和拒腐防变能力；按照县纪委要求，协助乡党委书记开展廉政提醒谈话 48 人，并对 6 名新学员进行了岗前廉政教育谈话，及时避免和纠正了党风廉政建设中存在的隐患；每逢节日前夕召开节前廉政教育会议，提醒广大干部职工警钟长鸣，守好底线。

【廉政工作】 结合吉瓦本乡工作实际，成立了吉瓦乡党风廉政建设和反腐败工作协调领导小组，研究制定了《吉瓦乡落实党风廉政建设工作责分工清单》，对党风廉政建设的各项工作进行了量化分解，责任到人；乡纪委与各村和乡直各单位签订了党风廉政建设工作目标责任书，形成一级抓一级，层层抓落实的工作格局。按照县纪委监督执纪问责通知要求，吉瓦乡纪委紧紧围绕上级关于精准扶贫和精准脱贫的重大决策部署和工作要求，研究制定了《吉瓦乡扶贫领域腐败和作风问题专项治理实施方案》，成立了以乡党委书记为组长，乡纪委书记为副组长的吉瓦乡扶贫领域腐败和作风问题专项治理工作领导小组，并从 5 月至今，开展了扶贫领域腐败和作风问题专项治理工作，期间三次走访七个行政村的建档立卡贫困户 43 户 167 人，以检查、询问、入户走访等方式进行了监督检查；重点查处干部职工、驻村队员和村干部的履职情况、扶贫资金兑现情况、扶贫政策掌握情况、扶贫程序和结果是否公平、公开等情况。

设立扶贫领域举报信箱 8 个（举报信箱上写有举报电话），收到 7 封匿名举报信件，但都不属于扶贫领域问题，而是相关非婚生子工作和项目需求的信件，这些都已转交给相关工作人员。

【党内监督方面】 紧密结合“两学一做”学习教育和“四讲四爱”教育实践活动及“党的政治纪律和政治规矩”集中教育活动，对全乡党员干部的政治纪律和组织纪律，落实党的路线方针政策情况进行监督；吉瓦乡纪委严格按照考勤制度对干部职工上下班情况严打考勤，并对迟到旷工等人员通报批评 2 次，约谈 9 人；在重大节日节点，乡纪委联合乡党委工作人员成立督查组，对全乡干部工廉洁自律情况和公车使用情况进行监督检查，做到了对贯彻落实中央“八项规定”精神和区党委“约法十章”“九项要求”早研究，早部署；公车管理方面，乡党委、乡政府配备了 2 名专职驾驶员，规定严禁驾驶员以外的其他人员驾驶公车，并对驾驶员进行了教育管理，严格执行车辆派遣制度。乡党委、乡政府召开民主生活会、机关支部召开组织生活会和研究决定重大决策时乡纪委全程参与监督。“三重一大”事项由班子成员以会议形式集体民主决策，充分发扬民主，做到民主集中，不存在搞“一言堂”现象，每项重大决策都写有会议纪要，并建立了“三重一大”事项登记台账。按照县委巡视二组对吉瓦乡提出的意见建议，乡纪委组织吉瓦乡 7 个行政村的 21 名村监督委员开展了村级监督委员工作业务培训会 1 次。通过培训，监督委员的工作业务能力得到了一定程度的提升。

【“三务”公开的监督管理】 乡纪委按照中央“八项规定”精神，加大监督检查力度。明确主管财务的主要领导乡政府乡长为三公经费第一责任人；坚持定期统计核实三公经费支出情况；深入 7 个行政村督导检查各村村务、财务、党务公示公开情况，也存在只是以口头形式向群众公示和张贴公示栏不及时的问题。乡纪委要求各村第一书记协助村干部对村级账目进行整改。

【建档立卡贫困户识别工作】 通过走村入户，询问群众评选建档立卡贫困户是通过哪些程序推选的；村里是否存在最穷的牧户落选现象，村干部在评选贫困户和低保五保户中是否存在优亲厚友的现象等问题，检查吉瓦乡建档立卡贫困户的识别度。通过询问，各村建档立卡贫困户都是严格按照扶贫对象推选程序进行推选。2018 年，吉瓦乡有 63 户 250 人要实现脱贫，乡村级脱贫工作在乡纪委的参与和监督下，严格按照申请、评议、公示的程序完成了村、乡两级脱贫审核程序。吉瓦乡全乡共有七个行政村，464 户 1922 人，根据自治区扶贫开发办公室关于《关于开展 2017 年度考核整改建档立卡数据信息调整和补录工作的通知》要求，吉瓦乡扶贫办在 7 月进行动态管理调整，截至 2018 年年底建档立卡贫困户有 163 户 591 人。2018 年预计脱贫 4 个村 63 户 250 人。

【结对帮扶】 通过询问贫困户，发现县级单位帮扶的牧户收到不同程度的帮扶资金和物资。乡机关干部帮扶的贫困户未收到过帮扶资助。主要原因是乡所有干部职工从 2016 年 11 月开始每月工资中扣除 100 元，成立帮扶基金，用于吉瓦乡患有重病、大病的建档立卡贫困户群众的医疗救助。截至 2018 年 3 月，帮扶基金总额达 81300 元，支出 61500 元，都资助了无法支付医疗费的患有重病的建档立卡贫困户群众，剩余 19800 元乡财务室建有详细收入支出的账本。

【产业项目】 2018 年年初，因吉瓦乡确定为高海拔生态搬迁对象，在一定程度上影响了扶贫产业项目的开展进度。正在运行中的“一乡一社”项目总投资 300 万元，其中厂房建设投资 146 万元，剩余 154 万元中购买了（除四村外）每村“一村一合”项目设备，并已于 6 月 26 日各村派“一乡一社”的理事、村监督员、驻村队员各 1 名统一采购。6 月 24 日，召集各村委班子成员、第一书记、驻村队员、乡班子成员，专门召开了产业项目会议。各村严格按照“三重一大”要求，依照自身开展的项目召开村民会议，形成会议纪要，提交了项目运行实施方案及购买设备清单。此项工作中，乡纪委主动参与监督，确保项目顺利实施。

【农牧业】 认真贯彻落实自治区、地区、县关于加快牧业发展的系列决策部署，始终坚持牧业生产的基础地位。

【生态保护】 严守生态保护底线，全面落实生态安全屏障保护与建设规划，整体推进自然保护区与生态功能区建设等重点生态工程，深入开展市容村貌专项整治工作，全面清理整治环境卫生“脏、乱、差”的现象，推进美丽乡村建设，不断提高乡村精神文明建设水平，为全面建成小康社会，建设环境优美的新吉瓦打下了坚实基础。

【维护稳定】 认真贯彻落实自治区党委、自治区政府，地委、行署和县委、县政府关于维护稳定工作一系列决策部署，定期不定期召开维稳专题会议，科学分析研判维稳形势，安排部署全乡维护社会稳定工作。加大矛盾纠纷大排查和信访工作力度，加强对社会面管控和治安处突力度，特别是加强了 1、2、5 村的散装油料管控。认真做好社会治安综合治理各项工作和“双联户”创建评选工作。严格落实安全生产“党政同责”“一岗双责”。积极做好社会大局保持了持续稳定、长期稳定、全面稳定。

【民生和社会事业】 认真落实各项惠民政策，加快发展各项社会事业，各族群众生活水平得到了显著提高。2018 年吉瓦乡低保人口 251 人，截至年底第三季度已落实低保资金 26.9908 万元，都是以一卡通形式兑现全额资金，第四季度上级还未拨付到各乡镇。社会保障不断完善，新农保参保人数达到 998 人，参保率达到 100%。认真开展群众就业工作，劳务输出人数达到 1155 人次。

【教　育】 吉瓦乡小学位于尼玛县南部，距尼玛县 200 公里，创建于 1995 年，学生来源于吉瓦乡七个行政村，适龄儿童98人，已入学98人，入学率达到100%以上。

【吉瓦乡2018年领导名录】

党委书记：汤　毅

党委副书记、乡长：索朗群培

（撰稿人：其美旺堆）

中仓乡

【概　况】 中仓乡位于尼玛县西北部，距尼玛县城212公里，地处羌塘大湖盆地带，南靠尼玛县军仓乡和阿里地区措勤县，西北邻阿里地区改则县，东连阿索乡。全乡辖8个行政村，全乡行政区域总面积1.43万平方公里，草场总面积2137.5万亩，可利用草场1068.75万亩。富含丰富的矿场资源和野生动物资源，矿产资源已探明的矿种有理矿、砂金矿、食盐等多种矿产资源，且储量大、品质高；野生动物资源主要有藏野驴、藏羚羊、黑颈鹤、岩羊、猞猁、棕熊、雪豹、藏狐、藏雪鸡、斑头雁、野黄鸭等。2018年脱贫13户56人脱贫，索俄布村全村脱贫摘帽。中仓乡按照脱贫攻坚工作工作计划，大力发展牧业为主的多种经济。已建立中仓乡经济合作组织及各行政村分社，在建的小城镇建设总投资4000万元，建成后提供贫困户更多的扶持。

【2018年重点工作】 2018年，全乡上下以市委巡察四组对中仓乡开展全面巡察工作为契机，以经济建设、基层党建、综治维稳、党风廉政、精准脱贫等各大攻坚战为统揽，以党的十九大精神、“两学一做”“四讲四爱”、《治国理政》等学习教育活动为载体，乡村一心，干群同向，全年各项工作目标和工作任务得到较好落实。直面问题，巡察整改取得良效。2018年4月14日至7月14日，根据上级统一部署，市委第四巡察组对中仓乡党委开展了集中巡察，期间梳理明确了乡党委在党的领导弱化、党的建设缺失和全面从严治党不力等方面存在的不足，先后下达了“立行立改”问题4大项、20小项和《反馈意见》3个方面、7个问题、23小项，中仓乡党委紧密结合“立行立改”问题、反馈意见和中仓乡工作实际，照单全收，立即行动，坚持领导主抓、上下联动、协调配合，切实将各项问题的整改不折不扣地落实到了实处。针对巡察组提出的各项问题，乡党委前后共计召开整改工作部署会2次、整改方案研究会2次、专题民主会1次、整改工作阶段性进展汇报会2次等，就整改工作进行多次安排部署。研究制定下发了《中共中仓乡委员会针对那曲市委巡察四组提出立行立改问题的整改方案》《中仓乡委员会针对那曲市委巡察四组〈关于巡察中仓乡党委工作的反馈意见〉整改方案》，成立了巡察整改落实工作领导小组、整改进展监督工作领导小组，负责全面整改工作日常调度、协调、督办等工作。强化整改。由纪检监察办建立健全对账销号台账，解决一个、销号一个、巩固一个，做到不漏一个问题、不留一个死角。按照轻重缓急和客观实际，凡是能立即整改落实的，立说立改，迅速整改到位；条件暂时不具备的，积极创造条件争取早日整改；需要长期努力逐步解决的，明确相关要求和机制，分期逐步解决。以上率下。中仓乡党委要求班子成员从自身做起，带好头、做表率，形成一级做给一级看，一级带动一级干的良好局面。乡党委书记琼次仁每逢大会小会，必研究部署巡察整改任务，听取整改工作进展情况汇报，协调解决巡察整改遇到的各种问题，做到问题核查不清楚不放过，问题整改不到位不放过。在全面落实整改工作的同时，把握重点，抓住要害，突出解决部分领导干部律己不严、作风不实、“两个责任”落实不到位、意识形态、政治理论学习、党风廉政建设、作风建设、扶贫攻坚等方面存在的突出问题。

【领导组织】 严格落实党建工作责任。乡党委、乡政府高度重视基层党建工作，及时调整充实了乡基层党建工作领导小组，明确职责、细化分工，形成了以乡班子成员带头，各党支部各司其职、密切配合、上下联动，任务层层分解，工作层层抓管，一级抓一级，共同推进、齐抓共管的良好局面。党建各项工作得到了扎实推进。2018年上半年，乡党委年初专题召开了基层党建工作安排部署会，年中召开了推进会，并实行了乡班子成员基层党建工作包村制，严格执行包村干部每月督导一次，每季度召开一次督导汇报会的督导机制，加大了基层党组织抓党建工作的督导检查力度，不间断地要求各党支部主动作为、查找问题、狠抓落实、全面推进，确保基层党建工作取得成效。基层党建工作责任制得到了进一步落实。年初，乡党委书记与各村党支部书记签订了《中仓乡基层党建工作责任清单》，坚持聚焦问题，针对不足，强化整改，对全乡基层党建工作中存在的问题整改工作作出了具体安排。

【强化学习】 建立健全各项制度，坚持和完善理论中心组的学习制度，按照县委、县委组织部部署要求结合中仓乡实际，制定实施方案，定期或不定期开展专题理论学习，严肃会议纪律，要求每名干部有专题学习笔记；进一步完善各支部政治理论、业务知识学习和廉政学习制度，定期开展各支部组织生活，组织全乡党员学习党的方针政策，重点是党的十九大精神、习总书记新时代新思想系列重要讲话精神、“四讲四爱”“两学一做”“治国理政”等学习教育，截至2018年10月16日，开展理论学习11次、《习近平谈治国理政》干部职工轮流诵读8次、“政治规矩和政治纪律”学习8次、民主生活会2次；开展周一总结会，每名干部职工、分管领导总结上周工作及计划下周工作，确保每周工作有序推进，扎实开展，为全乡干部提供工作上相互借鉴、相互学习的好平台，提高综合素质；定期开展民主评议党员大会，全乡各支部定期开展党员民主评议，开展批评与自我批评，严格执行评议制度，并制定整改方案，及时落实；建立乡党政班子联系各村制度，督促、指导、检查、帮助各项工作，定期或不定期召开报告会，共同讨论研究各项工作不足并制定整改措施；严格按照用制度来管人、管事的原则，完善干部职工上班制度、请销假制度，合理安排作息时间；深入贯彻落实“两学一做”学习教育制度化常态化，专题学习，系统学习。要求学习有计划、有记录、有总结、有心得体会，一年来共开展6次专题学习，3次观看红色影片，平均每名干部上报学习体会3篇。认真召开“四讲四爱”群众教育实践活动专题会及建章立制，确保活动取得实实在在的成效。积极开展多种形式的党员教育活动，始终保持党员先进性教育成果。按照县委、县政府的统一部署，以巩固党员先进性教育为载体，重点学习了《中国共产党章程》《中国共产党基层组织工作条例》、“整治规律和政治教育”、习总书记系列重要讲话精神及治边稳藏重要战略思想等，以乡党委微型党校为阵地，认真举办村党支部书记、村党务工作者、党员干部学习《中国共产党章程》，共举办4期，培训共100余人次，干部职工及各村发放藏汉“双语”学习资料50册；坚持落实“三会一课”制度，实行了党委班子成员每三个月到村党支部上党课制度；“七一”“十一”等重大节日，乡党政班子、各支部书记开展讲党课活动；把发展党员工作与学习培训结合起来，促使广大党员认真学习党的路线、方针、政策，自觉遵守党的纪律和国家的法律、法规。全年积极分子转预备党员15人、预备党员转正式党员9人，在发展党员中严格遵循坚持标准，保证质量，改善结构，注重从致富带头人和具有初中以上文化水平的青年中发展党员。2018年共开展“三会一课”制度学习1次，开展签订党员承诺践诺承诺书、党员不信教承诺书活动，党员与帮扶村贫困户一帮一等活动相结合，进一步增强党员的党性意识，保持党的先进性不褪色。

【强基惠民工作】 第七批创先争优强基础惠民生活动开展以来，确保“创先争优，强基础惠民生”活动取得实实在在的效果，各驻村工作队围绕七项重点任务，扎实开展强基惠民活动，加强基层组织建设。定期组织党员学习党章党规和系列讲话精神，全面加强农牧区基层党建工作；认真开展了脱贫攻坚各项工作，同时，深入开展党的十九大精神、“两学一做”学习教育、“四讲四爱”等主题教育实践活动和各类政策法规宣讲活动，各驻村积极组织村“两委”一班人、“双联户”户长、党小组组长组成宣讲组，深入各自然村、放牧点开展宣讲活动，开展集中宣讲、走村入户宣讲255次，受众群众达7889人次。2018年，乡党委牢固树立抓意识形态工作是本职、不抓是失职、抓不好是渎职的理念，切实增强抓意识形态工作的履职自觉，强化使命担当，把主体责任放在心上、抓在手上、落实在行动上。按照年初有计划、方案、分工，签订意识形态工作责任书，层层落实相关责任；每季度召开一次意识形态总结部署会，切实将意识形态摆到重要位置；紧紧围绕党的十九大精神、“两学一做”“四讲四爱”、《中国共产党章程》《习近平总书记系列重要讲话读本》《习近平谈治国理政》以及习近平新时代中国特色社会主义思想等学习内容，全年组织各类专题学习会20次；组织农牧民宣讲员、乡宣讲团、村“两委”班子、驻村工作队、“双联户”户长等成员深入各自然村、偏远牧区开展集中宣讲、走村入户宣讲255次，受众群众达7889人次；将学习教育与实践活动有机结合，全年开展唱国歌活动8次、《厉害了我的国》和青少年演讲比赛2次、“民族团结在身边”讲述活动8次、村容村貌专项整治活动12次，建立“同心圆”统筹群1个、入群人员41人，基础群8个，入群人员407人。通过各项工作实施开展，切实做到了守土有责、守土负责、守土尽责，提升了政治意识、核心意识、看齐意识和大局意识。

【经济发展】 按照2018年区、市、县经济会议的决策部署，以牧业增收，牧民增收为抓手，创新工作思路，改进工作方法，狠抓落实，加强牧业基础设施建设，使牧区经济保持了良好发展态势。2018年，全乡实现国民生产总值将达到5257.76万元，其中：第一产业收入4762.84万元以上；第二产业收入168.32万元；第三产业收入326.61万元以上。农牧民人均收入10735.64元以上。截至2018年10月，全乡牲畜存栏94914头（只、匹），其中，牦牛3500头，绵羊50220只、山羊40908只、马286匹。突出抓好农牧业供给侧结构性改革。坚持质量兴牧，做强肉制品、奶制品产业，实施现代畜牧业工程，在县扶贫办的扶持下，乡经济合作组织暨新世纪奶牛养殖场以及各村“一村一社”项目风生水起，共计养殖1004头（只）包括奶牛、公牛、绵羊、山羊等牲畜，形成走为养而种、科学养畜道路，又推进了肉制品、奶制品产业链发展。

【基础设施】 全年各类基建项目15个，总投资26238.1万元。强化措施促攻坚。成立了中仓乡项目建设领导小组，开展“项目攻坚”行动，严格落实项目推进责任制，形成了领导牵头、部门联动、协调及时的工作机制。多管齐下促融合。围绕扶贫商业街建设、乡经济合作组织、“一村一社”等重点项目全力打造开放的、发展的新中仓。截至2018年10月16日，总投资4000万元的乡扶贫商业街已基本竣工，该项目包含1幢三层酒店和6幢两层商业楼，共计72间商铺，待项目全部验收后，将开放招租运营；另投资300万元的乡经济合作组织暨新世纪奶牛养殖场以及各村“一村一社”正有序推进，现共有肉牛、绵羊（山羊）1124头，全乡贫困户劳动力采取轮流工作、工资+分红模式；另投资366万元对贡玛、那来、卡贡三个村委会进行了新建或改扩建，主体已全部竣工，内部装修等工作尚未通过验收，对村委会进行新建和改扩建工作，进一步完善了基层组织活动场所；投资7098.7万元新修夏隆村道、投资4999.14万元新修乃仁当果村道、投资7625.3万元新修卡贡村道，总长78公里；投资290万元为央龙曲帕、日玛、卡贡三个村各新建一座钢架桥，对那来、日玛部分村道整治工程已获县发改委批复，全长32公里，切实改善了当地群众的出行条件，提高生产生活水平；投资76.7万元在易地搬迁点新建了3个水井，切实做好了人居饮水工程；投资577.62万元新建乡完小教学楼、学生宿舍楼；投资190万元对乡卫生院进行改扩建，进一步改善卫生医疗条件；投资70余万元建设乡政府阳光棚，改善干部职工办公环境；投资231万元，建设17.4万米退牧还草网围栏；投资178.6万元，对乡政府周边易地搬迁户进行路面硬化；投资22万元建设两个棚圈；投资166.64万元对65户危房进行危房改造和玻璃房修建。营造氛围促招商。和谐良好的发展环境为招商引资取得巨大成功，投资260万元的乡利民加油站已基本竣工，因中仓乡得天独厚的地理位置，该加油站投入运营后可辐射周边一道两乡十二村，解决就业岗位4人。

【脱贫攻坚】 在区、市、县三级党委政府的亲切关怀和坚强领导下，在县脱贫攻坚指挥部等有关部门的大力支持下，脱贫攻坚工作成效明显。2018年8月经过贫困户动态调整，中仓乡建档立卡户202户717人。本次动态调整共新增（分户）贫困户7户18人，无返贫户，自愿退出1户4人，清退2户9人。实现有进有出，动态管理，应纳尽纳，应扶尽扶，不漏一户，不落一人的精准扶贫管理目标。根据尼玛县2018年脱贫攻坚工作，2018年全乡计划脱贫13户58人，实现阿索乡索俄布村整村脱贫。

【易地搬迁】 阿索乡“十三五”建档立卡搬迁对象计划指导数为111户405人。其中2016年已搬迁28户72人。2017年计划搬迁83户333人，其中71户279人待搬入县易地搬迁房；1村、3村易地搬迁房已竣工，待县有关部门验收通过后，剩余9户43人将全部入住。

【产业工作】 2018年，阿索乡围绕有基础、有特色、有潜力的产业建设打造了一批以牧业为主、贫困户参与分红的项目：投资300万元的乡经济合作组织暨星世纪奶牛养殖场已正式运营，共有母牛80头、小牛40头、基础母羊100只、山羊100只；投资4000万元的扶贫商业街，已基本完工，招租工作正在有序进行中；8个村“一村一合”项目均已组建，共养殖各类牲畜684头（只），其中母牛181头、小牛70头、公牛33头、羊400只；乃仁当果村扶贫商业楼2018年纯收入45万元。2018年阿索乡生态岗位共计956人，组织各类技能培训人员60人，转移就业142人，转移就业指标完成率100%，村级环境管护员48人（每村6人），以上人员均来自建档立卡贫困户，截至2018年10月16日，共兑现全乡生态岗位资金323.75万元。

【精准帮扶】 制定了脱贫攻坚帮扶责任制，制定出台了《中仓乡干部“结对帮扶”实施方案》，实行县级干部包3户、科级干部包2户、普通干部包1户、党员、村干部包1户的帮扶制度，各级干部职工共139人，对157户540人进行帮扶，另有部分项目工程老板对贫困户进行了慰问，截至2018年10月16日，各类帮扶资金共计15.8256万元。

【非婚生子工作】 针对牧区实际，结合“四讲四爱”和“爱劳动、讲文明、树新风”以及扶贫工作要求，根据《中华人民共和国人口与计划生育法》《社会抚养费征收管理办法》《尼玛县非婚生子暂行管理办法》和区、市、县各级指示要求，在全乡大力整顿了非婚生子陋习，截至2018年10月16日，乡有私生子168名，经教育整顿，有148人已由生父母相认并签订抚养协议，已兑现1人抚养资金2万元，102人由牲畜折现，折合资金174.43万元；45人尚未兑现抚养资金

22.12万元，乡政府已制定台账，将做好抚养资金督促工作。另有20人尚未签订抚养协议，其中有5人是无法联系其生父，5人待亲子鉴定，10人未解决，将由乡政府加大协商力度，确保所有私生子问题都能得到妥善解决。

【公共服务】 卫生事业稳步推进。计免工作狠抓不懈，认真做好了儿童卡证、登记册的管理工作，对每日新生儿童及时上卡，按程序接种，截至2018年10月16日，接种各类群体260人次，其中0—6周岁儿童349人，2018年出生15人、实建15人，建卡率100%，流感、风疹、腮腺炎、疫苗等接种率100%，全年未发生一起接种事故；妇女活产数9人，产前检查25人，住院分娩9人，分娩率达100%；扎实开展为农牧民建立健康档案工作，邀请自治区广生医院对全乡进行一次大规模健康体检，查出慢性病37人、肝包虫19人、肝病100人、妇科24人；为建档立卡贫困户进行体检，查出慢性病9人、肝包虫5人、肝病27人。累计调查牧民群众2638人，建立家庭档案400册。

【文化事业】 积极参加县“赛马文化艺术节”，组织乡“3·28百万农奴翻身解放纪念日”庆祝活动，那来村和夏隆村均圆满召开了“赛马节”，配合县委宣传部扎实开展了“五下乡”活动，营造了浓厚的文化氛围。

【教育事业】 阿索乡完小专人教师15人，师资队伍处于基本稳定状态，师资力量在一定程度上得到了充实。2018年乡完小在校生206人，适龄儿童入学率99%，巩固率达到99%。

【民政保障】 始终将保障和改善民生作为一切工作的出发点和落脚点，按照上级对低保政策的要求，对农村困难家庭实行“应保尽保、应退尽退”，截至2018年10月16日，全乡共有低保户101户、358人，已发放各类补助1993935元；五保户26人，其中10人送至县养老院集中供养，所有五保户已发放补助46930元。

【社会保障】 按时完成城乡居民医疗保险和社会养老保险续缴费任务，2018年新型农村养老保险参保人数1478人，参保率达到100%，实际缴费1244人，缴费金额124400元；截至2018年年底，全乡60岁以上享受养老金人数226人，共兑现养老金34244.55元，按照草原生态保护补助奖励机制相关政策要求，2018年中仓乡达到草畜平衡户数为590户，超载户1户，共落实草补资金14849767.54元，落实草原监督员补助36.72万元。

【劳务产业】 强化宣传引导，鼓励牧区剩余劳动力参与到县、乡基础建设中。2018年输出劳动力6650余人次，组织贫困群众参加区、市、县组织的农牧民劳动技能培训60人次，实现劳务收入149万元左右，劳务输出成为农牧民群众快速增收的最有效途径。2018年继续抓好了环保和村容村貌建设工作，不断优化生态环境。深入开展“美丽中仓”创建活动，围绕全国污染普查，做好了普查员培训、学习和污染源环境污染防治相关工作。做好垃圾分类和资源化利用工作，2018年全乡累计开展各类环境综合整治40余次，出动干部职工、双联户、牧民群众300余人次，各类垃圾转运车、推土机等50余台次，切实加大力度支持环境集中连片综合治理。全面推行“河长制”，成立“河长制”办公室，配备了2名专职工作人员，建立乡、村二级“河长制”组织体系，组织乡、村河长定期巡河、定期召开河长协调会，加强日常巡查，落实整改措施，确保“河长制”工作落到实处。严格按照“全覆盖、零容忍、严执法、重实效”的总体要求，抓好安全生产工作，持续推进隐患排查治理体系建设，深入开展“打非治违”专项行动、“两会”“双节”“赛马节”、汛期等活动期间安全生产整治行动，扎实开展了“安全生产月”暨“安全生产西藏行”活动，坚持“安全第一、预防为主、综合治理”方针，坚持生命安全至上、人民利益至上，严格落实各项安全防范责任和措施，坚决防范和遏制重特大安全事故发生。对全乡辖区、所有行业领域、所有生产经营企事业单位和人员密集场所，实现“全覆盖，无死角”安全检查。在全面检查基础上，重点加强对G317为首的道路交通、散装油销售点、危险化学品运输转存、建筑施工、人员密集场所、特种设备、食品药品等行业领域的检查。全年累计出动265余人次进行了55次安全大检查，组织各类应急演练3次，切实为人民群众营造安全、幸福、和谐的社会氛围。

【党风廉政建设】 坚持责任主体，始终把党风廉政工作与经济社会发展同部署、同落实；层层签订目标责任书，把党政廉政工作提上中重要的议事日程，同全年经济社会发展工作同部署、同落实、同检查、同考核；加强党务、政务、村务公开；坚持制度规范，保障党风廉政建设工作健康运行；强化干部队伍廉政教育；加强对贯彻落实中央“八项规定”和自治区“约法十章”“九项要求”的监督检查，乡纪委充分发挥监督职能：每周对干部职工工作作风情况进行监督检查，集中对节假日期间的作风问题进行督查，累计下发通报3次，通报批评7人，均作出了书面检讨；监督干部严格执行公务接待标准、公务用车使用管理制度、廉洁从政规定、厉行节约规定、会议制度等；深入各村督导“三公开”制度落实情况5次。开展扶贫领域作风建设监督检查，由乡纪委对全乡8个行政村的扶贫领域各类工作开展情况13次监督检查，检查率达到100%，均建立、填写了检查台账。狠抓制度建设，继续落实党风廉政建设责任制，层层签订《党风廉政建设责任书》，进一步形成按制度规范办事，靠制度管人的长效机制，以“防”为重点，全面推进廉政风险防控工作。

【自身建设】 强化学习意识，增强学习能力。乡党委、乡政府始终高度重视班子成员思想政治建设，以落实“两学一做”学习教育制度化、常态化为契机，乡主要领导带头学党章党规、学系列讲话，截至2018年10月16日，已开展“政治规矩和政治纪律”学习8次，全乡干部职工撰写了心得体会31份，个人剖析材料28份；严格依法行政，营造良好环境。实行政务、村务公开，增加工作透明度。坚持民主集中制原则，加强领导班子团结与协作；倡导勤俭节约，恪守廉洁原则。截至2018年10月16日，由乡党委书记对全乡干部职工进行节前警示教育8次，上廉政党课1次，对乡财务专干、民政专干、扶贫专干等特殊岗位人员各进行了1次廉政谈话，杜绝出现干部违法违纪行为。

【社会局势持续稳定】 始终把维护社会稳定作为首要任务，坚持严字当头、稳中求进，实现了“三无”“三不出”的维稳工作目标。2018年，中仓乡结合维稳工作实际，本着对“维稳”工作负责的态度，及时对各阶段维稳工作做出了安排部署。尤其是“两会”、那曲撤地设市工作会议、县赛马节期间，时刻绷紧维稳这根弦，以保证不出事、出不起事的工作原则，切实做好各项维稳工作。

严格按照“看好自己的门、管好自己的人”的工作要求，认真落实24小时值班带班和“零报告”制度，守住了单位内保工作不出事的安全底线。强化社会面管控力度。充分发挥乡派出所、公安检查站、驻村工作队、村“两委”一班人、“双联户”户长和基层组织作用，充分发动群众，坚持白天见“红袖标”，晚上见警灯，强化重点部位、人员密集区和治安复杂场所的巡逻管控，切实做到无缝隙、无盲区、无空白点。全年累计巡逻532次，出动6850人次。

【散装油料销售管理工作】 根据中仓乡散装油料销售点多、管理难度大的实际，对6个散装油料销售点储油间和院子增设门锁、消防沙、灭火器等设施，同时，将各散装油料销售点用网围栏围起来，有效提高安全系数。双联户工作有序推进。坚持“政府负责、部门分工协作、各方联合行动”的工作方针，户长承担联户单位内维稳和治安工作连带责任。每个联户相互关心、相互监督、自我管理、自我服务的责任和义务，并通过签订联保责任书，确保联保单位内形成一个共同责任主体，对联保单位内的维稳和治安情况共同负责。截至2018年年底中仓乡共73各双联户，全年进行了联户工作培训2次，以各村自然村成立，同步表彰开展“先进双联户”创建评选工作先进村委，争创县级“先进双联户”创建工作先进乡。对“先进双联户”覆盖率达到100%，按和谐稳定好、发展门路宽、增收致富快的村委按30%的比例评选表彰村级先进双联户15户、乡级3户、县级1户，乡级先进集体2个。严厉打击“黄、赌、毒”和“扫黑除恶”专项行动，深入各村宣传、乡周边集中宣传专项行动9次，发放海报、宣传册、宣传单等资料190余份。深入开展“平安创建”工作。切实加强流动人口治安管理与服务工作，重点对房屋出租，流动人口的管理，最大限度地减少社会治安隐患。加强和预防对青少年的管理和教育，进一步整治学校周边环境。切实做好刑释解教人员的安置帮教工作，加大管理和安置帮教力度，努力减少重新违法犯罪。

【基层宗教工作】 成立了宗教事务领导小组，由书记任组长，政府乡长和党委组织委员（分管统战工作）任副组长，各部门、各村委负责人为成员，明确工作职责，建立健全联系制度，与8个村和完小、派出所等单位负责人分别签订目标责任书，明确乡村工作职责，责任落实到人，一级抓一级，层层分解任务，制定学习方案和学习计划，全年学习贯彻了习近平总书记关于宗教工作的重要讲话和重要批示精神3次；系统学习了《中共中央、国务院关于加强和改进新形势下宗教工作的意见》《中共中央办公厅、国务院办公厅印发〈关于加强和改进新形势下伊斯兰教工作的意见〉的通知》等部分文件精神，并结合文件精神，制定了相关贯彻实施意见；制定学习方案和学习计划，将《宗教事务条例》纳入理论中心组学习计划，截至2018年10月15日，全乡累计学习《宗教事务条例》11次；建立相关机制，加强日常监管，有效处置网络舆情；通过教育引导，加大了对干部职工、农牧民群众宣传引导，对散步涉及宗教有害信息的进行了排查，制定了排查台账，切实做到把握意识形态领域主导权；加强宗教活动场所和宗教教职人员管理情况，治理宗教领域商业化乱象情况。

【中仓乡2018年领导名录】

县政协副主席、乡党委书记：琼次仁（藏）

乡党委副书记、乡长：杨远淘

（撰稿人：旦增曲培）

军仓乡

【概　况】 军仓乡位于尼玛县南部边缘，西邻阿里地区措勤县、南与日喀则市昂仁县接壤，地域面积5000平方公里，平均海拔4780米以上，乡政府距离县城210公里，下辖有谷寨、鲁玛那荣、尼玛隆、砂来、尼隆等5个行政村，森格曲林拉康（佛教）、扎西门加林拉康（苯教）等2座寺庙，10个党支部；牧业人口487户，共1660人（不包括干部职工）；全乡干部职工60人，2018年军仓乡年底牲畜存栏数53958头（只、匹）（其中牦牛5135头、山羊21325只、绵羊27116只、马382匹），折合绵阳单位62956.4只，共有天然草原总面积500万亩（其中可利用面积450万亩，禁牧面积75.87万亩，草畜平衡面积374.12万亩）。到2018年年底，牧业生产总值达1183.18 1861.58万元，人均收入为8745.31元。

【党风廉政建设】 在县纪检委召开党风廉政建设部署会议后，乡及时撰写党风廉政方案，制定计划，召开党风廉政部署会议，成立了以党委书记为组长，党委副书记、乡长和乡纪检委书记为副组长，其他班子领导为成员的党风廉政建设领导小组，各行政村也都成立了以党组织负责人为组长的领导小组，坚持“严格教育、严格要求、严格管理、严格监督”的原则，突出抓好对乡领导班子成员的监督管理。加强思想道德和纪律教育，进一步增强廉洁意识。认真学习贯彻党的十九大和十九届二中、三中全会精神，落实市、县党风廉政建设工作会议精神、在每周五乡理论中心组组织学习《中国共产党章程》《中国共产党党员领导干部廉洁从政若干准则》《中国共产党党内监督条例》《中国共产党纪律处分条例》《行政机关公务员处分条例》《中华人民共和国监察法》等党纪政纪条规学习，进一步增强干部队伍的宗旨意识、廉洁从政意识和纪律观念，充分发挥党员的先锋模范作用，使干部职工牢固树立执法为民、依法行政的观念。元旦、春节、藏历新年、“五一”、端午节、赛马节、中秋节、“十一”国庆节期间按照县纪委安排部署，开展了加强对廉洁自律、厉行节约和公车私用整治工作，要求全乡干部充分认识加强节日期间厉行节约、反对铺张浪费的重要意义，牢固树立廉洁从政意识，以身作则、严于律己，严格执行《中国共产党党员领导干部廉洁从政若干准则》，做好了厉行节约工作，有效预防遏制节日腐败和铺张浪费现象，营造廉洁、欢乐、祥和、文明、俭朴的节日氛围。加强工作作风问题整治。为加强尼玛县军仓乡干部职工正常上下班，预防晚到早退及不参会和不学习等情况，乡纪委制定了打考勤制度，每天上下班或开会、学习都必须签到，每月对签到情况进行统计，对未按时上班、参会、学习的同志进行通报批评，并在全乡干部职工大会上作出检查。较好的教育和引导了党员干部充分认识作风整顿活动的重大意义，坚持以严的标准、好的作风，深入开展作风整顿活动，乡领导班子成员带头作出表率，努力促进军仓乡党员干部作风的明显好转。

扶贫领域工作的监督。乡纪委按照县纪委和乡党委要求，对乡脱贫攻坚指挥部和各村严查贯彻落实脱贫攻坚工作态度不认真、责任不落实、工作不扎实、任务不完成等问题，严查脱离实际、弄虚作假、搞数字脱贫、虚假脱贫等问题；乡纪委成立检查组主要检查全乡建档立卡 157 户 562 人、生态岗位 707 人、低保护 76 户 256 人、高龄老人 23 人和乡脱贫攻坚指挥部、乡财务部门对扶贫资金的使用情况进行核对和了解，充分运用各职能部门信息数据，对享受城乡五保低保、农村养老金高龄津贴等政策对象全面审核排查，严肃查处收入水平超过低保标准还在领取低保补助，领取已故人员五保低保和养老金，以及虚报冒领、骗取套取、截留挪用五保低保资金问题。

政治纪律、政治规矩教育开展情况。7 月 10 日，乡召开党的政治纪律和政治规矩教育活动动员部署会议，各村认真贯彻落实地委和县委决策部署，按照县和军仓乡《实施方案》要求，结合各自实际制定具体工作方案，认真进行动员部署。同时学校、驻村工作队、寺管会纷纷对政治纪律、政治规矩教育进行安排部署。通过动员部署会议，进一步明确了开展政治纪律、政治规矩教育活动内容和方法步骤，有效统一了全乡干部职工和各村牧民群众的思想和行动，确保了教育活动的有序有效有力推进。高度重视舆论宣传工作，在厉行勤俭节约的原则下，充分利用现有展板、宣传栏等宣传载体，乡、村、寺管会共发动思想动员大会 14 次，制定学习计划 14 个，支部书记带头讲党课 8 次，理论中心组学习 51 次，全乡开展专题讨论共计 191 人参加，乡党员撰写心得体会 191 份，乡机关党支部开展学习简报 18 期，每周上报周报共计 23 期，制作宣传栏 1 个。撰写剖析材料 179 份，10 月 15 日，乡机关党支部召开党的政治纪律、政治规矩组织生活会，党员能够把批评与自我批评的武器拿起来、用起来，深刻剖析问题，坦诚开展批评，虚心地接受批评，真正做到了知无不言、言无不尽，达到了红红脸、出出汗、听取意见不怕“刺”、亮出问题不怕丑，触及思想不怕痛的效果，把会议开出了党性、开出了团结、开出了决心、开出了干劲。

【党的建设工作】 2018 年，按照区、市部署和要求，军仓乡以毛泽东思想、邓小平理论、“三个代表”重要思想、科学发展观和习近平新时代中国特色社会主义思想为指导，深入学习贯彻党的十九大精神，十九届二中、三中全会精神，区党委九次党代会精神，那曲市第一次党代会精神，坚持走群众路线，推进“两学一做”学习教育常态化、制度化，深入开展“四讲四爱”群众教育主题活动，以服务中心、建设队伍为核心，全面推进党的思想建设、组织建设、作风建设、制度建设和反腐倡廉建设，大力实施基层党组织标准化建设，为促进军仓乡脱贫攻坚为首的各项工作提供了坚强有力的组织保证。

【教育党员干部】 制定了《2018 年党委理论中心组学习计划》，并认真抓好了落实。

学习教育活动。认真组织学习《中国共产党章程》，党的十九大精神，习近平新时代中国特色社会主义思想，区党委九次党代会精神，那曲市第一次党代会精神等上级重要会议、文件和指示精神，使全体干部职工在思想上政治上行动上同党中央保持高度一致，全年党委理论中心组集中学习 24 次。

充分发挥基层党支部的骨干作用。以学习型党组织为载体，加强党员干部队伍约束，充分发挥党员干部队伍的骨干作用。开展了“四讲四爱”群众教育实践活动，更加牢固树立四个意识，更加提高思想认识；在集中学习和个人自学的基础上，结合各自工作岗位和职责要求，围绕“四讲四爱”群众教育主题，开展了实践活动 46 余场、9 次文艺演出、65 场宣讲。以“主题党日”活动为载体，开展了思想政治教育、交心谈心、志愿服务等活动；进一步增强了党组织的凝聚力和向心力，切实发挥了全体党员的先锋模范作用，增强了全体党员的宗旨意识和责任意识。

【基层组织建设】 培养党员干部，加大党的队伍；新发展 8 名正式党员、3 名预备党员、13 名发展对象和 14 名积极分子。组织村两委班子及党支部第一书记，深入学习《中国共产党章程》、党的十九大精神和基层党组织建设工作手册，更加扎实了根基。扎实开展村（居）文化素质提升工程夜校教学工作。严格落实县委、乡党委要求，以建强基层组织为目的，在全乡范围内开展村（居）干部文化素质提升工程夜校教学工作，以每周至少组织 2 节课、每节不少于 1 小时要求，进行藏语文、汉语、基础数学三个科目的学习，严格学习制度，严打学习考勤，统计培训人员、课程安排等信息，并取得较好成绩。2018 年，乡党委组织夜校教学工作，对各村开展教学工作督导共计 19 次，各村自行组织书面考试共计约 20 次，培训学员考试成绩基本能够达到教育的预期要求。

【健全党建工作机制】 进一步完善了党建工作责任制，将党建工作目标层层下达，建立目标考核机制，党组一把手亲自抓，相关负责人具体抓，逐项抓落实，不定期地对各支部组织开展活动情况进行检查，切实做到党建工作年初有计划、半年有检查、年终有总结。以完善的规章制度促进党的建设。坚持“三会一课”制度，进一步完善党务公开制度，年内通过机关公示栏发布各类党务信息 47 条，增强党组织工作透明度和干部职工对党建工作的关注度。建立和完善了党内民主选举制度、党员评议党组织干部制度等，切实保障了党员的选举权、知情权、参与权、监督权。在加强党风廉政建设方面，军仓乡成立了党风廉政建设工作领导小组和党务公开领导小组，切实执行了党风廉政建设第一责任人制度，年初与各村（居）、寺庙签订了党风廉政建设责任书，年底完成了对各村（居）、寺庙党风廉政建设目标考核。做好党费的收缴与管理等工作。全面完成党费收缴、党员年报统计、党刊订阅和信息报送等任务。全年，全乡党员187名全部党费足额上缴，共计18127元，全额上缴县委组织部。以“改革开放四十年”“过好今生幸福生活”等开展了9次座谈会，通过集中学习和座谈会方式方法牢固树立党是最高政治领导力量的观点，把教育督促各级党组织和党员干部服从中央、维护权威、捍卫核心、忠诚领袖作为首要政治任务，牢固树立了升什么旗、走什么路、建什么制度等重要政治方向问题；以学习《习近平谈治国理政》精神和书记讲党课及走村入户宣传方式，牢固树立了习近平的核心地位是历史的选择，并撰写了心得体会。学习贯彻落实党的十九大精神，打好意识形态领域斗争攻坚战、主动仗，用习近平新时代中国特色社会主义思想武装党员干部。

【人大工作】 把握核心意识，始终坚持党的领导；牢固树立核心意识，突出发展主题，把助推全乡经济社会发展作为第一要务，军仓乡认真贯彻落实中央《关于加强县乡人大工作和建设的实施意见》以及县人大相关文件要求，鼓励各级人大代表在经济建设中打头阵、作表率，积极发挥自身优势，为军仓乡经济社会发展作出应有贡献。坚持党的领导，人大工作就能行稳致远。军仓乡人大自觉增强政治意识、大局意识、核心意识、看齐意识，始终坚持党的领导，牢牢把握人大工作维护核心、围绕中心、服务大局的履职方向。围绕中心履职，充分发挥代表作用；围绕乡党委中心工作，自觉把人大工作放在全乡发展的大局中来思考来谋划，寓支持于监督之中，实现监督与支持的有机统一。规范履职行为，服务发展大局。在思路谋划上发挥参谋作用。全面督促军仓乡十二届三次人代会上代表提出的22条意见建议的办理，办理满意率达95%；通过走访代表、召开会议等方式，搜集、归类整理代表意见建议，掌握群众关心的热点难点问题，为政府决策提供事实依据。围绕中心工作开展监督活动。围绕全乡脱贫攻坚、河长制、环境治理、维护稳定等中心工作中的突出问题开展监督，杜绝有法不依、执法不严、违法不究等违法违纪和徇私枉法等行为。认真开展《乡规民约》贯彻执行检查。作为军仓地方法规，军仓乡人大始终关注《乡规民约》的贯彻执行情况，通过学习、宣传、督促、检查，《乡规民约》在全乡发挥作用明显。继续开展代表联系选民活动，组织人大代表视察脱贫攻坚、惠民工程等落实情况，不断调动代表履职热情，在视察中提高代表履职能力与水平，更好地推进和支持政府工作。主动作为认真履行职责。带头落实乡党委作出的各项决策部署，深入基层广泛开展调查研究，围绕中心任务研究和处理乡人大经常性工作，对人大会议召开的进程作出具体工作安排，严格按法定程序主持会议，认真对待群众来信来访工作，受理辖区群众对本机关或是工作人员的申诉和意见，并及时妥善处理到位，确保社会大局稳定。着力自身建设，切实提高代表素质；规范自身建设，夯实工作基础。通过到户宣讲、制作宣传栏、悬挂标语等多种形式，深入贯彻党的十九大精神，截至2018年年底，共召开1次军仓乡人大工作安排部署会，1次人大代表履职培训会，1次人大代表会，重点是加强《中华人民共和国宪法》《中华人民共和国全国人民代表大会和地方各级人民代表大会代表法》《中华人民共和国地方各级人民代表大会和地方各级人民政府组织法》《中华人民共和国监督法》等基本法律的学习和理解，提升代表科学发展能力、服务大局能力、依法履职能力和开拓创新能力。规范运行机制。推行乡人大主席团成员联系人大代表小组工作，帮助人大代表指导联系选民，认真贯彻落实好乡人代会的各项决议决定，及时向乡党委、乡政府反馈人民群众的意见、建议和要求。注重作风建设。坚持“以人为本”和依法监督的工作理念，把实现人民的愿望、满足人民的需要、维护人民的利益作为履行职责的根本出发点和落脚点。切实改进了履职为民、求真务实、民主团结的工作作风。规范代表活动，提升履职水平；依法召开人民代表大会，严格执行各项会议议程，积极开展代表小组活动。各代表小组积极组织开展视察、调研和执法检查等活动，不断丰富人大代表在闭会期间的履职内容，充分发挥代表作用，树立了人大代表在群众心目中的良好形象。

【脱贫攻坚工作】 落实党委在脱贫攻坚主体责任情况；坚定政治站位，扛起第一责任。按照“五级书记”亲自抓扶贫要求。军仓乡党委主要领导坚决落实其主体责任，发挥组织，动员、指导、协调、管理、推进作用，2018年4月中旬，党委、政府主要领导利用12天时间走村入户，挨家挨户通过面对面沟通与交流，了解贫困户的基本情况，宣传政策，摸底调查当前各村贫困户的实际情况，主要以唠家常、讲政策的方式促膝交谈和真诚沟通，拉近了党群关系，发现了二村、三村贫困户盲目购买报废车辆共16辆，鉴于此情况减少贫困户开支，在十二届人大三次会议上将贫困户不准购买报废车辆纳入乡规民约责令将16辆报废车在一个月内处理，经处理后获得现金29万元，牲畜193只羊，折合绵羊44.44只。

健全组织机构。成立军仓乡脱贫攻坚指挥部，由乡党委书记普布次仁担任组长，乡长吴杰担任副组长，指挥部办公室设在乡老办公楼，及时调整了主干力量充实到指挥部，安排专门办公室及各类办公设备。全面落实“一把手”负总责的脱贫工作责任制，党政主要领导同志亲自部署、亲自推动、亲自落实。各班子成员、各驻村工作队、村干部逐级签订责任书、立下军令状，层层分解任务、落实责任，把压力和责任传导到每一个驻村工作队和全体干部职工。乡党委始终把带动群众稳定增收作为脱贫工作的主攻方向，突出基本生活全保障、突出兜底服务全覆盖、突出基础建设补短板、突出培育产业强支撑，确保不让一户掉队。聚焦落实“两不愁、三保障”，围绕改善贫困户生产生活条件，坚持实事求是，实现措施到户精准。军仓乡扶贫办根据贫困户家庭实际，因户施策，一户一策地进行帮扶，落实干部“3+2+1”结对帮扶认亲戚。2018年年底，县级单位和军仓乡干部131名帮扶了174户431人，帮扶资金达13.707万元；在12月18日尼玛县职教中心对军仓乡搬迁至尼玛县城的29户贫困户进行了资金帮扶，每户发放了购置家具及购买年货的帮扶资金4000元，共计11.6万元，尼玛县发改委结合砂来村的实际，购置棉被、毛毯、口粮共计3万元资金开展了帮扶，全年共计帮扶28.307万元。

政策落实情况。乡党委、乡政府高度重视脱贫攻坚工作，把脱贫攻坚工作作为一项重大的政治任务、最大的民生工程和发展机遇。从2015年脱贫攻坚工作全面开展以来，军仓乡党委、乡政府及各村委不断深入学习贯彻习近平总书记的一系列重要讲话精神，坚决响应中央、自治区、市委、县委发出的脱贫攻坚再战再胜的号令，紧紧围绕2019年与全国一道全面脱贫目标，按照对标找差距、补短板、下足绣花功夫，以“钉钉子”精神落实精准方略，坚持问题导向，主攻薄弱环节，全乡在纵深脱贫攻坚的基础上取得了明显成效。

非婚生子女。按照县委出台的《尼玛县非婚生子专项整治实施办法》文件精神，结合乡的实际，出台了军党发《军仓乡非婚生子女专项治理工作方案》，并将其纳入军仓乡《乡规民约》。为确保相关政策法规理解到位、传达到位，乡党委组建工作人员下村宣讲，组织村民学习达10次以上，参与人数达1025人次。经过对五个行政村全面开展了非婚生子女调研摸底统计工作，经反复统计和核实，截至2018年年底，军仓乡共非婚生子女73户82人，男49人，女33人，其中建档立卡33人，非建档立卡49人。在乡党委、乡政府及村两委班子的调解下4人已领结婚证。

社会保障。2018年年初上级安排的8大岗位中，军仓乡建档立卡共有144户296人，建档立卡贫困户生态岗位资金共发放103.6万元，建档立卡无劳力202人，共计发放无劳力资金5.252万元。

易地搬迁。军仓乡符合易地搬迁标准的原始数据为74户230人。其中：一村共18户71人，集中搬迁15户62人、分散搬迁2户6人、羊八井1户3人；二村共10户22人，尼玛县集中搬迁7户16人、分散搬迁3户6人；三村共22户67人，尼玛县集中搬迁15户43人、分散6户21人、羊八井1户3人；四村共10户31人，尼玛县集中搬迁7户24人、分散3户7人；五村集中搬迁共14户38人，尼玛县集中搬迁的29户易地搬迁户已全部搬迁入住完毕，乡党委安排了专人负责搬迁后续管理工作。

技能培训。结合“一库六册”与军仓乡实际情况，2018年分四批参与区、市、县三级脱贫攻坚指挥部的技能培训，共培训61人，已取得证书的有38人，全乡外出务工人员达765人次，实现现金收入达148万元。

产业项目。总投资15万元，受益1户1人。受益出租司机每月可领取1860元的工资。“一乡一社”项目：总投资300万元，受益158户563人。机械租赁方面，于2017年已购买设备的资金为163.642026万元，装载机1台，挖掘机1台，东风大运自卸车3辆，利用2018年四川泸州市建筑工程公司在军仓乡境内第三标段施工期投入进行运营，实现收入31.6648万元，拿出11万元用于贫困户的分红，剩下的资金用作“一乡一社”运转和扩充经费。

【牧业方面】 军仓乡农牧民以牧业为第一生产力的特点，经军仓乡党委、乡政府研究决定，特申请利用116.96万元资金购买牲畜，共购买1500只绵羊，集中管理、分散养殖。总牲畜的10%（共150只）年底已出栏，出栏资金的100%用于分红，从而实现军仓乡贫困户通过产业实现稳定增收，“一村一合”分红97145元。

【草补工作】 军仓乡草场总面积500万亩，可利用面积450万亩，禁牧面积75.87万亩，草畜平衡面积374.12万亩，核定年末草畜平衡载畜量8.9万个绵羊单位，全乡367户全部达到草畜平衡，2018年年底全乡享受奖励补助资金人口有1590个。

全面监管保护禁牧区域。按照自治区草补实施方案要求，总体五户一名监督员，乡实际情况各行政村略有调整，全乡共选聘34名天然草原监督员，每人每年补助5400元。

全面落实草畜平衡任务。全乡共实施草畜平衡374.12万亩，核定年末载畜量为8.9万个绵羊单位，2017年全乡年末牲畜存栏为6.3万个绵羊单位，全部已实现草畜平衡。

落实各项资金。2018年乡核算各项草补资金8167935.11元（其中：禁牧和草畜平衡限高资金7984335.11元已兑现。天然草原监督员监管任务结束后兑现183600元）。主要方法和措施；建立草原生态保护补助奖励机制工作是一项复杂而系统的工程，政策性强、涉及面广、工作量大、任务艰巨。

【社会综合治理】 学校及周边治安综合治理工作为确保学校及周边治安安全，切实为学生营造良好的学习、生活环境，组织成立乡、完小学校及周边治安综合治理领导小组，制定工作措施，加强群众中《中华人民共和国未成年人保护法》的宣传，学校要更新制定学生食物安全、生活等管理制度，并安排乡学校及周边治安小组对学校的安全管理情况进行不定期的检查工作，做到无学生食物中毒和学生意外伤亡的事故发生。认真贯彻落实“七五”普法，全面推动依法治乡进程。以“七五”普法活动为载体，大力推进法律进机关、进村、进学校、进单位，建立多层次、多元化、全方位法制宣传网络格局，进一步扩大法制宣传教育覆盖面；按照“学法律、讲权利、讲义务、讲责任”的根本要求，认真履行好法制宣传实帮教安置和法制教育措施，探索管控新举措、新方法，努力提高法制教育质量；建立整治教育对象警示教育长效机制，组建整治队伍，积极协调上级相关法律部门，努力探索建立整治对象奖惩机制，推进军仓乡工作健康发展。深入开展平安建设各项工作平安建设此项工作是推动维护稳定的重要支柱，各层把此项工作纳入重要仪式日程，组织成立乡、中（直）单位、村级平安建设领导小组，制定相应工作方案，以及平安家庭、平安商户、平安学校实施方案和标准，层层签订平安建设责任书，建立平安建设工作台账，广泛深入开展平安建设工作，同时重点加强平安建设工作宣传力度，切实提高乡党政领导、干部职工、村领导、牧民群众对平安建设工作认识，充分发挥平安建设工作中的职能作用。1. 继续完善“维稳综治基层基础夯实年”活动，建好阵地、夯实基础，完善维护稳定工作机制，规范化、制度化开展工作，筑牢维护社会治安的第一道防线。2. 加强综治队伍业务培训，逐步提高业务水平。深入村组进行指导，加强对村级综治工作的日常领导、检查和责任追究力度，力求日臻完善，力争使军仓乡维稳综治工作再上一个新台阶。3. 进一步提高“先进双联户”创建评选活动。

【文化站工作】 按照年初确定的总体工作思路和任务责任目标，立足本乡现实，以繁荣文化事业为重点，进一步解放思想，与时俱进，全面完成了各项工作。群众文化活动多姿多彩，精心组织节日文化、村级文化、校园文化等活动，先后开展了一系类丰富多彩的群众文化活动。举办了“欢度春节藏历土狗新年”“3·28”百万农奴解放纪念日、“七一”建党日、国庆节等演出活动，营造了积极向上的节日氛围，配合县文广局组织参加了尼玛县第九届（中）象雄文化旅游赛马艺术等活动。牧家书屋、寺庙书屋实现免费开放，新发放了1050册书，接待读者1500人次。4月，结合乡“村村通”设备覆盖排查情况，发放了204套，解决了广大农民群众收听收看电视难的问题，截至年底全乡“村村通”设备覆盖达到了100%。文物保护方面：采取“死防硬守”，层层签订文物安全责任书全面落实24小时值班安全责任追求制，实行文物安全同职工的切实利益挂钩，确保文物安全。文化市场管理工作有序。坚持“一手抓繁荣，一手抓管理”的原则，坚持以日常监管为主线，以专项整治为重点，严格依法执行，科学管理，从重从快处理违法经营行为，确保文化市场健康、繁荣、发展。开展“扫黄打非”专项整治，依法保护知识产权。累计检查10次86人次，并对加大地摊经营非法音像制品的打击力度。

【安全生产工作】 危险化学品安全管理工作，加强了对汽油等易燃易爆物品的管理，落实安全监管员职责。各村散装油销售点按规定时间进行营业，加油点外搭帐篷设立值班室，加强值班带班工作，散装油销售点安排销售员1名，监管员1名、一名干部职工带班蹲点。加油区、登记区、储油区要分开设立消防器材配备落实和散装油料销售点监督管理等工作，严格落实实名制登记，保证油料去向、用途明确，警戒线全部为网围栏。道路交通安全管理工作，军仓乡安委会协同派出所对辖区内过往车辆、摩托车排查，对存在违法非法行为的做了安全教育和相关处理工作，以及在恶劣天气、环境下对辖区内的危险道路做了防范工作，对部分路段无法通过的强制落实限行工作。消防安全管理工作，2018年，乡安委会对辖区内的人员密集场所、饭馆、散装油销售点、卫生院、学校、寺庙等人员密集场所进行了7次消防安全检查，检查中发现个别销售点的灭火器过期、数量不够等现象，现已整改。建筑施工安全工作，乡安委办对辖区内的建筑施工进行7次排查，主要检查施工现场安全管理，燃料储存、线路规范、塔吊、施工升降机、脚手架、网围栏、施工人员戴安全帽等设施设备安全隐患，对发现的问题及时督促整改。学校安全工作，乡安委会对学校进行了7次检查，检查了学校师生宿舍、食堂等区域消防安全、厨房食品卫生安全以及学校及周边商店、茶馆等经营单位的安全检查，并要求学校加大对外来人员严格执行实名制登记工作，学校做好各项安保措施。食药安全工作，2018年以来，在辖区内进行20次食药安全检查，重点检查茶馆、商店、卫生院等食品药品安全检查工作，严厉打击超范围经营行为。寺庙文物安全工作，为加强寺庙消防隐患排查军仓乡加强对寺庙内的文物的清点工作，文物保管完整，档案齐全、并由专人看管。拉康内共计酥油灯8盏，都按规定将酥油灯与香炉燃放的木质桌上套有铁皮，燃烧时有专人看管。

【民政工作】 军仓乡组织工作人员深入各行政村精准识别了全乡享受农村低保对象76户、256人，全年共落实低保资金467894.2元。为全乡五保户对象5户，落实了五保户资金24700元。及时更新低保系统数据，系统录入率达到100%。为全乡残疾47人（重度残疾人18人、困难残疾31人）及时兑现残疾人“两项”补贴，共落实75600元，为23名寿星老人落实寿星补助7300元。为28名高龄老人，落实两项补贴16800元。社会福利工作：困境儿童审核统计工作开展情况，根据那曲地区民政关于农村留守儿童和困境儿童调研工作的通知要求，军仓乡在2018年调查的基础上进一步核实并登记造册全乡困境儿童基本情况，截至年底全乡困境儿童共有31人，其中在校困境儿童有20人。

【卫生医疗工作】 着力应对突发公共卫生事件。2018年的鼠疫防空和麻疹查漏补种工作中，高度重视，认真组织，广泛宣传卫生科普知识，成立了领导小组、设立了留观室，同时组织发动乡村医生，层层筛查，做好疫情调查上报和监测工作。扎实做好计划免疫疫工作；军仓乡医护人员进行了卫生法规、规章制度、计免知识的学习和培训；同时积极组织5个村卫生室村医进行了计划免疫专业知识培训和学习教育，使军仓乡的村医管理工作得到进一步加强。计免工作常抓不懈，疫苗接种做到了一人一针一管，达到安全接种要求。抓好老年人健康普查和健康档案工作，军仓乡65岁以上老年人共100人，乡卫生院对全乡106名65岁以上老人进行了老年人健康管理共筛选出糖尿病患者0人、高血压患者65人，进行随访诊疗等情况。对重型精神病7人进行精神病的管理，圆满完成了目标任务。妇幼保健工作及计划生育工作，认真做好降消工作，积极宣传贯彻落实新型农牧区住院分娩减免政策。积极开展妇幼保健宣传工作，以确保广大妇女和儿童的身心健康。医疗扶贫工作，全乡建档立卡贫困户已签订了家庭医生式健康管理服务协议书，贫困户建档立卡建立健康档案，因病返贫因病致贫人员上门随访，下村诊疗2次，健康教育3次。全面提高包虫病的防控知识和自我保护意识，切实做到包虫病的有效控制。组织工作人员对5个行政村和学校、寺庙开展包虫病防治知识宣传活动共计7次，涉及群众932余人次，发放自制宣传单700余份、宣传册100余张。协调上级卫生部门开展了包虫病的筛查补漏，筛查率达到100%。

【防灾减灾工作】 全面安排部署了减灾防灾工作，与各村、寺庙，各村与牧户之间层层签订了减灾防灾目标责任书，成立了以党委书记任组长的抗灾减灾工作领导小组，深入各村居、寺庙、牧户家中，实地检查指导减灾防灾工作；建立健全及完善减灾防灾应急预案、领导小组、信息联络制度，制定和完善乡、村级救灾仓库管理使用制度等，经调查摸底，全乡粮食储备113.5吨，饲草料588.23吨，燃料3.0821万袋。乡兽防站落实年初签订的目标责任书，以预防为主工作方针，完成了对全乡53958头（只、匹）牲畜接种五号病、大肠杆菌、炭疽等疫苗工作，疫苗接种率达

100%；以藏西医结合对牲畜内科病、外科病、产科病、寄生虫病进行治疗，全年治疗次数达15万多只，患病治愈达98%以上，降低了经济损失。

【强基础惠民生工作】 按照“5+2+1”工作任务，扎实开展了第七批强基础惠民生工作，全年，各驻村工作队共帮助充实完善村规民约5条，充实完善党务、村务、财务公开制度18条，充实完善村级党风廉政建设规章制度25条。攻坚克难，抓好基层维稳，强化驻村维稳责任，落实各项维稳措施。协助村“两委”做好重点领域管控。发挥特长，寻找致富门路。做调研、谋思路、开座谈、定项目，帮助驻村点理清发展思路9条，找准发展路子20条，制定、完善、实施经济社会发展规划17项。贴近群众，开展感恩教育，召开会议或走村入户宣传中央、西藏自治区党委、市委一系列重大会议精神2728人次；宣讲强农惠农富农政策190场次，举办感党恩教育专题讲座264场次。

【军仓乡2018年领导名录】

乡党委书记：普布次仁（藏）

乡党委副书记、政府乡长：吴　杰

（撰稿人：普布次仁）

俄久乡

【概　况】 俄久乡位于尼玛县北部70多公里处，全乡平均海拔4700米，全乡地域总面积2.7万平方公里，辖4个行政村、15个自然村（一村3个、二村4个、三村3个、四村5个），全乡共672户2697人，从中牧业户603户2612人，劳动力资源1417人，从业人员1385人，60岁以上人员为191人、人口自然增长率为14.63‰，全乡参保率为100%。精准扶贫指标内159户597人，指标外75户310人，低保户83户318人，五保户10人，残疾人数为108人（一级12人、二级27人、三级31人、四级38人）。全乡总草场面积为17663340.7亩，其中可利用草场为16561383.76亩、禁牧面积为1101956.94亩。全乡牲畜总数为牦牛5005头、绵羊75380只、山羊48075只、马605匹。全乡经济为纯牧业经济，2018年全乡农村经济收入为4293.46万元，其中第一产业收入为1702.68万元、第二产业451.63元、第三产业为2139.15万元。全乡农村经济收入为4293.46万元，其中第一产业收入为1702.68万元、第二产业451.63元、第三产业为2139.15万元。总费用为429.28万元。

【党建工作】 为适应新形势、新任务对党建工作的要求，乡党委认真分析了全乡状况，围绕尼玛县《关于加强农牧区基层组织建设的意见》的任务要求，结合自身实际，制定了年度党的工作计划，并对党建工作进行了安排部署，明确了全年党建工作的目标和任务。从而把党建工作纳入重要议事日程，并将责任书内容层层分解、级级落实、责任到人，形成了上下贯通的责任体系，构建起了上下同心共抓党建的良好运行机制。俄久乡按照上级通知要求及精神，乡党委定期不定期的在乡藏式会议室组织“两学一做”学习教育活动、党的十九大精神、习近平治国理政等理论知识96次，在学习中做到了有记录，有笔记，有新的体会，年内干部职工个人记笔记均在100多页。

【党建工作会议】 2018年，乡党委专门召开的基层党建工作研究部署会议共20余次，在每次会上都严格要求各党支部要明确责任、主动作为，切实增强做好基层党建工作的信心和决定，确保了全乡基层党建工作取得实效，大力推动了基层党组织建设的各项工作。乡党委专派党建专干深入四个村，上半年和下半年分别进行了督导检查党建工作30余次，要求将存在的问题及时整改。进一步提升党员干部履职尽责的能力。加强机关作风建设，提高工作效率。

【健全工作机制】 从4月起，俄久乡乡严格执行干部职工上下班制度（每天上班前十分钟进行点名），严格按照制度办事的原则，采取日登记、月汇总、季公示的办法，严格执行上下班制度，形成讲效率抓落实的良好氛围，强化俄久乡机关作风建设，打造素质强效率高的服务队伍，树立了人民政府的良好形象。加大走访慰问力度，关心关爱老党员、老干部，乡党委先后组织走访慰问2次，慰问人数9人次、慰问金额2100余元；积极引导广大党员群众献爱心暖民心，每年干部职工每人至少捐款500元用于助学基金（现助学基金已有34169元），捐款500元进行结对帮扶，富裕群众为贫困户捐羊捐物。乡党委组织开展了一系列庆祝建党97周年活动，“七一”前后，先后开展了老党员重温入党誓词、新党员宣誓活动暨表彰大会，大会上9名优秀共产党员受到了表彰。乡党委突出重点，把握关键，与时俱进，创造性地开展工作，在6月，乡党委书记亲自在退雄加村组建村级农牧民经济合作组织，现已组建完成。积极发挥党组织的政治引领作用和服务功能，将组织优势转化为精准扶贫优势，把抓基层党建的成效体现到脱贫攻坚工作上来，把党建工作打造出一支永远带不走的扶贫队伍。

【强基惠民工作】 自治区政府办公厅派驻12人进驻俄久乡4个村担任驻村工作队员，乡派4人担任村党支部第一书记协助驻村工作队开展相关工作。驻村工作队以强基础、惠民生七项任务为重点，结对帮扶贫困户48户；为4个村牧民群众争取到面粉和清油100份、红十字“扶贫箱”60个、文化活动场所体育器材2车、1名教师培训课程、马灯2300盏；为贫困群众争取棉被200床、衣物700套；为残疾人争取到价值5000元衣服鞋子；为贫困群众争取到价值15000元的衣物，累计共争取物资价值约为25万元。为俄久乡乡3个村争取到4G移动信号机站。

【党风廉政建设】 2018年，俄久乡纪委在县委、县政府和县纪委及乡党委、乡政府的坚强领导下，认真学习贯彻落实党的十九大及习近平新时代中国特色社会主义理论思想，按照县纪委和乡党委的决策部署，乡纪委旗帜鲜明讲政治、从严从紧抓纪律、坚定不移抓腐败、驰而不息纠“四风”，进一步深化“庸懒散浮拖”专项整治，开展整治群众身边不正之风和腐败问题专项行动，尤其是扶贫领域监督执纪问责，不断加强党风廉政建设，使纪委教育、监督、保护、惩处职能得到有效发挥，更好地为俄久乡的发展提供保障。开展监督检查。出台了《关于印发俄久乡精准扶贫工作督查办法的通知》，从乡纪委、扶贫办抽调人员成立脱贫攻坚专项督查组，不定期对全乡脱贫攻坚工作进行监督审查。对贫困户精准识别、扶贫政策落实，“第一书记”、驻村工作队、包村干部、帮扶干部在岗履职，脱贫攻坚工作进展等方面持续开展监督检查，对督查发现的问题严格问责追究，真正做到不放过一个问题，不漏掉一个线索，以正风肃纪的高压态势为脱贫攻坚工作保驾护航。2018年9月，俄久乡组织开展了为期4天的马迁村整村脱贫入户调查，共上户走访38户。

【精准扶贫】 2018年，俄久乡共167户701人的建档立卡贫困户及四个贫困村，其中一村25户113人、二村44户185人、三村50户210人、四村48户193个贫困户。2018年共脱贫38户146人及马迁村脱贫。2018年共20余人进行技能培训，由自治区驻村工作队解决131人的驾驶技能培训。2018年共对全乡的945个劳力安排生态岗位，其中建档立卡贫困户294个劳力安排生态岗位，非建档立卡贫困户651人。每个劳力每年享受3500元的补助资金。2018年安排5名援藏岗位保洁员，在乡内进行保洁工作，切实地保障了乡内的卫生环境，发放补助资金6万元。全年安排村级环境管护员24人，并享受9500元的补助资金，其中6000元由那曲市进行安排，3500元为生态岗位补助资金，该人员即安排3500元的生态岗位又安排6000元村级环境管护员共享受9500元的补助资金。2018年，俄久乡除2017年羊八井搬迁的3户及未完工的12户外，其余76个搬迁户进行易地搬迁房屋的入住，且入住率达百分之百，由乡党委书记任志国及乡党委副书记，政府乡长琼次仁组织召开易地搬迁户房屋的抽签大会。乡党委、乡政府组织进行多次的学习培训，学习次数达160多场次，并进行专题考试，并结合“136”机制，组建脱贫攻坚工作宣传群，并从网络上进行实时的宣传，保证精准识别工作规范有序进行。2018年，俄久乡对167个贫困户进行俄久乡“一乡一社”产业的分红大会，并分红8万元，并着手组建各村的“一乡一社”，且乡党委书记任志国亲临退雄加村组建退雄加村“一村一合”，为其余村组建“一村一合”奠定良好的模板。由于2018年需进行易地搬迁房屋的搬迁，俄久乡干部职工及俄久乡对口县级领导结合结对帮扶，以“搬得出、稳得住、能致富”的搬迁原则为准，为各自的帮扶对象购买藏式客厅桌一套并送到贫困户手中，为搬迁户的房屋增添了一处美景。2018年，俄久乡建档立卡贫困户中的可流动性劳力中共483人进行劳务输出并收入273万余元，为脱贫奠定了一定的基础，提高了家庭收入，有效地改善了“等、靠、要”思想，逐渐地从“输血”的现象改为了“造血”实效。全年建档立卡贫困户中的3名大学生得到41600元的教育保证补助，充分地体现了“三免一补”的教育政策。

【人大工作】 乡人大主席团按照县人大统一部署，紧紧围绕全乡重点工作，发挥人大自身职能作用，组织人大代表开展各项活动，充分调动了代表的履职积极性，活跃了乡人大工作，提升了乡人大工作的整体水平。加强学习，明确职责。为搞好自身建设，乡人大主席团组织代表不断加强理论学习，进一步明确人大工作职责。切实加大监督力度，提升人大监督实效。为进一步推进人大对精准监督工作落到实处，召集全乡人大代表，走村入户，开展扶贫工作督查，截至2018年年底共4次，对异地搬迁项目实地督查共3次。切实加强代表工作，充分发挥代表主题作用。组织人大代表，更加深入地走访联系贫困群众，定点联系贫困户继续开展扶贫各项工作，各方面的帮助贫困户，为2019年打赢脱贫攻坚战发挥积极作用。

【生态环境保护】 按照那曲市市容市貌及农村环境整治工作要求，俄久乡多次组织全乡干部职工及牧民群众，开展了对乡周边及饮用水源地、各村周边等卫生死角进行打扫活动，截至2018年年底，共清理垃圾10吨左右，出动人次360次，车辆24次，开展环保宣传教育活动32次，其发放宣传册子300多张，粘贴横幅10多次，接受群众现场咨询80次。

【农牧工作】 认真贯彻落实区、市、县关于加快牧业发展的系列决策部署，始终坚持牧业生产的基础地位，在2018年全县畜产品展销会中获得优秀组织奖，有效提高了牧民群众对牲畜出栏的积极性，加大农牧项目建设力度。加大草原生态补助奖励机制工作落实力度，兑现草补资金14255594.17元，牧业可持续发展前景良好。加大宣传力度，截至2018年年底，俄久乡乡草补工作人员对各村通过设置宣传栏，对牧户发放宣传单、编写宣传标语、集中学习宣传等多种形式使广大牧民群众认识财源生态补奖的有效利用，对于农牧民增收，促进牧区可持续发展的重要意义。宣传资料共发放850份、宣传标语10个、宣传965人次，宣传农牧各项政策率达到96%。为加强汛期安全隐患排查工作，确保农牧民群众的生命财产安全，同时启动24小时防汛值班制度，要求各村防汛应急联络人员每日下午4点前向乡农牧办和应急办有事报事、无事报平安。加强气象、水利、农牧等部门的联系，密切关注天气情况，准确掌握汛情变化，每日向有关单位报送天气和灾情排查情况。截至年底俄久乡汛期共排查45个灾情，其中羊圈倒塌14个、路段冲毁3个、桥梁损坏1座、15户房屋大小程度的被雨水冲毁，2头牦牛和10只绵羊被雷电劈死。俄久乡将把发现的灾情情况上报给县农牧局和水利局。

【教 育】 为确保让每个学生享受平等的入学机会，让入学的孩子留得住，在县委、乡政府、县教育局统一安排部署下，把“控辍保学”责任落实到每位包村领导、每位村第一书记、村主任及双联户户长头上，确保俄久乡“该入学的一个不少、一入学的一个不跑”。2018年，俄久乡在校率达到98.3%，其余1.7%鉴定为残疾人员。

【文 化】 认真贯彻落实区、市、县文化工作会议精神，广泛开展群众性文化活动，扎实开展工作，丰富基层文化生活。在2018年庆祝“‘3·28’百万农奴解放纪念日”文艺演出及各村“赛马节”文艺演出。2018年，全乡组织30名群众演员参加了尼玛县“赛马节”，较出色地完成了“赛马节”期间的演出。

【卫生医疗】 全乡总人口2697人，其中牧业人口2488人，参合覆盖率达100%以上。参合农民身份符合国家规定范围，五保户、特困户参加了合作医疗。加强宣传力度，乡领导召集村干部、群众代表进行了对农村医疗的讲解，使农牧民群众对农村医疗有了深刻的认识，让农牧民群众了解国家政策。截至2018年年底，包虫病、艾滋病等相关知识宣传23余次，发放宣传册子680张，其受教育群众人数达到2200人。孕产妇及儿童保健。在2018年俄久乡卫生院共对31名孕妇进行前期孕期检查及接生，并做好了产后访视和母乳喂养指导工作，免费为全镇待孕妇女发放叶酸60瓶，有效预防新生儿神经管缺陷的发生；产后访视率90%；开展孕产妇健康知识讲座2期，孕产妇健康知识知晓率85%。3岁以下儿童系统管理率80%以上，新生儿访视率80%，婴幼儿系统管理率85%以上，及时发现治疗影响儿童健康的疾病，提高儿童健康水平，开展儿童保健技术服务。免费为全镇0—6岁儿童提供基本保健服务。慢性病管理。2018年全乡高血压管理人数16人，肺结核管理人数3人，糖尿病管理人数0人，每季度一次一年四次的面对面的免费随访，并定期进行咨询服务和用药指导，利用随访宣传防病知识，辖区居民对重点慢性病防治知识知晓率75%以上，并做好资料汇总和信息上报。35岁以上患者门诊首诊测血压率95%，并做好门诊日志记录。

【接种疫苗工作】 2018年，俄久乡一共查漏补种及常规接种疫苗人次781针次。其中乙肝疫苗接种182针次，卡介苗接种24针次，甲肝35针次，百白破224针次，脊灰疫苗接种198针次，A群55人次，含麻疫苗42人次A+C21人次。包虫病患者管理方面。俄久乡已完成包虫病筛查人数2018人，其中阳性患者43人，应手术治疗17人，已手术治疗6人，应药物治疗37人，已药物治疗34人，已患者建档人数43人。

【维稳综治】 俄久乡严格贯彻落实区、市、县级相关部门制定的综治制度、相关例会及文件，及时传达上级综治维稳相关文件会议精神，掌握各村敏感信息及不稳定因素状况，有效防止可预防事件的发生，要求对节日的安全信访维稳工作摆在首位，对全乡干部提出明确要求，进一步提高思想认识，切实增强工作责任，以高度的政治责任感、使命感，严格落实并制定24小时值班带班表、外来和外出人员登记表、加油登记表，定期进行巡逻，在关键通道设立检查点，成立督查组并对本乡四个行政村进行督查，控制酒水进出、加油点的加油量，确保社会稳定大局平稳有序。对村民土地征迁、家庭矛盾、草场纠纷、邻里纠纷等矛盾纠纷消除在萌芽状态，从源头上把各种矛盾和问题解决，严防发生重特大群体性事件。

【安全生产监管】 乡党委和乡政府高度重视安全生产工作，将此项工作纳入党委、政府的议事日程来抓，截至2018年年底，共召开了15次大规模的安全生产专题会议、开展12次大小宣传活动，共发放880多本安全生产宣传手册。进一步加强了对安全生产工作的宣传教育力度。在安全生产隐患排查治理专项行动的基础上，从源头抓起组织部署周密，狠抓防患于未然，开展隐患排查，一年来安全隐患排查22次，出动检查人员84人次，检查了小型茶馆120次、个体工商户200余次、各村散装油销售点60次、完小食堂每月检查1次全年共12次。从检查情况来看，安全隐患普遍存在，在本年度里没有存在重大安全生产事故。

【社会民生】 2018年，城乡低保工作。俄久乡民政工作人员严格按照上级文件精神“以民为本，为民解困”的职责，及时公布和上报低保对象，做到“应保尽保”。截至年底，四个行政村中符合要求的75户、311人，特困群众享受到城乡最低生活保障，落实季度补助共520995.22元。第一季度低保资金由县民政局进行统一打卡发放资金共享受93286元。第二季度低保资金由乡民政工作人员统一进行打卡发放资金共享受94937.61元。第三季度低保资金由乡民政工作人员统一进行打卡发放资金共享受94937.61元。第四季度低保资金由民政工作人员发放物资共享受资金96018元。2018年农村最低生活保障提标补助资金由民政工作人员发放资金共享受141816元。俄久乡五保户共6户、8人，由县民政局统一进行四季度五保金的打卡发放资金共享受39520元。俄久乡寿星老人共30人，由乡民政工作人员统一进行打卡发放资金共享受9400元。俄久乡残疾人共108人、由乡民政工作人员统一进行打卡发放资金共享受223200元。俄久乡高龄老人共12人，由乡民政工作人员统一进行打卡发放资金共享受7200元。

民政救灾。在2018年12月，2017—2018年冬春受灾群众生活补助物资，大米57袋、面粉69袋、清油16桶、糌粑29小袋发放到24户，22件棉衣发放给22人弱势群众。狠抓全乡低保对象和新增对象的入户核查、审核、评议及公示工作。各村低保核查情况，经过全面认真核查后，全乡共清退33户137人，调查后新增25户132人，现共低保有75户311人。认真抓高龄老人优抚对象；对特困的优抚对象进行了临时救助。以公平、公正、公开的形式，走村入户，摸清底数，调查各村经济困难的高龄及失能老人。据调查俄久乡共有12名老年人，其中11名失能老人1名高龄老人，根据他们的实际情况上报县民政部门。

【社会保障工作】 为确保俄久乡2018年参保率和养老金发放率继续保持100%，俄久乡把新农保宣传及缴费征收工作落到实处，全乡16—59周岁参保1197人，截至2018年4月20日，俄久乡新农保参保率达100%，其中新增新农保人数110人，低保311人，重残25人，正常参保1087人，共缴费金额元119700元。俄久乡16—59岁的1197位牧民群众填写了新型农村社会养老保险个人账户明细表以及新农保缴费证，并完成系统采集录入工作。2018年俄久乡60周岁以上的191位牧民群众办理中国农业银行卡，其中第一季度60岁以上养老金享受人员194人，享受资金169839.21元，二、三季度60岁以上养老金享受人员183人，享受资金197900.87元，四季度60岁以上养老金享受人员181人，享受资金93254.85元，总共落实金额为460994.93元。从2018年4月之后死亡的60周岁以上的老人发放了丧葬补助，共补助发金额20603.75元。俄久乡60周岁以上的191位牧民群众填写了基本养老保险领取证，并完成系统采集录入工作。

【俄久乡2018年领导名录】

党委书记：任志国

党委副书记、乡长：琼次仁（藏）

（撰稿人：次仁旺拉）

卓瓦乡

【概　况】 卓瓦乡地处藏北草原，尼玛县东南部，平均海拔4800米，属高原亚寒带半干旱季风性气候和高原亚寒带干旱气候，空气稀薄，多风雪，年平均气温 -4℃，年降雨量 150 毫米。卓瓦乡境内有象雄遗址：多木热宗、宗吉杰宗、日西宗、觉色宗等岩画非物质文化遗产。西邻卓尼乡，东邻申扎县下过乡和恰乡，南邻吉瓦乡，北邻申亚乡，总面积 3150 平方公里，草场可利用总面积 378.95 万亩，禁牧面积：108.4965 万亩。卓瓦乡共有 6 个行政村，45 个自然村，549 户 2162 人（男 1078 人、女 1084 人）。建档立卡贫困户 182 户 732 人。

【党建工作】 2018 年，狠抓党的建设，认真落实党要管党、从严治党的政治责任，深入学习贯彻党的十九大和十九届一中、二中、三中全会精神，全面从严治党向纵深推进，“两学一做”“四讲四爱”“爱劳动、讲文明、树新风”教育取得实效，基层党建和党风廉政建设等工作水平不断提升；教育引导广大党员干部严守政治纪律和政治规矩，全乡党员干部的“四个意识”进一步增强，工作作风进一步改进。

【综治维稳工作】 认真贯彻落实市委、市政府和县委、县政府关于维护稳定工作一系列决策部署，定期不定期召开维稳专题会议，科学分析研判维稳形势，安排部署全乡维护稳定工作。加大“两个排查”工作力度，加强对社会管控和治安处突力度。认真做好社会治安综合治理各项工作和“双联户”创建评选工作。全年开展食品药品大检查 3 次，道路交通安全检查 4 次，消防安全检查 3 次，实现了“三无”“三不出”的目标。及时安排部署“扫黑除恶”专项斗争，在乡政府所在地和各村村委设置涉黑涉恶线索举报箱，派出所到各村进行宣讲，不断增强群众获得感和幸福感、安全感。

【精准扶贫工作】 调整充实扶贫开发工作领导小组，以乡党委书记为组长，乡党委副书记、乡长、乡人大主席为副组长，各相关单位和部门负责人为成员；并选派五名干部为脱贫攻坚指挥部成员，明确专人抓扶贫，定期组织召开会议研究扶贫工作，把思想和行动统一到中央、区党委、区政府、市委、市政府以及县委、县政府的决策部署上来，认真研究制定具体工作方案，细化目标任务，落实责任。结合卓瓦乡实际情况，大力发展畜牧业项目，围绕畜牧业组建“一乡一社”和“一村一合”产业项目，“一乡一社”项目已盈利 48.2188 万元，实现分红 23.2547 万元，“一村一合”还未盈利。大力宣传动员贫困户转移就业，深入了解贫困户就业意愿，通过县人社局技能培训就业，向施工单位衔接就业岗位等多方渠道，实现就业岗位 260 余人，增加收入 125.72 余万元，“一乡一社”收纳劳务人员 10 人，实现收入 53288 元；帮扶贫困户 186 户 711 人，帮扶干部 163 人，根据一年帮扶两次，每次帮扶不少于或等于 500 元物资的要求，累计帮扶折合人民币 186000 元。

【党风廉政工作】 加强反腐倡廉教育是增强党员干部拒腐防变意识的根本途径，全乡坚持以加强对领导干部学习教育不放松，全年党委理论中心组反腐倡廉专题学习 8 次，开展党风党纪教育 5 次，《中国共产党章程》学习 8 次，有效把党员班子的思想和行动统一到党风廉政建设目标要求上来，以党的政治纪律和政治规矩学习相结合，学习《中国共产党章程》《中国共产党问责条例》《廉洁自律准则》《新修订中国共产党纪律处分条例》《行政机关公务员处分条例》《新形势下党内政治生活若干准则》《中国共产党党内监督条例》等集体学习活动 12 次，学习县纪委下发典型案例通报 15 次，组织职工观看《作风建设在西藏》《镜鉴》等宣传及警示教育片，受教育人数达到 30 人次，2018 年对 10 名干部因违反工作纪律，进行提醒谈话，对 1 名干部进行大会作检讨及通报批评，切实增强党员干部廉洁从政意识，注重教育在先、告之在先、劝诫在先，做到警钟长鸣。

【牧业生产】 卓瓦乡 2018 年经济总收入：4016.42

万元。其中第一产业：1808.82万元；第二产业：35.34万元；第三产业：2172.26万元；劳务输出528人，劳务输出收入396.2783万元；平均农村居民纯收入达到11790.45元。卓瓦乡牲畜共有44847头（只、匹），其中牦牛6568头，马330匹，绵羊25356只，山羊12593只；积极参加尼玛县第六届畜产品展销会，销售牛肉酮体108.5个、羊肉酮体421个、黄酥油306公斤、白酥油197公斤、牛皮174张、羊皮316张，各类手工艺品13个，销售总金额达到1542382元；加大草原生态保护补助奖励机制工作落实力度，兑现草补资金8922696.62元，牧业可持续发展前景良好。

【安全生产工作】 2018年，全年主要围绕食品药品、道路交通、消防安全、建筑施工、学校以及散装油销售点等重点行业、重点领域开展工作，全年共组织干部职工开展学习活动2次，开展消防演练1次，开展安全生产领域知识宣传及宣讲活动6次，发放宣传资料共计800余份，受众达800余人；卓瓦乡对乡辖区内商店、茶馆、卫生院、学校、散装油销售点、施工工地等重点场所进行隐患排查工作，查出隐患41处，整改41处。

【新农保工作】 2018年，卓瓦乡完成16—59岁参保总人数1114人，其中正常缴费894人，实缴金额为94300元，金额已全部落实；低保177人、重度残疾19人。60岁以上享受养老金132人，2018年发放养老金第一季度、第二季度、第三季度、第四季度共269933元，发放2018年60岁以上死亡人员丧葬补助18人23167.88元，已全款落实到每一位家属手中；2018年新增享受养老金60岁2人。

【民政工作】 2018年，卓瓦乡低保户共有95户338人，在2018年共落实低保资金734426.88元；分散供养五保户共有6户8人，每季度1235元，落实补助资金37050元；五保户护理补贴每人800元，共兑现5600元；寿星老人17人，总共落实寿星老人补助5100元；高龄“两项”补贴人数13人总共兑现了7800元；全乡共有残疾人62人，（其中：一级11人、二级18人、三级19人、四级14人），总共兑现了178800元。

【普法工作】 卓瓦乡组织对6个行政村进行宣传了《中华人民共和国草原法》《中华人民共和国婚姻法》《中华人民共和国道路交通法》《中华人民共和国食品药品法》《中华人民共和国治安管理处罚法》等相关政策法律知识。发放法制宣传资料800余份，3000人次参加法律法规政策学习。并组织全乡干部职工及各村委员学习了“尊法、学法、用法、守法”的法律法规知识以及观看“法治中国”系列影片。

【卫生工作】 为了认真落实国家基本公共卫生服务工作的精神，努力实现基本公共卫生服务逐步均等化等目标，卓瓦乡建档立卡贫困户187户732人，其中2018年预脱贫40户152人，比率70%；包虫病工作：包虫病筛查的人数2058人，阳性26人、流动人口及干部职工共筛查人数248人，其中阳性1人、疑似4人；公共卫生服务：进行义诊活动，发现患有高血压人有77例，管理登记77例，糖尿病1例，管理登记1例，重性精神病1例，管理登记1例。计划免疫：乙型肝炎接种111人，脊灰疫苗接种104人，百白破疫苗接种122人，麻疹疫苗接种18人，A群流脑接种354人，A+C群流脑疫苗接种11人。应急接种：3月，根据《县卫生局及县疾控中心开展麻疹疫苗强化免疫》的通知，并开展了麻疹疫苗强化免疫活动，此次强化接种317人。优生优育工作：2018年住院总人数48人，其中住院分娩总人数20人现住院分娩，门诊人数4200余人次，住院分娩报销12人，共报销16200元，住院内外科未报销28人，住院分娩率达80%，产后访视25人次，产前访视有33人次，避孕套发放77人次，避孕药发放39人次，上皮埋14人，取皮埋24人，换皮埋3人次，叶酸发放45人，三项随诊13人次，计划分娩率达60%。

【卓瓦乡 2018 年领导名录】

乡党委书记：朱新国

乡党委副书记、乡长：罗桑土丹（藏）

（撰稿人：张楠楠）

卓尼乡

【概　况】 2018 年，是全面贯彻党的十九大精神的开局之年，是任务极为繁重、压力极为巨大的一年，也是全乡干部干得极为辛苦、拼得极为艰难的一年，更是取得工作实绩最为直观的一年。一年来，在县委、县政府和乡党委的正确领导下，在乡人大的监督支持下，全乡上下以脱贫攻坚为统领，以节点落实为核心，以牧业发展为重点，以项目推进为抓手，以作风转变为保障，坚持胸中有格局、心中有事业、脚下有方向、手中有重点，发扬攻坚克难的精神，撸起袖子、扑下身子，保持了全乡经济社会持续健康发展，超额完成了年初经济会议确定的主要目标任务，为决战决胜脱贫攻坚和全面小康奠定了坚实基础。2018 年，全乡实现生产总值 3892.12 万元，较上年增长 13.1%，农牧民群众人均收入 11818.17 元，较上年增长 13.8%。

【经济发展】 乡农牧服务中心全年多次深入 6 个行政村以“乡不漏村、村不漏户、户不漏畜、畜不漏针、一畜一针”的要求开展了以注射“五号病”疫苗为主的牲畜疾病的防控工作。下发和销售青霉素、红霉素、敌百虫、草原驱虫药防抗灾兽药分别为 135 箱和 65 箱，确保卓尼乡牲畜健康生长和膘肥体壮。同时加强对自家狗和流浪狗喂驱虫药，切断传染源，为全乡包虫病防疫工作奠定良好基础。全年共有牲畜 58730 头（只、匹），新生仔畜 1451 头（只、匹），成活率 91.6%，群众自食、销售 15790 头（只、匹），出栏率 25.3%，死亡 924 头（只、匹），死亡率 1.48%；全力做好防抗灾工作，加强五储备工作，面临强降雨恶劣天气，积极联系修路施工队对卓尼乡受损简易桥梁、道路进行抢修；确保草原生态平衡，积极兑现各项惠农政策，全年共兑现草补资金 11248173.30 元，其中：禁牧补助资金 5896535.56 元，草畜平衡补助资金 5351637.74 元，卓尼乡涉及封顶最终封顶后奖金为 9487964.65 元。

【脱贫攻坚】 卓尼乡建档立卡贫困户有 141 户、620 人。经过三年努力，已脱贫 35 户、173 人。产业促脱贫，实施了来差村 160 万元的奶牛养殖项目以及乡政府 300 万元的玛尔夏经济合作组织建设，全乡建档立卡贫困户不漏一户一人全部参与资金入股，年底人均分红 100 元。生态补偿按照“就业一人、脱贫一人”的精准扶贫工作原则，卓尼乡生态岗位人员有 693 人，其中建档立卡贫困人生态岗位有 280 人。

教育扶贫。卓尼乡将加大与县扶贫、教育部门的沟通衔接，实施精准的教育救助，落实教育帮扶资金；卓尼乡建档立卡大学生有 5 名，分别为来差村石珍、卡果村旦真班久、赛那村强巴、云旦欧珠。转移就业。2018 年卓尼乡建档立卡贫困人员参加市、县各类技能培训的藏餐烹饪培训 6 人，同时加大劳务输出，卓尼乡将有劳力的建档立卡贫困户全部安排到修路、修水井、乡人工种草等项目建设中，增加现金收入。抓好结对帮扶，全年帮扶物资面粉、大米、糌粑、清油、砖茶等件折合人民币 35336 元、现金帮扶 106715 元、总帮扶金额达到 142051 元。

【教科文卫事业】 始终把教育摆在突出位置，新建橡胶足球场、乡幼儿园和三村幼儿园并在 2018 年将投入使用，进一步提高儿童学前班入学率，在 2018 年教学质量评比中，乡完小名列前茅。严格落实教育三包政策，全年下拨“三包”经费 890547.52 元，其中用于学生校服 88080 元和大宗物资费用 249403 元，其余用于购买粮食，学生吃住得到了很好的保障，全乡义务教育阶段辍学率控制在 2%。乡文化站加大文化站健身器材建设配套，完善文体设施；在乡政府开办文化书屋，自治区图书馆所捐赠图书种类、数量基本满足干部职工业余文化需要；充分发挥文艺编排优势，在“3·28”“七一”、国庆等重要节日举行了一系列群众性娱乐活动，积极编排“四讲四爱”文艺会演各类节目。

【卫生工作】 乡卫生院医务人员大力加强行业作风建设，着力提高医疗服务水平，努力构建和谐医患关系，整体工作取得了较大进步，迁入新建卫生院办公业务用房，医疗条件极大改善。同时加强常规疫苗接种、包虫病筛查、宣传及救治、健康扶贫工作、优生优育工作以及免费义诊活动，全年免费看诊群众300余人次，免费发放药品5286.4元。对全乡所有干部群众进行社保卡采集基本信息录入，建立健全高龄老人生活补贴、残疾人等弱势群体关爱服务体系，农村最低生活保障、孤儿基本生活费标准继续调高。乡财政所为确保惠民资金全部兑现到群众手中，通过一卡通，把财政补贴惠民资金由县农行直接打到群众一卡通存折中，减少资金支付程序，缩短了资金在途时间。共落实三老人员补助41160元，三大节日慰问金41800元，发放离任村干部补贴52200元，发放寿星老人补贴4500元、发放分散五保户供养补贴9600元、发放残疾人两项补贴152400元，发放村人医、兽医补贴288000元，兑现60岁以上养老金293360.96元。

【社会稳定】 认真贯彻落实区、市、县三级党委、政府关于维稳工作的一系列决策部署，为全县社会和谐稳定和长治久安贡献坚强力量。广泛宣传新《中华人民共和国安全生产法》，开展了“安全生产月”“安全生产西藏行”、散装油危化品排查治理等专项行动，定期不定期对甜茶馆、小卖部、散油销售点、建筑施工单位等全面开展安全生产检查，消除事故隐患，安全生产基础进一步夯实，应急处理机制更加健全，防灾、减灾、救灾能力有了较大提高，全年未发生安全生产和食品药品安全事故。利用“卓尼发布”微信平台，主动公开政府信息52条，被“网信尼玛”采用12条，信息公开的深度、广度持续提升。

【卓尼乡2018年领导名录】

乡党委书记：次仁罗布（藏，副县）

乡党委副书记、乡长：曹文博

（撰稿人：次仁罗布）

荣玛乡

【概　况】 尼玛县荣玛乡位于尼玛县北部，属羌塘国家及自然保护区境内，巍峨的玛依雪山、星罗棋布的湖泊、原始的荣玛温泉、丰富的野生动物资源是羌塘生物的基因库，雄壮的野牦牛、机灵的藏羚羊、奔腾的藏野驴，形成了羌塘独特的生态风景，自古以来她都是人人皆知魂牵梦萦的地方。东临双湖县，南与尼玛县俄久乡，西与阿里地区改则、北与新疆维吾尔自治区接壤。乡驻地加林加东村，离尼玛县城187公里，荣玛乡辖两个行政村，10个自然村，总面积46778.85平方公里。依2018年年底统计数据显示全乡总人口265户1179人。地形地貌：位于尼玛县北部，地处羌塘高原大湖盆地带，北有昆仑山、可可西里山，南有冈底斯山，地势北高南低，地形以高原丘陵平地为主，平均海拔5000米以上。北部有幅员辽阔的“无人区”。

水文。境内湖泊众多，星罗棋布，均为典型的高原封闭型湖泊。主要湖泊有依布查卡、乃加湖、康茹茶卡、刚唐湖、吉仍湖、索巴湖等，湖面海拔在4500米以上，这里湖泊、雪山、蓝天融为一体，能使人领略到藏北高原天地苍穹的真正意境。

自然资源。矿藏资源丰富。有金、硼砂、盐、水晶石、铜、铁、碱等。野生动物资源有野牦牛、野驴、藏羚羊、黄羊、盘羊、岩羊、棕熊、雪豹、雪狸、旱獭、斑头燕、黑颈鹤等。

自然灾害。主要以风、雪，干旱、冰雹、地震为主。

【党风廉政建设】 2018年，荣玛乡组织观看警示教育片3次，通报剖析典型案例6次，开展政治纪律和规矩活动1次，开展学习党规党章及宪法等共计8次。2018年4月16日至5月23日，荣玛乡根据实施方案共计派出86人次，对10个自然村、90户建档立卡用户、约126人进行询问有关荣玛乡扶贫领域是否存在吃、卡、拿、要，或工作态度不好对待群众“一凶二恶”等现象。6月20日，荣玛乡纪委联合乡人大副主席组织群众60人次，发放有关扶贫领域调查问卷60份。

【党组织及党员队伍建设】 荣玛乡有党组织4个［机关党支部、完小党支部、2个村（居）党支部］，全乡共有党员136名，其中农牧民党员103名，占党员总数的75%。大专以上程度27名，占党员总数的19%，初中以下文化程度110人，占党员总数的79%，60岁以上党员16人，占党员总数的11%，35岁以下党员73人，占党员总数的52%，男：112名，占党员总数的82%，女：26名，占党员总数的19%。预备党员6名，发展党员14名，积极分子10名。

【精准扶贫】 荣玛乡建档立卡贫困户86户348人2018年脱贫31户、116人，2019年计划脱贫2户、6人，现藏曲村整村已脱贫，对已脱人员进行乡村级公示，2016年、2017年、2018年的脱贫目标已完成；截至年底荣玛乡“一乡一社”总投资300万元，120万元购买两辆车（一辆前四后八重型工程车预支出469000元、一辆半挂车预支出523000元），利用10万元的本钱在异地搬迁点上开便民超市，半挂车已承租方式一年13万元的标准承租，大型工程车从2019年3月开始出租两年每年收益13万元租金；上级安排的岗位中，荣玛乡享受生态岗位507人，其中在尼玛县岗位对接208人，在堆龙岗位对接299人；荣玛乡在2018年共帮扶86户348人，资金帮扶91330元，物资帮扶9693件，帮扶次数一年2次，总帮扶101023元；荣玛乡共有86户348人建档立卡贫困户，其中劳动力189人，截至12月底，荣玛乡共安排转移就业52人，收入已达到23000元。

【人大工作】 2018年，乡人大组织代表学习活动了2次，组织开展人大代表下乡大排查大调处活动，深入群众了解群众热点和难点，化解矛盾。切实维护了社会的稳定；确立监督为民的理念，努力促进政府工作围绕党委意图，发挥引导作用。乡人大主席团能积极贯彻党委意图，自觉接受党委领导，对党委作出的重大决策和重要工作部署都能积极引导，组织代表反复学习，吃透精神，耐心细致地做好代表的思想政治工作，自觉地把坚持党的领导与充分发扬民主和严格依法办事统一起来；并围绕热点难点、发挥督促作用。乡人大主席团根据党委工作思路，针对政府及其部门工作中的薄弱环节和群众反映的热点难点问题，列出了监督重点事项。

【生态环境保护】 强化宣传教育、提高环保意识，加强环保宣传，形成良好氛围。认真围绕“六五”世界环境日、“地球日”等开展了环保主题宣传活动，并在学校及各村开展了环保宣传宣传教育活动，采取多种形式对农牧民群众及青少年儿童进行了环境教育，进一步提高了环保意识；采取悬挂标语、配发环保宣传材料等形式，提高村民环境意识，促进群众养成良好的环保意识和卫生生活习惯，形成合力保护生态环境的良好氛围。

针对资源开发、基础设施建设企业进行重点加强，在工地生产生活垃圾、建筑废料等的处理方面，作为监督检查的重点对象，并将其列人工程验收的重要内容中；全面开展了禁止“白色污染”工作，广泛宣传“白色污染”的危害性，使广大群众和个体经营户牢固树立节约资源和保护环境意识。建立健全了环境安全应急体系，制定了环境突发事件应急预案，并及时上报了环境污染及生态事故信息，有效防止发生重大、特大环境污染和生态破坏事故。抓好安居工程建设中涉及的环境保护工作，严格管理工程所需的土、砂、石等建筑材料，规范采挖行为，严禁乱采乱挖，防止破坏生态环境及自然景观，每周一和周五组织群众开展清除“白色污染”以及各类生活垃圾的清扫填埋活动，完善对饮用水源的保护机制，采取积极有效措施，加强对饮用水源的监督管理，确保水质安全，开展了生态环境综合整治工作，按时完成各项工作任务指标及上报各类汇报材料。

【农牧工作】 全乡草场承包面积（可利用草场面积）为14582999.86亩，全乡禁牧面积为1800120.00亩，草畜平衡面积12782879.86亩；全乡牲畜总数为61281头（只、匹），其中，牦牛：2860头、绵羊：39120只、山羊：19091只、马：210匹，从总体看，全乡已经达到草畜平衡。草畜平衡各项工作主要放在保持平衡方面，尽力教育引导群众在当前牲畜基础上不增畜，逐步改良畜草结构，切实达到减畜不减收，在保护生态的同时进一步增收。2018年1月，在乡人民政府会议室进行开展了2017年年底人口统计工作；这次人数统计人口数量为一村575人和二村552人，全乡共合计1127人。

【各类资金总计】 2018年度发放草原生态补助奖励总资金6193000元，其中限高保底后享受补助奖励资金6193000元。

【教育方面】 同年6月前荣玛乡学校一至三年级共62名学生。6月20日，全乡群众搬迁到堆龙德庆区古乡，荣玛乡全体小学生安排就读在古荣乡完小，6月23日，对接小学生现有111名学生就读于古荣乡完小。为了让学生能够更快地适应环境，安排学校三名教师暂留乡小学负责学生的思想教育工作。因搬迁点设置了幼儿园，6月23日，幼儿园开班。分为大、中、小三个班级，分段年龄为4、5、6周岁，现在园幼儿人数为77人。8月24日，对接中学生，现中学生人数78人。

【文　化】 为丰富群众文化生活、提高群众文化素质，乡文化站积极开展各种文化服务活动。表演活动：荣玛乡文化站在藏历新年、春节、“3·28”等节日演出节目，乡文化站都会举行文艺演出活动，一定程度上丰富了牧民群众的文化精神生活。电影放映，在乡电影院共放映了5场次。组织开展广场舞。夏季每天下午19:30至20:30开展广场舞，冬季每天下午18:30至19:30，共开展的时间2个多小时，丰富了群众的精神生活需求。

【医疗卫生】 同年6月，荣马乡高海拔生态搬迁至堆龙古荣乡加入村医务室开业之后，医务室快速建立起各种规范制度，参照乡卫生院的成功经验，吸取各项制度之精华，迅速制订了各项基本规章制度，荣玛乡卫生院基本数据：门诊人次1721人次，门诊收入86754.95元，转院人数55人，报销金额77800.08元，接收分娩人数21人，接种疫苗人数353人，计生皮埋人数13人，计生口服44人，男性避孕套18人，计生针剂2人。2018年6月荣玛高海拔生态搬迁之后医务室基本数据：门诊人数1296人，门诊收入29674.3元，转院人数83人，报销金额94976.41元，分娩人数19人，接种疫苗人数293人。

【平安建设工作】 按照“机构不变、人员不减、工作不放松”的原则，将平安建设工作作为年度综治工作的中心内容，明确了乡直单位和各村委会的具体工作，要求坚持高标准、严要求，既结合实际，又呈现特色。定期对各单位创建活动进行督查，对存在的问题及时下发工作建议和整改意见。通过所有综治人员的共同努力，平安建设的领域得以扩展，质量得以提升，机制逐步健全，使平安建设工作进一步向广度和深度拓展。

【基层群防群治工作】 进一步完善和充分发挥荣玛乡公安派出所的作用，要求公安派出所的工作人员时常在辖区内巡逻，积极维护好社会维稳工作，确保辖区内的治安状况良好，及时把矛盾化解在基层。有力地推进了荣玛乡群防群治工作，尤其是季节性防范工作的有序推进，按照“整合资源、健全网络、规范运行、探索创新、整体推进”的思路，积极探索建立以党委、政府统一领导，乡、村、组“三级联动”，人民调解、司法调解、行政调解“三条对接”的矛盾纠纷大调解工作格局，全力维护荣玛乡的社会和谐稳定。成立了社会矛盾纠纷调解工作委员会，下设社会矛盾纠纷调解中心及相关工作室。各村委会也相应成立社会矛盾纠纷调解委员会，以各村民小组组长为调解员、信息员、信访代办员，层层抓好矛盾纠纷排查、调处工作。严格落实信访工作责任制，创新信访工作机制，推行信访代办制度，在乡政府设立信访代办室、村级设立信访代办站、村小组设立信访代办点，把信访工作窗口设在群众身边，及时解决各种信访问题。

【安全生产检查整治】 为搞好安全生产工作，荣玛乡抓好的每半年例行检查，消防安全隐患。另外节假日抓好专项安全生产检查整治工作。“安全、预防为主，综合治理”的方针，精心组织、周密安排，检查活动不走过场，严密排查，全覆盖不留死角，排查出的问题即时整改，不出纰漏，不出事故。

全年安全隐患排查行动中，荣玛乡专题会议12次，出动检查计160人次，检查了饮食服务业、烟花爆竹销售点、个体工商户等。从检查情况看，荣玛乡在本年度里没有重大安全生产事故。

【民生方面】 2018年年底，荣玛乡共享受城乡低保户共38户152人，按照差额补助标准为准发放每季度补助资金，全年共发放资金为302763元，每年提标补助共发放69312元。五保户3户4人（每季度每人发放1235元，全年共发放资金为19760元），在家孤儿2人（每人每年发放补助资金为9720元，共19440元），全乡寿星老人6人每人每年发放300元，高龄、失能老人3人发放资金为1800元。荣玛乡残疾共有58名，共发放93600元。其中一、二级有10名，每年每人发放3600元，三、四级有48人，每人每年发放1200元。

【社会保障工作】 城乡居民养老保险工作：围绕区下达的人均缴费水平不低于100元的目标任务，于10月底全面完成城乡居民基本养老保险参保缴费任务。参保缴费任务完成率98%，人均缴费额100元。荣玛乡16岁到59岁共有参保人数有612人，其中实际参保人数有524人，低保有78人，残疾一、二级有9人，孤寡老人有1人。参保总金额52800元，全乡第一季度至第四季度60岁以上老人总共有46人，发放金额有90459.16元，养老金发放率100%。

城镇居民医疗保险工作：荣玛乡城镇居民医疗保险参保的有3人，其中一名为城镇居民低保。总金额为90元。劳动就业工作：荣玛乡就业人员有142人，平均月收入最低为1000元，其中5名在开装载机和参加保安方面的培训课程。

【强基惠民工作】 开展“三大节日”、国庆等节日慰问活动，密切与群众之间的联系。全乡共两个驻村工作队共为村民发放了粮食、衣物等生活物资，并对贫困家庭及困难党员进行走访慰问，切实把党组织送温暖活动落到实处。并结合所驻村特色在、“藏历新年”“赛马节”“3·28”西藏百万农奴解放日等节日期间，各驻村工作队开展形式多样的活动，进一步密切了与群众之间的关系。

认真谋划用好惠民办实事项目资金。驻村队员们走村入户开展调查研究，急群众所及，想群众所想，千方百计解决群众最关心、最直接的难点问题。

解决好群众的生产生活问题。各驻村工作队主动作为，积极协调，将解决好群众的生产生活问题作为工作重点。此外，各驻村工作队认真做好结对子活动，深入走访慰问困难村民家庭，面对面沟通，及时把政策、信息送到结对帮扶对象家中，帮助他们制定脱贫计划，激励他们勤劳致富。藏曲村和加玲加东村工作队为帮扶村民送去生活用品。

做好健康素养进村入户活动。工作队积极引导农牧民群众“爱、讲、树”主题教育，利用各种会议及学习机会宣传讲究个人卫生的重要性和必要性，与村两委制定卫生条约，改变陈规陋习，逐步养成健康卫生的良好习惯。组织干部群众共同清扫，逐步改变村民传统观念，养成良好的卫生习惯，村容村貌得到了一定改善。

【旅游资源】 温泉。原始的荣玛温泉距乡政府10公里，身处在一条峡谷中，峡谷两边的山体呈绛红。温泉有三层：第一层是一片平整的沙地；第二层有许多小泉眼；第三层在小河边，高大的钟乳石历经岁月的鬼斧神工雕刻，形成了精美绝伦的假山。荣玛温泉是寒水石、石灰和岩金等诸多矿物质形成的，所以可以治疗胃病、各种身体着凉造成的病、风湿病以及皮肤病等。

加林岩画。又称加林马耳，坐落于恰似马耳的岩石上因此俗称加林岩画。加林意为骏马，现已经是自治区区级文化保护单位，此处显现着古代特色壁画，不仅如此，还有很多动物画面，包括：野牦牛、野驴和各种野生动物。这是十年前一位叫白玛次仁的牧民发现的，岩画可以证明在原始时期西藏就有人类居住，而且通过分析图案的内容对研究原始生活及变迁等各方面有很大的参考价值。

羌塘无人区。美丽的羌塘草原是一片充满生命活力的大草原，是一个到处蕴藏着丰富宝藏的神奇世界。那里是野生动物的乐园，更是野生动物的王国，有成群的野牦牛、藏羚羊、野驴、石羊、岩羊（盘羊）、黄羊、棕熊、猞猁、雪豹、狐狸等珍贵的野生动物。

【荣玛乡2018年领导名录】

乡党委书记：加央边久（藏）

乡党委副书记、人民政府乡长：王春祥

（撰稿人：旦　增）

阿索乡

【概　况】 阿索乡地处尼玛县西北部，离县城120公里，平均海拔4800米以上，地处羌塘高原大盆湖带，地形以高原丘陵平地为主，属高原亚寒带季风气候和高原寒带干旱气候。是一个纯牧业乡，辖4个行政村（14个自然村），牧业生产是阿索乡的主要经济来源，全乡共有2100万亩草场，其中可利用草场面积为1110.9万亩，禁牧草场147万亩。截至2018年年底，全乡共有牧户511户、1949人，全乡共有218名正式党员（其中干部职工44名党员，174名农牧民党员），26名预备党员（其中干部职工5名预备党员，21名预备党员），14名积极分子（其中干部职工5名积极分子，9名积极分子）；截至2018年年底，牲畜存栏75227只（头、匹），其中：牦牛2545头、绵羊40657只、山羊31679只、马346匹。全乡建档立卡贫困户156户533人，享受农村最低生活保障86户271人，合作医疗覆盖率达100%，新型农保参与率100%。

【村镇概况】 地理位置。阿索乡位于那曲地区尼玛县西北部，地处羌塘高原大湖盆地带，东接俄久乡、西邻中仓乡，南靠文部乡、北毗荣玛乡，平均海拔4800米以上，面积14000平方公里。

【行政管属及村镇范围】 阿索乡属尼玛县管辖，乡政府位于空隆行政村，辖区有4个行政村（亚荣村、空隆村、扎欧茶翁村、曲参村），6个党支部，16个党小组，47个双联户。阿索乡成立于1988年，成立之初辖5个行政村。2007年，阿索乡五村改为二村，原二村与五村合并为二村（空隆村），故现在辖4个行政村。

【旅游景区】 乡政府位于G317沿线，辖区内旅游资源丰富，有珍贵的野生动物，如：藏羚羊、藏野驴、雪豹、盘羊、黄羊等。地处那曲与阿里的必经之地，游客较多，旅游业开发潜力较大。

【自然条件】 阿索乡位于羌塘草原深处，山地与平原交错纵横，平均海拔 4800 米以上，草地类型为高寒草原，牧草以紫花针茅、冷地早熟禾、西藏蒿草为主。

阿索乡气候属于高原亚寒带、半干旱气候。没有绝对的无霜期，天气变化明显，夏冬差异极大，冬春寒冷、风大。阿索乡土壤类型主要为沙土，有机质含量较低。

【总产值完成情况】 全乡坚持以科学发展观统领经济和社会发展大局，牢牢锁定尼玛县经济发展战略目标，加速牧业产业转变进程，启动新型牧业生产模式建设，大力发展第一产业，努力构建和谐社会，全乡经济呈现出了稳步发展的良好态势，2018 年，全乡共实现生产总值 6034.63 万元，比上年增长 13.6%。第一产业完成 3841.85 万元；第三产业完成 2192.78 万元。

【劳务输出情况】 2018 年，全乡劳务输出 1034 人次，实现现金收入 382 万余元。在地区、县、乡先后组织农牧民技能培训 73 人次。

【完成畜牧业生产任务】 阿索乡作为纯牧业区，至 2018 年年底，年末牲畜存栏 75227 头（只、匹）（其中牦牛 2545 头，绵羊 40657 只，山羊 31679 只，马 346 匹）；接羔育幼阶段幼畜成活率 98.52%，共计成活 35164 头（只、匹）（其中牛犊 1195 头、羔羊 18336 只、幼畜山羊 15582 只、马 51 匹）；全乡毛绒产量 90.03 吨、奶产量 350.80 吨、肉产量 604.88 吨。年度无发生任何重大动物疫情，各种疫苗接种率达 100%。

【教育方面】 全乡教育事业稳步推进。全乡适龄儿童入学率达 100%，初中上学率 99.2%。其中 0.8% 因生病未上学。

【医疗卫生】 2018 年，卫生院克服人手少，设备简陋的困难，全院职工不断加强业务学习，提高业务水平，选派两名村医和三名乡卫生院医护人到乡级以上参加业务培训，培训天数累计 180 余天。门诊人次 4210 余人次，收住院病人 42 人，计划生育服务覆盖率达 85%以上，强化疫苗接种率达到 99.8%以上，年初确立的工作目标基本完成。对 8 名村医实施了藏医和临床护理等业务培训。2018 年共召开村医例会 3 次，并通过以会代培方式对 2 名公益性和 8 名村医进行了卫生法规、规章制度、计免知识的学习和培训，认真做好儿童接种的管理工作，对每日新生儿重点检查并且及时上卡，按程序接种，截至 2018 年年底接种各类疫苗 1200 余人次。其中：全乡 0—7 岁儿童 342 人，出生 49 人，实建 49 人，建卡率 100%，乙肝、卡介苗及时接种 90%，2018 年未发生一起接种事故。阿索乡乡在包虫病筛查中先后共查出 47 名包虫病患者。

【文化事业】 每年以乡、村为单位举办夏季赛马节文活动，自西藏百万农奴解放纪念日确定以来，乡党委、乡政府每年举办规模较大的“3・28”西藏百万农奴解放纪念日庆祝活动，修建乡级文化站，开展赛马节等各类文化活动 13 场次，参与 5600 余人次，面向群众提供各种文化服务，全面实施数字电影进村、广播电视“村村通”，极大丰富了群众精神文化生活。

【特色民居】 从新农村建设实施以来，全乡牧民群众居住条件发生翻天覆地的变化，村民住房大体相同，建筑单体形制统一简单，多为土木结构，村民居住分散。

【基础设施】 截至 2018 年，全乡四个行政村基本完成电信、移动通信覆盖，行政村通信覆盖率达 100%，全乡大力实施水利工程，大力解决群众饮水困难问题，乡邮政、营业所、卫生院等基本设施基本齐全，随着用户系统的开发，进一步解决了群众用电难的问题。

【特色产业】 阿索乡是纯牧业乡，主要饲养牦牛、山羊、绵羊，特产白山羊绒，手工业有赶羊鞭（吾多）、糌粑袋、藏式毛毯、藏式腰带、羊皮袄等。辖区内旅游资源丰富，有珍贵的野生动物，如藏羚羊、藏野驴、雪豹、盘羊、黄羊等。

【党建方面】 乡党委下辖 6 个党支部，其中机关党支部 1 个，牧区党支部 4 个，学校党支部 1 个，共有党员 218 名（其中干部职工 44 名党员，174 名农牧民党员，女性党员 45 名），预备党员 26 名（其中干部职工 5 名预备党员，21 名预备党员），积极分子 14 名（其中干部职工 5 名积极分子，9 名积极分子）。村民委员会 4 各，村两委干部 21 人，其中交叉任职 20 名，连选连任的 13 名，书记主任一肩挑的 4 名，女性委员 4 名。

【“四讲四爱”宣传教育情况】 严格落实“四讲四爱”群众教育实践活动总体方案，坚决做到主题不能变、内容不能省、步骤不能减、要求不能降、活动不能走过场，分阶段、全方位协同推进，努力营造出全乡人人参与“四讲四爱”群众教育实践活动的浓厚氛围，大力挖掘、选树了一批先进典型人物和事迹，进一步总结提炼后在全乡范围内推广。确保活动不走过场，取得实效。在思想上始终保持同区党委高度统一，在行动上始终保持紧跟区党委步伐，在安排部署上始终严格按照区党委要求，突出“准、快、精、稳”，以“先学一步、学深一步，先做一步、做实一步”为工作原则，提前谋划、周密部署、广泛动员、迅速推进，确保了活动开展得有声有色。阿索乡党委、乡政府结合实际，及时组织各村第一书记、牧民宣讲员对“四讲四爱”群众教育实践活动的各个阶段进行培训，共培训 4 次。乡、各村（居）、学校结合自身实际，共组建 14 个“四讲四爱”群众教育实践活动宣讲队，1 个督导组，深入农牧民群众、学校进行宣讲，共宣讲 90 场次，受教育人数达 5700 人，覆盖率 100%。宣讲时，主要采取集中宣讲、走村串户、召开座谈会、红歌比赛、知识问答等多种形式进行宣讲，共发放“四讲四爱”宣传册 730 余份，制定“四讲四爱”群众教育实践活动藏汉宣传横幅 25 条、宣传栏 6 个，藏汉双语宣传册 1659 份。阿索乡 4 名牧民宣讲员深入各村（居）宣讲 10 场次，各驻村工作队深入牧民群众中宣讲 31 场次，乡宣讲组深入村（居）及“双联户”、学校宣讲 14 场次，开展“四讲四爱”演讲比赛 2 次，知识问答 4 次，座谈会 16 次。通过深入细致、扎实有效的宣传，确保了农牧民群众、青少年学生明白了开展“四讲四爱”群众教育实践活动的重要目的与意义，明白了中国共产党是光荣的政党，没有共产党就没有社会主义新西藏，确保以习近平为核心的党中央同心同德、同呼吸共命运，用实际行动拥护、爱戴核心，牢记历史、饮水思源，知党恩、感党恩、报党恩。

【基层党建工作】 采取多种措施，不断加大村级组织管理体系的建设力度，努力提升村“两委”班子的整体合力，深入推进基层民主政治建设。一是完善党建工作例会、民主生活会、“三会一课”、民主评议和党员联系户等制度，促进党组织生活的规范化、制度化。二是通过外派培养、以会代训等形式，提高“两委”干部处理村事务和带领群众致富的能力。三是加强基层民主政治建设。加大村务、政务公开力度，进一步规范各项民主程序。利用宣传栏、培训等多种形式，加强基层干部群众的民主与法制教育，引导大家了解掌握基层民主政治建设的实现途径和基本规律，实现了由感性民主认识向确立理性民主观念的转变。4 个村实行了“两委”干部坐班轮流制。在 5 月全乡经济工作会议上对基层组织建设先进村进行了表彰奖励，有力促进了全乡村党支部加强村级组织班子建设的积极性。

【宣讲活动】 大力宣传党的十九大精神，达到全乡覆盖率 100%。自党的十九大召开以来，通过乡党委、乡政府研究及时成立党的十九大宣讲组，制定宣讲方案、计划，先从干部自身做起，组织干部职工学习党的十九大精神，共计 10 余次，落实宣讲责任制，制定宣讲任务落实表，由乡领导班子成员担任组长，全乡干部职工分组入村入户宣讲，不落一人，确保宣讲效果达到全覆盖。

【“两学一做”学习情况】 学习“两学一做”常

态化制度化，学习情况达到100%。制定学习方案、计划，先从干部自身做起，组织干部职工学习“两学一做”，共计10余次，驻村工作队及村“两委”班子成员定期不定期组织集中学习，共计20余次。

【党员发展情况】 注重四个结合，加强党的基层组织建设。注重把乡、村两级党建结合起来。乡党委与各支部签订党建工作目标管理责任书，重点抓基层、抓基础，通过提高基层工作，促进全乡整体工作水平。注重把组织建设与党员发展结合起来。按照“坚持标准、保证质量、改善结构、慎重发展”的十六字方针，严把党员入口关，保证党员质量，发展新党员6名，开展党员培训班，培养积极分子14名，全乡共有正式党员218名。注重把规范基层党组织设置与进一步发挥基层党组织的战斗堡垒作用结合起来，加强了“两新组织”建设。注重把现代教育设备配置与村级活动场所建设结合起来。全乡4个村级组织均覆盖了现代远程教育，其中一个属于网络宽带设备，其余三个属于光盘设备，运行基本正常。

【妇联改革工作】 2018年7月以来，按照县妇联要求，阿索乡在9月底率先完成村妇代会妇联改建工作，并经相关程序乡镇府选出兼职主席1名、专职副主席1名、兼职副主席5名。亚荣村选出1名主席、1名副主席、5名执委。空隆村选出1名主席、1名副主席、5名执委。扎欧茶翁村选出1名主席、1名副主席、3名执委。曲参村选出1名主席、1名副主席、3名执委。阿索乡以村妇代会改建工作为契机，加大宣传、提高妇女参政议政，此次妇代会改建工作中，4个行政村全面完成妇代会改建工作。共选出妇联主席5名、8名副主席、16名执委，且4个村妇联主席全部在村委任职。推进村“会改联”工作，是巩固党执政的妇女群众基础的重要举措，是更好地联系和服务广大妇女群众、活跃基层妇联工作的现实需要。建强基层妇联组织，广纳妇女人才，打破年龄、身份、职业等限制，将本乡4个行政村的优秀人才团结吸引到妇联组织，壮大村妇联工作力量。拓展基层妇联工作领域，更直接、更便利、更贴心地服务辖区内的妇女群众。

【精准扶贫】 阿索乡2018年系统已脱贫18户71人。坚持脱贫攻坚与生态保护建设结合，扩扩大政策实施范固，全面落实生态保护补助奖励政策，2018年全乡兑现2016年草补剩余资金3964787.64元和2018年草补奖资10161405.49元，非建档立卡贫困户安排草场监督员44人，落实资金237600元，全乡安排生态岗位741人，其中七大岗位中林业系统生态保护岗位有302人，草原监管员245人，水生态保护和村级水管员岗位有6人，农村公路养护岗位32人，旅游厕所保洁员和村级环境监督员岗位有2人，城镇保洁员和村级环境监督员岗位有153人，地质灾害监管群芳群策岗位有1人。阿索乡非婚生子专项治理工作宣传15次，宣传覆盖人数1832人，据初步统计阿索乡非婚生子有103人。阿索乡“一乡一社”入股情况：“一乡一社”从各村已购买20头基础母畜牦牛，40头肉牛，300只肉羊。建档立卡群众入股：绵羊成畜5124只；绵羊幼畜2791只；山羊成畜5704只；山羊幼畜2877只；牦牛成畜146头；牦牛幼畜30头；草场入股314182.45亩，建档立卡贫困户入股覆盖率达到98%，共155户527人。劳力387人。“一乡一社”收益情况：“一乡一社”挤奶、奶制品加工点，每月收入2400元左右，按总收入再进行调试。短期育肥收入44.96万元。施工队、打砖队收入达35万余元。租赁工程车辆收入达4.8万元。“一乡一社”分红情况：2018年现金分红两次，第一次分红41.85万元，第二次分红85.33万元共计现金127.19万元。12月初进行了实物分红，其中：牛酮体12头，羊酮体916只，酥油1901公斤，奶渣779.7公斤，折价132.12万元；全年分红共计折合人民币259.31万元。

【阿索乡2018年领导名录】

乡党委书记：杨雪斌

乡党委副书记、乡长：仁增江村

（撰稿人：仁增江村）

申亚乡

【概　况】申亚乡位于尼玛县南部，乡人民政府驻地为石康村，与尼玛镇、卓尼乡、卓瓦乡及申扎县下过乡接壤，平均海拔4800米以上，下辖6个行政村，57个自然村，全乡共有575户、2036人，全乡草场面积3631494.53亩，禁牧面积994465.64亩。全乡牲畜总量为41529头（只、匹），其中牦牛7026头、绵羊25384只、山羊8890只、马229匹。

【各村基本情况】嘎青村位于申亚乡北部，全村共计62户261人，属山地湿地地貌，全村以牧业为主，是那区市级小康新村。石康村位于乡政府所在地，全村共计110户404人，属平原戈壁地貌，全村以牧业为主。格玛罗马村位于乡政府东部，全村共计175户508人，属山地沼泽地貌，全村以牧业为主，是全乡面积最大的村，有棕熊、狐狸、藏羚羊、野山羊等野生动物出没。白尔瓦村位于乡政府东北方，嘎青村与石康村之间，全村共计91户326人，属平原地貌，全村以牧业为主，有斑头雁，野鸭子等鸟类栖息。甲隆村位于申亚乡南部，与格玛罗马村接壤，全村68户273人，属山地缓坡地貌，全村以牧业为主。康琼村位于申亚乡东南部，为全乡境内最远的一个村，与申扎县下过乡接壤，全村69户264人，属盆地地貌，全村以牧业为主。

【党建工作】2018年以来，申亚乡认真加强组织建设，发展党员11名，开展“两学一做”“四讲四爱”共计8场，听众共计1200人，组织各类活动12次，召开专题研讨会8次，同时不断加强领导班子和干部队伍建设，共开展各类培训、讲座、政策学习40余次。

【党风廉政建设】2018年，申亚乡针对党风廉政建设工作采取多项有力措施，一是狠抓党风廉政宣传教育。共组织学习、节前提醒会40余次，观看教育警示片30次，二是积极开展政策学习，深入进行自我剖析，针对剖析出的缺点撰写心得体会及整改方案40余篇。

【经济发展】据统计，2018年全乡经济总收入3838.84万元，其中，第一产业1253.13万元，第二产业280.77万元，第三产业2304.94万元，其中纯收入1847.65元/人，现金收入6396.86元/人，人均收入9169.48元。

【基础设施建设】2018年年底，已基本实现村村通电话，村村通公路，卫星电视下发100余套，覆盖全乡，覆盖率达100%。尼申公路项目已完成50%，工程进度良好。申亚至卓瓦一标段完成50%，工程进度良好，异地搬迁集中点32套，分散点6套已全部完成，扶贫商品房共计8栋，总投资1000万元全部完成，农行营业厅项目已全部完成。高海拔暖棚16套，全部完成。危房改造共计46套，完成50%。村委会项目5套，完成60%。机井2个，全部完成。

【牧业生产】牧业生产经营服务水平不断提升，组织化程度进一步提高。牧业生产作业经济合作组织个数5个，预计于2019年产生效益。

【教　育】2018年，申亚乡人民政府要求学校严抓教学质量，严格教学秩序，严肃教学纪律，使申亚乡完小不断正规化、规范化办学，极大程度地提高了办学质量。本年度入学率、升学率、控辍保学率均达到100%。

【文　化】近年来，乡政府在新农村建设过程中，将乡文化站、村文化室作为提高农牧民群众科技水平和综合素质的重要抓手。2018年，申亚乡文化站已新建完工，各村文化室配备了活动器材、书籍等，为农牧民群众丰富业余生活、增长知识提供了条件。

【社会保障】2018年，申亚乡加大了卫生院的发展，医生共有4人，公益性岗位1人，聘用工1人。病床数增加到9张。参加农村新型合作医疗参合率100%、参加农村社会养老保险1099人、参保率100%，享受居民最低生活保障341人。

【社会事业】为了促进经济社会的全面协调发展，乡党委、乡政府围绕群众关注的热点问题，踏踏实实地努力办好“实事工程”：无能力建房项目，为牧民群众提供了更好的居住环境；完成了公路维修，进一步改善交通环境；大力开展新型农村合作医疗工作，保障农民身体健康。

【精准扶贫】申亚乡精准扶贫建档立卡户共有147户559人，异地搬迁74户292人，主要以异地搬迁、发展产业、劳务输出等手段脱贫，其中2018年脱贫23户95人。

【申亚乡2018年领导名录】

乡党委书记：田　梁

乡党委副书记、乡长：次吉卓嘎

（撰稿人：哈园武）

附　录

2018 年各乡（镇）农牧民人均可支配收入情况表

表 1　填表单位：尼玛县统计局　　　　单位：元 / 人

项目 / 乡名	2018 年实际人均纯收入（元 / 人）	2018 年核实认定后人均纯收入（元 / 人）	备注
尼玛镇	13202.10	12938	计算各乡（镇）时用 10.6234% 增长
申亚乡	9169.48	8259	
卓尼乡	11818.17	11077	
卓瓦乡	11790.45	11379	
吉瓦乡	13418.34	13071	
甲谷乡	9473.22	9050	
达果乡	8719.75	8825	
文部乡	9689.07	9033	
来多乡	10710.20	9952	
军仓乡	8745.30	8499	
阿索乡	13410.67	12921	
中仓乡	10413.35	10035	
荣玛乡	13945.76	12960	
俄久乡	14793.95	14760	
尼玛县	11537.86	11091	

尼玛县2018年人口调查统计表

表2　填表单位：尼玛县统计局　　　　时间：2018年11月20日

																县城	
指标	合计	尼玛镇	申亚乡	卓尼乡	卓瓦乡	吉瓦乡	甲谷乡	达果乡	文部乡	来多乡	军仓乡	阿索乡	中仓乡	荣玛乡	俄久乡	户籍科	干部职工
总人口	34178	5170	2114	2057	2162	2000	2372	1906	2141	2305	1660	2022	2880	1197	2697	1030	465
男	16978	2514	1026	1022	1078	984	1182	951	1043	1122	847	980	1442	608	1294	568	317
女	17200	2656	1088	1035	1084	1016	1190	955	1098	1183	813	1042	1438	589	1403	462	148
其中：非农业人口	2538	120	99	81	67	75	120	63	44	60	53	73	51	52	85	1030	465
牧业人口	31640	5050	2015	1976	2095	1925	2252	1843	2097	2245	1607	1949	2829	1145	2612		
户数	9023	1180	645	465	549	538	672	467	618	517	487	578	815	312	672	508	
牧业户数	7744	1094	557	431	511	478	601	415	580	480	447	511	769	267	603		
当年出生人口	760	95	69	46	56	49	58	48	34	59	32	66	57	35	49	7	
出生率（‰）	22.37	18.88	34.78	22.46	26.18	25.28	25.05	25.44	16.19	26.14	19.69	33.83	20.33	29.84	18.60	0.00	
当年死亡人口	215	37	15	10	13	13	16	15	16	18	10	14	18	10	10		
死亡率（‰）	6.39	7.35	7.56	4.88	6.08	6.71	6.91	7.95	7.62	7.98	6.15	7.18	6.42	8.53	3.80	0.00	
当年迁进人口	521	136	40	19	22	56	22	18	26	31	25	27	41	29	18	11	
当年迁出人口	399	59	36	32	38	30	25	28		22	12	36	48	9	10	14	
净增人口	667	135	58	23	27	62	39	23	44	50	35	43	32	45	47		
人口自然增长率（‰）	16.43	11.37	27.01	17.54	19.99	18.28	17.92	17.40	8.49	17.97	13.39	26.17	13.72	21.10	14.63	2.63	

注：“出生率＝出生人口 ÷ 上年总人口 ×1000，死亡率＝死亡人口 ÷ 上年总人口 ×1000，净增人口＝出生人口＋迁进人口－死亡人口－迁出人口，人口自然增长率＝（出生－死亡）÷ 年平均数 ×1000‰，年平均数＝（期初人口＋期末人口）÷2”

主要产品分配表

表 3

指标 / 村名	合计	尼玛镇	申亚乡	卓尼乡	卓瓦乡	吉瓦乡	甲谷乡	达果乡	文部乡	来多乡	军仓乡	阿索乡	中仓乡	荣玛乡	俄久乡
一、粮食总产量	256.04						14.00	57.92	182.36	1.76					
自用	230.87						12.00	34.75	182.36	1.76					
出售	25.17						2.00	23.17							
其中：交换															
种子															
饲料	18.50							2.50		16.00					
其他用粮															
二、蔬菜产量	94.66						0.20		78.72	15.74					
其中：1. 萝卜产量	22.48						0.10		21.36	1.02					
自用	22.48						0.10		21.36	1.02					
出售															
其中：交换															
2. 元根产量	67.53						0.10		53.20	14.23					
自用	37.12						0.10		30.02	7.00					
出售	30.41						0.00		23.18	7.23					
其中：交换															
三、牛奶产量	923.82	54.77	74.13	84.85	68.26	108.19	96.37	39.32	12.79	175.85	40.80	53.79	20.38	53.76	40.56
自食	632.20	32.86	29.65	76.37	44.37	75.74	92.52	39.32	12.79	105.51	21.62	18.83	12.23	53.76	16.63
出售	291.62	21.91	44.48	8.48	23.89	32.45	3.85	0.00	0.00	70.34	19.18	34.96	8.15	0.00	23.93
其中：交换															
四、羊奶产量	3066.42	590.71	260.68	129.35	142.62	150.95	109.39	145.51	124.56	170.48	181.68	297.01	356.58	139.73	267.17
自食	2010.61	354.44	145.86	103.48	92.70	105.65	100.59	145.51	124.56	102.29	168.36	103.95	213.95	139.73	109.54
出售	1055.81	236.29	114.82	25.87	49.92	45.28	8.80			68.19	13.32	193.06	142.63		157.63
其中：交换															
五、牛肉产量	2455.12	222.25	213.44	231.00	156.70	283.27	202.30	136.38	142.80	231.52	113.82	129.39	113.05	93.66	185.54

续表 3

指标 / 村名	合计	尼玛镇	申亚乡	卓尼乡	卓瓦乡	吉瓦乡	甲谷乡	达果乡	文部乡	来多乡	军仓乡	阿索乡	中仓乡	荣玛乡	俄久乡
自食	1141.86	11.11	85.38	104.02	94.02	198.29	153.30	54.55	78.54	91.66	74.20	45.29	67.83	18.73	64.94
出售	1313.26	211.14	128.06	126.98	62.68	84.98	49.00	81.83	64.26	139.86	39.62	84.10	45.22	74.93	120.60
其中：交换															
六、绵羊肉产量	3263.77	717.21	157.53	216.14	212.17	202.02	159.82	106.21	108.19	187.36	187.29	323.91	262.52	187.89	235.51
自食	1555.43	358.61	63.01	118.89	127.30	141.41	104.21	37.17	59.50	43.44	101.61	113.37	157.51	46.97	82.43
出售	1708.35	358.61	94.52	97.25	84.87	60.61	55.61	69.04	48.69	143.92	85.68	210.54	105.01	140.92	153.08
其中：交换															
七、山羊肉产量	1748.17	271.66	79.14	103.37	86.79	100.23	63.59	118.04	74.24	194.46	121.66	151.58	146.20	75.11	162.10
自食	1002.27	244.50	55.39	46.53	52.07	70.15	44.78	88.53	40.83	70.88	72.32	53.05	87.72	18.78	56.74
出售	745.90	27.17	23.75	56.84	34.72	30.08	18.81	29.51	33.41	123.58	49.34	98.53	58.48	56.33	105.36
其中：交换															
八、绵羊毛产量	516.26	82.48	36.96	26.12	23.27	25.29	35.93	16.56	17.36	20.78	37.45	72.73	42.64	30.89	47.80
自用	87.86	1.65	1.85	0.00	6.98	0.00		4.14	3.47	0.00	37.45			30.89	1.43
出售	428.40	80.83	35.11	26.12	16.29	25.29	35.93	12.42	13.89	20.78	0.00	72.73	42.64	0.00	46.37
其中：交换															
九、山羊毛产量	117.91	13.81	1.98	7.04	2.76	1.21	21.29	7.03	7.92	12.39	3.21	1.89	8.01	3.95	25.42
自用	20.24		0.61	0.00	0.00	0.01	0.00	0.70	1.58	0.00	3.21	0.00	0.00	3.95	10.17
出售	97.67	13.81	1.37	7.04	2.76	1.20	21.29	6.33	6.34	12.39		1.89	8.01		15.25
其中：交换															
十、牛毛产量	46.64	15.19	2.57	3.75	2.25	2.32	5.68	1.78	1.44	5.10	2.33	1.95	1.62	0.28	0.38
自用	11.04	4.56	0.13	0.00	0.09	0.00	0.00	0.18	0.29	2.49	2.33	0.00	0.54	0.28	0.15
出售	35.60	10.63	2.44	3.75	2.16	2.32	5.68	1.60	1.15	2.61		1.95	1.08		0.23
其中：交换															
十一、奶渣产量	281.11	61.23	19.53	21.42	10.12	0.00	17.79	3.93	13.74	12.62	8.56	35.06	37.70	8.64	30.77
自食	175.55	36.74	13.67	17.14	6.07	0.00	17.79	3.93	13.74	5.03	5.14	12.27	22.62	8.64	12.77
出售	105.56	24.49	5.86	4.28	4.05	0.00				7.59	3.42	22.79	15.08		18.00
其中：交换															

农村基本情况及农业生产条件

表 4

01 是否边境县：□1 是 □2 否　　02 经济类型：□1 农业县 □2 牧业县 □3 半农半牧县　　03 是否贫困重点扶持县：□1 是 □2 否　　04 是否草原生态保护县 □1 是 □2 否

指标	计算单位	代码	合计	尼玛镇	申亚乡	卓尼乡	卓瓦乡	吉瓦乡	甲谷乡	达果乡	文部乡	来多乡	军仓乡	阿索乡	中仓乡	荣玛乡	俄久乡
一、农村基层组织情况																	
乡镇个数	个	01	14	1	1	1	1	1	1	1	1	1	1	1	1	1	1
其中：镇个数	个	02	1	1	0							0		0	0		0
村民委员会个数	个	03	74	10	6	6	6	7	7	2	1	6	5	4	8	2	4
二、农村基础设施															0		
自来水受益村数	个	04	8	0	0	0	0				2	0	0	0	0	2	4
通汽车村数	个	05	77	11	6	6	6	7	7	3	2	6	5	4	8	2	4
通电话村数	个	06	76	11	6	6	6	7	7	3	2	6	5	4	7	2	4
通电的村	个	07	65	11	6	6	6	7	7	3	2	2	5	4	0	2	4
通邮的村	个	08	54	11	6	6	0	7	7		2	0	5	4	0	2	4
能收看电视的村	个	09	77	11	6	6	6	7	7	3	2	6	5	4	8	2	4
三、乡村人口与从业人员															0		
乡村户数	户	12	8515	1180	645	465	549	538	672	467	618	517	487	578	815	312	672
其中：农业户数	户	13															
牧业户数	户	14	7744	1094	557	431	511	478	601	415	580	480	447	511	769	267	603
城镇户数	户	15	778	86	88	34	38	75	71	54	38	37	40	67	46	45	59
乡村人口数	人	16	32683	5170	2114	2057	2162	2000	2372	1906	2141	2305	1660	2022	2880	1197	2697
其中：牧业人口	人	17	31640	5050	2015	1976	2095	1925	2252	1843	2097	2245	1607	1949	2829	1145	2612
城镇人口	人	18	1043	120	99	81	67	75	120	63	44	60	53	73	51	52	85
半农半牧业人口	人	19															

续表 4

01 是否边境县：□ 1 是 □ 2 否　02 经济类型：□ 1 农业县 □ 2 牧业县 □ 3 半农半牧县　03 是否贫困重点扶持县：□ 1 是 □ 2 否　04 是否草原生态保护县 □ 1 是 □ 2 否																	
指标	计算单位	代码	合计	尼玛镇	申亚乡	卓尼乡	卓瓦乡	吉瓦乡	甲谷乡	达果乡	文部乡	来多乡	军仓乡	阿索乡	中仓乡	荣玛乡	俄久乡
乡村劳动力资源数	人	20	16432	2711	1214	1101	1258	1292	1157	998	1282	0	1030	667	1605	700	1417
其中：劳动年龄内	人	21															
乡村从业人员数	人	22	16065	2513	1259	1096	1258	1292	1068	352	1139	1094	1030	668	1211	700	1385
其中：劳动年龄内	人	23	0														
（一）按性别分		24	16065	2513	1259	1096	1258	1292	1068	352	1139	1094	1030	668	1211	700	1385
1. 男	人	25	8881	1228	881	561	668	772	540	277	555	553	527	468	831	315	705
2. 女	人	26	7184	1285	378	535	590	520	528	75	584	541	503	200	380	385	680
（二）按国民经济行业分		27															
1. 农牧业从业人员	人	28	9685	1572	430	712	776	1067	731	61	517	793	672	164	983	391	816
2. 工业从业人员	人	29												0			
3. 建筑业从业人员	人	30	3116	1122	370	189	355	64	274	188	97	165	115		59		118
4. 交通运输、仓储和邮电业从业人员	人	31	664	35	33	10	34	53	17	17	107	30	168	22	12	14	112
5. 信息传输、计算机服务和软件业人员	人	32	10	0	0	1	0		0	0		5	0	0	0		4
6. 批零与零售从业人员	人	33	749	24	92	33	64	90	23	16	95	18	33	91	67		103
7. 住宿和餐饮业	人	34	541	27	29	26	20	0	9	9	116	10	26	80	49	5	135
8. 其他行业从业人员	人	35	1838	271	226	130	53	18	14	61	207	73	16	311	41	290	127
四、农业机械化情况		36															
（一）农牧用机械总动力合计	千瓦	37	141196	4720	2408	16104	5360	64472	9860	272	3592	2856	4904	5792	16472	3288	1096
1. 柴油发动机动力	千瓦	38	34184	1464	1264	1496	4880	496	6248	88	512	2200	1416	5368	5984	2288	480
2. 汽油发动机力	千瓦	39	107012	3256	1144	14608	480	63976	3612	184	3080	656	3488	424	10488	1000	616

续表 4

01 是否边境县：□ 1 是 □ 2 否　02 经济类型：□ 1 农业县 □ 2 牧业县 □ 3 半农半牧县　03 是否贫困重点扶持县：□ 1 是 □ 2 否　04 是否草原生态保护县 □ 1 是 □ 2 否

指标	计算单位	代码	合计	尼玛镇	申亚乡	卓尼乡	卓瓦乡	吉瓦乡	甲谷乡	达果乡	文部乡	来多乡	军仓乡	阿索乡	中仓乡	荣玛乡	俄久乡
3. 电动机动力	千瓦	40	5368	0	0	0		0	0			0	0	5368		0	0
4. 其他机械动力	千瓦	41															
（二）主要农牧业机械与设备		42															
大中型拖拉机	台	43	409	63	47	74	129	13	0	0		0	31	0		22	30
	千瓦	44	6544	1008	752	1184	2064	208	0	0		0	496	0		352	480
小型拖拉机	台	45	2770	57	64	39	60	36	602	23	64	82	177	53	1311	125	77
	千瓦	46	20956	456	512	312	480	288	3612	184	512	656	1416	424	10488	1000	616
大中型拖拉机配套农具	台	47															
小型拖拉机配套农具	台	48															
农用排灌电动机	台	49															
	千瓦	50															
农用排灌柴油机	台	51															
	千瓦	52															
联合收割机	台	53															
	千瓦	54															
自走式机动收割晒机	台	55	2		0	0.00		0.00	0.00	2.00		0.00		0.00	0.00	0.00	0.00
	千瓦	56															
机动脱粒机	台	57	2		0	0.00		0.00	0.00	2.00		0.00		0.00	0.00		0.00
农牧用运输车	辆	58	1285	30	13	166	32	727	71	1	35	25	34	61	68	22	0
	千瓦	59	113080	2640	1144	14608	2816	63976	6248	88	3080	2200	2992	5368	5984	1936	0

续表 4

01 是否边境县：□1是□2否　02 经济类型：□1农业县 □2牧业县 □3半农半牧县　03 是否贫困重点扶持县：□1是□2否　04 是否草原生态保护县 □1是□2否																	
指标	计算单位	代码	合计	尼玛镇	申亚乡	卓尼乡	卓瓦乡	吉瓦乡	甲谷乡	达果乡	文部乡	来多乡	军仓乡	阿索乡	中仓乡	荣玛乡	俄久乡
五、合作组织		60															
农牧村专业合作组织	个	61	107	22	2	8	8	7	8	5	13	8	6	5	9	1	5
经济人	个	62	1327	110	817	8	8	7	309	5	13	24	6	5	9	1	5
其中：签订订单的农业户	个	63															
签订订单的牧业户	个	64	677		0	431		0	0	246		0		0	0		0
六、自然灾害情况		65			0										0.00		
受害面积合计	公顷	66	5153.78		0	0.00		0.00	3099.92	2053.86		0.00		0.00	0.00		0.00
成灾面积合计	公顷	67	1353.98		0	0.00		0.00	0.00	1353.98		0.00		0.00	0.00		0.00
粮食减产面积	公顷	68															
减产粮食	吨	69															
减产油料	吨	70															
死亡人口	人	71															
死亡大牲畜	头	72	282	173		0	0	16	12	10		10	41	0	20		
死亡羊	只	73	3938	2656	25	208	0	178	90	60		130	316	0	275		
倒塌民房	间	74	78		0	30		0	23	11		6		0	8		
损坏民房	间	75	466	0	0	0	5	22	138	191		95		0	15		
安全生产死亡人数合计	人	76			0										0		
缺粮人口	人	77	1	0	0	0		0	0	0		1		0	0		
牛粪	吨	78	286.98	0	0	285		1.98	0			0		0	0		

农业主要产品生产情况

表 5

01 是否边境县：□ 1 是 □ 2 否 03 是否贫困重点扶持县：□ 1 是 □ 2 否					02 经济类型：□ 1 农业县 □ 2 牧业县 □ 3 半农半牧县 04 是否草原生态保护县 □ 1 是 □ 2 否		
指标	单位	合计	甲谷乡	达果乡	文部乡	来多乡	
农作物总播种面积	公顷	173.63	21.14	27.03	114.99	10.47	
一、粮食作物合计	公顷	60.94	10.96	17.07	30.25	2.66	
1. 其他谷物	公顷						
其中：青稞	公顷	56.31	6.33	17.07	30.25	2.66	
2. 豆类	公顷	4.63	4.63				
豌豆	公顷	4.63	4.63				
二、蔬菜	公顷	84.06	10.18	2.80	68.97	2.11	
其中：萝卜	公顷	24.61		1.80	21.81	1.00	
元根	公顷	20.58	2.02		17.56	1.00	
土豆		0.11				0.11	
白菜	公顷	17.98	3.15	1.00	13.83		
三、其他作物	公顷	28.63		7.16	15.77	5.70	
其中：青饲料	公顷	28.63		7.16	15.77	5.70	
农作物总播种总产量	吨	1082.24	35.71	60.92	952.11	33.50	
一、粮食作物合计	吨	256.84	14.80	57.92	182.36	1.76	
1. 其他谷物	吨	254.84	12.80	57.92	182.36	1.76	
其中：青稞	吨	254.84	12.80	57.92	182.36	1.76	
2. 豆类	吨	2.00	2.00				
豌豆	吨	2.00	2.00				
二、蔬菜	吨	111.49	17.02	0.50	78.72	15.25	
其中：萝卜	吨	22.68		0.30	21.36	1.02	
元根	吨	78.85	11.42		53.20	14.23	
白菜	吨	9.96	5.60	0.20	4.16		
三、薯类	吨	0.49				0.49	
土豆	吨	0.49				0.49	
四、其他作物	吨	713.42	3.89	2.50	691.03	16.00	
其中：青饲料	吨	713.42	3.89	2.50	691.03	16.00	
一、年初农作物总播种面积	公顷	0.00					
二、年内增加	公顷	0.00					
其中：新开荒地	公顷	0.00					
三、年内减少	公顷	0.00					

畜牧业主要产品生产情况

表 6

01 是否边境县：□1 是 □2 否　02 经济类型：□1 农业县 □2 牧业县 □3 半农半牧县　03 是否贫困重点扶持县：□1 是 □2 否　04 是否草原生态保护县 □1 是 □2 否

指标	计算单位	代码	合计	尼玛镇	申亚乡	卓尼乡	卓瓦乡	吉瓦乡	甲谷乡	达果乡	文部乡	来多乡	军仓乡	阿索乡	中仓乡	荣玛乡	俄久乡
牲畜总头数	头、只匹	01	919117	148601	41529	58730	44847	53998	42749	47141	35999	68919	53958	74887	93984	52848	100927
一、大牲畜	头	02	87160	10897	7255	9636	6898	10788	6220	4816	2237	9071	5517	2621	4171	2502	4531
其中：从事农事劳役的	头、匹	03														0	
当年成畜死亡	头、匹	04	1378	173	130	157	86	164	113	93	43	82	145	12	100	44	36
当年生仔畜	头、匹	05	18649	1820	2484	1451	1138	2551	1212	884	508	1968	910	1246	839	412	1226
1. 牦牛	头	06	82392	10126	7026	9352	6568	10305	5993	4615	2109	8700	5135	2444	3812	2311	3896
能繁殖的母畜	头	07	34639	3651	4567	3393	2685	3899	3013	1708	1352	2992	2082	908	1747	614	2028
当年购入牦牛	头	08	6614	533	217	1621	0	671	436	459	681	374	431	388	384	24	395
当年生仔畜	头	09	18207	1778	2471	1422	1116	2511	1197	871	492	1880	860	1195	815	399	1200
1—2 岁	头	10	16101	2938	1811	1770	1197	1275	1619	744	0	1176	860	370	739	631	971
2—3 岁	头	11	17004	6174	3043	948	721	1281	1144	446	0	910	959	252	557	113	456
当年出售、自宰牦牛	头	12	20691	1941	2156	1650	1567	2179	2023	1091	952	1447	766	1672	595	749	1903
其中：出售牦牛	头	13	7549	1070	434	907	940	608	490		0	348	294	637	357	227	1237
成畜死亡	头	14	1179	159	130	153	75	154	101	76	35	71	53	12	89	39	32
年初存栏数	头	15	79441	9915	6624	8112	7094	9456	6484	4452	1923	7964	4663	2545	3297	2676	4236
2. 马	匹	16	4768	771	229	284	330	483	227	201	128	371	382	177	359	191	635
能繁殖的母畜	匹	17	1587	252	47	84	104	204	103	62	61	99	171	54	111	51	184
当年购入马	匹	18	304	85	30	34	11	18		7	17	27	6	0	32	8	29
当年生仔畜	匹	19	442	42	13	29	22	40	15	13	16	88	50	51	24	13	26
1—2 岁	匹	20	441	71	124	12	9	32	20	3	0	18	37	4	74	10	27
2—3 岁	匹	21	408	53	136	15	7	27	28	1	0	15	39	1	68	8	10
3—4 岁	匹	22	949	631	85	13	5	21	37	3	0	22	46	0	83	3	0
当年出售马	匹	23	541	27	5	4	13	27	12	0	0	32	17	220	9	36	139

续表 6

01 是否边境县：□1是 □2否　02 经济类型：□1农业县 □2牧业县 □3半农半牧县　03 是否贫困重点扶持县：□1是 □2否　04 是否草原生态保护县 □1是 □2否

指标	计算单位	代码	合计	尼玛镇	申亚乡	卓尼乡	卓瓦乡	吉瓦乡	甲谷乡	达果乡	文部乡	来多乡	军仓乡	阿索乡	中仓乡	荣玛乡	俄久乡
成畜死亡	匹	24	199	14	0	4	11	10	12	17	8	11	92	0	11	5	4
年初存栏数	匹	25	4762	685	191	229	321	462	236	198	103	299	435	346	323	211	723
二、羊	只	26	831957	137704	34274	49094	37949	43210	36529	42325	33762	59848	48441	72266	89813	50346	96396
能繁殖的母畜	只	27	448142	78761	29133	25869	18870	20677	21355	19967	19487	29564	26436	34634	48901	21054	53434
当年购入羊	只	28	64379	0	2545	8149	7923	1667	8952	2483	0	5901	2830	14639	1883	1797	5610
当年生仔畜	只	29	281838	55688	21723	13984	13317	17654	10697	11216	12538	17493	14978	33918	23516	7620	27496
当年自宰、出售羊	只	30	351283	69547	23333	22678	19802	18225	18076	12814	11405	19439	16086	48007	21933	15196	34742
其中：出售羊	只	31	140315	36289	11958	12473	9522	4228	7055		0	4275	3347	17372	3844	6328	22582
成畜死亡	只	32	18102	2653	1147	1294	456	1074	741	1483	689	889	979	620	3686	326	2065
年初存栏数	只	33	855125	154216	34486	50933	36967	43188	35697	42923	33318	56782	47698	72336	90033	56451	100097
1. 山羊	只	34	336371	55228	8890	16063	12593	10725	15109	22879	15777	36805	21325	28603	37779	15054	39541
能繁殖的母畜	只	35	186799	29522	7557	9370	6671	5740	9055	11229	9461	18815	11895	15570	21114	6380	24420
当年购入山羊	只	36	24667	0	1103	2571	2834	537	2089	1736	0	2803	1655	6463	1375	61	1440
当年生仔畜	只	37	110053	18222	6328	3643	3781	4825	3670	5229	5504	9360	6024	15582	9283	2861	15741
当年出售、自宰	只	38	143717	21733	8330	8269	6943	6681	5781	6745	5223	11112	6989	24846	9432	5007	16626
其中：出售	只	39	55330	12322	1756	4547	1806	1174	1505		0	2855	1765	12720	1926	2147	10807
成畜死亡	只	40	8201	1049	479	493	201	501	338	777	328	578	507	275	1582	126	967
年初存栏数	只	41	353569	59788	10268	18611	13122	12545	15469	23436	15824	36332	21142	31679	38135	17265	39953
2. 绵羊	只	42	495586	82476	25384	33031	25356	32485	21420	19446	17985	23043	27116	43663	52034	35292	56855
能繁殖的母畜	只	43	261343	49239	21576	16499	12199	14937	12300	8738	10026	10749	14541	19064	27787	14674	29014
当年购入绵羊	只	44	39712	0	1442	5578	5089	1130	6863	747	0	3098	1175	8176	508	1736	4170
当年生仔畜	只	45	171785	37466	15395	10341	9536	12829	7027	5987	7034	8133	8954	18336	14233	4759	11755
当年出售、自宰	只	46	207566	47814	15003	14409	12859	11544	12295	6069	6182	8327	9097	23161	12501	10189	18116
其中：出售	只	47	84985	25010	10202	7926	7715	3054	5550		0	1420	1582	4652	1918	4181	11775

续表 6

01 是否边境县：□1 是 □2 否　02 经济类型：□1 农业县 □2 牧业县 □3 半农半牧县　03 是否贫困重点扶持县：□1 是 □2 否　04 是否草原生态保护县 □1 是 □2 否

指标	计算单位	代码	合计	尼玛镇	申亚乡	卓尼乡	卓瓦乡	吉瓦乡	甲谷乡	达果乡	文部乡	来多乡	军仓乡	阿索乡	中仓乡	荣玛乡	俄久乡
成畜死亡	只	48	9901	1604	668	801	255	573	403	706	361	311	472	345	2104	200	1098
年初存栏数	只	49	501556	94428	24218	32322	23845	30643	20228	19487	17494	20450	26556	40657	51898	39186	60144
三、当年牛羊肉总产量	吨	50	7467.06	1211.12	450.11	550.51	455.66	585.52	425.71	360.63	325.23	613.34	422.77	604.88	521.77	356.66	583.15
其中：牛肉	吨	51	2455.12	222.25	213.44	231.00	156.70	283.27	202.30	136.38	142.80	231.52	113.82	129.39	113.05	93.66	185.54
羊肉	吨	52	5011.94	988.87	236.67	319.51	298.96	302.25	223.41	224.25	182.43	381.82	308.95	475.49	408.72	263.00	397.61
（1）山羊肉	吨	53	1748.17	271.66	79.14	103.37	86.79	100.23	63.59	118.04	74.24	194.46	121.66	151.58	146.20	75.11	162.10
（2）绵羊肉	吨	54	3263.77	717.21	157.53	216.14	212.17	202.02	159.82	106.21	108.19	187.36	187.29	323.91	262.52	187.89	235.51
四、奶类产量	吨	55	3990.24	645.47	334.81	214.20	210.88	259.14	205.76	184.84	137.35	346.33	222.48	350.80	376.96	193.49	307.73
其中：牛奶产量	吨	56	923.82	54.77	74.13	84.85	68.26	108.19	96.37	39.32	12.79	175.85	40.80	53.79	20.38	53.76	40.56
羊奶产量	吨	57	3066.42	590.71	260.68	129.35	142.62	150.95	109.39	145.51	124.56	170.48	181.68	297.01	356.58	139.73	267.17
五、羊毛产量	吨	58	634.17	96.29	38.94	33.16	26.03	26.50	57.22	23.59	25.28	33.17	40.66	74.62	50.65	34.84	73.22
其中：绵羊毛产量	吨	59	516.26	82.48	36.96	26.12	23.27	25.29	35.93	16.56	17.36	20.78	37.45	72.73	42.64	30.89	47.80
山羊毛产量	吨	60	117.91	13.81	1.98	7.04	2.76	1.21	21.29	7.03	7.92	12.39	3.21	1.89	8.01	3.95	25.42
六、羊绒产量	吨	61	92.66	8.28	1.38	4.40	3.80	1.21	18.24	7.03	2.77	8.03	7.74	7.58	17.16	2.50	2.54
七、牛毛产量	吨	62	46.64	15.19	2.57	3.75	2.25	2.32	5.68	1.78	1.44	5.10	2.33	1.95	1.62	0.28	0.38
八、牛绒产量	吨	63	106.07	10.13	4.59	4.68	7.50	5.14	4.94	3.34	6.73	10.12	5.88	5.88	2.80	30.56	3.78
九、牛皮产量	张	64	27717	1774	2286	1650	1567	2179	1634	1091	855	1213	9097	1035	684	749	1903
十、羊皮产量	张	65	310377	55994	24480	22678	19802	18225	4614	12814	11405	18088	16086	30635	25619	15195	34742
其中：绵羊皮产量	张	66	187659	37267	15671	14409	12859	11544	7148	6069	6182	7577	7515	18509	14605	10188	18116
十一、牛犊皮	张	67	633	0	66	79	75	30	43	72	113	61		18	72	4	0
十二、猾皮	张	68	15459	0	225	735	961	89	866	1586	975	0	2327	200	1352	1226	4917
十三、羔皮	张	69	20422	4815	333	1191	906	277	1158	966	945	2278	2592	310	2902	1521	228
十四、牛尾	公斤	70	28067	1914	2286	1650	1567	2179	1634	1091	428	1213	9097	1672	684	749	1903

表 7

草场建设情况

指标	计算单位	合计	尼玛镇	申亚乡	卓尼乡	卓瓦乡	吉瓦乡	甲谷乡	达果乡	文部乡	来多乡	军仓乡	阿索乡	中仓乡	荣玛乡	俄久乡
草场建设	公顷	16050.34		16050.34												
总草场面积	公顷	11767396.77	1414206.67	345903.46	471246.66	314999.97	267226.68	265780.00	258380.00	295440.00	420106.67	333333.30	1400000.00	1425000.03	1677886.67	2877886.66
其中：可利用草场面积	公顷	8065886.11	786180.02	242097.82	304905.69	252633.20	200610.05	201460.00	191693.34	1545626.25	294073.33	300000.00	740600.00	856259.76	972199.98	1177546.67
其中：已利用草场面积	公顷	2425929.91	786180.02	175800.10	304905.69			0.00	191693.34		0.00		111091.00	856259.76		
围草场面积	公顷	932897.98		776.33	125378.79		230550.00	255773.99	13933.33	9520.00	155036.60		4240.00	128362.34	9326.60	
其中：网围栏面积	公顷	1227699.81	9782.17	11645.00	125378.79	272712.00	230550.00	255773.99	13933.33	9520.00	155036.60	39148.33	4240.00	95872.00	4107.60	
当年禁牧面积	公顷	4949920.56	1334880.00	66297.72	65796.85	0.00	66616.63	53731	59946.66	67566.67	34853.33	50585.30	98118.46	1829563.00	120008.00	1101956.94
草场灌溉面积	公顷	810.20	642.87	0.00	0.00	0.00		0.00		167.33	0.00		0.00		0.00	
人工种草面积	公顷	2210.67	1294.00	238.84	47.30	114.00	23.64	125.92	75.40	3754.。18	0.00	55.97	35.14	158.00	16.86	25.60
无房户数	户	286.00	82	45	22	9	13	0	21		9	7	0	0	13	65
无房人数	人	705.00	251	118	0	25	40	0	79		23	8	0	0	28	133
房屋总数	个	15571.00	2466	1146	482	1300	478	566	1440	1432	1207	413	511	1824	403	1903
当年新建	个	550.00	45	40	16	15	6	27	59	25	81	12	15	33	108	68
暖棚总数	个	6112.00	667	411	348	1010	289	370	289	412	433	180	542	574	305	282
其中：新建	个	413.00	0	10	2	288	15	10	13	7	8	3	0	53	0	4
畜建总数	个	13129.00	2326	520	1292	710	1551	541	427	513	757	674	891	1202	510	1215
其中：新建	个	696.00	60	30	43	126	160	21	12		69	32	0	54	0	89
羔官总计	个	16289.00	4503	485	770	988	1010	609	510	613	1293	990	1069	702	756	1991
其中：新建	个	4688.00	944	136	45	140	56	272	49	135	274	374	57	157	232	1817
粮食储备	吨	3128.61	460.10	245.42	184.12	280.65	161.79	196.90	157.20	202.95	222.20	138.07	313.57	304.82	36.96	223.86
饲草料储备	吨	11530.96	1893.65	1193.21	743.60	592.47	745.68	564.88	514.78	691.65	796.50	606.77	675.86	883.96	638.00	989.95
燃料储备	吨	90615.66	16592.85	9250.00	9179.10	2850.70	2880.01	7382.88	4455.61	3953.00	9395.38	3676.79	3886.11	2936.53	6390.00	7786.70

农村经济收入分配表

表 8

计量单位：万元

乡名	合计	尼玛镇	申亚乡	卓尼乡	卓瓦乡	吉瓦乡	甲谷乡	达果乡	文部乡	来多乡	军仓乡	阿索乡	中仓乡	荣玛乡	俄久乡
（一）农村经济总收入	59800.09	7663.29	3838.84	3892.12	4016.42	4234.48	4634.88	3659.87	4982.65	3559.67	3268.30	5434.63	3682.42	2639.06	4293.46
其中：出售产品收入															
1. 第一产业收入	31025.68	6913.33	1253.13	1845.21	1808.82	3830.84	2060.23	1348.54	2235.10	1248.46	1183.17	3241.85	1350.38	1003.94	1702.68
其中：出售产品收入	14088.73	2765.33	766.92	1107.13	542.65	1723.88	721.08	539.42	894.04	624.23	473.27	2107.20	540.15	602.36	681.07
（1）种植业收入	240.00							4.76	222.44	12.80					
其中：粮食收入	66.52							6.17	53.35	7.00					
（2）林业收入															
（3）牧业收入	30719.16	6913.33	1253.13	1845.21	1808.82	3830.84	2060.23	1337.61	1959.31	1228.66	1183.17	3241.85	1350.38	1003.94	1702.68
（4）渔业收入												0.00			
2. 第二产业收入	2134.57	141.00	280.77	149.46	35.34	87.36	12.20	23.54	463.87	159.07	94.20	0.00	236.13		451.63
（1）工业收入												0.00			
其中：出售产品收入												0.00			
（2）建筑业收入	2134.57	141.00	280.77	149.46	35.34	87.36	12.20	23.54	463.87	159.07	94.20	0.00	236.13		451.63
3. 第三产业收入	26639.84	608.96	2304.94	1897.45	2172.26	316.28	2562.45	2287.79	2283.68	2152.14	1990.93	2192.78	2095.91	1635.12	2139.15
（1）交通运输业收入	2661.44	130.48	601.52	15.79	217.23	63.26	99.08	448.39	633.00	60.77	34.31	156.91	70.00	84.00	46.70
（2）商业、饮食业收入	5780.34	150.12	509.61	1835.64	868.90	158.15	469.26	340.25	778.99	56.47	28.22	439.10	80.20	9.13	56.30
（3）服务业收入	3638.83	125.03	707.36	29.40	977.52	31.62	205.10		706.11	17.61		64.68	95.00	665.40	14.00
（4）其他收入	14559.23	203.33	486.45	16.62	108.61	63.25	1789.01	1499.15	165.58	2017.29	1928.40	1532.09	1850.71	876.59	2022.15
（二）总费用	23294.29	996.23	1991.19	1556.85	1546.32	1651.45	2501.51	2052.82	2950.85	1155.23	1862.93	2820.89	736.48	1042.26	429.28
（三）纯收入	36505.80	6667.06	1847.65	2335.27	2470.10	2583.03	2133.37	1607.05	2031.80	2404.44	1405.37	2613.74	2945.94	1596.80	3864.18
1. 国家税收															
2. 提留															
3. 农民所得															
（四）农村经济内部积累															
年末参加分配人口（人）	31640.00	5050	2015	1976	2095	1925	2252	1843	2097	2245	1607	1949	2829	1145	2612
平均农村居民纯收入（元/人）	11091.00	12938.00	8259.00	11077.00	11379.00	13071.00	9050.00	8825.00	9033.00	9952.00	8499.00	12921.00	10035.00	12960.00	14760.00
其中：现金收入（元/人）	7763.70	8713.39	6396.86	7090.90	7074.27	9392.77	6062.86	5755.04	7751.26	8937.54	4984.82	10058.00	7289.34	8367.46	8914.57
附：农村经济总收入	59800.09	7663.29	3838.84	3892.12	4016.42	4234.48	4634.88	3659.87	4982.65	3559.67	3268.30	5434.63	3682.42	2639.06	4293.46
1. 乡（镇）村办企业收入	1752.96		387.39		52.64		95.00		516.32		653.66	0.00			47.95
2. 集体统一经营收入	3574.34	132.25	0.00	13.70	60.73	1270.35	197.00	1019.62			490.25	22.20	368.24		
3. 新经济联合体收入	2082.13		46.20			846.91			238.10	135.20		184.72		631.00	
4. 农民家庭经营收入	28352.16	5721.50	878.14	666.56	1847.55	1693.78	3084.59	339.88	1996.17	1198.79	1960.98	3841.85	2577.69	842.00	1702.68
5. 其他收入	24038.50	1809.55	2527.11	3211.86	2055.50	423.44	1258.29	2300.37	2232.06	2225.68	163.42	1385.86	736.48	1166.05	2542.83

劳动力外出务工情况表

表 9

指标	合计	尼玛镇	申亚乡	卓尼乡	卓瓦乡	吉瓦乡	甲谷乡	达果乡	文部乡	来多乡	军仓乡	阿索乡	中仓乡	荣玛乡	俄久乡
一、外出务工人员（人）	12293	3498	1710	685	528	448	290	342	622	367	287	1100	285	393	1738
其中：本区（人）	1356	44	177	67	32	45	25	8	89	16	287	436	17	2	111
本县（人）	1801	315	279	214	82	179	50	15	141	43	119	92	60	56	156
本乡（人）	8877	3139	765	387	408	226	209	310	392	308	168	572	208	335	1450
区外（人）	122	0	69	17	6	0		9	0	0	0	0		0	21
二、外出务工人员情况	6244	0		685	528	0	290	342	622	367	287	1100	285		1738
1. 男（人）	8311	1933	1300	396	438	358	244	293	433	272	196	770	210	234	1234
2. 女（人）	3982	1565	410	289	90	90	46	49	189	95	91	330	75	159	504
三、外出务工人员按从事从行业分	4986		0	685		0	337	342	622	0	977	0	285		1738
1. 农林牧渔及服务业（人）	3484		326	296	2	223	0	51	0	76	619	596	57	95	1143
2. 工业（人）												0			
3. 建筑业（人）	3226	1122	480	189	355	64	274	188	97	165	115		59		118
4. 交通运输及邮电通信业（人）	785	35	154	10	34	53	17	17	107	30	168	22	12	14	112
5. 信息、传输、计算机服务和软件业（人）	6	0	0	1	0	0	0	0	0	5	0	0	0		
6. 批零贸易（人）	770	24	113	33	64	90	23	16	95	18	33	91	67	0	103
7. 住宿和餐饮业（人）	846	27	334	26	20	0	9	9	116	10	26	80	49	5	135
8. 其他行业（人）	3913	2290	303	130	53	18	14	61	207	63	16	311	41	279	127
四、外出务工人员收入情况												0			
1. 外出务工得到的总收入（元）	48637697	9496968.00	2329725.00	1660686.31	3962783.00	873600.00	2541400.00	826454.00	2307100.00	1954200.00	2361854.00	6336500.00	3482015.00	7585200.00	2919212.00
其中：年内已得到的收入（元）	45879772	9496968.00	1906200.00	1660686.31	3962783.00	873600.00	2541400.00	826454.00	2307100.00	1954200.00	2361854.00	4002100.00	3482015.00	7585200.00	2919212.00
尚未得到的收入（元）	2334400	0.00	0.00	0			0.00		0.00	0.00		2334400.00			

农民人均收入水平按乡分组统计表

表 10

计量单位：个、人

乡名	合计	尼玛镇	申亚乡	卓尼乡	卓瓦乡	吉瓦乡	甲谷乡	达果乡	文部乡	来多乡	军仓乡	阿索乡	中仓乡	荣玛乡	俄久乡
一、乡数（个）	14	1	1	1	1	1	1	1	1	1	1	1	1	1	1
汇入本表的乡（个）	14	1	1	1	1	1	1	1	1	1	1	1	1	1	1
1.625 元以下的乡（含 625 元）															
2.625 元—684 元															
3.685 元—944 元															
4.945 元—1300 元															
5.1301 元—1500 元															
6.1501 元—1700 元															
7.1701 元—2000 元															
8.2001 元以上（不含 2001 元）	31640	5050	2015	1976	2095	1925	2252	1843	2097	2245	1607	1949	2829	1145	2612
二．人口（人）															
汇入本表的人口（人）	31640	5050	2015	1976	2095	1925	2252	1843	2097	2245	1607	1949	2829	1145	2612
1.625 元以下的人口（含 625 元）															
2.625 元—684 元															
3.685 元—944 元															
4.945 元—1300 元															
5.1301 元—1500 元															
6.1501 元—1700 元															
7.1701 元—2000 元															
8.2001 元以上的人口（不含 2001 元）	31640	5050	2015	1976	2095	1925	2252	1843	2097	2245	1607	1949	2829	1145	2612

乡镇名称	2017 年核定数据	2018 年指标
尼玛镇	11695.36	13274.23
申亚乡	7466.16	8474.09
卓尼乡	10013.57	11365.40
卓瓦乡	10286.25	11674.89
吉瓦乡	11815.48	13410.57
甲谷乡	8180.49	9284.86
达果乡	7977.36	9054.30
文部乡	8165.86	9268.25
来多乡	8995.80	10210.23
军仓乡	7683.00	8720.21
阿索乡	11680.07	13256.88
中仓乡	9070.83	10295.39
荣玛乡	11715.49	13297.08
俄久乡	13342.69	15143.95
尼玛县	10025.90	11379.40

尼玛县驻村工作队员市 / 自治区派驻单位先进驻村工作队员名单

表 11

序号	级别	派驻单位	所驻乡镇	所驻村（居）	姓名
38	那曲市级	卓瓦乡农牧综合服务中心	卓瓦乡	宗吉杰村（3 村）	尼玛卓嘎
39	那曲市级	来多乡人民政府	来多乡	多康把村（3 村）	郭强
40	那曲市级	来多乡人民政府	来多乡	来无据村（4 村）	贡久扎西
41	那曲市级	中仓乡人民政府	中仓乡	日玛村（7 村）	次宗
42	那曲市级	中仓乡人民政府	中仓乡	乃仁当果村（6 村）	索朗平措
43	那曲市级	甲谷乡兽防站	甲谷乡	吉松村（7 村）	仁增曲扎
44	那曲市级	尼玛县住建局	军仓乡	尼隆村（5 村）	雷轩
45	那曲市级	卓尼乡人民政府	卓尼乡	来差村（3 村）	卓玛
46	那曲市级	尼玛县公安局	达果乡	鲁玛俄布居委会（1 村）	白玛扎西
47	那曲市级	尼玛县人民检察院	吉瓦乡	德纳村（5 村）	央巴姆
48	那曲市级	尼玛县农牧局	甲谷乡	曲米村（4 村）	晋巴
49	那曲市级	尼玛县民宗局	中仓乡	俄索布（2 村）	李小龙
50	那曲市级	尼玛县委政法委	卓瓦乡	鲁仁村（5 村）	普布次仁
51	那曲市级	尼玛镇人民政府	尼玛镇	木噶热色村（4 村）	仓巴姆
52	那曲市级	俄久乡人民政府	俄久乡	退雄加村（1 村）	洛加仁青
53	那曲市级	卓瓦乡人民政府	卓瓦乡	过交村（1 村）	次仁杰参
54	自治区级	吉瓦乡人民政府	吉瓦乡	鲁康村（4 村）	旦增扎西
55	自治区级	申亚乡人民政府	申亚乡	白尔瓦村（4 村）	尼玛
56	自治区级	军仓乡文化站	军仓乡	鲁玛那荣村（2 村）	洛桑曲珍
57	自治区级	卓瓦乡文化站	卓瓦乡	鲁仁村（5 村）	普赤
58	自治区级	来多乡人民政府	来多乡	东赛村（5 村）	张科
59	自治区级	甲谷乡人民政府	甲谷乡	曲米村（4 村）	次仁秋陪
60	自治区级	卓尼乡人民政府	卓尼乡	格玛村（2 村）	旦增曲珍

尼玛县2018度驻村工作队地（市）及以上获奖名单

表12

序号	姓名	单位	级别	所驻村（居）	备注
1	尼玛卓嘎	卓瓦乡农牧综合服务中心	那曲市级	宗吉杰村（3村）	
2	郭　强	来多乡人民政府	那曲市级	多康把村（3村）	
3	贡久扎西	来多乡人民政府	那曲市级	来无据村（4村）	
4	次　宗	中仓乡人民政府	那曲市级	日玛村（7村）	
5	索朗平措	中仓乡人民政府	那曲市级	乃仁当果村（6村）	
6	仁增曲扎	甲谷乡兽防站	那曲市级	吉松村（7村）	
7	雷　轩	尼玛县住建局	那曲市级	尼隆村（5村）	
8	卓　玛	卓尼乡人民政府	那曲市级	来差村（3村）	
9	白玛扎西	尼玛县公安局	那曲市级	鲁玛俄布居委会（1村）	
10	央巴姆	尼玛县人民检察院	那曲市级	德纳村（5村）	
11	晋　巴	尼玛县农牧局	那曲市级	曲米村（4村）	
12	李小龙	尼玛县民宗局	那曲市级	俄索布（2村）	
13	普布次仁	尼玛县委政法委	那曲市级	鲁仁村（5村）	
14	仓巴姆	尼玛镇人民政府	那曲市级	木噶热色村（4村）	
15	洛加仁青	俄久乡人民政府	那曲市级	退雄加村（1村）	
16	次仁杰参	卓瓦乡人民政府	那曲市级	过交村（1村）	
17	旦增扎西	吉瓦乡人民政府	自治区级	鲁康村（4村）	
18	尼　玛	申亚乡人民政府	自治区级	白尔瓦村（4村）	
19	洛桑曲珍	军仓乡文化站	自治区级	鲁玛那荣村（2村）	
20	普　赤	卓瓦乡文化站	自治区级	鲁仁村（5村）	
21	张　科	来多乡人民政府	自治区级	东赛村（5村）	
22	次仁秋陪	甲谷乡人民政府	自治区级	曲米村（4村）	
23	旦增曲珍	卓尼乡人民政府	自治区级	格玛村（2村）